Esto ha sucedido

Juan Gabriel Vásquez

Esto ha sucedido

ALFAGUARA

Papel certificado por el Forest Stewardship Council®

Penguin
Random House
Grupo Editorial

Primera edición: febrero de 2026

© 2026, Juan Gabriel Vásquez
c/o Casanovas & Lynch Agencia Literaria, S. L.
© 2026, Penguin Random House Grupo Editorial, S. A. U.
Travessera de Gràcia, 47-49. 08021 Barcelona

Los textos que conforman este volumen fueron publicados originalmente en *El País*, a excepción del epílogo,
publicado en *Tinta Libre*, y se incluyen en esta edición por cortesía de esos dos medios

© Diseño: Penguin Random House Grupo Editorial, inspirado en un diseño original de Enric Satué

Printed in Spain – Impreso en España

ISBN: 979-13-87846-82-4
Depósito legal: B-21564-2025

Impreso en Gómez Aparicio, S. L., Casarrubuelos (Madrid)

A L 4 6 8 2 4

A Jordi Gracia

Índice

II. Cuidado: aquí hay historia

III. El arte no es un lujo

A manera de prólogo:
Donde nadie sepa qué es verdad

Comencé a escribir columnas de opinión a mediados de 2007. En estos diecinueve años convulsos, el oficio de mirar el mundo desde la página de un periódico ha cambiado más de lo que nadie hubiera podido prever: ha cambiado el periodismo, por supuesto; ha cambiado lo que decimos cuando decimos opinión. Sobre todo, han cambiado nuestros materiales de trabajo: la realidad en la que nos movemos y nuestra capacidad de emitir juicios sobre ella. En las primeras páginas de *La peste*, el narrador aún anónimo de Camus se refiere a lo que está a punto de contar:

> Estos hechos les parecerán muy naturales a algunos, y a otros, por el contrario, inverosímiles. Pero un cronista, después de todo, no puede hacer caso de estas contradicciones. Su tarea es tan sólo decir: «Esto ha sucedido» cuando sabe que esto, en efecto, ha sucedido.

Nada me parece más difícil en nuestros días. Las mínimas certezas necesarias para pronunciar las tres palabras de Camus, «esto ha sucedido», llevan varios años diluyéndose ante nuestros ojos. ¿Es posible saber cuándo comenzó lo que ahora vivimos? El deterioro de las nociones de verdad y mentira ha formado parte siempre de nuestras preocupaciones ciudadanas, pero algo se transformó cuando empezamos a usar una palabra que parecía novedosa para nombrar un fenómeno que parecía novedoso: la posverdad. Los que nos preocupamos por estas cosas solemos aceptar que el primero en usar la palabra fue Steve Tesich, que en un artículo de 1992 reflexionaba sobre los escándalos políticos de las décadas anteriores —Watergate, los papeles del Pentágono, Irán y los Contras— y el impacto que la mentira organizada había tenido en la psiquis de los atormentados norteamericanos. Por agotamiento, desconfianza, frustración o mero hartazgo, los ciudadanos nos estábamos convirtiendo, dijo Tesich, en el sueño dorado de los totalitarismos. «Hasta ahora, todos los dictadores han tenido que esforzarse para suprimir la verdad», escribió. «Nosotros, con nuestras acciones, estamos diciendo que eso ya no es necesario, que hemos adquirido un mecanismo espiritual que puede privar a la verdad de toda relevancia. De una manera muy fundamental, nosotros, como pueblo libre, hemos decidido libremente que queremos vivir en una especie de mundo de posverdad».

Ese mundo llegó en el año 2016, cuyas catástrofes democráticas fueron demasiadas como para que pensáramos en la posibilidad de una mera coincidencia. Muchos seguían considerando, sin embargo, que no había nada nuevo bajo el sol: que asistíamos a la misma mentira política de siempre, sólo que amplificada por las nuevas tecnologías. Pero muchos otros, entre los que me cuento, creímos entrever ya entonces algo inédito en lo que estaba sucediendo, pues no sólo se trataba del extraño impulso que las redes sociales habían dado a la desinformación y a la falsedad, ni del reemplazo de los hechos por las emociones como razón de nuestras decisiones políticas, sino de la lenta aceptación de que la verdad y la mentira se predican de la realidad, y eso, la realidad, había dejado de existir. Lo escribí en un ensayo de 2018 y lo seguí confirmando en los años que siguieron: el mayor peligro para nuestras sociedades, para nuestra convivencia de ciudadanos y la salud de nuestras democracias, era algo que entonces llamé *la ruptura de la realidad común*. La pandemia de 2020 no hizo más que exacerbar nuestra incertidumbre, la impresión ineludible de que todas nuestras brújulas se habían descompuesto, de que ya no se podía confiar en nada ni en nadie, de que el pasado era ilegible (o infinitamente manipulable) y de que el futuro era imposible de predecir.

Y así han pasado estos años. Así hemos ido comprendiendo que la ruptura de la realidad común ha dejado de ser una consecuencia indeseable de la vida vivida en los algoritmos, y más bien se ha convertido en un objetivo declarado del fenómeno más alarmante de nuestro tiempo: la alianza entre los nuevos autoritarismos y los plutócratas de la tecnología. Los Trump y los Musk —o los Putin y los Zuckerberg: ustedes escogerán su conspiración favorita— han descubierto que los une un propósito común: la destrucción de las certezas. Ya sea por el beneficio político que da el mentir impunemente, ya sea por el beneficio económico que da

16

secuestrar nuestra atención y manosear nuestras emociones, esta alianza le ha declarado la guerra a nuestra clarividencia de ciudadanos. En otras palabras, ha descubierto la rentabilidad del caos: le conviene una sociedad de ciudadanos desorientados, donde nadie sepa qué es verdad y qué es mentira, donde incluso el viejo *ver para creer* haya dejado de ser la medida de las cosas, y donde las versiones de la realidad que nos devuelven nuestras burbujas no sólo dificultan la tarea ciudadana de juzgar el mundo, sino que nos dividen y nos enfrentan: porque una ciudadanía donde reinen a la vez la ignorancia y la duda, el miedo y el odio, es una ciudadanía más manipulable.

Es en este mundo, el mundo de la posverdad y de la pospandemia, donde han aparecido estos artículos. Escribí el primero de ellos en febrero de 2021, en una terraza de Madrid cuyos escasos comensales enmascarados nos mirábamos con desconfianza, guardando siempre las distancias y apartando el tapabocas solamente para dar un sorbo al café, y los seguí escribiendo en ciudades que recuperaban poco a poco el movimiento, como una bestia saliendo de la hibernación. Han sido desde entonces cinco años casi completos de reflexionar sobre las transformaciones que nos han dejado las sucesivas crisis; cinco años de ejercer el primer deber de un ciudadano, la intervención informada en las conversaciones de la sociedad, desde el espacio privilegiado del periodismo y desde los valores del humanismo y la socialdemocracia, el lugar político donde me he encontrado desde que recuerdo; cinco años de intentar hacerlo todo con honestidad y la mayor clarividencia posible, respetando la inteligencia de los lectores, invitándolos al debate y a la contradicción y tratando siempre de evitar los riesgos o los vicios de la opinión en nuestro tiempo: la simplificación, el fanatismo y el engaño. O vindicando las virtudes opuestas: la complejidad, eso que llamamos pluralismo y la convicción —tan anticuada— de que la diferencia entre la verdad y la mentira no sólo existe, sino que malversarla o despreciarla es el camino más rápido para perder la libertad.

Los artículos están construidos con mis obsesiones de ciudadano, pero también de novelista; y las obsesiones de un novelista, cuanto menos numerosas, más fuertes son. Las mías han ayudado a mis editoras, Carolina López y Carolina Reoyo, a dar orden a este volumen: no diré aquí redundancias sobre la organización justísima que han encontrado, pero sí puedo decir que, en vez de la tabla de contenido tradicional, habríamos podido reproducir estas líneas de una carta de Chéjov que he citado más de una vez, y que más de una vez me ha servido para saber dónde estoy:

Odio las mentiras y la violencia en todas sus formas [...]. Para mí, lo más sagrado es el cuerpo humano, la salud, la inteligencia, el talento, la inspiración, el amor y la libertad más absoluta que pueda imaginarse, libertad de toda violencia y toda mentira, sin importar qué forma tomen estas últimas.

Termino esta invitación con una declaración de intenciones. He dicho muchas veces que no hay dos maneras de contar el mundo más opuestas que la del novelista y la del columnista de prensa, pues el uno escribe a partir de la incertidumbre (escribe para descubrir) y el otro, en cambio, escribe a partir de una certeza y quiere compartirla (escribe para convencer). Hoy añadiré que las piezas de este libro quisieron convencer, desde luego, pero que el libro publicado ahora quiere conversar y comprender: porque no hay democracia sin conversación, y porque las distorsiones de nuestro tiempo —la velocidad de vértigo de los avances tecnológicos, el tribalismo sin remedio aparente, la prevalencia de la desinformación y la frivolidad organizada— nos han dificultado enormemente dos tareas inaplazables. Por un lado, la comprensión de los mecanismos por los cuales hemos llegado a estar donde estamos; por el otro, la imaginación desengañada de los futuros posibles que nos esperan y la toma de decisiones cívicas que nos eviten las consecuencias más indeseables. Si no sirve de otra cosa, espero que este libro proporcione a los lectores palabras para nombrar o reconocer nuestras ansiedades compartidas. Para que podamos decir: esto ha sucedido, esto está sucediendo, esto podría suceder.

I. Instrucciones para no ser sonámbulos

Escritos sobre la verdad, la mentira y nuestra dificultad para distinguirlas

Los pequeños relatos peligrosos
27 de febrero de 2021

Durante nueve meses del año 2020, el tiempo extrañamente breve que me llevó escribir una novela titulada *Volver la vista atrás*, viví en dos lugares a la vez. Por una parte, en el mundo impredecible de la pandemia, cuyas reglas de juego cambiaban todos los días para desespero de los que intentaban contar lo que ocurría, y cuya entropía sin control nos daba la sensación de ir siempre un paso por detrás de una trama desquiciada. Y por otra parte viví en el mundo de mi novela, que cuenta la vida verdadera de una familia descarrilada por los embates de la historia: una historia que pasa por la España de la Guerra Civil, el exilio de los republicanos en América Latina, la Revolución Cultural en la China de Mao y los movimientos armados de la Colombia de los años sesenta. La escritura de la novela consistió en imponerle un orden a un pasado ajeno, y ya he escrito que no hubiera podido encontrar una mejor forma de neutralizar el caos de mi presente; pero ahora, cuando el libro ya se ha publicado y he comenzado a entender algo mejor lo que he hecho, noto una contradicción brutal —y para mí imprevista— entre el mundo que cuenta mi novela y el mundo en que viven sus lectores.

El grueso de los hechos que refiere la novela, si bien su protagonista los recuerda desde un presente que todavía es cercano, termina en 1974. Cinco años después, en un libro que entonces no parecía tan importante como después lo ha resultado, Jean-François Lyotard nos contaba que la modernidad había terminado y la posmodernidad comenzaba, y que uno de los rasgos principales de ese cambio de tercio era la desaparición de algo llamado las «grandes narrativas». Ya lo saben ustedes: todos esos relatos totalizantes que habían informado la experiencia de nuestra cultura entera. Uno de ellos, por supuesto, era el marxismo, que definió la vida de las personas de carne y hueso cuya vida cuenta mi libro: dos hermanos colombianos, educados en las escuelas maoístas de Pekín, que se visten de guardias rojos para defender a Mao y vuelven a su país para hacer la revolución. Mucho antes de ser personajes de mi libro lo habían sido de aquel enorme relato colectivo y universal, y de él habían emergido portando cicatrices de las que no quisieron hablar en mucho tiempo.

Diez años después del informe de Lyotard cayó el muro de Berlín. Casi enseguida, Francis Fukuyama nos contó a mansalva que era la historia entera, y no sólo las grandes narrativas, la que había llegado a su fin. Nuestra especie parecía obsesionada con una suerte de apocalipsis cultural, y en todas partes se hablaba del fin de la novela, del fin del arte, del fin del cine o del fútbol o de la cocina francesa. ¿Por qué no, al fin y al cabo? Ante los ojos de todos, como un gran caballo agonizante, terminaba la Guerra Fría, que había moldeado nuestra comprensión del mundo durante más de cuatro décadas. Siempre me ha parecido ese nombre un error de bautismo, pues esa guerra tuvo muy poco de fría en los teatros latinoamericanos: en Colombia o en Chile, en Nicaragua o en Cuba o en El Salvador, la Guerra Fría sembró el continente de incendios diversos cuyas consecuencias seguimos viviendo hasta el día de hoy. En cualquier caso, con el final declarado de aquella Guerra —falsamente— Fría, les pareció a muchos que se cerraba un conflicto muy antiguo: un conflicto irresoluble entre dos maneras de ver y entender la civilización, cuyos tentáculos habían llegado a todas partes y cuyas raíces podían rastrearse hasta los tiempos perdidos de la Revolución Francesa. Y no pocos pensaron que aquello sí que lo cambiaba todo, para mejor. Desaparecido el conflicto, extintos los grandes relatos que lo habían sostenido, el mundo se volvería un lugar más inteligible.

Unos treinta años después, podemos aventurar que no ha sido así. Más bien al contrario: desde 1989 no hemos hecho más que perder clarividencia. Y ahora, bien entrado ya este siglo turbio, comenzamos a preguntarnos si acaso los grandes relatos de la Guerra Fría no imponían una cierta estructura a eso que, a falta de mejor palabra, llamábamos *realidad*; acaso nos permitían aventurarnos en ella sin más brújula que sus propios imaginarios maniqueos, tan confiables, tan dóciles, tan predecibles. Ahora nos encontramos más confundidos que nunca, más desorientados y por lo tanto más vulnerables, y con frecuencia podemos sentir que nos faltan las palabras necesarias para fijar en el tablero —y observar y entender— las transformaciones aceleradas de esta década convulsa que se ha cerrado hace poco. Yo, por lo pronto, observo casi con melancolía aquella idea central de Lyotard: terminadas las grandes narrativas, los pequeños relatos serían nuestra manera de explorar el mundo, y reemplazarían la visión totalizante con la expresión de nuestras realidades locales, multiculturales, diversas. Lyotard tenía razón, claro, pero no imaginaba de qué forma. Pues hoy, tras una década de apogeo de Facebook y de Twitter, parece efectivamente claro que son los pequeños relatos los que hacen girar el mundo. El problema es que no somos nosotros quienes los estamos contando.

La explicación más directa o eficiente la da Jaron Lanier en un libro breve que, más que un libro, es un manifiesto. Lanier, un pionero del mundo digital que tenía las manos bien metidas en Silicon Valley por los días en que se inventaba internet, ha sido también pionero en explicarnos lo que las redes sociales están haciendo con nuestra comprensión del mundo: esta versión de la realidad que los algoritmos le entregan a cada usuario individual, diseñada o montada con base en sus preferencias —políticas, religiosas, sexuales—, pero también en su historial de consumo y sus desplazamientos físicos. Se trata, verdaderamente, de un cambio de paradigma. ¿Qué pasa cuando cada uno de los ciudadanos vive instalado en una realidad que sólo ese ciudadano puede ver? «La versión del mundo que usted está viendo es invisible para la gente que lo malinterpreta, y viceversa», escribe Lanier. Y en otra parte: «Cuando todos estamos viendo un mundo diferente y privado, las señales que nos enviamos entre nosotros pierden todo significado». El final de ese camino es una sociedad rota donde la comprensión, la cooperación y la empatía son imposibles.

Y en estos días se me ha ocurrido que aquí están: aquí están, finalmente, los *petits récits* de la posmodernidad de Lyotard, los pequeños relatos que reemplazarían las grandes narrativas totalizantes. Lo grave es que no los contamos nosotros, sino los algoritmos. Son las redes los narradores; nos están contando —a cada uno de nosotros— una realidad diseñada a nuestra medida, y nos llevan a vivir en ella como personajes de nuestra propia historia privada, confirmando nuestros prejuicios, explotando nuestras inseguridades, hurgando en el fondo de lo que Spinoza llamaba nuestras emociones tristes: la rabia, el odio, el miedo, la venganza. La idea de compartir la misma realidad ya parece caduca, una reliquia de otros tiempos. Por este camino, pronto no será ni siquiera necesario que nos mientan los políticos.

El nuevo escándalo no es nuevo
14 de noviembre de 2021

El escándalo ha sido mayúsculo, pero tampoco esta vez pasará nada. Es verdad que Frances Haugen, la ingeniera informática que lleva meses denunciando las prácticas venenosas de Facebook, ha puesto a la compañía en un brete inusual: ha demostrado, con documentos internos, lo mismo que muchos llevábamos años diciendo sin ellos. Y es esto: que Zuckerberg y los suyos mienten a conciencia, que saben perfectamente del efecto nocivo que su modelo de negocio tiene en la gente más vulnerable, que podrían tomar decisiones para remediar esos efectos y deciden no hacerlo. No sé qué ha cambiado desde el escándalo anterior, el de Cambridge Analytica, que demostró la permisividad con que Facebook observaba la manipulación grotesca, la falsedad irresponsable y la desinformación programática que han metido a nuestro mundo político en una crisis sin salida visible, y sin las cuales no se entienden la elección de Trump, la victoria del Brexit y la derrota de los acuerdos de paz en Colombia. No, no sé qué ha cambiado: pero ha cambiado algo. Y, sin embargo, yo creo que no pasará nada.

Porque la gravedad de las acusaciones que pesan sobre Zuckerberg y Facebook, la profundidad de su negligencia y la extensión de su hipocresía, siguen siendo asuntos secundarios para la gran mayoría de sus usuarios, que son los únicos capaces de ejercer la presión necesaria para que las cosas cambien. En un reportaje de este periódico, un grupo de adolescentes hablaba con elocuencia de los daños profundos que la vida en Instagram les causa, pero confesaban su incapacidad de dejar esa droga tan potente que es la aprobación de la tribu. Visto aquello, ya me dirán ustedes por qué se cuestionaría cualquier cosa alguien que no percibe daño alguno, y para quien Facebook es el lugar donde se confirman sus prejuicios y se vindican sus odios, donde el relato que le cuenta la vida coincide milagrosamente con sus preferencias, sí, pero sobre todo con sus antipatías, sus resentimientos y sus paranoias. Es decir, todo lo que hace girar el mundo.

Nuestro tiempo es el tiempo de las emociones. Así se explica el auge de los nuevos populismos: el sentimiento del agravio, la dignidad herida, el orgullo nacionalista, el nativismo que hasta hace muy poco era vergonzante, buscan (y eligen) a quien les ofrezca defensa o aun venganza. Por otra parte, eso que llamamos posverdad, si uno lo mira de cerca, es un fenómeno emocional: el reemplazo de la realidad verificable por lo que aquella funcionaria trumpista llamaba «verdades alternativas», pero sobre todo la convicción de que no importa lo que ocurre, sino lo que yo deseo que ocurra. Pues bien, Facebook y sus redes compinches trabajan allí, en esa curiosa dictadura de las emociones, y poco importa que su materia prima —lo que la máquina virtual manipula y mastica y escupe para provecho de unos cuantos— sea el ego de unas adolescentes frágiles o el rencor alucinado de un colectivo de fanáticos.

En el año remoto de 2010, cuando acepté que esto de las redes sociales no era para mí (y ahora me parece claro que no haber entrado nunca es la mejor decisión que he tomado), escribí una columna al respecto, y pido a los lectores que me perdonen la indelicadeza de citarme. «Nadie me tiene que explicar las ventajas y las infinitas posibilidades de las redes», escribí. «Pero hay en todo este asunto un lado oscuro, tanto más inquietante cuanto que mencionarlo está mal visto». Me referí a su lado pueril y narcisista, y también a la sensación de existir sólo mientras los demás nos den prueba de ello, esa necesidad de validación constante, ese miedo atávico a no ser vistos. Era una simplificación grosera, pero es que el mundo era más simple entonces. Por ejemplo, todavía no existían las palabras de Sean Parker, primer presidente de Facebook. «Se trata de daros un toque de dopamina cada cierto tiempo, porque a alguien le ha gustado una foto o ha comentado un *post*», dijo en 2017. «Se trata de explotar una vulnerabilidad de la psicología humana. Los inventores, los creadores, lo entendimos conscientemente. Y lo hicimos de todas formas. Esto cambia literalmente tu relación con la sociedad, con los otros... Sólo Dios sabe lo que está causando en las mentes de nuestros hijos». No existía tampoco la declaración de Chamath Palihapitiya, un alto cargo en Facebook: «Siento una culpa tremenda», dijo. Y también: «Creo que todos sabíamos en el fondo que algo malo pasaría». Y también: «Esto erosiona los cimientos del comportamiento de la gente con los demás. Y no se me ocurre una solución. Mi solución es dejar de usar estas herramientas. Yo llevo años sin usarlas».

De manera que no: lo de Frances Haugen no es nuevo. Ha estado ahí todo el tiempo, y no hemos querido verlo. Y no sé por qué habríamos de abrir los ojos ahora.

El 6 de enero y las palabras desgastadas
16 de febrero de 2022

Las palabras, como los antibióticos, van perdiendo eficacia cuando se usan con descuido: cuando se abusa de ellas, por ejemplo, o cuando se intenta que nombren una realidad que no les corresponde. El resultado es que luego, cuando de verdad las necesitamos, nos encontramos con que ya no sirven, y entonces la infección progresa o nos mata la superbacteria. Tomemos, por ejemplo, el sustantivo *fascismo* o el adjetivo que lo acompaña, y pensemos cómo llevamos ya unos cien años usándolos para describir las realidades más variopintas, a veces de manera inevitable y otras con más ligereza; de manera que ahora, cuando de alguna forma había que nombrar lo que pasaba con Bolsonaro o con Éric Zemmour, o con las actitudes puntuales de tantas figuras que medran impunemente en nuestras democracias, notamos que las palabras se han desgastado y ya no sirven para ver con claridad. Y eso, ver con claridad, es lo primero que deberíamos exigirle al lenguaje, sobre todo en tiempos de crisis.

En esto pensaba yo hace unas semanas, cuando el Comité Nacional Republicano de Estados Unidos perpetró una resolución en que condenaba (en el sentido de reprobar o censurar) a dos de sus representantes, Liz Cheney y Adam Kinzinger, por colaborar con las investigaciones que llevaba a cabo la Cámara de Representantes sobre lo ocurrido en el Capitolio el 6 de enero del año pasado. La resolución, creo yo, se ganó desde su nacimiento un lugar en la historia norteamericana de la infamia. Y eso es un problema para nosotros: pues da igual que se trate de música o de libros o de guerras culturales o de política local, los ciudadanos del mundo contemporáneo sabemos bien que nada de lo que ocurre en Estados Unidos se queda en Estados Unidos. Por eso es tan preocupante la mencionada resolución, para la cual los insurrectos del 6 de enero, que protagonizaron la toma violenta de un edificio de gobierno y cuyos actos terminaron con la muerte de seis personas, no fueron más que un grupo de «ciudadanos ordinarios» que tomaban parte en un «legítimo discurso político».

Dan ganas de sacar las cursivas para fijarnos mejor en las palabras: *legítimo discurso político*. La palabra inglesa *discourse*, en el original de la resolución, significa «discurso» en una de sus acepciones, pero también podría traducirse como «conversación». Así es: para los dirigentes de uno de los dos grandes partidos de la democracia más influyente del mundo, cuyas costumbres hemos copiado los demás pueblos de Occidente desde que Alexis de Tocqueville escribió ese tocho bellísimo que es *La democracia en América*, el ataque violento de una serie de grupúsculos golpistas más o menos organizados —y de una multitud de rencorosos agraviados por la desinformación y la propaganda— fue un ejercicio ciudadano del derecho a la libre expresión. Los constructores de una horca amenazante, el sociópata que le sacó los ojos a un agente de la policía, el que le causó severas contusiones a otro agente a golpes de extinguidor o usando una bandera —una metáfora que ningún novelista se habría atrevido a usar, por facilona—, los que defecaron en los corredores y usaron su propia mierda para dejar un mensaje: todos ellos, en la opinión del Comité Nacional Republicano, estaban tan sólo participando en la conversación política.

Los trumpistas pueden darle al asunto todas las vueltas que quieran, pero lo que ocurrió en los breves renglones de la resolución republicana es muy sencillo: la legitimación o la normalización de la violencia como discurso. Y yo me descubrí de repente llegando a una conclusión incómoda: para pensar en los Estados Unidos de hoy, donde la retórica paranoide de los extremistas ha calado en una mayoría parlamentaria, Alexis de Tocqueville, que tan bien funcionaba hasta hace apenas un lustro, se ha quedado obsoleto; en su lugar, otro pensador parece tener la clave de lo que está ocurriendo: Joseph de Maistre. Era un prosista brillante, un reaccionario poderoso y un enemigo a muerte de los valores de la Ilustración, que consideraba el más lamentable de los desvaríos, y la experiencia de la Revolución de 1789 y el Terror que comenzó cuatro años después lo habían convencido de que el racionalismo, el progreso, la libertad y la confianza en la ciencia eran gravísimos errores, y era necesario destruirlos. De Maistre nació medio siglo antes que Tocqueville, pero sus ideas iluminan mejor lo que estamos viendo.

Quien mejor explica a De Maistre es Isaiah Berlin. La visión de este pensador heterodoxo, explica Berlin en uno de los ensayos de *El fuste torcido de la humanidad*, se basa en «la doctrina de la violencia como corazón de las cosas», «la creencia en el poder de las fuerzas oscuras», «la apelación a la fe ciega contra la razón, la creencia en que sólo lo misterioso sobrevive», «el absurdo del individualismo liberal». En resumen, esta concepción del mundo gira alrededor de dos cuestiones que incluyen o reflejan todas las otras: la guerra contra la razón y el elogio de la violencia. Tal vez me equivoque, pero las palabras de Berlin evocan para mí realidades muy palpables, aunque deformadas por nuestro tiempo de redes sociales y entretenimiento constante y cultura del espectáculo. La creencia en el poder de las fuerzas oscuras, la creencia en que sólo lo misterioso sobrevive: cuando uno se ha limpiado la mirada, ¿no es posible ver allí la semilla de QAnon? ¿No se puede entender a través de ese filtro el éxito irrefrenable de las teorías de la conspiración que llevaron a la gente al Capitolio?

Por supuesto, el mundo de Joseph de Maistre tiene una gravedad y un drama de los que carece el trumpismo; por supuesto que es fácil desdeñar a la estrella de la televisión, con su pelo ridículo y su léxico de matón de colegio, y es fácil desdeñar al loco semidesnudo de los cuernos, y a la congresista que confunde Gestapo con gazpacho, y a la secta que cree que en la trastienda de una pizzería los demócratas violan niños. Pero si vamos a entender por qué el relato del trumpismo capturó como lo hizo la imaginación de tanta gente —y sobre todo si queremos evitar que lo mismo suceda en otras partes—, lo más aconsejable es aparcar por un rato la burla y el desprecio, que tan solícitos acuden a nuestro llamado y nos permiten desentendernos de las payasadas de un grupo de lunáticos, y buscar otras formas de interpretar lo que pasa, tomándonos al grupo de lunáticos con cierta seriedad y en todo caso con preocupación: porque lo que pasa en Estados Unidos nunca se queda en Estados Unidos.

El ensayo de Berlin se titula *Joseph de Maistre y los orígenes del fascismo*. Y aunque es verdad que las palabras, como los antibióticos, van perdiendo eficacia cuando se abusa de ellas, el momento en que el Partido Republicano legitimó el uso de la violencia como forma de participación política —la agresión, el daño y la muerte como *legitimate political discourse*— sólo puede llamarse de una forma. Y hay que usar las palabras para lo que sirven. De otra forma, me temo, nunca recuperarán su eficacia perdida, y seguiremos andando por el presente sin reconocer de verdad lo que nos está pasando.

Colombia: entre la frivolidad y la violencia
3 de marzo de 2022

Este país mío nunca dejará de sorprenderme. En medio de uno de los momentos sociales más tensos de su historia reciente, apenas saliendo de una pandemia que delató la mediocridad de sus dirigentes y ha matado a 140.000 personas, asomándose a cotas de violencia que no se veían desde antes de la firma de los acuerdos de paz, Colombia lleva ya varios meses embarcada en la campaña presidencial más frívola, más boba y más desprovista de ideas que me haya tocado ver en mi vida de ciudadano. La campaña de casi todos los precandidatos parece diseñada con una sola premisa en mente: el votante es un niño de ocho años, y hay que conquistarlo con musiquitas tontas y colores vivos. Aunque tal vez soy injusto con los niños de ocho años, pues los he conocido brillantes. Me corrijo: la campaña colombiana, en la gran mayoría de casos, parece haber asumido que el votante es idiota. Y así nos va.

Por eso los hemos visto haciendo el ridículo con bailes en TikTok, como el desesperado aspirante de la derecha uribista, al cual se le han acabado las maneras de faltarse al respeto. Y los hemos visto disfrazados con el uniforme de la selección de fútbol, como una banda de adolescentes, y los de cierta edad recordamos que ni siquiera el risible Berlusconi, cuando anunció su candidatura con un discurso plagado de metáforas futbolísticas, se atrevió además a ponerse la camiseta. Algunos aspirantes que no tienen nada de frívolos se han disfrazado de dibujo animado, acaso porque a un despistado asesor de campaña se le ocurrió que eso servía para parecer normal. Y luego está el caso de un populista inclasificable —salvo por su ramplonería trumpista— cuyos vídeos quieren simplemente que la gente se olvide de otras cosas: la filmación en que aparece agrediendo por la espalda a un concejal (una violenta cachetada), o el audio en que amenaza a un contradictor con pegarle un tiro.

Pero no creo que tengamos demasiado derecho a sorprendernos. Esta campaña ocurre en la estela del gobierno fallido de Iván Duque, y tal vez habrá quien recuerde en mi país desmemoriado lo que fue la vergonzosa experiencia de hace cuatro años, cuando el actual presidente hizo campaña bailando salsa en la televisión, tocando guitarra en la radio y preguntándole a Emilio Butragueño «cuántas cabecitas» podía hacer. («Yo la cabeza la usaba para pensar», fue la respuesta sin diminutivos de Butragueño). Aquella frívola campaña anunciaba una presidencia frívola, y el anuncio se ha cumplido con creces: al presidente lo hemos visto disfrazado de policía —justo después de las protestas en que los desmanes policiales acabaron con varias vidas—, o pidiéndole a un locutor de fútbol que narre el gol que Colombia le mete a la covid-19, o haciendo infantiles juegos de palabras con los nombres de un asesino que el ejército había dado de baja. Por supuesto, éste también fue el presidente que sacó unos 800.000 euros del Fondo de Paz para pagar una «estrategia de posicionamiento en redes» de su gobierno. Lo dicho: no hay derecho a sorprendernos.

En medio de este panorama lamentable, cuento con los dedos de una mano los aspirantes que se han negado a comunicarse con los votantes por medio del ridículo organizado. Uno de ellos, notablemente, parece empeñado en la anacrónica noción de tratar a los ciudadanos como adultos. Es Sergio Fajardo, un matemático que no tenía ninguna necesidad de meterse en política, pero lo hizo: en 2004 llegó a la alcaldía de Medellín, que por esos tiempos seguía siendo una de las ciudades más violentas, excluyentes y difíciles del mundo, y en pocos años le dio la vuelta con unas ideas tan atrevidas que se convirtieron en objeto de fascinación y estudio para observadores de todas partes. Pues bien, hace apenas un par de días que Fajardo lanzó su programa de gobierno, más de treinta documentos extensos llenos de ideas concretas y atravesados por una visión de país que pasa por la defensa de la paz, la protección de los más débiles y la construcción de una sociedad más igualitaria; pero yo tengo la impresión confusa de que a la mayoría de la gente nada de eso parece importarle demasiado. ¿Por qué?

Las virtudes que siempre le he visto a Fajardo —la sensatez, la serenidad, una honestidad a prueba de los ataques más rastreros, el paso exitoso por cargos de poder— no parecen tan útiles en una campaña como la que vemos. La razón es muy sencilla, casi banal: el mundo de 2022 no es el mundo de 2004, cuando Fajardo fue elegido para aquellos cargos con los que les cambió la vida a miles.

En esos tiempos que parecen tan remotos, todavía las redes sociales no habían provocado este deterioro inverosímil del debate público, ni creado este orden de las cosas en que son más visibles quienes más hagan el ridículo, o quienes más insulten o descalifiquen o más escandalosos sean, o quienes más alimenten la crispación, la polarización o la franca violencia retórica. En un país que admira la indecencia y el matoneo (el populista que agredió a un concejal no ha bajado sino subido en las encuestas, y los tuiteros más comentados son siempre los más procaces, fanáticos o injuriosos), pocos se niegan a jugar ese juego sucio. Y pagan por eso: pues la Colombia de hoy es un lugar tribalista y sectario, donde incluso líderes de opinión inteligentes se dejan seducir por la fogosidad y los aspavientos, e incomprensiblemente confunden el aplomo con falta de convicción, la mesura con el aburrimiento.

No sé si habremos perdido para siempre la capacidad de leer el mundo con mirada clara, o si nuestras sociedades estarán viviendo en una realidad paralela —la de las redes— donde se vive una experiencia distinta, definida por dos polos que parecen contradictorios pero tal vez sean temiblemente complementarios: la frivolidad y la violencia. Pensé en todo esto la semana pasada, después de que un grupo de encapuchados vestidos de negro recibieron a Fajardo en una universidad adonde llegaban, él y su grupo, para hacer campaña. Lo primero fue el estallido de un explosivo casero; enseguida, los amedrentamientos directos, y la exigencia al candidato de que se fuera del lugar. Una esquirla del explosivo hirió a una mujer que lleva años trabajando con Fajardo, y él se retiró de los predios de la universidad, caminando lentamente, con la misma serenidad con que hace todo, e incluso deteniéndose a hablar con la gente que se acercaba a pedirle disculpas y a plantearle, allí mismo, sus inconformidades y sus desacuerdos.

Tal vez lo que quiero decir es esto: es posible que los ciudadanos y los medios, acostumbrados desde hace varios años a una dieta de espectáculo y enfrentamientos, de frivolidad y agresiones, de polarización y demagogia, ya no sepan cómo entender a un político que no se relaciona con los votantes mediante discursos exaltados, ni azuzando los odios ni explotando los miedos, sino saliendo a la calle y hablando con la gente, incluso si los violentos lo acosan o lo amedrentan. En mi país, frustrado y enfurecido tras cuatro años funestos, esa serenidad no sólo es deseable, sino urgente.

Rusia y la mentira
13 de abril de 2022

Hace cuatro años, poco después de que el Departamento de Justicia de Estados Unidos acusara a trece ciudadanos rusos de interferir en las elecciones, apareció en el *Washington Post* una entrevista que he vuelto a recordar en estos días, mientras tantas luminarias en tantas partes del mundo descubren que esta guerra no comenzó en febrero, sino hace mucho tiempo, y no comenzó en el terreno de las atrocidades, sino en los vericuetos de internet. Se ha dicho mucho que esta es una guerra de información, y mucho se ha admirado —y con razón— el esfuerzo de los periodistas rusos que, corriendo riesgos sin cuento, han tratado de enfrentarse a la aplanadora retórica con la que Putin trata de imponer el enorme relato (la mentira enorme) que justifica su agresión a Ucrania. Y a algunos nos ha extrañado más bien poco que parte de la opinión occidental, de Fox News a ciertas izquierdas latinoamericanas, haya comprado o finja comprar la narrativa del Kremlin. Pero son cinismos políticos que ocurren en la superficie; por debajo, en las profundidades invisibles de nuestra vida ciudadana, ocurren otras cosas.

Recordarán ustedes a Robert Mueller, aquel director del FBI con pinta de director del FBI que en 2018 nos habló de una agencia rusa basada en San Petersburgo: una verdadera oficina de propaganda cuya única misión, ya bien entrada la campaña electoral, era engañar o confundir a los internautas norteamericanos para alejarlos de Hillary Clinton y acercarlos a Donald Trump. Al parecer, tres de los conspiradores rusos habían visitado por lo menos diez estados de Estados Unidos en 2014, y durante varios días estuvieron recopilando inteligencia y manteniendo conversaciones *online* con ciudadanos que se convirtieron, sin saberlo, en informantes de los rusos y aun cómplices en el esfuerzo. Cuando se anunció que Mueller estaba investigando las actividades de los rusos, una de las mujeres conspiradoras dejó una nota: «El FBI nos ha descubierto (no es broma). Pero me preocupé de cubrir las huellas junto con los colegas. Inventé fotos y *posts*, y los estadounidenses creyeron que todo eso lo había escrito su gente». Pues bien, es posible que las revelaciones de esos días animaran a otras criaturas a salir a la luz, y aquí es donde aparece la entrevista del *Washington Post*.

El entrevistado se llamaba Marat Mindiyarov. Era un profesor desempleado de 43 años cuando descubrió, muy cerca de su casa, una oportunidad laboral, y durante cuatro meses, de noviembre de 2014 a febrero de 2015, su trabajo consistió en navegar por internet y escribir sus opiniones en las secciones de comentarios de las noticias o las columnas de opinión. Salvo que las opiniones que escribía no eran realmente suyas: le habían sido comunicadas de antemano, y Mindiyarov sólo tenía que reproducirlas en sus propias palabras en cuanta página rusa se le cruzara en el camino. Por esos días, después de la intervención militar en Ucrania, la Unión Europea y los Estados Unidos habían respondido con una batería de sanciones económicas (no se sorprenda, lector, si se sorprende); y Mindiyarov tenía que recorrer las secciones de comentarios diciendo que el rublo estaba mejor que nunca, que la vida en Rusia era maravillosa, que las sanciones de Occidente no harían sino fortalecerlos. «Tan pronto aparecía una determinada noticia en los sitios web rusos», contaba el hombre, «se creaban inmediatamente *trolls* para dar la ilusión de apoyo».

Eran verdaderos ejércitos —trescientas o cuatrocientas personas, dice Mindiyarov— que trabajaban doce horas al día, en turnos diurnos o nocturnos, en cuatro plantas de habitaciones donde se cerraban las persianas y se escribía bajo regulaciones estrictas: por ejemplo, producir ciento treinta y cinco comentarios de doscientos caracteres cada uno. Era, dice Mindiyarov, como pequeñas obras de teatro: uno de los *trolls* fingía dar una opinión negativa o crítica hacia Rusia, y enseguida otro le respondía con pruebas en contrario, con vínculos que llevaban a documentos fehacientes, con otras opiniones de otros sitios, hasta que el escéptico o el crítico cambiaba de opinión a la vista de todos. Los *trolls* recibían a cambio unos setecientos dólares de la época, pero un día se le presentó a Mindiyarov la oportunidad de doblar ese salario pasando a la sección a la que todo el mundo aspiraba: el llamado Departamento de Facebook, que se concentraba en la manipulación de internautas norteamericanos. Para entrar a aquel círculo selecto era necesario pasar un examen: «¿Qué piensa usted de Hillary Clinton? ¿Qué posibilidades tiene de ganar las elecciones?». La pregunta quería recabar información y medir conocimientos, claro, pero también asegurarse de que el *troll* podía pasar por ciudadano de Estados Unidos. Su inglés tenía que ser perfecto; el de Mindiyarov no lo era, y no superó la prueba.

Poco después salió de la fábrica de *trolls*: «Por razones morales», dice en la entrevista. «Me daba vergüenza trabajar allí». Era como estar metido en el mundo de *1984*, añade (no en vano es o era profesor): la agencia era «un lugar donde tienes que escribir que el blanco es negro y el negro es blanco. Tu primera sensación, cuando acabas allí, es que estás en una especie de fábrica que convierte la mentira, el decir falsedades, en una cadena de montaje industrial». Los *trolls* que allí trabajaban llevaban la última vestimenta, el último corte de pelo, el último teléfono móvil. «Eran tan modernos», decía Mindiyarov, «que no se podía pensar que podían hacer algo así». Recuerdo mi perplejidad cuando leí la frase por primera vez: había en ella una especie de *non sequitur*, o en todo caso no me resultó claro por qué la modernidad de los *trolls* pudiera estar reñida con su actividad. Ahora tengo una teoría: para el hombre que da la entrevista, aquella elaborada fabricación de mentiras en serie era algo venido de los tiempos soviéticos, de la Guerra Fría y la propaganda como arma ofensiva.

Cuando el entrevistador le pregunta si estas estrategias de verdad funcionan, Mindiyarov se muestra escéptico: para el público ruso, por lo menos, aquél era un trabajo sin sentido. «Pero para los americanos», aclara entonces, «parece que sí funcionó. No están acostumbrados a este tipo de artimañas. Viven en una sociedad en la que se acepta responder por tus palabras». Es casi conmovedora, esta frase, y no la puedo leer sin detectar en las palabras una cierta compasión por la inocencia de las víctimas, a la vez que una callada envidia de ese mundo donde era otra la relación entre internet y los ciudadanos. Y hay que sentir verdaderos escalofríos al pensar que esto ocurrió hace siete años, y que desde entonces las estrategias de propaganda —la posverdad, los hechos alternativos— no han hecho sino progresar en todo el mundo: se han hecho más sofisticadas y poderosas, claro, pero además cuentan con nuestra negligencia, nuestra ignorancia, nuestro tribalismo y nuestra buena disposición a creer lo que nos convenga.

J. K. Galbraith escribió a finales del siglo pasado que las democracias viven en perpetuo miedo a los ignorantes. Se refería a esto: a la inverosímil facilidad con que nos engañan quienes quieran hacerlo. Hace falta algo de tiempo y dinero de parte de quienes organizan la mentira, pero sólo ignorancia y credulidad de parte de quienes la padecen. Así nos va.

Otra lectura de Francia
27 de abril de 2022

La derrota de Marine Le Pen era predecible, pero me sorprendió de todas formas: porque por estos días cualquier noticia positiva nos llega con una cierta sensación de irrealidad, como si no se compadeciera con el momento, o como si en el fondo no la mereciéramos. En el caso de las elecciones francesas, muchos esperábamos los resultados con la impresión confusa de haber pasado ya por todo esto, pues hace cinco años las coordenadas generales eran similares: después de las catástrofes en serie del 2016 —el Brexit, la victoria de Trump, el estallido por los aires de la sociedad catalana y la derrota en un plebiscito de los acuerdos de paz de Colombia—, parecía que la estabilidad del mundo colgaba de un hilo, o su sanidad mental, y que ese hilo era el enfrentamiento entre Macron y Le Pen. Cuando perdió el Frente Nacional y volvimos a respirar, a muchos nos maravilló no habernos dado cuenta siquiera de estar conteniendo la respiración.

Después de aquellas elecciones, a todos —no sólo a nosotros, los francófilos más o menos irredentos— nos quedó un problema en forma de pregunta: ¿qué había ocurrido en Francia para que Marine Le Pen pasara a la segunda vuelta? O bien: ¿qué había ocurrido para que una ultraderecha racista, xenófoba, negacionista frente al cambio climático y heredera del antisemitismo chabacano de Jean-Marie Le Pen obtuviera el voto de más de diez millones de ciudadanos? Cuando viví en París, a finales de los noventa, me tocó asistir al escándalo descomunal que se armó cuando el patriarca Le Pen repitió unas opiniones que había dado diez años atrás: las cámaras de gas del exterminio nazi, dijo, eran apenas «un detalle» de la Segunda Guerra Mundial. La reprobación de eso que llamamos opinión pública fue inmediata y sin ambages. Otro día habría que discutir sobre el asunto mismo de la opinión pública, que ahora, en tiempos de internet y de redes sociales, es una cosa muy distinta de lo que era hace un cuarto de siglo; para efectos de este artículo, sin embargo, hay que decir simplemente que así fue, que la opinión pública condenó las declaraciones de Le Pen, y además lo hizo con tanta firmeza que a su hija, empeñada en proteger su destino político, le tocó declararse en franco desacuerdo.

Pero la familia Le Pen comparte un extraño relato acerca de la guerra, o la ve a través de un prisma por lo menos complejo que es como una ventana hacia la psicología profunda de la ultraderecha. En 2010, Marine Le Pen se refirió en un discurso a los musulmanes que cierran temporalmente una calle de barrio para rezar, y los comparó con la ocupación nazi de Francia. En 2015, Jean-Marie Le Pen elogió abiertamente al mariscal Pétain, jefe del régimen colaboracionista de Vichy, y esta vez no bastó con que su hija lo desautorizara: el voto de su propio partido lo tuvo que apartar de la escena, único modo de limpiar la fachada que había quedado sucia con palabras que no se podían decir. Jean-Marie Le Pen, como Éric Zemmour ahora y como tantos ultraderechistas en tantas partes del mundo, encuentra en la provocación meditada una forma de comunicarse con su electorado; pero a su hija, embarcada como estaba en un cuidadoso proceso de desdiabolización del Frente Nacional, el oficio de romper tabúes había dejado de parecerle la estrategia política más conveniente. Así fue como el padre salió de la escena.

Pero en abril de 2017, en plena campaña presidencial, Marine Le Pen dio unas declaraciones sobre el Velódromo de Invierno que en su momento parecieron un incidente más, una polémica más, pero que ahora leo de otra manera. La *rafle du Vel d'Hiv*, como se conoce en Francia este momento de vergüenza, es la redada en 1942 —por parte de la policía francesa— de unos trece mil judíos que fueron enviados a los campos de exterminio. Durante años, el país traumatizado de la posguerra, que no lograba dar con el relato que explicara lo sucedido durante la ocupación, negó la responsabilidad de la República, o más bien la restringió a los que intervinieron físicamente en la deportación. Esta versión de la historia llegó viva y coleando hasta Mitterrand; para que el relato cambiara hubo que esperar a Chirac, que en 1995 dijo que ese día «Francia cometió lo irreparable». Después vinieron Sarkozy y Hollande, que sostuvieron el mismo acuerdo nacional sobre esas memorias incómodas, y así parecía que se quedaría el asunto. Hasta que Marine Le Pen dijo que no: que Francia no era responsable.

Recuerdo haber pensado que algo muy grande se había roto en Francia, o que algo se había tenido que transformar gravemente fuera de la vista de todos para que diez millones de franceses le dieran su voto a Le Pen después de que ella cruzara esa línea roja. El relato francés sobre el pasado del país —sobre todo el pasado posterior a 1939, que incluye Vichy y el colaboracionismo, la guerra de Indochina y la guerra de Argelia— está lleno de líneas rojas, de cosas que no deben decirse, de consensos que se van imponiendo en medio de durísimas negociaciones sociales y que otorgan cierto equilibrio a un país acostumbrado a tratarse a sí mismo con la máxima intransigencia. La irresponsabilidad de Le Pen en el caso de aquellos dolorosos episodios nacionales indignó a la prensa, por supuesto, pero al parecer la prensa ya estaba divorciada de la gente, o vivía en una realidad distinta. O no se había dado cuenta de algo que Le Pen estaba viendo con claridad.

Y es esto: que hay todo un sector de la psique francesa que está harto de sentirse culpable. De lo que sea: del pasado de la guerra, del colonialismo, de la dificultad que el país tiene a veces para estar a la altura de su credo maravilloso. Allí puede haber una explicación para el auge breve y efímero de Éric Zemmour, que se pasó meses acariciando el sentimiento nacionalista y envolviéndose en acogedoras banderas mientras encontraba culpables por todas partes —los inmigrantes, los musulmanes, los europeístas, las élites, la teoría de la conspiración del «gran reemplazo»— pero que causó un escándalo especial cuando sostuvo que Pétain, a fin de cuentas, había hecho lo que hizo para salvar a los judíos franceses. El colaboracionismo, en este relato, fue la manera heroica con la que Pétain protegió a los franceses del sufrimiento: el sufrimiento que los nazis habían causado a quienes se les habían resistido. Es la tesis del escudo y la espada, según la cual Pétain (el escudo) le habría dado tiempo a De Gaulle (la espada) para llevar la resistencia hasta el final. La tesis, por supuesto, tiene un solo objetivo: la des-culpabilización.

La ultraderecha está haciendo cosas similares en todas partes: si los populismos de izquierda prometen todo el tiempo un mejor futuro, los populismos de derecha han descubierto lo rentable que puede ser prometer un mejor pasado. Lo cual tiene la ventaja evidente de que no hay que hacer nada. Basta con hablar, contar una historia tranquilizadora, y así alejar a los fantasmas que nos persiguen por las noches.

Cuatro años perdidos
8 de mayo de 2022

Se acaban los cuatro años funestos de este gobierno, y lo que nos queda a los colombianos es la sensación inconfundible del tiempo perdido. Han sido cuatro años malversados en muchas cosas, pero la más notoria —y la que traerá más consecuencias— es la implementación de los acuerdos de paz. El gobierno de Duque la saboteó desde el principio, deslegitimando los acuerdos de palabra y de obra, poniéndoles palos entre las ruedas mediante artimañas legales o cerrando los ojos mientras su partido mentía sobre ellos cada vez que podía. De un tiempo para acá, cuando se dio cuenta de que las Naciones Unidas y el recién llegado Biden comenzaban a fruncir el ceño, el Gobierno decidió ponerse serio con algunos puntos del acuerdo, y ahí van los avances innegables en las zonas rurales; pero eso sólo ha servido para que la gente se dé cuenta de lo mucho que se habría podido hacer si desde el principio Duque se hubiera tomado el asunto con responsabilidad. Eso es inevitablemente Duque: el presidente de las oportunidades desperdiciadas.

Pero esto no es más que la consecuencia natural de haber elegido a alguien que no tenía ni las credenciales ni la madurez ni el temperamento para llevar las riendas de este país inmanejable. La nuestra es una sociedad envenenada, desintegrada, rota por dentro; una sociedad de facciones irreconciliables que admira a los violentos y a los matones, siempre que sean los que le convienen a cada uno, y que da la espalda a los que sufren con una facilidad pasmosa; una sociedad crispada, hecha de pequeños fundamentalismos, siempre dispuesta a responder a la invitación que le haga su caudillo. Y el caudillo hace cuatro años era el expresidente Uribe, que no sólo encabezó el gobierno más corrupto de la historia reciente (me falta tiempo para hacer el inventario de los funcionarios uribistas que han pasado por la cárcel o están prófugos de la justicia), sino que lideró contra los acuerdos de paz una campaña grotesca de mentiras y desinformación cuyas consecuencias todavía sufrimos. Ahora, cuando la realidad ha desvirtuado sus profecías calumniosas, nos encontramos simplemente frente al lamento por lo que hubiera podido hacerse y no se hizo. Lo dicho: cuatro años perdidos.

Como se han perdido, también, para el afianzamiento de unas instituciones constantemente amenazadas. Dicen los optimistas que este es uno de los rasgos más admirables de nuestro país: la firmeza de las instituciones. Pues bien, las instituciones colombianas son —con el proceso de paz— las que más han sufrido durante estos cuatro años. La separación de poderes, por ejemplo, ha quedado en trizas: el gobierno de Duque ha concentrado buena parte de su tiempo y sus energías en copar los organismos de control con figuras amigas que no controlan nada; tras el fallo que amplió para las mujeres el derecho a abortar, Duque salió a lanzar ataques directos contra la corte que lo profirió; más tarde, en plena campaña electoral, el presidente de todos se dedicó a atacar desde su presidencia de todos al candidato presidencial de algunos; y ahora, cuando hace lo mismo el comandante del Ejército (lo cual no sólo es anticonstitucional, sino peligroso), Duque guarda un silencio vergonzoso. Pero este gobierno es invulnerable a la vergüenza: es heredero, después de todo, del gobierno desvergonzado de Uribe, bajo el cual las cortes no sólo recibían ataques directos del Ejecutivo, sino que sus magistrados fueron espiados y amedrentados mediante campañas bien orquestadas de desprestigio.

A la vista de todos, Duque ha hecho saltar por los aires las reglas más elementales de la vida democrática. La triste ironía es que este gobierno llegó al poder montado, entre otras cosas, sobre un fantasma: el castrochavismo. Era un concepto etéreo que permitía al partido del presidente atemorizar a los ciudadanos, ofreciéndoles el espejo de Venezuela para que vieran lo que podía pasar si Duque no era elegido; pues bien, hace algunos meses el constitucionalista Rodrigo Uprimny hizo la lista de por lo menos seis maneras en que la democracia colombiana se ha asemejado en este tiempo al régimen de Chávez y Maduro. Uprimny habla, pruebas en mano, de persecución a los opositores: ahí estaba la acusación sin sustento de la Fiscalía contra Sergio Fajardo, que sin duda lastró la candidatura que, paradójicamente, es la más transparente. Ahí estaban también los ataques a la prensa: en una ley contra la corrupción se coló un artículo que amenazaba con cárcel a periodistas que formularan denuncias «calumniosas» contra funcionarios públicos, y el fiscal general soltaba estas palabras de colección: cada vez que se critica a la Fiscalía, dijo, detrás de la crítica hay «un delincuente parapetado». Para castrochavista, el gobierno de Duque.

La política es pendular, sobre todo en países polarizados (o quizás habría que decir: bipolares) como el nuestro. Y así ocurre que el uribismo, del cual Duque parece ser el último estertor, comienza a recoger en la figura de Gustavo Petro lo que ha sembrado durante años. Y no: yo no comparto el entusiasmo que genera Petro. Este país desastrado necesita grandes cambios, pero no me pidan que vea la solución en sus posiciones delirantes, que lo obligan a dar explicaciones durante tres días cada vez que abre la boca (sobre pensiones, trenes elevados, expropiación o perdón social: lo que sea). No me pidan que vea la solución en su mesianismo desaforado, que se refleja en la violencia retórica de tantos de sus seguidores y me recuerda demasiado al uribismo de hace quince años, cuya propia violencia retórica aguantábamos los que denunciábamos por entonces los excesos de Uribe. Y no me pidan que acepte sus ataques a los periodistas que no le gustan: puede que alguno se las arregle para ser racista, clasista y frívolo al mismo tiempo, pero nadie puede pensar que hablar de «neonazis en RCN» está justificado. No, no puedo aceptarlo: como tampoco acepté que Uribe, en 2017, llamara «violador de niños» a un periodista cuyo humor no le hizo gracia.

Tampoco me pidan que confíe en la relación demasiado estrecha que tiene Petro con líderes cristianos como Alfredo Saade, que prometen millones de votos sin que nadie parezca darse cuenta de que exigirán mucho a cambio. Saade ha declarado su respeto por el Estado laico, pero también ha atacado el derecho de las mujeres a abortar («el vientre de la mujer no puede convertirse en pabellón de espera para ser asesinado», dijo como si lo hubiera poseído Alejandro Ordóñez). Si alguien cree que los cientos de iglesias que le darán sus votos no harán valer sus propias ideas sobre el tema, y también sobre la muerte digna y el matrimonio homosexual y un largo etcétera, la ingenuidad es el menor de sus problemas. El portal La Silla Vacía ha comparado las posiciones de los candidatos acerca de nuestros debates más difíciles: el fracking, la adopción por parte de parejas del mismo sexo, la regulación de la marihuana recreacional. Las posiciones de Petro y Fajardo coinciden en todos estos asuntos, salvo uno: los impuestos a las iglesias, que Fajardo apoya y Petro rechaza. ¿No es eso elocuente?

Mientras tanto, ahí están Fajardo y Murillo: un progresismo sereno, con un programa económico responsable y un programa social de una ambición jamás vista. Todo lo importante está ahí: la defensa de los acuerdos de paz, de las conquistas sociales que nos han costado tanto esfuerzo, de los vulnerables a los que el uribismo que representa Federico Gutiérrez ha dado sistemáticamente la espalda. Según las encuestas, sin embargo, nada de esto basta: la serenidad y la decencia no entusiasman. Habrá que ver qué dice eso de nosotros.

Sobre la dificultad de votar
25 de mayo de 2022

Un amigo, economista de mucho peso, me contó hace tiempo la anécdota de dos colegas suyos que se encuentran por accidente en la mesa de votación. Después de un momento de vergüenza, uno le susurra al otro: «Si no se lo dices a nadie, yo tampoco lo haré». El chiste sólo tiene gracia inmediata para quien entienda, como lo entiende un economista, que el acto de votar es lo más antieconómico del mundo: nos impone un costo enorme que no se corresponde ni de cerca con el beneficio, pues el tiempo y la energía que invertimos en el proceso de ir a las urnas y depositar nuestro voto no tiene, para el individuo, ningún provecho apreciable, ni proporciona utilidades inmediatas ni compensaciones tangibles más allá de la satisfacción recóndita de haber cumplido con un deber de ciudadano. Si además la tarea del voto viene acompañada de otras cargas —la corrupción, la violencia, el desgaste social—, tal vez no es ilícito preguntarse de vez en cuando por qué seguimos haciéndolo.

Yo, por lo menos, me lo he preguntado en estos días, ahora que Colombia está a punto de votar en las elecciones más tensas y crispadas de mi vida adulta: ¿por qué vota la gente? La corrupción sigue ahí: antes de cada elección importante los colombianos descubrimos de nuevo que en el país se compran votos, y que en algunos casos el negocio es de una sofisticación altísima, y salen grabaciones de políticos negociando puestos a cambio de votos o votos a cambio de dinero y a veces quejándose de lo caro que está el voto por estos días: el equivalente a doce euros por cada uno, adónde iremos a parar. Por otra parte, la violencia sigue ahí: ha hecho parte del proceso democrático desde siempre, y no hablo sólo de la historia reciente de paramilitarismo y guerrillas que dictaban los votos de toda una comunidad, sino también de nuestra larga tradición de atentados políticos. La extrema derecha ha eliminado a quien ha querido, a veces partidos enteros y a veces con la connivencia probada del Estado, y la extrema izquierda ha echado mano del secuestro y el terrorismo en esa guerra degradada que los acuerdos de paz trataron (y siguen tratando) de terminar.

Lo desconsolador es darnos cuenta —los que tenemos la mala suerte de la memoria o la costumbre inútil de revisar periódicos viejos— de lo poco que han cambiado las cosas con el tiempo. En una columna de 1981, García Márquez escribía acerca de la «polarización pasional» que vivía el país en vísperas de elecciones, y continuaba, no sin ironía: «Tampoco, desde que tengo memoria, había visto al país en un estado de postración como éste, que tiene todos los visos de una encrucijada final. Lo que nos hace falta no es un presidente como tantos otros, sino un salvador providencial. Nunca hemos estado peor». Tal vez ése ha sido nuestro problema peor: la convicción, reiterada cada cuatro años, de que nunca hemos estado peor. Pero tal vez sea una tradición nacional: a finales del siglo XIX, el Partido Conservador anunciaba la disyuntiva con tonos de fin del mundo: «Regeneración o catástrofe». Y poco más de un siglo después hacía algo parecido el mesiánico presidente Álvaro Uribe, que, en medio de un segundo periodo conseguido mediante trampas grotescas, respondía así a la pregunta sobre una segunda reelección: «Sólo si hay una hecatombe».

Desde que tengo uso de razón este país descoyuntado ha estado en las mismas, asistiendo a las urnas con la impresión de la catástrofe o la hecatombe inminentes, alimentada desde el discurso apocalíptico de los políticos, o con la resignación confusa de votar bajo amenazas o coacciones: de la guerrilla, de los paramilitares, del narcoterrorismo. Las elecciones más pacíficas que recordamos hoy fueron las de hace cuatro años, cuando resultaron elegidos un presidente y un partido de gobierno que se dedicaron inmediatamente a deslegitimar los acuerdos de paz: los mismos acuerdos de paz que habían permitido o favorecido esas elecciones pacíficas. Y también sobre esas elecciones planearon los miedos bien armados por la derecha uribista: la posibilidad de convertirnos en la nueva Venezuela, o la de caer en algo llamado castrochavismo. Eran miedos orquestados, muy similares a los que organizó la campaña contra los acuerdos de paz antes del plebiscito de 2016. Desde los voceros de la derecha se dijo por entonces que aprobar los acuerdos era entregarle el país a la guerrilla, implantar el socialismo en Colombia y aun destruir la familia cristiana (sic). Y bajo esos miedos votó el país.

Permítanme aquí una confesión: yo nunca he votado por el ganador de unas elecciones. La única vez que ha ganado el candidato de mi preferencia, en 2014, razones de fuerza mayor me impidieron votar. Por lo demás, nunca he tenido la suerte que tienen otros, la de ver el país que me gustaría representado por el candidato más popular o el de más votos. Pero no todas las derrotas son iguales. La que más me ha dolido tuvo lugar en el año 2006, cuando la Constitución colombiana fue reformada mediante votos comprados para que Álvaro Uribe, cuyos desmanes ya denunciábamos algunos, triplicara en votos a mi candidato, Carlos Gaviria: uno de los hombres más decentes que han pasado por la política colombiana. En su momento supe que el país había perdido una oportunidad irrepetible: la de llevar al poder a un verdadero socialdemócrata, un hombre capaz de gobernar para todos, no sólo para los suyos, y alérgico a todas las violencias, no sólo las ajenas. Pero Gaviria —académico, humanista, hombre incapaz de pequeñas o grandes corrupciones— representaba valores que en mi país político son más bien obstáculos.

Y así nos ha ido: esa suerte hemos merecido. Y por eso no me parece demasiado absurda o impertinente la pregunta que atraviesa esta columna. Por supuesto que yo no sé en el fondo por qué vota la gente, pero estoy muy consciente de que todavía son muchos los que votan por dinero o por miedos diversos, a veces justificados o justificables. Para los demás, los que tenemos la curiosa fortuna de votar con libertad, el voto puede ser muchas cosas: una forma del rechazo, la reprobación y el castigo, o a veces, si hay suerte, una defensa de un cierto modelo de sociedad al que nos gustaría acercarnos; pero en todo caso el voto será siempre una manera sublimada de la opinión, y en las opiniones de un país hay tanto de razón como de emociones, o tanto de pasiones como de irracionalidad.

Al contrario de lo que han pronosticado tantos tantas veces, mi país nunca ha estallado en mil pedazos, pero tampoco se puede decir que haya estado a la altura de sus posibilidades o de las oportunidades que se le han presentado: más bien ha sido experto en dilapidarlas, por miopía o por venalidad. Y allá vamos los colombianos otra vez este domingo, cada uno confiando en sus exiguas certidumbres. Ojalá esta vez les demos una oportunidad a los que mejor encarnen nuestras convicciones, no a los que prometan vindicar nuestros rencores, nuestros prejuicios o nuestros odios.

Notas para el domingo
16 de junio de 2022

Se acaba por fin la campaña más sucia, más biliosa, más iracunda y más repugnante que yo recuerde, y esto lo escribe alguien que vivió muy de cerca el infierno previo al plebiscito de 2016. El lunes los colombianos nos despertaremos tras haber elegido a un nuevo presidente, si es que las exiguas diferencias que auguran las encuestas no nos han lanzado a hablar de fraude y golpe de Estado, y si es que la violencia que respiramos todos los días no nos ha embarcado en desmanes de los cuales nos podamos arrepentir inmediatamente. Vivir en Colombia es aceptar que el peor de los escenarios posibles siempre es tan posible como el mejor: aquí nunca hay una profecía tan mala que no se pueda cumplir. Pero si todo sale como es de esperar, habrá un nuevo presidente electo y seguiremos todos viviendo en el mismo barco, y habrá que entender que el fracaso del próximo gobierno sería el fracaso de todos, no sólo de los que lo eligieron. Y habrá que tratar, por lo tanto, de evitarlo como podamos.

Lo malo es que hay serias razones para dudar que seamos capaces de ese mínimo sentido común. En un libro que acabo de publicar sobre el proceso de paz recordé dos frases de *El general en su laberinto* que parecen hacer un diagnóstico certero acerca de nuestro presente. «Cada colombiano es un país enemigo», dice el Simón Bolívar de la novela. Y más tarde: «Todas las ideas que se les ocurren a los colombianos son para dividir». Cualquiera que haya vivido los últimos seis años en este país reconoce la verdad íntima de estas palabras, y acaso reconozca también que ese envenenamiento sin remedio de nuestra convivencia lo hemos causado los ciudadanos. En esta campaña han salido nuestros peores rasgos: el racismo endémico y el clasismo más violento, y también nuestra interminable tolerancia frente a la violencia, siempre que nos convenga, o frente a la calumnia y el asesinato moral, siempre que se utilicen contra los otros. Fue grotesco lo que vimos en los videos de la campaña petrista, pero los gritos indignados de muchos serían más creíbles si también los hubieran proferido cuando conocimos la cruzada de mentiras que dio lugar al rechazo de los acuerdos de paz.

Yo no he tenido muchas certezas en esta campaña, que ha sido con frecuencia un grosero festival del chaqueteo, el oportunismo y la deslealtad, pero sí puedo contar dos por lo menos. Primero, que el petrismo se ha embarcado en una ética del todo vale que puede ser buena para el candidato, pero será mala para su movimiento; y segundo, que Rodolfo Hernández representa (sobre todo ahora, de cara a la segunda vuelta) lo peor del populismo más basto y la más vulgar de las demagogias, además de una política reaccionaria, irresponsable, impredecible en el peor de los sentidos y profundamente desestabilizadora. Y un día, cuando toda esta crispación haya mermado y empecemos otra vez a mirarnos a la cara sin el odio que llevan algunos como si estuvieran todo el tiempo cuidándose de algo, tendremos que averiguar con cuidado en qué momento nos pasó esto: en qué momento ese personaje —que cada vez que abre la boca escupe un prejuicio dañino— se convirtió en una opción válida para la gente, no sólo en un entretenimiento para indignados por todo o en un caballo de Troya para los caídos de la vieja política.

Seamos claros: nunca he tenido buena opinión de Petro. Por su sectarismo inveterado, por supuesto, pero sobre todo porque ha mostrado que ningún principio le parece innegociable en la carrera a la presidencia: ni abrirle su movimiento a un predicador homofóbico y antiabortista («el matrimonio igualitario es pura paja», escribió ese hombre hace unos años), ni abrazarse con reconocidos corruptos de la derecha más penumbrosa, ni mirar para otro lado mientras su gente de confianza conspira para la demolición del centro mediante tácticas repugnantes. Todo esto lo hemos lamentado quienes queremos un partido socialdemócrata sólido y decente en Colombia. Pero la opción de Hernández sería verdaderamente catastrófica en muchos sentidos, y basta ver sus decretos prometidos de república bananera, más parecidos al chavismo que a otra cosa, para darnos cuenta. Sabemos que quiere echar por tierra el servicio diplomático y eliminar (en su infinita ignorancia) hasta embajadas que no existen; sabemos que comenzaría a gobernar decretando una conmoción interior absurda y peligrosa. Se oye mucho por ahí que no hay que creerle todo lo que dice, o que no hay que tomárselo en serio. Pero no seré el primero en recordar la cantidad de veces que lo mismo se dijo de Trump, y ahora Estados Unidos es, para todos los efectos prácticos, una democracia disfuncional.

De manera que sí: hay que tomarse en serio lo que dice Hernández. Hay que tomarse en serio sus machismos inverosímiles, y hay que tomarse en serio las amenazas de pegarle un tiro a alguien, las agresiones físicas y hasta la pistola de la que se enorgullece su madre: todo eso hay que tomárselo en serio. Hay que tomarse en serio la desvergüenza con que se jactaba, como constructor, de cobrar más de lo que debe a gente que paga más de lo que puede. Hay que tomarse en serio su forma de tratar a sus subalternos, porque nada dice más de una persona que el tratamiento que les da a quienes dependen de ella, y nada revela tanto el carácter como el ejercicio de los pequeños poderes. Hay que tomarse en serio su disposición manifiesta a limpiarse el culo con la ley (sic), porque es exactamente lo que otros han hecho con otras leyes —la ley de garantías, por ejemplo—, y ésa es una de las razones por las que estamos como estamos. Pero sobre todo hay que tomarse en serio la idea de implementar los acuerdos de paz, que contra viento y marea han mejorado la vida de tanta gente y nos han revelado tantas verdades; y todos los enemigos —de las negociaciones, de los acuerdos, de su implementación— se han unido detrás de Hernández. Eso, por lo menos, está clarísimo.

También está claro algo más, aunque parece que estamos demasiado crispados para darnos cuenta. Y es esto: que las elecciones del domingo no son el final de algo solamente, sino también el comienzo. Es decir, que se acaba esta campaña sucia, destemplada, hiriente y deshonesta, donde varias de las personas que saldrán elegidas (no importa por quién vote uno) ya han dado sobradas muestras de no tener ni el temperamento ni el carácter para llevar las riendas de un país que está tratando de liberarse de una mentalidad de guerra; y donde se acaba esa campaña comienza otra cosa, que es el país de después, el país que empieza el lunes, el país donde habremos de seguir viendo cómo convivimos. En otras palabras: comienza la vida de verdad.

Uso estas palabras avisadamente, porque he tenido más de una vez en estos meses la impresión de que buena parte de nuestros enfrentamientos es artificial, una invención o manufactura de las oscuras redes sociales, o de sus dinámicas perversas que premian los extremismos. «Arrabal de cuchilleros», las he llamado en otra parte, y ver lo que ha ocurrido en la campaña —y también lo que han averiguado periodistas como Yohir Akerman: ver la revista *Cambio*— hace que esas palabras se queden cortas. No tengo y nunca he tenido redes, pero a los que viven en ellas les convendría recordar que alguien está siempre explotando de manera consciente sus miedos y su cólera. Y más allá de lo que pase el domingo, la democracia no tendría que ser esto.

Defender el informe es defender la paz
11 de agosto de 2022

Alejandro Gaviria, el nuevo ministro de Educación, se atrevió a sugerir que el informe final de la Comisión de la Verdad debería llevarse a las escuelas, y de inmediato la oposición —ya no se sabe a qué: al informe, a los acuerdos, a Santos, a lo que todavía no ha hecho Petro— puso el grito en el cielo. Y está muy bien que se debata el asunto, porque así es como se escribe la historia de un país: es una lenta negociación que se hace entre nuestras distintas versiones. Pero en este caso no se ha tratado de un debate legítimo ni de una conversación pública de ningún tipo, pues la inmensa mayoría de las opiniones que he leído en contra del informe de la Comisión tienen en común un rasgo lamentable: es evidente que no lo han leído. Y yo he pensado: ¿dónde he visto esto antes? ¿Dónde he visto a líderes de opinión o políticos importantes o tuiteros glorificados o celebridades de pocas luces despotricar contra un texto sin haberlo leído antes?

Lo que está pasando con el informe de la Comisión, creo yo, se parece demasiado a lo de 2016: cuando buena parte de la opinión pública —tuiteros, políticos, periodistas— se subió con gusto al tren de mentiras, calumnias y desinformaciones que propagó la campaña por el No a los acuerdos. En ese tren de mentiras iban, por ejemplo, los líderes religiosos, y sobre todo uno que se comportaba como líder religioso a pesar de ser un funcionario de esta república que, por lo menos sobre el papel, sigue siendo laica: el inefable procurador de la época, Alejandro Ordóñez. El procurador les explicó a sus seguidores cómo el texto contenía, agazapada, una herramienta misteriosa que sería la muerte de la familia cristiana: la ideología de género (la «ideología homosexual de género», dijo una propaganda). Después de ese plebiscito infeliz que todavía nos divide —o mejor: que muchos usan todavía para dividirnos—, un puñado de predicadores le confesaron a Santos que no habían leído los acuerdos ni sabían qué había en ellos. Simplemente habían confiado en la palabra de Ordóñez.

Igual que otros, tantos otros, le creyeron al uribismo cuando dijo que en La Habana se estaba negociando el fin de la propiedad privada. O cuando la campaña por el No dijo que el dinero para la desmovilización de los guerrilleros iba a salir de las pensiones de la clase media. O cuando aseguraron que la aprobación de los acuerdos nos iba a convertir *ipso facto* en Venezuela. O cuando otros líderes religiosos contaron que los acuerdos habían comenzado y terminado con rituales satánicos. «¿Quiere que yo sea su presidente?», nos preguntaba un cartel enorme sobre la foto de Timochenko. «No al aborto. Voto No a los acuerdos», decía la ventana trasera de un taxi en Cartagena. Recordarán ustedes las palabras del gerente de la campaña por el No, Juan Carlos Vélez Uribe, que dio una de las entrevistas más trágicamente cómicas de la historia del periodismo. «La estrategia era dejar de explicar los acuerdos», dijo, «para centrarse en la indignación». Claro: es que querían que la gente «saliera a votar berraca».

Y tal vez me equivoque, pero esto es lo que veo: los que hace seis años decidieron dejar de explicar los acuerdos son los mismos que ahora se niegan a que se explique el informe de la Comisión de la Verdad. Ahora no hay una campaña organizada, pero el *modus operandi* es el mismo: la deslegitimación, la desinformación, el aprovechamiento de la indignación que vive siempre tan presta entre nosotros. Las primeras condenas, que fueron las más indignadas, me llegaron cuando volvía a mi casa desde el Teatro Jorge Eliécer Gaitán, donde se acababa de presentar el informe. Es decir: la lectura de las primeras 900 páginas, las del volumen *Hallazgos y recomendaciones*, les tomó a estos prodigios unos veinte minutos, según mis cuentas. Y eso no dejó de sorprenderme, pues con frecuencia los congresistas que tan rápido habían leído el informe eran los mismos que en cada tuit cometen tres errores de gramática y seis de ortografía. Se ve que leen bastante mejor de lo que escriben, pero leer tan rápido tiene estos riesgos: a veces uno acaba no entendiendo lo que lee. Aunque en las redes sociales, como lo sabe cualquiera, el hecho de no entender absolutamente nada nunca ha sido razón para dejar de emitir juicios sobre absolutamente todo.

Eso es lo que han hecho. Y, a juzgar por lo que he leído en varias columnas de opinión recientes, los incautos o los sectarios o los negacionistas están ahí para tomarles la palabra. En estas columnas se acusa a los comisionados de no haber escuchado nunca a los militares víctimas de la guerrilla, de restarle importancia al horroroso crimen del secuestro, de querer imponerle al país una sola verdad. Como decía antes: es evidente que los columnistas no han leído el informe ni han visitado la página web de la Comisión, y a veces pareciera que ni siquiera han tenido la mínima astucia de pasar los ojos por la tabla de contenido de los volúmenes presentados, como hacían los estudiantes perezosos. Hace unos días, por ejemplo, lo primero que uno se encontraba al abrir la página web eran dos titulares. Uno llevaba a los relatos de los soldados víctimas de las atrocidades de las Farc; otro llevaba a las declaraciones en las que las Farc reconocían sus secuestros y pedían perdón por esa práctica inhumana. En síntesis: un mundo muy distinto del que describen los que ahora tratan de quitarle legitimidad al informe.

El informe de la Comisión es parte de una gran conversación que habremos de tener los colombianos sobre esta guerra que nos ha marcado a todos, y a muchos, de maneras indelebles. Se puede controvertir si se tiene con qué; lo que no se debería tolerar es que se mienta sobre él como ya ha comenzado a hacerse. Los que están tratando de deslegitimar a toda costa el informe se han dado cuenta ya de lo difícil que eso resulta, pues la Comisión no ha entregado una mera opinión de miles de páginas, sino un documento histórico construido con las voces irrebatibles de la gente. Las voces de las víctimas: soldados, sí, pero sobre todo civiles, porque los civiles han sido la amplia mayoría de los dañados. Las voces de los victimarios: sólo en los últimos días hemos asistido a revelaciones espeluznantes por parte de guerrilleros que han secuestrado y torturado, pero también de militares que han asesinado a civiles indefensos. Esas voces, por más que se intente, no van a ir a ninguna parte. Son reales y, aunque incomoden, ahora existen para siempre.

Luego han llegado las opiniones a decirnos que algunas víctimas son menos graves que otras, o a sugerir que es conveniente ocultar algunos de estos horrores o por lo menos no insistir sobre ellos, no vaya a ser que nuestros niños inocentes se hagan una idea mala de la guerra. A muchos les parecerá inverosímil, pero eso se ha sostenido en la prensa colombiana: que no es conveniente llevar el informe a los estudiantes, como lo sugiere el ministro de Educación, porque se corre el riesgo de adoctrinarlos. Como si la primera forma de adoctrinamiento no fuera inculcarle a un joven el miedo a la verdad.

Ucrania y Rusia: las palabras de la guerra
28 de septiembre de 2022

En febrero de este año, cuando Putin lanzó su agresión criminal contra Ucrania, pocos pensaban que la guerra iba a durar tanto, y muchos menos habrán previsto lo que estamos viendo: que Rusia puede ser derrotada. Para todos los que repudiamos la invasión, que en sus inicios parecía ser una mera reedición de Georgia en 2008 y Crimea en 2014, esto es una buena noticia que llega desde nuestro atribulado presente. Pero a la vez es un mal augurio de lo porvenir, pues un hombre desesperado, aislado y paranoico (educado en la paranoia sin fin de la KGB) resulta siempre peligroso; y es más peligroso cuando la inseguridad y el desespero y la paranoia vienen con un arsenal nuclear; y es más peligroso todavía cuando el tiempo pasa y se va haciendo real la metáfora de Churchill: «Los dictadores andan de aquí para allá montados sobre tigres que no se atreven a desmontar; y los tigres tienen cada vez más hambre». Con cada mes que pasa, Putin va comprendiendo que la única manera de bajarse del tigre es la victoria total. De cualquier otra forma, corre serios riesgos de que el tigre se lo coma.

Ha sido una guerra extraña. Todas las guerras están hechas en parte de palabras, porque es con palabras como se monta la propaganda, y en el arsenal de Putin eran tan importantes los tanques como las mentiras en Facebook. Pero en esta guerra han tenido un papel impredecible. Recuerden ustedes el enloquecido discurso de Putin en el Kremlin, cuando sostuvo que Ucrania no era un pueblo, sino una mera extensión de Rusia o del «Mundo ruso»; cuando habló de la necesidad de desnazificar Ucrania, un país tan nazi que estaba gobernado por un judío elegido por más de dos terceras partes de los votantes; cuando bautizó la invasión o la agresión, en fin, con ese eufemismo orwelliano: «Operación militar especial». Ese día quedó claro que parte de su estrategia era construir un elaborado relato para acompañar o justificar la agresión; no quedó claro, o no me lo quedó a mí, por qué le parecía necesario. La superioridad militar de Putin era avasalladora, y en sus anteriores aventuras militares nunca le pareció necesario acudir a estos efectos retóricos. ¿Por qué ahora sí? ¿Y por qué así, con ese relato tan flagrantemente mentiroso?

El discurso de Putin me hizo pensar en esa anécdota que tanto le gustaba a Hannah Arendt: terminada la guerra de 1914, le preguntaron al presidente francés Georges Clemenceau cómo creía que el mundo juzgaría lo ocurrido. «No lo sé», dijo Clemenceau. «Pero estoy seguro de que nadie dirá que Bélgica invadió Alemania». Hannah Arendt notó que Clemenceau, evidentemente, no conocía los totalitarismos que vinieron después, que convirtieron la guerra contra la verdad (o por el dominio de la historia) en una manera de ser. Decir que Ucrania está en manos de un grupo de nazis, y que hay que invadirla para liberarla, es decir que Bélgica invadió Alemania; es, también, añadir una página al manual del autócrata perfecto, que tiene siempre que erigirse en historiador, pues la mentira sobre el presente está, en el mundo de Putin, ligada íntimamente a su obsesión narrativa con lo que llama la Gran Guerra Patriótica: la victoria de la Unión Soviética en la guerra contra los nazis. Ese relato es el que Putin trata de prolongar, pues remite a tiempos heroicos. *Make Russia Great Again.*

Cuando Putin habla de «genocidio» de los ucranios contra el pueblo ruso de Ucrania, cuando defiende su agresión apelando a las emociones profundas de tantos contra Occidente (la OTAN como humillación, un argumento que demasiados demócratas occidentales, patéticamente, le han comprado sin pestañear), lo que está haciendo es reeditar el relato del victimismo y el resentimiento que siempre les ha sido provechoso a los autócratas. Un analista militar, citado, si mal no recuerdo, por un periódico norteamericano, hablaba de los que creen que «se pueden limpiar los pies con Rusia». En la retórica de los putinianos o putinitos, la idea de humillación aparece constantemente. Nos han humillado; nos han traicionado; somos el hazmerreír del otro (Occidente, la OTAN, los ganadores de la Guerra Fría). La estrategia no es nueva. Parte del éxito de Hitler fue el aprovechamiento de la leyenda de la «puñalada por la espalda» que surgió después de la Primera Guerra Mundial: en realidad, sostenía esta versión, la guerra no se perdió militarmente, sino que Alemania fue traicionada por la izquierda, los comunistas y los judíos, que persiguieron sus propios intereses en desmedro de los de la patria.

Hay que recordar, ahora que la muerte de Gorbachov todavía se siente y están en nuestra retina los desaires que le hizo Putin, que la razón principal del desprecio es esa acusación imprecisa: Gorbachov, según Putin, manchó la reputación de la Unión Soviética. ¿Cómo? Con sus esfuerzos por recuperar la verdad de la historia que el estalinismo había distorsionado o reescrito. Gorbachov se atrevió incluso a hablar de los pactos secretos entre Hitler y Stalin que permitieron, entre otras brutalidades, el ataque a Polonia; se atrevió a hablar de las decisiones secretas que condujeron al aplastamiento de la Primavera de Praga. No hay ninguna manera más resultona de desactivar los escepticismos de sus ciudadanos o de granjearse nuevas simpatías, pues siempre hay alguien que se siente humillado o pisoteado o ninguneado, y esas emociones etéreas son las que mueven el mundo. De eso se trató desde el primer día la campaña de Donald Trump: *Make America Great Again* hubiera sido imposible sin el rencor acumulado e impreciso de millones de votantes vulnerables, desinformados e incapaces de distinguir la verdad de la mentira.

Pero en su guerra de palabras, Putin no contaba con las de Zelenski. Son las palabras precisas y sencillas de un actor entrenado, un hombre que conoce los ritmos del lenguaje y los usa para lograr efectos meditados. El espectáculo sería fascinante incluso si las palabras de Zelenski no vinieran acompañadas de valentía genuina: incluso si no tuviera de su lado la razón y los valores de la libertad, la dignidad y la defensa de la vida. Pienso, por ejemplo, en las palabras que pronunció desde una pantalla frente a las Naciones Unidas: yo vi la transmisión por una cadena norteamericana, y ni siquiera la intérprete podía evitar que la voz se le quebrara. Impredeciblemente, este comediante (que llegó a la presidencia montado no sobre un tigre, sino sobre el unicornio de colores de la industria del entretenimiento) se ha convertido en un líder genuino. Por supuesto que una frase bien escogida, pronunciada con la emoción precisa, no defiende un centro comercial de un misil ruso, pero habría que ser muy cínico para no ver en la actitud y la voz de Zelenski una de las razones de la supervivencia de Ucrania.

Frente a él, Putin parece cada vez más una bestia herida, un matón de barrio de pecho tan desnudo como su lenguaje, incapaz de comunicarse con nadie y aislado de las comunicaciones con los demás. Acaba de decretar una movilización militar que implica el reclutamiento forzoso de miles de rusos, y lo que ve por la ventana es que los rusos —casi 300.000— huyen desesperados hacia otras partes, y los que no huyen lanzan cócteles molotov contra los centros de reclutamiento. Se ve que el relato de patriotismo enseña graves grietas, y Putin lo resiente, o su silencio es resentido. Hace rato que no da declaraciones. Es como si se hubiera quedado sin palabras.

2016: el año que no se ha terminado
26 de octubre de 2022

Llevo apenas dos semanas en Inglaterra, pero en este tiempo Liz Truss, una advenediza que no tenía las condiciones para estar donde estaba, ha echado al arrogante ministro de Economía, lo ha reemplazado por otro de ingrata recordación, ha provocado con sus medidas insensatas una crisis sin precedentes, ha dicho que jamás renunciaría, ha renunciado sin reconocer sus errores y ha dejado la imagen de su país dañada de manera irreparable. Su catastrófico paso por el poder británico no sólo ha lanzado al país a una incertidumbre que no se veía desde los años en blanco y negro, sino que además ha tenido un efecto inédito, por lo menos para las últimas generaciones, en el estado de ánimo de esta sociedad desorientada. La gente en la calle me habla de debacle; el país está en ruinas, me dicen; es una humillación colosal, me dicen otros. Ese sentimiento es real, y contrasta duramente con las humillaciones fingidas o imaginarias que esgrimieron los que hace seis años, con plena conciencia de mentir o sin considerar siquiera la diferencia entre la realidad y la fantasía, empujaron al país por el precipicio del Brexit.

Hay muchas lecturas del cataclismo presente, invención exclusiva de los conservadores, pero una de las más elocuentes es ésta: todo lo que ahora vemos comenzó a gestarse con el referendo de 2016. Así es: con esa campaña mentirosa y populista, con el nacionalismo barato que apenas disfrazaba la xenofobia más ramplona, con la absoluta desconexión con la realidad visible, los hechos comprobables y el sentido común. Y así sucede que todo un relato montado sobre la pérdida de la soberanía y la necesidad de recuperar el control —*Take back control!*, gritaban los brexiteros— ha resultado, en cuestión de seis años, en el mayor descontrol de la posguerra y la sensación inconfundible de la soberanía hipotecada. Y todo es hechura de los tories: de un puñado de ideólogos eurófobos, aislacionistas y libertarios, cuyos delirios encontraron eco en una ciudadanía crédula e insegura, y contaron con la ayuda inestimable del cinismo, la mendacidad y la incompetencia: de David

Cameron a Truss, pasando por el inefable Boris Johnson. Uno de los brexiteros más radicales era Rishi Sunak, hindú practicante cuya fortuna supera a la de la reina Isabel, que acaba de ser nombrado sucesor de Truss. Las ironías que hay en esto son tantas que merecerán una columna aparte. Por ahora, mis reflexiones van por otro lado.

Pues a la historia, que es tan caótica, le gustan a veces el orden y las sincronías. Mientras todo esto ocurre en Inglaterra, del otro lado del océano, Donald Trump cae en enredos más graves cada día, y salen cada día más pruebas de la campaña subterránea que fue montando durante semanas para desconocer su derrota previsible: para instalar en la mente de sus radicales la mentira del robo electoral. Por eso, según acaba de anunciarse, será llamado a declarar en las investigaciones sobre esa guerra civil a escala reducida que fue el 6 de enero. Y yo no he podido resistirme a leer estos hechos recientes, desde la derrota de Trump hasta el desprestigio del Partido Republicano —convertido, para todos los efectos prácticos, en un peligro para la democracia, una amenaza para los derechos civiles y las libertades individuales—, de la misma forma en que leo la debacle inglesa: como un intento de corrección que hace la realidad real, la terca realidad real, contra el embaucamiento masivo que fue la elección de un inepto cínico, misógino y racista como presidente de ese país en el que no mueve las alas una mariposa sin que se produzca una tormenta en otra parte del mundo.

Entre el Brexit y las elecciones de Estados Unidos tuvo lugar, en Colombia, el referendo sobre los acuerdos de paz de La Habana, que habían sido firmados poco antes por el gobierno de Juan Manuel Santos y la guerrilla de las Farc. He escrito demasiado sobre lo que fue esa campaña de mentiras, distorsiones y desinformación, cuidadosamente orquestada desde la oposición a los acuerdos, y he contado demasiadas veces cómo convencieron a una ciudadanía adolorida —por muchas décadas de sufrir las atrocidades guerrilleras, pero no sólo ésas— de que la aprobación de los acuerdos iba a tener consecuencias catastróficas para el país: desde convertirnos en una nueva Venezuela (argumento que Jair Bolsonaro está usando también: todo está conectado) hasta la destrucción de la familia cristiana (argumento que los evangélicos brasileños también usan contra Lula da Silva). Pues bien, hoy, seis años después de aquel referendo en el cual la mentira jugó un papel tan importante, la mayoría de la sociedad se ha dado cuenta de que la verdad iba por otra parte, y ha llevado al poder al candidato que parecía más comprometido con la aplicación de los acuerdos.

Acaso nos hayamos cansado de constatarlo, pero voy a hacerlo una vez más: en 2016 ocurrió algo que no habíamos visto antes. Fue una súbita transformación de nuestra manera de ejercer la ciudadanía. Para mí, el fenómeno es inseparable del auge de las redes sociales, que deterioraron nuestro sentido de la realidad. Pero también deterioraron nuestra convivencia, y comienza a entenderse con cierta profundidad (y quien no se entera es porque no ha querido) la manera como el modelo de negocio de las redes explota nuestras inseguridades, nuestras debilidades y nuestro lado más oscuro. En 2020, el escritor colombiano Mauricio García Villegas publicó *El país de las emociones tristes*, un ensayo en el cual sostenía que Colombia se había dejado dominar por los sentimientos malsanos que describió Spinoza —el desprecio, el miedo, el odio, la indignación, la envidia—, y el resultado era lo que veíamos: una sociedad rota. Mucho me temo, sin embargo, que el título de su libro le convendría también a los Estados Unidos de este Partido Republicano y a la Inglaterra del Brexit.

Pero nuestra capacidad para el autoengaño no conoce límites. El expresidente colombiano Álvaro Uribe, líder de la campaña que mintió a mansalva sobre los acuerdos, cuyo gerente confesó la estrategia de engaño y se ufanó de ella, acaba de lanzar un texto que pretende dar su versión del conflicto contra el informe de la Comisión de la Verdad creada por los acuerdos. Según el texto delirante, el gobierno de Santos desconoció el mandato del pueblo; no se dice que los acuerdos aprobados no son los que «el pueblo» rechazó, sino los corregidos con 56 de las 59 enmiendas que propuso el grupo de Uribe. Pero el uribismo cuenta con la desmemoria, la confusión y el fanatismo.

No son los únicos: hasta la mañana del lunes, cuando fue ungido Rishi Sunak en esa democracia que hoy mismo parece de un solo partido, Boris Johnson era candidato serio —el adjetivo nunca debería aplicársele a ese bufón, pero qué se le va a hacer— a reemplazar a la defenestrada Liz Truss en el psicodrama de la política británica. Esto parecería un mal chiste si al mismo tiempo Donald

Trump no tuviera intenciones explícitas de lanzarse a la presidencia para 2024. Hay una veintena de procesos civiles en su contra, y sus enredos con la ley van desde las investigaciones sobre el 6 de enero hasta los papeles que encontró el FBI en Mar-a-Lago; pero nada de eso ha hecho mella en el fanatismo de sus seguidores, convencidos de que todo es una caza de brujas: porque así lo dice Trump.

El año 2016 no ha terminado. Por lo que se ve, le quedan todavía varios años de vida.

El maestro y Bolsonaro
3 de noviembre de 2022

La victoria de Lula en Brasil es un respiro. De todas las cabezas visibles de la nueva ultraderecha, esta que se ha formado a punta de paranoias generales, teorías de la conspiración, hábil mercadeo del odio, manipulación del fanatismo religioso y diversas formas del elogio de la violencia, Jair Bolsonaro puede muy bien ser la única figura más peligrosa que su ídolo (sic) Donald Trump. El peligro en sus casos respectivos viene en parte del tamaño de sus economías, que tienen un peso en lo que ocurre en sus zonas de influencia, pero también viene de esas cosas que no se cuantifican y suelen tomarse a veces a la ligera, a pesar de que llevamos ya varios años asistiendo al deterioro que provocan en nuestras sociedades. Me refiero a cierta manera de ejercer el liderazgo que anda muy campante por estos días, y cuya principal estrategia es la destrucción de todo. Esta nueva forma de hacer política debe de ser resultona, porque de otra manera no se entiende que, con los daños que causa, se haya puesto de moda en nuestras desorientadas democracias, que parecen cada día ser sus peores enemigas.

La forma a la que me refiero es una encarnación del mismo populismo de extrema derecha que llevamos varios años mirando con atención, porque ha estado ya un buen rato rompiendo cosas por ahí. Este populismo coquetea curiosamente con el fascismo, o por lo menos bebe del fascismo como forma de entender el mundo. Ya lo saben ustedes: el elogio de la violencia, el populismo de contenido racista, la invención de un enemigo del pueblo, todo filtrado a través de un ultranacionalismo al alcance de cualquiera. Fascismo de diccionario, en otras palabras. Uso la palabra con plena conciencia: sé bien que se usa demasiado y para todo, a veces por ligereza y a veces por frivolidad y a veces por ignorancia. Y eso es negativo: si se usa con descuido, como lo hacen tantos políticos colombianos, el idioma pierde su valor y ya no sirve para nombrar las cosas cuando en realidad lo necesitamos. Como lo necesitamos para hablar de Trump, líder mesiánico de una banda de paranoicos violentos —extremistas, neonazis, supremacistas blancos— que ahora se meten a las casas de los políticos dispuestos a matar a golpes de martillo; como la necesitamos, sí, para hablar de Bolsonaro, cuya manera de entender el mundo es militarista hasta la caricatura.

Lo cual no impide, por cierto, que se lo tomen muy en serio. En las banderas de sus seguidores sale haciendo el saludo militar, y hay que preguntarse por qué eso les parece aceptable incluso a ciudadanos que no sienten, como sí siente Bolsonaro, nostalgia por los militares golpistas del siglo pasado. Pero es de conocimiento público que fue un militar mediocre y que salió del ejército por la puerta trasera, juzgado por indisciplina y acusado de armar planes para desestabilizar los cuarteles. Tal vez de allí venga lo de ahora: no sería el primero que intenta lavar la sensación de fracaso con lo que los psicólogos llaman sobrecompensación (pero no estoy seguro de que Bolsonaro haya leído a Alfred Adler) ni el primero cuyas actitudes de hombre fuerte despiertan las nostalgias de los hombres débiles (los que sienten la necesidad de hacerse fotos fetichistas con sus fusiles, por ejemplo). De todas formas, todo esto es una cuestión de nichos: nada explica adecuadamente que por él haya votado el 49% del país. ¿Qué pasa entonces?

De maneras que quizás no son evidentes, pero que van calando, Bolsonaro ha puesto a buena parte de sus votantes en modo autodefensa. Es, ha sido siempre, un agitador social, un hábil manipulador de los resentimientos y los odios, y este aspecto no es distinto: ha liberado el porte de armas; sus redes sociales elogian a los armados. Éste es el mundo salvaje en que se mueve Bolsonaro, aderezado con el miedo de los ciudadanos en ciudades que están entre las más inseguras del continente, y su talento ha sido transmitir a los votantes la convicción de que están amenazados. Nada más fácil en estos tiempos, cuando la política ya no nos llega desde arriba, por así decirlo, sino que circula entre nosotros, se hace entre nosotros (con las mentiras que compartimos, con los mensajes que hacemos circular, con la facilidad espeluznante con que deseamos la destrucción o el exterminio del otro). Todo eso lo ha explotado Bolsonaro. Irónicamente, la amenaza más real que vivió Brasil durante su mandato, la del nuevo coronavirus, fue despreciada y desatendida —pasará, dijo Bolsonaro, como el embarazo de las mujeres—, y el resultado fueron miles de víctimas que habrían podido salvarse.

Su capacidad para dividir y enfrentar, para cultivar la provocación y la agresión verbal, ha encontrado un terreno fértil en nuestras guerras culturales. La izquierda, los ateos, las minorías sexuales: el enemigo está claro y pasa por la religión, o por convencer a los fieles de que su fe está en peligro. En un país conservador donde las iglesias evangélicas tienen enorme influencia, basta acusar al contendor de hablar con el diablo para tenerlo detrás, como tuvo Bolsonaro a Lula, escribiendo otros tuits en que aseguraba que no, que él no ha hablado con el diablo, que faltaba más. Como en casos similares, quien miente primero y de manera más descabellada domina la conversación pública. Es la gran lección, o una de las grandes lecciones, que Bolsonaro aprendió de Trump: y la imitó a conciencia. No es para sorprenderse, porque Bolsonaro se mira en Trump como en un espejo; son dos embaucadores de pasado mediocre —exitosamente maquillado— que comparten una visión del mundo digna de un matón adolescente y una incapacidad patológica para no hacer daño cuando pueden hacerlo.

(También se parecen en otra cosa: el fracaso de su reelección, que es tan inusual en un país como en el otro, y su negativa a aceptarlo: en el momento en que escribo, Bolsonaro todavía no lo ha hecho. ¿Por qué irse tranquilamente cuando puede todavía sumar un destrozo?)

Bolsonaro ha copiado simiescamente de Trump sus modos y sus estrategias, y eso ni siquiera es lo más grave: lo más grave es que otros lo pueden copiar a él. Su derrota puede postergar o desalentar ese efecto mimético. Aunque tal vez esto sea pensar con el deseo. De todas formas, la verdad evidente es que las dos figuras se parecen tanto como se parecen sus votantes, o un amplio sector de ellos. Tanto en Brasil como en Estados Unidos, son ciudadanos que se sienten amenazados; tanto en Brasil como en Estados Unidos, son ciudadanos que se alimentan de redes sociales casi de manera exclusiva; tanto en Brasil como en Estados Unidos, viven en una realidad que se aparta ligera o francamente de la realidad comprobable.

Y esto será quizás el mayor de los retos a los que se enfrenta Lula: ¿cómo gobernar para una parte de la ciudadanía que no está viendo la misma realidad que el Gobierno? Ya ha hecho lo mismo que hizo Biden en su momento: prometer que gobernaría para todos, que uniría a su sociedad dividida. Son las palabras que se esperan de un presidente, por supuesto. Y, sin embargo, tan pronto escribo esta última frase me pregunto si es verdad. Tal vez no: tal vez sean las palabras que esperábamos antes de los presidentes de antes. ¿Llamados a la unión, a la concordia, a la tolerancia? Y entonces, ¿quién nos va a amenazar?

Estados Unidos tiene un resfriado
9 de noviembre de 2022

Metternich, el canciller austriaco que fue uno de los arquitectos del poder europeo después de Napoleón, lo dijo primero: «Cuando Francia estornuda, Europa se resfría». En algún momento del siglo XX, Francia pasó a ser Estados Unidos y Europa fue el mundo entero, y por eso yo escribo esta tribuna como si lo que está ocurriendo allá —unas elecciones locales— estuviera ocurriendo en otras partes, o aun en todas, como en un cuento de Borges. Lo primero es decir que los demócratas pueden darse por bien servidos: se anunciaba una ola roja, pero nada parecido ha tenido lugar, y aun se ha vuelto demócrata un puesto en el Senado —Pensilvania— que nadie se esperaba. Es verdad que demasiados republicanos extremistas, de los que niegan todavía las elecciones de 2020, han salido victoriosos en sus carreras, en buena parte gracias a la popularidad del negacionismo. Pero los resultados, en líneas generales, pueden considerarse un fracaso para Donald Trump: justo cuando el expresidente —el único desde la Gran Depresión que ha perdido la presidencia, el Senado y la Cámara al mismo tiempo— se prepara para anunciar su candidatura. Eso será un estornudo considerable. Veremos si viene el resfrío.

Mientras tanto, podemos discutir los síntomas. La candidatura de Trump —el hecho mismo de que les parezca viable a tantos— es uno de los más elocuentes en el examen del malestar norteamericano. En los últimos tres meses he estado en Washington y en Dallas, dos ciudades de Estados Unidos que no podían ser más distintas, y he constatado de primera mano cuál es el problema: la realidad común ha dejado de existir. El país está dividido en dos vivencias que no se tocan, y los dos partidos principales ahora son compartimientos estancos, como dos públicos que ven dos películas distintas en salas vecinas del mismo multiplex. Y no: las dos películas no son igual de válidas. Se ha cometido demasiadas veces el error de las falsas equivalencias, sobre todo para evitarnos la acusación de parcialidad o de sectarismo, de manera que hay que decirlo claramente:

en una de las salas está un partido que representa, hoy en día, la mayor amenaza que sufre la democracia desde la democracia misma, y no solo en Estados Unidos, sino en el mundo entero, tan susceptible a resfriados. En la otra sala están los demócratas.

Así es. El Partido Republicano se ha convertido, para incredulidad de muchos (los que no estaban poniendo atención cuando surgió el Tea Party), en una organización que intenta quitarles el voto a millones de personas, que ha cohonestado (como mínimo) con el racismo, el antisemitismo y la xenofobia, que miente a conciencia y engaña y divide, y que ha hecho de la crueldad —el daño deliberado a los más débiles— una forma de la política. Hace pocos meses, el gobernador de uno de los estados con mayor población latinoamericana, el inefable Ron DeSantis, organizó un plan perturbador: decenas de migrantes subieron engañados a varios buses y un avión, y fueron abandonados en ciudades demócratas, vulgarmente usados como peones en la lección que DeSantis quería darles a los liberales. Es posible trazar una línea recta entre su meditada inhumanidad y las jaulas de Trump en la frontera, que separaron familias con el objetivo abierto de torturar psicológicamente a seres humanos, niños entre ellos. En Estados Unidos, país cacareadamente de inmigrantes, nadie nunca ha perdido votos atacando a los inmigrantes. DeSantis fue uno de los ganadores de las elecciones. ¿Qué nos dice su victoria?

La normalización de la violencia es una de las transformaciones más evidentes de la vida democrática en Estados Unidos. Ha sido gradual, pero no se puede decir que la evolución haya tomado mucho tiempo; y es difícil saber cómo regresa una sociedad del lugar adonde ha llegado la norteamericana. La más reciente alarma estalló hace unos días, cuando un fanático trumpista, adoctrinado en el mundo republicano de las teorías de la conspiración, instalado firmemente en la sala donde se proyecta la película paranoide del robo electoral, entró a la casa de Nancy Pelosi en San Francisco con la intención de atacarla a golpes de martillo: lo movía, según dijo, la idea de verla llegar al Capitolio en silla de ruedas. Ella no estaba, pero sí su marido, que recibió varios golpes en la cabeza y cuya vida corrió serios riesgos. El hecho fue espeluznante, una prueba vívida de la profundidad con que ha calado en la sociedad entera una forma de la violencia que, después del terrorismo local del

6 de enero, solo se puede llamar fascista. Ya saben ustedes: el amedrentamiento del rival político mediante la violencia; el ataque físico asumido por el ciudadano de a pie, brevemente convertido en miliciano, en beneficio de su movimiento.

Hace unos años, cuando un conspiranoide sin afiliación política asesinó a seis personas —la congresista Gabrielle Giffords, que recibió un tiro en la cabeza, sobrevivió increíblemente—, los dos partidos condenaron el atentado. En el caso del ataque de San Francisco, en cambio, la reacción republicana fue mofarse de la víctima en tiempo real, y algunos fueron un paso más allá: sumaron a la burla una insinuación grotesca que, siendo internet la cloaca que es, le dio la vuelta al mundo virtual en cuestión de segundos, e incluyó la intervención del mayor y más zafio de los zafios hijos de Trump: la foto de unos calzoncillos con un martillo encima. El asunto habría sido lamentable, un síntoma más de la descomposición profunda de ese partido que hipócritamente llevó siempre la bandera de los valores, aun si el punto de partida de los grotescos rumores no hubiera sido el Twitter de Elon Musk. Pero así fue: horas después de haber comprado la plataforma que inventó a Trump, el vehículo de buena parte de las paranoias y la desinformación, Musk recogió y reprodujo la falsa noticia de un medio que ha sostenido, por ejemplo, que Hillary Clinton está muerta y la que vemos es un robot. Así decidió estrenarse Musk.

Y también por esto se puede decir que estas elecciones no son como las otras: no solo porque nunca antes tantos candidatos —de uno solo de los partidos— habían defendido teorías de la conspiración sobre un inexistente robo electoral; ni porque tantos miembros del mismo partido hayan avisado que no aceptarán los resultados en caso de derrota; ni porque organizaciones paramilitares hayan enviado a gente armada para «vigilar» (aquí saco mis comillas) las urnas, convencidas de que en 2020 hubo un fraude masivo y Biden es un presidente ilegítimo. No, no es sólo por todo esto, sino porque el nuevo dueño de Twitter, la red social que ha sido el hogar impotente de esas desinformaciones y mentiras, no vio problema alguno en comenzar la semana de las elecciones diciendo, ante sus 115 millones de seguidores, que había que votar por los republicanos: pues el presidente es demócrata, y «el poder compartido frena los peores excesos de ambas partes».

Recuerdo que en 2019, un año que pasé en buena parte en Nueva York, se hablaba con frecuencia, pero sin mucha seriedad, de las declaraciones que Michael Cohen, abogado o amañador de Trump, había dado en febrero ante un comité de la Cámara de Representantes. Si Trump perdía las elecciones de 2020, aseguró Cohen, «no habrá nunca un traspaso pacífico del poder». Tenía razón: y a partir de ahora, cada día de elecciones será una prueba de la salud mental del país. Ahora parece que a esa democracia enferma le siguen quedando algunas defensas. Esperemos que así sea: por la mejoría de todos nuestros resfriados.

El patio de Elon Musk
7 de diciembre de 2022

He seguido con fascinación morbosa —y también con vergüenza ajena, si he de ser sincero— el proceso por el cual Elon Musk, un multimillonario que tiene la madurez emocional de un adolescente desadaptado, ha acabado por comprar Twitter después de muchos ires y venires, y en cuestión de semanas ha destrozado su juguete nuevo y nos ha recordado a los demás dos cosas principalmente: primero, por qué desconfiábamos de Elon Musk; segundo, por qué sería deseable que desconfiáramos de Twitter. Por los días de la adquisición, un seguidor de Trump se metió a la fuerza en casa de Nancy Pelosi, líder de los demócratas en la Cámara de Representantes, y, al no encontrarla a ella, atacó a golpes de martillo a su marido; Musk reaccionó recogiendo en su cuenta de Twitter una teoría de la conspiración homófoba y paranoide que había sido escupida por un medio sensacionalista de los que menos vergüenza tienen. Ese fue su estreno: el director de orquesta dándole un golpecito al diapasón. Y luego ha venido el concierto.

Desde entonces, Musk ha despedido sin consideración ni decencia a miles de empleados (incluyendo a muchos moderadores de contenido), ha eliminado las políticas que restringen la desinformación sobre la covid, ha propuesto una amnistía general para las cuentas que habían sido suspendidas bajo la administración anterior —las afiliadas al Estado Islámico, por ejemplo, o las de supremacistas blancos— y ha llevado a cabo una encuesta frívola para decidir si se le permitía a Trump volver a la plataforma. La movida fue un lavado de manos de una cobardía espectacular, pero también de una hipocresía rampante, y para mí concentró mágicamente todo lo que está mal con Twitter: el populismo, la demagogia barata, la sumisión de cualquier valor a la tiranía de la opinión mayoritaria. Y uno tiene que reírse cuando Musk aduce que compró Twitter para salvaguardar su papel como *digital town square*, la plaza del pueblo del mundo digital. Me perdonarán ustedes si el asunto entero se me parece más a un circo romano, con el pulgar de Musk señalando hacia arriba o hacia abajo, según sus caprichos, ante el rugido de la turba.

Y la turba se ha sentido vindicada, representada, rehabilitada. En Estados Unidos, varios grupos que se dedican a estudiar el discurso de odio en las redes sociales lo confirman diariamente: desde la llegada de Musk al poder tuitero y sus primeras decisiones, los insultos racistas se han triplicado, los homofóbicos han pasado de 2.500 a casi 4.000 por día y los antisemitas han aumentado más del 60%. Dicen los investigadores que nunca habían visto un aumento tan drástico del discurso de odio. Leo en *The New York Times* la opinión de Imran Ahmed, director general de una de esas organizaciones: «Elon Musk ha enviado la batiseñal a todo tipo de racistas, misóginos y homófobos», dice. «Y ellos han reaccionado en consecuencia». Varios amigos que conozco se han sorprendido sin disimulo de que Twitter pudiera empeorar todavía, de que todavía quedara espacio para la degradación de las conversaciones y el envenenamiento del ambiente. Y a mí me ha llamado la atención la desfachatez de villano de Batman con que Musk ha defendido sus catastróficas decisiones: «Soy», ha dicho antes y ha vuelto a decir por estos días, «un absolutista de la libertad de expresión».

El problema, por supuesto, es que Musk no parece saber muy bien qué es eso. Su comprensión de la libertad de expresión está, para decirlo con cariño, a medio hornear; hay que verlo hablar del tema en una conversación de TED donde el entrevistador le pregunta por qué ha hecho una oferta para comprar Twitter, y Musk responde con risas nerviosas, luego con un frívolo «no lo sé», luego con comentarios presuntamente humorísticos sobre el oso de peluche que también se llamaba Ted, y finalmente con un sartal de lugares comunes: lo de la plaza del pueblo, por ejemplo, o la convicción de que «es importante que haya una arena incluyente para la libertad de expresión». Es casi conmovedor oírle la voz temblorosa cuando dice que Twitter «es importante, como, para la función de la democracia, y para la función de Estados Unidos como país libre»; y luego, mientras uno se pregunta si no estará confundiendo función con funcionamiento, demuestra que el miedo a la trivialidad no es lo suyo: lo que quiere, dice, es «ayudar a la libertad en el mundo». En otra parte había declarado que su intención es «ayudar a la humanidad, a quien amo». La declaración no suena menos torpe en inglés.

Musk es un hombre exitoso, por lo menos según la definición de éxito más aceptada por nuestras sociedades: tiene mucha fama y mucho dinero. Para más señas, ha conseguido el dinero y la fama con una de las actividades que estas mismas sociedades admiran sin reticencias, con algo cercano a la idolatría o al fetiche: fabricando tecnología, palabra que en su caso se refiere casi siempre a juguetes enormes. Pero, como tantos otros de los nuevos billonarios, inventados o creados en el mundo tecnológico, su comprensión de esas criaturas extrañas que son los seres humanos es escasa o más bien débil, y las infinitas zonas grises, contradicciones y ambigüedades de su comportamiento parecen escapársele. La libertad de expresión —los debates que al respecto tenemos, la intención con la que la protegemos, las consecuencias que queremos lograr con esa protección— es parte de esas zonas de comprensión difícil. Podríamos debatir mucho sobre la conveniencia de censurar las expresiones de odio que se emiten en la red, pero Musk no parece darse cuenta de que eso es una cosa, y otra, muy distinta, es preguntarnos sobre la conveniencia de un sistema diseñado deliberadamente para monetizar el odio, la polarización y la violencia retórica. Y esto es un ejemplo entre varios.

En las últimas semanas, cerca de un millón de tuiteros han abandonado el barco de Musk. La llegada del magnate fue el pretexto perfecto para muchos que llevaban meses, o incluso años, queriendo salir de la red como otros salen de una adicción grave, y yo he leído a quienes se cansaron de que sus colegas y sus amigos se volvieran gente tóxica —más agresiva, más hipersensible, más paranoica, más narcisista— por obra y arte de la manipulación algorítmica, y también a quienes se maravillan de la cantidad de tiempo nuevo que tienen, o de la recuperación de la serenidad, ahora que cualquier nimiedad no se convierte en una pelea con sangre. Otros me explican, y alcanzo a entender, que para ellos es un dilema difícil: salir de Twitter y perder lo acumulado —seguidores, reputación, contactos— o seguir viviendo en el capricho más peligroso de un plutócrata cuya brújula moral necesita calibrarse.

Lo que parece claro es que Musk, que no se siente incómodo retuiteando groseras teorías de la conspiración ni lanzando insultos infantiles contra Bill Gates, tiene en sus manos un poder descomunal sobre las vidas de los que están en su plaza de pueblo (que más parece el patio de su casa, manejado a su antojo y según su personalidad inconstante y voluble) y aun sobre las de los que no estamos allí ni hemos querido nunca acercarnos. Todavía recuerdo los primeros años de Twitter, cuando el valiente mundo nuevo de las redes tenía el prestigio de la Primavera Árabe y parecía el lugar donde la conversación sería, por fin y para siempre, realmente democrática. Quién lo iba a decir: Elon Musk se hizo con Twitter, y ahora hasta las redes sociales son parte de la nostalgia.

El populismo: del espectáculo a la crueldad
28 de diciembre de 2022

Lo cuenta Moisés Naím en su libro más reciente, *La revancha de los poderosos*. En 1994, cuando lanzó su candidatura a primer ministro de Italia, Silvio Berlusconi era un multimillonario dueño de un imperio mediático: Mediaset. El éxito enorme de Mediaset, tal como lo explica Naím, se debió a un diagnóstico preciso: Berlusconi se había percatado en algún momento de que la cadena pública de televisión, la honorable RAI, se había convertido con los años en un prodigio de aburrimiento. Para la inmensa mayoría de los italianos, esa programación ideada por intelectuales y educadores resultaba indigesta; Berlusconi lo comprendió mejor que nadie, y llenó las ondas de burdos programas de variedades, telenovelas latinoamericanas y series estúpidas (o acaso podríamos decir estupideces en serie). «*Vigilantes de la playa*», escribe Naím. «Mucho *Vigilantes de la playa*».

Años después, frente a la realidad inefable del reinado de Berlusconi, un grupo de economistas italianos se puso en la tarea de averiguar los vínculos secretos que podían existir entre los votos de los ciudadanos y la presencia del imperio mediático del primer ministro. En los territorios donde Mediaset se había establecido desde muy pronto, descubrieron, el voto por Berlusconi había predominado. Y entonces, al examinar los patrones de voto, al analizar pruebas de comprensión lectora y comparar capacidades de cálculo, llegaron a una conclusión espeluznante: los espectadores que llevaban muchos años viendo programas de Mediaset tenían menos complejidad cognitiva que los que llegaron más tarde a la televisión basura. «La exposición a la televisión espectáculo», concluyeron los investigadores, «sobre todo a una edad muy temprana, puede contribuir a que una persona sea cognitiva y culturalmente más superficial y, en definitiva, más vulnerable a la retórica populista».

Todo populismo, incluidos los más peligrosos, sueña con una ciudadanía ineducada o ignorante y sobre todo crédula. «Amo a la gente de escasa educación», dijo una vez Donald Trump ante un público extasiado, y ni el público ni él mismo se percataron de que la frase era un insulto. Por supuesto que ahora no es necesario invadir las casas de la gente con televisión basura, pues los populismos producen la basura sin necesidad de ayuda: si hay alguna diferencia entre nuestra época y la de Berlusconi, es que en esos tiempos los aspirantes a liderarnos no se habían convertido todos en *performers* de tiempo completo, siempre aplacando al monstruo voraz de la opinión pública mediante el entretenimiento y la meditada vacuidad. Berlusconi comenzaba a hacerlo, quizás porque había entendido algo antes que los demás, pero los bufones como él no habían copado nuestro mapa político. Sí es justo en cambio que lo consideremos un pionero: presagiaba a Trump, que hizo del espectáculo una forma de relacionarse con el votante.

Pero Trump se ha encargado después de darle al espectáculo un giro especial, o de añadir un ingrediente que le da cierta forma idiosincrásica a su idea del espectáculo: la crueldad. Así es: el entretenimiento que Trump inventó para buena parte de su electorado consistió en hacer daño a sus contradictores o enemigos, reales o percibidos, siempre con un público en mente. La mayoría de las veces lo hizo mediante palabras, llenando sus discursos de comentarios racistas o misóginos que provocaban el aplauso feliz de los asistentes, pero a veces no tuvo ni siquiera que hablar: en 2016 lo vimos burlarse con muecas, como un matoncito de patio de colegio, de las discapacidades de un periodista del *New York Times*. Más tarde, cuando su administración encerró a niños inmigrantes en jaulas de frontera, cuando separó a las familias con plena conciencia de estarles causando un sufrimiento irreparable, era imposible no pensar que Trump se estaba dirigiendo a su base política más fiel: la que vociferaba cuando llamaba violadores a los mexicanos, la que lo jalonaba cuando se refería a los países africanos como «*shithole countries*» (que imprecisamente podemos traducir como «países de mierda») o la que aplaudió cuando Trump se quejó de que los inmigrantes nigerianos, después de ver la vida en Estados Unidos, nunca iban a querer «volver a sus chozas».

No sé si Trump haya actualizado el poder del discurso de odio para nuestros días, pero sí sé que lo usó con impunidad, o más bien descubrió que las más perniciosas agresiones verbales podían usarse sin sufrir (por lo menos, aparentemente) consecuencias políticas. Desde entonces, el deterioro o la degradación del mundo político en Estados Unidos ha sido imparable, y ya sabemos que eso siempre tiene consecuencias en otras latitudes. Hace unos meses, cuando uno de sus seguidores casi mató a golpes de martillo al marido de Nancy Pelosi, el más despreciable de los niños Trump apoyó una infame teoría de la conspiración que no sólo era homófoba y calumniadora, sino que abiertamente se burlaba del dolor y la angustia de una familia; y los que tenemos la mala suerte de la memoria recordamos la teoría conspirativa igual de infame que Trump lanzó en 2020, cuando abiertamente acusó a Joe Scarborough, uno de sus críticos más duros, de haber matado hace veinte años a una mujer: Lori Klausutis, asistente de Scarborough en esa época. Por supuesto que no tenía ninguna prueba, pero eso no importa: importaba el espectáculo (la *performance*) de dañar sin escrúpulos a uno de sus críticos.

Ahora bien, las dos calumnias, la primera del padre y la reciente del hijo, tienen algo en común. El marido de Lori Klausutis tuvo que escribirle a Jack Dorsey, que estaba por entonces a la cabeza de Twitter, para pedirle que eliminara los trinos de Trump, que pervertían la memoria de una persona muerta y le hacían daño a su familia superviviente. Dorsey no lo hizo. El actual dueño de Twitter, Elon Musk, fue mucho más allá: retuiteó él mismo la teoría conspirativa sobre el ataque al marido de Nancy Pelosi, y para hacerse una idea del personaje basta decir que ése no ha sido en estas semanas su momento más bajo. La distancia entre los dos momentos puede también ser una manera de medir el deterioro de Twitter. Cuando llegó al poder en 2016, Trump le dio un nuevo significado a la relación entre espectáculo y política; seis años después, con la complicidad del Partido Republicano y de una red social, ha normalizado la crueldad como forma de discurso.

He pensado en todo esto porque hace unos días, igual que en mayo pasado, el inefable gobernador republicano de Texas, Greg Abbott, ha llevado a un centenar de inmigrantes a Washington —colombianos entre ellos— y los ha dejado frente a la residencia de la vicepresidente Kamala Harris. Es su manera de dar una lección a estos liberales de Biden que defienden la idea de ciudades santuario. Pero esta vez Abbott lo ha hecho en Navidad y en medio de la ola invernal más dura que ha llegado en muchos años a la costa este de Estados Unidos: la próxima vez que nos hablen de los valores cristianos del Partido Republicano, tendremos derecho a un cierto escepticismo. Mientras tanto, lo cierto es que Abbott ha organizado un espectáculo, y que es un espectáculo de crueldad. La pregunta es: ¿para quién lo hace? ¿Quién está aplaudiendo?

El tiempo de los narcisistas
18 de enero de 2023

De un tiempo para acá, una palabra que antes era especializada, o que formaba parte solamente del léxico de ciertas profesiones, ha estado apareciendo en la prensa y en discursos diversos, como si hubiera descubierto de repente los placeres de vivir al aire libre. La palabra es *narcisista*; la hemos visto aplicada a Donald Trump, por ejemplo, y, como *narcissist* es un sustantivo, ha venido acompañado de adjetivos para describir mejor al expresidente: maligno es uno de los más usados. No sé cuándo haya empezado esta palabra a hacerse presente en nuestra conversación de todos los días, pero hace poco me encontré —es la maldición de los que acumulamos revistas— un artículo de *Vanity Fair* publicado allá por los meses remotos de 2015, cuando el mundo era otro en parte porque Donald Trump no había sido elegido todavía. En él, un grupo de psicólogos y psiquiatras se atrevía a lanzar por primera vez su veredicto: estábamos ante un narcisista de libro de texto, un caso extremo en un oficio —el de los políticos— de casos extremos, y la idea de que un hombre semejante llegara a la presidencia tenía que ser motivo de preocupación.

Todo en el artículo era alarmante. Para George Simon, profesor de seminarios sobre comportamientos manipuladores, Trump era un narcisista tan perfecto que sus apariciones públicas eran inmejorables como ilustración de las características de este desorden; si no tuviera a Trump, decía Simon, se vería obligado a contratar actores y dibujar viñetas. Hablando del *bullying*, los constantes comportamientos de matón y la tendencia a la humillación del otro que Trump había convertido en estrategia cotidiana, el psicólogo clínico Ben Michaelis hacía un diagnóstico preciso. «El narcisismo es una defensa extrema contra los propios sentimientos de inutilidad», decía. «Degradar a la gente es en realidad parte de un trastorno de personalidad». Wendy Behary, que aparecía en el artículo como autora de un estudio titulado *Desarmar al narcisista*, hablaba de la relación que tienen los narcisistas con la verdad: «Los narcisistas no son necesariamente mentirosos, pero se sienten notoriamente incómodos con la verdad. La verdad significa la posibilidad de sentirse avergonzados». La vergüenza que les causan sus carencias o sus fracasos es lo que los especialistas llaman la herida narcisista; en el caso de Trump, la herida es del tamaño de su ego.

El artículo de *Vanity Fair*, recuerdo bien, causó un revuelo predecible. Dar semejantes diagnósticos rompía con un precedente de la vida política estadounidense: la llamada «regla Goldwater». En 1964, la revista *Fact* publicó una suerte de encuesta en la que los psiquiatras opinaban sobre la idoneidad psicológica del senador Barry Goldwater, candidato a la presidencia. El senador demandó a la revista y ganó, y desde entonces se instaló un tabú entre los profesionales de la salud mental, que dejaron de emitir diagnósticos sobre los políticos... hasta que apareció Trump, y la inquietud fue demasiada como para quedarse callados. Siete años después del artículo, todo el que haya estado medianamente despierto ha podido ver las consecuencias de poner a un narcisista en posiciones de poder, pues los hay varios y en varios países: donde hay un Trump hay un Putin. No hay nada nuevo en el hecho mismo, por supuesto: desde que Havelock Ellis lo identificó a finales de siglo XIX, el narcisismo como desorden mental nos ha permitido entender mejor a Hitler y a Stalin, y fantasear con la idea de todo lo que no habría ocurrido si alguien le hubiera dicho al uno que pintaba bien, y al otro, que no era mal escritor.

Pero el diagnóstico de narcisismo es algo serio, y el narcisista es una persona tóxica que hace daño a quienes lo rodean. Pues bien, en los últimos tiempos hemos recurrido al mismo término para describir un fenómeno muy distinto: la emergencia en las redes sociales de un nuevo egocentrismo que hoy nos parece síntoma de algo más. Hay un ensayo de *Falso espejo*, el libro de Jia Tolentino, que lo explica con elocuencia. Tratando allí de analizar el fenómeno por el cual nuestra actividad en internet suele limitarse a lo que está de acuerdo con nuestras opiniones y prejuicios, Tolentino llega a esta conclusión que me parece inapelable: el problema con las redes sociales tal como están concebidas es que sitúan la identidad personal en el centro del universo. «Es como si nos hubieran puesto en un mirador desde el cual se ve el mundo entero», dice, «y nos hubieran dado unos prismáticos que hacen que todo se parezca a nuestro propio reflejo. A través de las redes sociales, muchas personas han llegado rápidamente a ver toda nueva información como una especie de comentario directo sobre quiénes son».

Me gusta ese ensayo porque Tolentino, aparte de ser buena ensayista, es una milenial muy activa en redes, con lo cual habla o parece que hablara desde una autoridad que otros escépticos no tenemos. Pero cualquiera que tenga la mirada lúcida, o que pueda salir a mirar el mundo sin esos prismáticos que todo lo distorsionan, se ha dado cuenta recientemente de que detrás de muchos de nuestros enredos contemporáneos está la misma causa: la hipertrofia de las identidades, que responde también a su fragilidad o a su incertidumbre. En *Corre a esconderte*, una de las novelas más inteligentes que he leído en los últimos meses, Pankaj Mishra pone a un personaje (no muy simpático, dicho sea de paso) a hablar de estos tiempos en los que todo el mundo se ha convertido en una marca, y, por lo tanto, en promotor de sí mismo. «Nadie», dice, «ni siquiera los más ricos y bellos y famosos, está seguro de quién es, y todos luchan por ser reconocidos en la economía de la atención de las redes sociales».

Y esto es un problema. Son esas identidades demasiado frágiles e inciertas las que han desterrado de tantos lugares el debate serio, aunque a veces sea airado y aun hiriente, y han anulado la diversidad de puntos de vista cuando alguno parece escandaloso o simplemente heterodoxo, y han reemplazado el enfrentamiento y el conflicto, tan necesarios y saludables en una sociedad abierta, por la cancelación (otra de las palabras clave de nuestro tiempo) y el silenciamiento del contradictor: que deja de ser contradictor, por supuesto, para convertirse en amenaza y enemigo. Estos individuos exigen al mundo entero que los vea como quieren ser vistos, aunque para ello sea necesario que el mundo cambie su comportamiento, sus opiniones y su lenguaje; tienen una sensibilidad hipertrofiada, y se han convencido de que el mundo entero debe tener como máxima prioridad cuidar sus emociones y protegerlos de las ofensas. Las ofensas pueden ser imaginarias, es decir, sólo existir en la mente del ofendido; pero el ofendido seguirá exigiendo que se le respete a toda costa, porque son suyas y para él son reales, y eso es lo único que importa.

Un día sabremos medir hasta qué punto estas distorsiones han afectado nuestra forma de dialogar, de negociar y, sobre todo, nuestra forma de votar. Pero si es necesario nombrar el mundo con precisión, habremos de convenir que una cosa son los narcisistas malignos tipo Donald Trump, cuyas patologías y carencias (como lo sabe todo el que haya leído a Shakespeare) tienen un efecto muy real en nuestras vidas políticas, y otra muy distinta el «narcisismo», entre comillas muy grandes, como rasgo de carácter del mundo virtual. Sin duda los dos están comunicados por pasajes subterráneos. También esto habría que explorarlo alguna vez.

Digresiones para el Día del Periodista
9 de febrero de 2023

En junio del año pasado, después de las elecciones que ganó Gustavo Petro, escribí en este periódico que ese resultado me parecía lo mejor que podía pasarle a Colombia. No por él, que no era mi candidato en primera vuelta ni me ha inspirado nunca la más mínima confianza, sino porque el programa de su partido prometía un compromiso sin fisuras con la implementación correcta de los Acuerdos del Teatro Colón, que el gobierno de Iván Duque aplicó mediocre y selectivamente cuando no los saboteó a conciencia. La otra razón por la que me parecía positiva la victoria del Pacto Histórico era muy sencilla: la alternativa era Rodolfo Hernández, un populista incompetente a más no poder, fabricado por la frivolidad de las redes sociales y por nuestro miedo al cambio, y demasiado susceptible a las zonas más reaccionarias de la derecha.

Es verdad, sí: me habría gustado un partido de gobierno que no llegara al poder corriendo las líneas éticas, según la cínica expresión de un estratega que a muchos se les ha olvidado ya, ni haciendo guerra sucia contra los oponentes porque algunos se la hicieron a ellos. Yo no sé si en el futuro este país merecerá que unas elecciones presidenciales no sean un barrial de bajezas morales: no sé si mereceremos ser gobernados por un partido que no crea que todo vale, que no esté dispuesto a correr líneas ni a fabricar desprestigios, y, sobre todo, que no justifique con facilidad lo que en el oponente condenaría sin vacilación. Cuando salieron a la luz (con malas artes, como salen a la luz las cosas en este país) las tácticas sucias contra el candidato de la derecha, el uribismo puso el grito en el cielo; pero, como ya he dicho en otras partes, su indignación habría sido mucho más creíble si también la hubieran manifestado cuando los calumniados eran víctimas del Twitter de Uribe: militantes de izquierda o periodistas críticos que, después de un trino, se vieron obligados durante meses a llevar guardaespaldas.

En cualquier caso, llevo seis meses queriendo que a este gobierno le vaya bien. No sólo porque su fracaso sería un fracaso de todos, no sólo de los que votaron por él, sino porque la lenta invención de una izquierda democrática y sensata me parece cuestión de urgencia, y eso no parece posible si este presidente comete más insensateces de las que aguante la democracia. Por eso me decepcionan y me preocupan las derivas recientes de Petro, que parece creer con una parte de su cabeza que todavía no es presidente, sino que sigue siendo candidato. No soy el primero en notar que Petro, cuando invita a la gente a manifestarse a favor de leyes que nadie conoce, cuando le pide a la gente que salga para «discutir en la calle las reformas», se está apoyando en estrategias que se parecen demasiado al «estado de opinión» con el que Uribe quiso hacerles el quite a los obstáculos legales que se interponían entre él y su modelo de país. Así nos va a los colombianos: cada lado cree que los atajos están bien si los toman ellos, y muy mal si los toman los otros.

En realidad, Petro no puede pensar que en la calle se va a discutir nada, ni con seriedad ni sin ella: quiere saltarse los conductos de deliberación que son propios de una democracia madura para cambiar las ideas por las emociones, y cuanto menos informadas, mejor. Por supuesto que, cuando hablo de democracia madura, me estoy imaginando algo muy distinto a lo que ocurre en el Congreso; cuando hablo de deliberación, no me refiero a la sinrazón, la violencia retórica y la tontería serial de tantos representantes de nuestra derecha atrabiliaria, esos azuzadores de profesión que parecen convencidos de que el éxito político sólo se logra si se siembran suficientes odios, si las diferencias políticas se convierten en virtuales peleas de cuchilleros, si hay sangre en la arena. Tengo en mente varios nombres; cuando pienso en ellos y en lo que dicen, no me sorprende que los otros lleguen a la conclusión de que cualquier negociación es infructuosa y cualquier diálogo es inútil: más vale sacar músculo en la calle.

Claro, cambiar la razón por las emociones es el primer artículo del decálogo del perfecto populista. Lo fascinante del espectáculo de Petro es que todo parece ocurrir a pesar suyo, como si el populista que ha llevado dentro toda la vida a veces se le saliera sin permiso: de repente declara que en las autopistas 4G «se tira la plata», pues sólo contribuyen al «concepto capitalista de la velocidad», y ni siquiera se sonroja tras semejante tontería. Cuando leí estas palabras tuve que ir a verificar que la cita viniera de una fuente confiable: no me parecía verosímil que hubiera salido de las declaraciones públicas de un presidente en ejercicio, y no del ensayo escolar de un adolescente que acaba de leer su primer resumen de Marx. (Aunque los marxistas del siglo xx han señalado con frecuencia que el culto de la velocidad, que tanto les gustaba a los futuristas italianos, es inseparable del auge fascista de Mussolini. Cosas de la historia).

Pues bien, ese populista que Petro lleva dentro ha vuelto a asomarse en los últimos días, esta vez para atacar a los medios de comunicación. Los ha acusado de ser parte del «establecimiento», lo cual, viniendo de un presidente en ejercicio que lleva décadas en las élites políticas, es por lo menos contradictorio; y es también amnésico, pues algunos de esos medios del «establecimiento» contienen las columnas de opinión que ayudaron a llevarlo a la presidencia, por no hablar de los reportajes que recogieron sus denuncias de congresista y construyeron su reputación como opositor formidable. En el periodismo colombiano hay practicantes mejores y peores, los hay justos y profesionales, y también mediocres e injustos, los hay sectarios y moderados y clarividentes y confundidos; pero el oficio que llamamos periodismo, que es el lugar donde todos trabajan, debería tener una consideración más alta que la que tienen los falibles individuos, pues su buena salud es indispensable para la salud de la democracia.

El presidente tiene todo el derecho de defenderse de las críticas, pero uno agradecería que la defensa se diera contra las cifras equivocadas y los argumentos falaces, no contra el gremio y mucho menos contra esa entidad gaseosa que sirve para todo: el «establecimiento». La verdad incontrovertible es que minar la credibilidad de los medios críticos puede quitarle incomodidades al presidente, pero también le quitará defensas a la sociedad. Algo muy parecido tuve que escribir varias veces durante los últimos tres años del gobierno de Uribe: no sé si eso quiera decir algo. Recordemos todo esto hoy, cuando celebramos un día que sólo se celebra porque los periodistas —en todos los tiempos y en todos los lugares— han sido incómodos y han sido atacados por serlo.

Las palabras de un hombre peligroso
12 de abril de 2023

Cuanto más lo pienso, más claro me parece: Donald Trump es, desde la semana pasada, uno de los hombres más peligrosos de nuestro tiempo. Ya habíamos visto lo peligroso que podía llegar a ser durante su infeliz gobierno, cuya negligencia criminal condujo probablemente a la muerte por covid de miles de personas mientras el presidente defendía en público las virtudes de beber desinfectante; o cuando daba más crédito a las palabras de Vladímir Putin que a las de sus propios servicios de inteligencia; o cuando llamaba a Zelenski para pedirle, al mejor estilo mafioso, que le ayudara a encontrar pruebas contra el hijo de Biden a cambio de armas para defenderse de una potencial agresión. Lo vimos, en fin, cuando recurrió a todas las artimañas imaginables para desconocer los resultados legítimos de una elección, y después, al ver que las artimañas no daban resultado, azuzó a los más crédulos de sus seguidores para que convirtieran su derrota electoral en un intento de golpe de Estado, de clara estirpe fascista, que se saldó con varios muertos y un país resquebrajado que tardará varias generaciones en volver a hablarse.

Todavía no es imposible que Trump tenga que responder por ambas circunstancias: por el intento de subvertir unas elecciones y por incitar a la insurrección del 6 de enero. Pero la acusación de la semana pasada ha cambiado las cosas irreversiblemente. Pues la interferencia en los procesos electorales —por ejemplo, la llamada al secretario de estado de Georgia para ordenarle que le consiguiera más de 11.000 votos— y la incitación a la insurrección violenta tenían, para el narcisista en jefe, un objetivo diáfano: quedarse en el poder. Y no seré el primero en preguntarse, ahora que a Trump le hacen sombra treinta y cuatro cargos penales, qué será capaz de hacer ya no para quedarse en el poder, sino para no ser condenado penalmente. Mi respuesta es que será capaz de cualquier cosa, incluso de arrasar con la democracia que juró defender, incluso de incendiar las calles. Si no bastara con los cuatro años de su presidencia para llegar a esa conclusión, tiene que bastar con los cien minutos de un discurso que pronunció a principios del mes pasado: cien minutos que bastan para meterle a cualquiera el miedo en el cuerpo.

Ocurrió ante la CPAC, la Conferencia Política de Acción Conservadora, que en los últimos años se ha convertido en un parque temático para negacionistas, fanáticos y conspiranoides. Trump comenzó su monólogo delirante como suele hacerlo: llamando a lista. Entre otros simpatizantes que recibieron la gratitud del líder estaban Marjorie Taylor Greene, la congresista que cree en la existencia de una conspiración demócrata para violar niños, ha dicho que los incendios de California son culpa de rayos láser judíos y ha confundido gazpacho con Gestapo; un abogado que recibió los elogios de Trump por tirar al suelo a un hombre que lo atacó con un cuchillo («es un tipo muy fuerte», lo elogió Trump con admiración de matón adolescente); y el expresidente Jair Bolsonaro. Frente a todos ellos, Trump habló de «fuerzas siniestras que tratan de asesinar a Estados Unidos» y «transformar este país en un vertedero socialista para criminales, drogadictos, marxistas y radicales». «Nuestros enemigos están desesperados por detenernos» dijo. «Pero no vienen a por mí», añadió, «vienen a por ustedes, y yo sólo estoy en medio».

Lo demás fueron los grandes éxitos de la realidad alternativa en que viven Trump y los suyos. Los atacantes del 6 de enero eran «grandes, grandes patriotas» que se estaban pudriendo en alguna cárcel, mientras los «radicales antifa» vagaban libres por las calles. El dinero de George Soros, el demonio favorito de los conspiranoides de extrema derecha, financiaba a estos fiscales «racistas» que perseguían injustamente a Trump. «O ganamos nosotros o ganan ellos», dijo el expresidente. «Y si ganan ellos, ya no tendremos país». Y entonces vino esta sección sin desperdicio, que debo transcribir aunque me dé vergüenza ajena y me duelan los oídos y aunque se revuelquen en sus tumbas los grandes oradores —Abraham Lincoln, Franklin Roosevelt, Martin Luther King— que ha tenido en el pasado la política norteamericana. «Estados Unidos será un país libre otra vez», dijo Trump. «Ahora no somos un país libre. No tenemos una prensa libre. No tenemos nada libre. En 2016 declaré que soy su voz. Hoy añado que soy su guerrero, soy su justicia. Y para aquellos que han sufrido agravios y traiciones, yo soy su venganza. Yo soy su venganza».

Uno tendría que remitirse a ciertos totalitarismos del siglo pasado para encontrar un discurso montado, como éste, sobre la idea de que la política es una guerra, el contradictor es un enemigo a muerte y las elecciones son una forma de venganza: venganza por las ofensas y las humillaciones del pasado, sin que importe si son reales o imaginarias. Sí, esos cien minutos de marzo son un verdadero programa de gobierno; y ese programa, basado en el resentimiento y el victimismo y articulado mediante una retórica de violencia, remite a momentos oscuros, por lo menos para quienes tengan la memoria larga. En diciembre del año pasado, durante uno de sus llamados rutinarios a la anulación de las últimas elecciones, Trump escribió en su red social: «Un fraude masivo de este tipo y magnitud permite poner fin a todas las normas, reglamentos y artículos, incluso los que se encuentran en la Constitución». «Poner fin» es mi traducción de una palabra que en inglés suena mucho más terrorífica: *termination*. Acabar con la ley, arrasarla, obliterarla: tomar esa palabra por lo que vale, y verla junto al discurso de la retribución, tendría que resultarnos francamente espeluznante.

Lo único más estremecedor que esta suma de palabras es el hecho de que Trump las haya proferido antes de verse obligado a comparecer ante la justicia, cuando sólo lo movían —sí, lo han adivinado ustedes— el agravio y la traición. Ahora tendrá otros motivos, mucho más fuertes, para hacer lo que ya hizo con éxito el 6 de enero: usar la lealtad que le tiene su base para defenderse de la justicia. En esta recopilación de palabras, habría que recordar otro de los *posts* de Trump en su red social, impagablemente bautizada con la palabra «verdad»: Truth Social, se llama. Una madrugada de finales de marzo, cuando ya estaba en boca de todos la posibilidad muy seria de que el fiscal de Manhattan lo acabara acusando, Trump escribió que las «acusaciones falsas» del fiscal podrían llevar a «potenciales muerte y destrucción», y serían «catastróficas» para el país. «¿Quién sería capaz de hacer algo así?», aulló. «¡Sólo un psicópata degenerado que odia a Estados Unidos!». Horas después de aquellas amenazas de madrugada, la oficina del fiscal recibió un sobre con polvo blanco y un mensaje seguido de trece signos de admiración: «ALVIN: TE VOY A MATAR».

Trump no es la misma figura que hace unos años parecía dispuesta a romper todas las reglas para llegar al poder: ahora es una figura nueva, más extremista y también más desesperada, que amenaza con violencia y ofrece a sus fieles un horizonte de venganza. ¿Venganza contra qué? Contra todo lo que odien. Sabemos bien que eso, razones para sentir odio o gente en la cual descargarlo, no ha escaseado recientemente en los Estados Unidos; pero es probable que nunca, desde la guerra de Secesión, nos hayamos visto frente a un hombre tan capaz de recoger esas emociones y manejarlas a su antojo. Y luego, como dice un poema, que alguien pase a recoger los restos.

Un año de desorden
9 de agosto de 2023

Lo más grave de lo que ocurre en Colombia, como suele suceder, se encuentra extraviado entre las dos vociferaciones de los dos extremos; pero nadie parece dispuesto a mencionarlo, no vaya a ser que se les desbaraten sus versiones distorsionadas.

De un lado está el espectáculo infantil de nuestra derecha más elemental, tan aquejada por estos días de lo que en alemán se llama *schadenfreude*: la satisfacción por el mal ajeno. Del otro, el negacionismo de tanta izquierda deliberadamente ciega, convencida de que al gobierno de Petro le van mal las cosas porque hay una gigantesca conspiración que nada tiene que ver con el presidente, ni con su comportamiento, ni con sus decisiones, ni con la gente de la cual se rodea. De un lado, la derecha que durante el mediocre gobierno de Duque se dedicó a sabotear la implementación de los acuerdos del Teatro Colón igual que antes había saboteado el plebiscito; del otro, la izquierda para la cual esos acuerdos «quedaron incompletos», como dijo Petro en su momento, y la respuesta no es ni completarlos ni tratar de hacer lo posible por aplicarlos, sino hacer otros más atropellados, menos estudiados y, sobre todo, menos responsables. De un lado, la derecha fanática y obstruccionista que disimula mal su descontento con la llegada al poder de toda esta gente que nunca lo había tenido; del otro, la izquierda de doble rasero que tolera o condona los mismos comportamientos que condena cuando los tienen los otros.

En medio de esas dos posiciones antagónicas que no ven lo que hay, sino lo que les gustaría que hubiera, Petro cumple su primer año de gobierno decepcionando a muchos que no estaban ni en un extremo ni en el otro: los que creyeron, ingenuamente, que era posible hacer un gobierno distinto después de una campaña tan sucia y corrupta como las de siempre. (O los que se negaron a ver la suciedad y la corrupción, o los que la justificaron con el argumento de que los otros siempre lo han hecho. Lo cual es a la vez cierto y no justifica nada). Y no: no es posible. No es posible hacer un gobierno distinto acudiendo a los mismos clientelistas, a los mismos corruptos, a los mismos traficantes de influencias que han ensuciado la política colombiana desde hace décadas. No es posible hacer un gobierno distinto con campañas de desprestigio del opositor tan deshonestas que lindan con la calumnia; ni «quemando» a los contrincantes con estrategias iguales a las que usaba cierta derecha cuando quemaba a su manera; ni «corriendo la línea ética», según la infame expresión de un responsable que luego fue debidamente premiado, y no con cualquier contrato con el Estado dadivoso, como les ha ocurrido a tantos, sino con un consulado en una capital importante.

Al parecer, tenía razón otro de los candidatos: se gobierna como se llega al poder. Si se llega con malas artes, o haciendo concesiones a los peores vicios de nuestra política, o simplemente doblando las reglas por una convicción extraña de que el fin justifica los medios, tarde o temprano se recibe la factura. Eso es lo que ha pasado en los últimos meses, cuando cada escándalo parece superar al anterior y, al mismo tiempo, presagiar uno que será peor todavía. No he podido recordar quién dijo, acerca de alguna época nefasta, que por entonces había que comerse un sapo vivo en la mañana para asegurarse de que nada peor le ocurriría a uno en el resto del día. No es muy distinto lo que sentimos a veces en estos tiempos, pues no sólo se trata de sobrellevar el caos inefable que rodea a Petro y hacerlo con la esperanza de que no salga dañada la dignidad de las instituciones, sino de encajar las revelaciones horribles, venidas como fantasmas de otros tiempos, que nos van cayendo encima gracias a las instituciones creadas en buena hora por los acuerdos de paz: la Comisión de la Verdad y la Justicia Especial para la Paz.

Después de las últimas elecciones escribí que la victoria de Petro era lo mejor, en aquellas circunstancias, que podía pasarle al país; lo pensaba de verdad, aunque sin alegría, porque el otro candidato me parecía y me sigue pareciendo una catástrofe de ignorancia, oportunismo y frivolidad, y, además, una especie de recipiente vacío que llenarían a su antojo nuestros bukelitos y bolsonaritos. Pero si un presidente de izquierda hace alianzas con predicadores homófobos y antiabortistas (para conseguir el voto influyente de las mismas iglesias evangélicas que también sabotearon con sus mentiras los acuerdos de paz), o si declara que quiere luchar contra la corrupción de las élites dominantes mientras pone en puestos de importancia a corruptos reconocidos (o a gente que sólo inspira confianza a los corruptos), los menos seducidos podemos preguntarnos si el voluntarismo no le estará impidiendo ver la realidad con la claridad necesaria.

Yo tengo que decirlo: el caos no me ha sorprendido, o más bien me ha sorprendido por su magnitud, pero no por su existencia. También durante su alcaldía Petro demostró ser un hombre de grandes ideas, algunas muy loables y algunas incluso de una sensatez evidente, pero al mismo tiempo un pésimo gestor de equipos, incapaz de ejecutar y demasiado llevado por las emociones más oscuras de la ideología, y además condenado a verlo todo a través del prisma del mesianismo. Petro no logra sacarse de la cabeza la idea, tan insoportablemente caudillista, de que la salvación de todo y de todos está en sus manos: «Si fracaso, las tinieblas arrasarán con todo», le dijo a este periódico en tonos muy similares a los que usó Uribe, otro caudillo (u otro mesías), para anunciar que estaría dispuesto a reelegirse por segunda vez «sólo en caso de hecatombe».

Pero lo que ocurre ahora es un desorden de magnitud distinta. El desorden es grande y es microscópico, afecta lo general y lo particular. Es gravísima la falta de control que tuvo Petro sobre su campaña, en la cual se colaron los peores intereses y las más ramplonas corrupciones; pero son incomprensibles, y deberían ser intolerables, los retrasos, las ausencias, los incumplimientos y los mil desplantes con que el presidente no sólo entorpece su propia agenda, sino que rompe canales de diálogo y lanza este mensaje inequívoco, que es el mismo tratándose de magistrados de las altas cortes o de la presidenta del Parlamento alemán: por desdén con las formas o por desprecio de las convenciones de las élites o por la razón que sea, lo cierto es que aquí manda el desorden.

Ahora el país está en vilo tratando de adivinar lo que pasará con el escándalo en que está envuelto su hijo corrupto, que no sólo es hijo del presidente, sino de su tiempo: es parte de esas generaciones que no evitaron la influencia nefasta del narcotráfico, o de su cultura de dinero fácil y rápido, o de su carencia de anticuerpos naturales para defenderse de la corrupción ubicua. Y en todas partes se pregunta la gente si Petro sabía o no sabía, y en esas discusiones estaremos embarcados durante meses. Y por supuesto que eso importa, pero no estoy seguro de que sea lo que más importe, o lo que importe a largo plazo. A la inestabilidad que sale de adentro, de las entrañas mismas de un palacio y una familia, se añadirá la que provocan los de afuera. Pero despertaremos todos y el desorden seguirá allí. Y eso es lo grave.

Las nuevas democracias de los extraños
18 de octubre de 2023

Hace un par de semanas, Martín Caparrós puso en palabras lúcidas una realidad misteriosa. Recordó los momentos previos al plebiscito colombiano de 2016, cuando toda la gente con la que hablaba parecía tener la misma opinión: todos apoyaban los acuerdos con las Farc, todos votarían por el Sí, la victoria del Sí estaba asegurada. Pero avanzó la tarde del día del voto y los resultados fueron saliendo, y lentamente se fue asentando entre nosotros la revelación de la derrota. «Recuerdo sobre todo», escribe Caparrós, «la desazón de los que descubrían que su país no era lo que pensaban, que entendían que habían vivido equivocados. Algo así sucede muy cada tanto, y es brutal: ese momento en que los tuyos te demuestran que no son lo que siempre habías creído. Que vos mismo, de algún modo, no eras lo que creías». Y añade: «Me está pasando ahora, con perdón, con la Argentina».

Me ha parecido por lo menos curioso encontrarme la misma emoción sin nombre en la última columna de Leila Guerriero, que es argentina como Caparrós y comparte con Caparrós más de una convicción política. Habla Guerriero de la «sensación de extrañeza» que sintió al regresar a la Argentina después de un viaje. «¿Quiénes eran las personas que lo habían votado, dispuestas a seguir a un candidato que propone arrasar con buena parte de los derechos adquiridos como remedio para nuestros males, que son muchos? Esa extrañeza, que pensé que iba a atemperarse como se atempera el efecto de una pesadilla, no se ha ido. Camino entre la gente pensando: "Ese hombre lo votó, aquella mujer también", con una alarmante sensación de estar amenazada por los que, se supone, son los míos». Caminar entre extraños, se titula su bella columna. Vuelvo a leerla: vuelvo a leer «sensación de extrañeza», y vuelvo a la columna de Caparrós: «Lo más duro no es él», dice Caparrós refiriéndose a Milei: «es esa extrañeza de ser parte de un país en el que un tercio —o incluso la mitad— de las personas están dispuestas a entregarle el mando a un desquiciado».

La misma extrañeza, me atrevo a decir, nos agobió a los colombianos que apoyábamos el acuerdo de 2016. Por esos días escuché la misma opinión en boca de gente muy diversa: era imposible que los acuerdos fueran derrotados. La confianza, al parecer, se trasladó al Gobierno. Yo no la compartí nunca, no sólo por mi terco pesimismo, sino porque todos los días me topaba con personas que iban a rechazar los acuerdos, algunas por convicción y dolor (y uno no es nadie para decirles a los demás cómo lidiar con sus pérdidas), pero muchas otras por ignorancia, desconocimiento, engaño o inocencia; y por eso me dediqué en los últimos meses, antes del plebiscito, a defender los acuerdos en mis columnas, pero sobre todo a reflexionar en ellas sobre lo que veía: el éxito que tenían entre la gente las mentiras y las distorsiones de la campaña por el No, la credulidad y la infinita docilidad con la que personas más o menos educadas se tragaban enteras las falsedades más disparatadas y las calumnias más absurdas. Vivir en Colombia era confirmar, día tras día, que no hay mentira tan descabellada que no pueda ser creída, si creerla satisface nuestros prejuicios, nuestra desconfianza o nuestros odios. Y moverse por la vida era mirar con extrañeza a todos los que las habían creído: ¿cómo era eso posible?

No sé cuántas veces he hablado de esto con los norteamericanos a los que la victoria de Trump tomó por sorpresa. Al día siguiente de las elecciones se despertaron en un país irreconocible, compuesto por latinos que votaron por un hombre que llamó violadores a los mexicanos, por mujeres que votaron por un acosador sexual confeso (y orgulloso), por demócratas convencidos que votaron por quien no estaba dispuesto a reconocer una derrota electoral, por amantes de la verdad que votaron por un mentiroso irredento y compulsivo, por religiosos fanáticos que dieron su voto a un hombre cuya biografía representaba todo lo que aborrecían. ¿Quiénes eran los otros?, se preguntaron los norteamericanos que no eligieron a Trump. ¿En qué país vivimos? Una respuesta, una entre miles fue: no sabemos quiénes son los otros porque no sabemos cómo viven, cuáles son sus agravios, qué frustraciones guardan.

No hay una sola respuesta que ilumine la extrañeza de la que hablan Caparrós y Guerriero, pero no me cabe duda de que ninguna respuesta puede dejar de lado el fenómeno, mucho más complejo y todavía desconocido de lo que creemos, de las redes sociales. No soy el primero en señalar la manera intangible, pero muy real, en que las redes sociales han desmantelado nuestra realidad común, o han creado realidades individuales para cada uno de nosotros: realidades que los algoritmos manufacturan usando como materia prima la información que nosotros mismos les damos. Nuestra vida en las redes ha sustituido la vida real, la que compartimos con los otros, y ha derruido también nuestra noción de una misma realidad que interpretamos de manera distinta. No: la realidad no es la misma para todos. Ya no se trata de interpretarla de manera distinta: es que no estamos viendo lo mismo. Y de ahí la extrañeza.

Nunca me canso de citar a Jaron Lanier, pionero de las nuevas tecnologías y apóstata de Silicon Valley, que describe muy bien en un panfleto —porque ese libro suyo que llama a cerrar las redes sociales es eso, un panfleto, y además un panfleto urgente y necesario— las consecuencias prácticas del funcionamiento de las redes. Es, dice Lanier, como si Wikipedia nos entregara a cada uno de nosotros una versión distinta de sus artículos dependiendo de nuestro perfil: de nuestro sexo, nuestra edad, nuestras convicciones políticas y religiosas, nuestra ubicación en el GPS del mundo, nuestro historial de navegación en la red. Con todo eso, los algoritmos nos proponen una serie de contenidos que acaban conformando una visión de la realidad que otro —ese otro con el cual se cruza Leila Guerriero en las calles, ese otro que a Caparrós le parece incomprensible— no sólo no comparte, sino que considera una afrenta. Si a esto se le añade el desdoblamiento de nuestras personalidades de internautas, el divorcio entre los ciudadanos está consumado.

Por supuesto —digo de nuevo— hay que tener cuidado con estos razonamientos. Lo que digo es parte del problema, no el problema entero, como también es parte indudable del problema la frustración intensa que sienten muchos ciudadanos ante lo que podríamos llamar, echando mano de un atajo intelectual, el Poder. «No hay nada más pobre que argumentar que el pueblo ha elegido muy mal y tratar de justificarlo por la magia negra de la publicidad, los medios de masas y las redes sociales», dice Caparrós. «O decir que todo es culpa de la marginación, la decadencia de la educación, esa lógica rabia de quien no ve salidas ni futuros», añade. No, nada de eso basta para el divorcio entre nosotros, pero todo contribuye. Ahora la extrañeza le ha tocado a Argentina, un país que nunca ha sido —creo yo— lo que es Milei; y yo espero, por el bien de América Latina, que se reencuentre a sí mismo. De todas formas, lo que sí podemos ir aceptando es que somos ciudadanos más radicalizados que ayer, que la rabia y el resentimiento y el odio tribal nos mueven políticamente más que ayer, y que la ilusión de entender a los demás es hoy, más que nunca, un espejismo. Y eso, en democracia, es un problema.

Alrededor del 6 de enero
10 de enero de 2024

Parece que hubieran pasado varias décadas desde los sucesos del 6 de enero en Washington, y parece al mismo tiempo que los sucesos hubieran pasado ayer. El ataque al Capitolio de los descerebrados seguidores de Trump, azuzados por el único presidente que ha llamado a desconocer los resultados de unas elecciones, no fue solamente grotesco ni asesino (dejó varios muertos), sino que se ha convertido en una de tantas pruebas de que la realidad no existe o no importa. Leo en alguna parte que en este año la mitad de la humanidad democrática o que se cree democrática irá a las urnas para votar por alguien, y ya comienzo a pensar en lo que diremos en enero de 2025: nos preguntaremos cómo pasó lo que pasó, cómo dejamos que las cosas llegaran hasta aquí, qué sembramos para cosechar esto. Y recordaremos los lugares comunes de siempre: que los pueblos tienen los gobernantes que se merecen, que el que no participa en política la sufre, etcétera. Etcétera. Un largo etcétera.

Así es: no soy optimista. No lo soy, en parte, por lo que ha pasado con el 6 de enero. Lo vimos todos por televisión, no filmado por las cámaras de los periodistas sino por las de los mismos descerebrados del rebaño fascista, orgullosos de su participación en los estropicios, o de poner los pies encima del escritorio de una congresista, o de gritar amenazas con tono de adolescentes frente a una puerta cerrada, o de acorralar entre varios a un solo policía. Fue un espectáculo patético de cobardía y matoneo de esos que suelen darse en las multitudes politizadas, o que se sienten politizadas, cuando en ellas hay individuos que nunca se atreverían a lo mismo encontrándose solos. Pero esa ética del matón cobarde es la quintaesencia del trumpismo; o, por decirlo de otro modo, el trumpismo ha inventado un espacio a imagen y semejanza de su líder, que es un cobarde y un matón, y ya se han normalizado los discursos en que Trump se burlaba de un discapacitado, o del aspecto físico de una mujer, o llamaba en un discurso a agredir a alguien.

Lo vimos todos por televisión, sí, y lo seguimos viendo a medida que salían más y más videos hechos por los mismos teléfonos de los insurrectos. ¿Y qué vimos? Un movimiento de resentidos, de falsas víctimas de todo (de las mujeres, de los judíos, de la inmigración latinoamericana, del desplazamiento del hombre blanco), hombres y mujeres inocentes e ignorantes que habían acudido al llamado de un irresponsable. Por supuesto: no me cabe duda de que muchos lo hacían con la convicción genuina de que alguien les estaba robando algo. Lo sé porque he hablado con ellos, en Georgia y en Misisipi y en otras partes, y por eso puedo decir lo que he dicho más arriba: que la realidad no existe o no les importa. Leo en alguna parte que el 46% de los republicanos cree que los hechos del 6 de enero fueron instigados por el FBI, y lo único más espeluznante que eso es la revelación siguiente: el 13% de los demócratas también lo cree. No, la realidad no existe: existe lo que alguien cuente sobre ella. En eso son cómplices los usuarios de las redes sociales, de las plataformas de desinformación, de las cadenas de WhatsApp. Viendo algunas de las versiones de la realidad que allí se generan, uno siente casi compasión por la ingenuidad de los ciudadanos.

O por su insólita credulidad. Qué fácil, qué barato resulta convencerlos de todo, qué pocas son las consecuencias de mentir y de hacer daño con mentiras. Pensaba en estos días en el señor Alex Jones, una de las criaturas más despreciables de la extrema derecha mediática (la competencia es ardua, en Estados Unidos y en todas partes). Jones, como recordarán algunos, fue el inventor de una verdadera campaña de mentiras y calumnias que lanzó al mundo la idea de que la masacre de Sandy Hook no había sucedido en realidad: que era una artimaña de los liberales para sabotear el libre porte de armas. Sandy Hook es la escuela de Connecticut donde un veinteañero, un descerebrado más, asesinó a balazos a veinte niños y seis profesoras; pero después de que Alex Jones mintiera y mintiera y siguiera mintiendo, la extrema derecha adoradora de las armas se instaló en la versión que le convenía. La masacre de Sandy Hook dejó de existir; los padres de los niños muertos fueron perseguidos y acosados por los descerebrados seguidores de Alex Jones. Pero algunos tuvieron el coraje y la paciencia de demandar a Jones, y ganaron.

En 2022, Jones fue condenado a indemnizar con 1.500 millones de dólares a los que había dañado, y fue expulsado de Twitter, una de las plataformas que más le sirvieron en la construcción de su mentira. Pues bien, hace unas semanas Jones recibió un regalo inapreciable de parte de su cómplice perfecto, el millonario infantilizado Elon Musk, que puso en marcha una de sus encuestas para bobos, donde una amplia mayoría de humanos y bots y cuentas ficticias decidió que ya se había castigado lo bastante a Jones. Y le devolvieron la cuenta de Twitter, o como se llame ahora esa cloaca de desinformación y narcisismo; porque Elon Musk, ya se sabe, es un adalid de la libertad de expresión. Jones, memorablemente, se jactó de haber contribuido a la movilización de los insurrectos del 6 de enero, tanto que sus mensajes de Twitter fueron requeridos luego por el comité que investigó la insurrección, y tanto que el comité lo interrogó en su momento. Esto recuerdo también: el día del interrogatorio, Jones alegó que estaba bajo tanto estrés que no podía responder a las preguntas del comité. Y luego se equivocó al deletrear su propio nombre. Deletrear no es lo suyo.

Aunque parezca inverosímil, aunque nos resulte descorazonador, es casi seguro que Donald Trump será el nominado por el Partido Republicano para las elecciones de fin de este año. Ya está haciendo campaña, y de una manera novedosa en la democracia norteamericana: desde los juzgados. Cada vez que acude a un juzgado para defenderse por uno de los múltiples delitos que (se dice) ha cometido, su ejército de incautos llena sus cuentas bancarias de donaciones. Casi me conmueven. Los jueces ya han dicho que Trump es un agresor sexual (no hacía falta: lo había dicho él mismo en un bus) y le han formulado cuatro acusaciones penales; pero lo que me interesa ahora mismo son los treinta estados donde se está considerando la prohibición de que sea candidato. El argumento es una enmienda de la Constitución que impide la elección de quien haya participado previamente en insurrecciones. Dos estados, Colorado y Maine, ya han fallado en ese sentido; muchos otros lo han hecho en sentido contrario. Quedará el asunto en manos de la Corte Suprema.

Mientras tanto, las campañas siguen su curso, y su suerte no se juega en los juzgados: se juega en el relato público. Y dentro de un año, cuando todo —las elecciones, los juicios, la amargura, la desinformación— haya pasado, seguiremos probablemente preguntándonos qué pasó el 6 de enero. Tal vez los votantes vayan a elegir esta vez entre dos palabras: la campaña de Trump llama a los participantes «patriotas»; la de Biden los llama «terroristas».

Se elegirá entre dos versiones de un día pasado, un día que —como le suele ocurrir al pasado— ya no existe. Nada más aterrador.

Para un nuevo contrato social
24 de enero de 2024

Llevo un tiempo pensando que necesitamos un nuevo contrato social, y que esta vez debe girar alrededor de la información. Muchos comienzan a enterarse ahora del daño profundo que las redes sociales han causado en nuestras sociedades democráticas, a pesar de que todos los días se publican artículos y se lanzan documentales sobre los excesos de Facebook y de Twitter, sobre los estropicios de Cambridge Analytica, sobre la indolencia o la complicidad o la connivencia de los Zuckerberg y los Musk: esos curiosos individuos que navegan entre el autismo, el infantilismo y la sociopatía, y a los cuales hemos entregado (voluntariamente: eso es parte del escándalo) todas las herramientas necesarias para enriquecerse a costa de la estabilidad misma de nuestra sociedades. Sí: muchos ciudadanos se han enterado de que llevan años siendo manipulados, y sus odios azuzados y sus inseguridades explotadas, por esos mecanismos opacos e incomprensibles para la mayoría. Pero las redes sociales no han cambiado su modelo de negocio. ¿Para qué iban a hacerlo, si los usuarios siguen ahí?

Pero este año hay un pequeño pánico creciendo en las esquinas, pues se aproximan elecciones en medio mundo: es decir, medio mundo se va a hundir durante los meses que vienen en una marejada de desinformación, mentiras y distorsiones. Serán meses de tensiones sociales, de iras y odios desatados en las redes, de calumnias y manipulaciones, y no será para sorprenderse que entren en acción las posibilidades imprevisibles de la inteligencia artificial para confundir todavía más a los confundidos votantes. (Hoy, mientras escribo, me entero de un mensaje de voz del mismísimo Joe Biden que pide a los votantes —eh— no votar. El mensaje fue generado artificialmente, pero ya habrá convencido a algunos). Y el pánico del que hablo, que no sienten todos, se debe a algo muy sencillo: para votar se necesita información confiable, y nuestra relación ciudadana con la información está, por decirlo con amabilidad, pasando por un mal momento: porque está rota —o severamente magullada— nuestra relación con nosotros mismos. Es decir: nuestra confianza. No sé si tenga que poner en palabras una obviedad semejante, pero ahí va: sin confianza, las sociedades fracasan. Para reparar la confianza rota o magullada es necesario cobrar conciencia de lo que nos ha pasado en los últimos años, como consumidores de información y también como propagadores.

Y lo que nos ha pasado, cuando pensamos en el asunto crucial de la información, es preocupante. La información que recibimos es la única herramienta para tomar decisiones políticas, ya no digamos para llegar a una cierta conclusión sobre lo que es verdadero en nuestro mundo compartido. Pues bien, hace rato que nuestras sociedades abandonaron la idea misma de verdad común: aquello de las verdades alternativas, creación impagable de los años Trump, ya suena a viejo de tanto que nos hemos acostumbrado a su presencia. Desde entonces, los movimientos populistas y antiliberales han confirmado con enorme provecho —esto no es nuevo, pero creer que es lo de siempre es un error— que nada es tan rentable como la confusión. Es decir, que no es necesario mentir todo el tiempo, sino que basta abrir una ventana de duda en la mente del ciudadano para imponer su versión del mundo, lo que llamamos «relato» o «narrativa» (dos palabras que también se van desgastando a pasos agigantados). Los movimientos que se dicen o se creen democráticos pronto lo entendieron también, y no han renunciado a la rentabilidad inmensa de esa forma de hacer política.

Ahora bien: su éxito, el éxito de la desinformación como estrategia, necesita siempre de la colaboración del ciudadano. Aquí entran en juego otros factores de nuestra humanidad demasiado humana. Entra en juego la ignorancia voluntaria (y a veces cultivada con esmero) de los que se niegan a saber, no vaya a ser que enterarse de algo ponga en riesgo sus convicciones, adquiridas todas con un enorme esfuerzo de la superstición. Entran en juego las mil formas de irracionalidad, que nos hacen tan vulnerables al engaño directo o a la distracción más o menos grosera, más o menos hábil. Entre ellas están, por ejemplo, nuestros sesgos: la tendencia a creer en lo que nos confirma nuestra visión del mundo y a rechazar lo que la cuestiona; la tendencia a creer lo que dice una figura de autoridad, aunque sea descabellado, y a descreer de lo que dice una figura que rechazamos, aunque sea sensato y aun comprobable.

Se me ocurren muchos ejemplos, pero prefiero uno: el hecho inverosímil de que los republicanos están a punto de convertir en candidato presidencial a un hombre que les recomendó beber desinfectante para curar el covid. Hubo varias víctimas de su frívola irresponsabilidad, claro, pero de eso ya no se acuerda nadie, o eso no basta para descalificar: Trump sigue siendo el que mejor representa sus prejuicios o vindica su identidad. Si sus votantes le creyeron cuando les dijo que se tomaran un vaso de Clorox para curar un virus respiratorio, ¿por qué no van a creerle ahora cuando dice que los procesos en su contra son una cacería de brujas, o que los inmigrantes envenenan la sangre de su país? El instinto tribal es fascinante: puede llegar incluso a desactivar la razón. En el mejor de los casos, nos lleva a pensar lo que piensa el grupo o, si hay duda, a aceptar la opinión prevalente. Por supuesto, en ello hay enormes ganancias sociales, pues para casi todo el mundo es más cómodo equivocarse en grupo que tener razón en soledad, y se necesita de un cierto valor para llevar hasta sus últimas consecuencias la tarea nada fácil de pensar por uno mismo.

Este año nos toparemos todo el tiempo con desinformaciones de diversas clases, y yo creo que una parte de los ciudadanos tiene derecho a exigirse un cierto grado de responsabilidad. No me refiero a todos, como digo: a una parte grande la doy por perdida. Pero todavía los hay que no quieren engañar si pueden evitarlo, que no aceptan por comodidad ser engañados, que creen todavía en la existencia de la verdad común y en la gravedad de su deterioro. Estos ciudadanos tienen derecho a exigirles a los demás que cuiden la información y tienen la obligación de cuidarla ellos mismos: ¿será demasiado pedir? Avergonzarse si comparten por negligencia o credulidad una noticia que calumnia o miente; avergonzarse más todavía si la comparten por interés político, por sectarismo o por hipocresía.

Ahora he encontrado un concepto utilísimo en un libro que es como una caja de herramientas. El libro es *Son molinos, no gigantes*, de Irene Lozano, y lleva este título sin dobleces: «Cómo las redes sociales y la desinformación amenazan nuestra democracia». El concepto es la «vigilancia epistémica», y se refiere a esos mecanismos del conocimiento que nos permiten a los seres humanos saber si la información que recibimos, ya sea de otros seres humanos o de instituciones, es digna de confianza. En otras palabras: la facultad de saber a quién hay que creerle, y por qué. Y en otras: el talento de leer bien la realidad. No es algo inalcanzable, pero sí exige ciertas actitudes que no todos están dispuestos a tener: señalar la mentira, aun si nos conviene; apoyar la verdad, aun si nos molesta. A ver si este año no termina tan mal como podría.

La pandemia, cuatro años después
3 de febrero de 2024

Hace cuatro años, por estos días, comenzábamos a darnos cuenta de que algo no estaba bien. Llegaban noticias de un virus lejano de comportamiento impredecible, y es fácil olvidar ahora la extensión de nuestra ignorancia: los medios tardaron varias semanas en conseguir conclusiones certeras sobre los modos de transmisión o las maneras de prevenirla, y durante mucho tiempo nos movimos en un mar de incertidumbres cuyos daños tal vez no eran inevitables. A finales de febrero, después de un breve viaje por España y Portugal, regresé a mi ciudad contagiado sin saberlo. Sólo un par de casos se habían documentado en ese momento en la prensa de mi país. Recuerdo muy bien la expresión de preocupación intensa en la cara de los médicos que encontraron en mis radiografías una neumonía agresiva, y ahora sé que nunca me voy a liberar de la rara tristeza de saber que el virus acabó matando al amigo que me lo contagió.

En los meses siguientes, mientras me recuperaba sin secuelas, seguía por las pantallas de nuestro encierro las espirales de miedo y sufrimiento en que se embarcaban nuestras sociedades, y trataba de llegar a una conclusión más o menos fiable sobre las realidades que se nos vendrían encima cuando todo esto terminara. Era la tercera vez, en este siglo todavía joven, que repetíamos ese lugar común: esto va a cambiar el mundo para siempre. Después de los atentados de septiembre de 2001 y la crisis económica de 2008, la pandemia del coronavirus lo trastornaba todo una vez más, sin habernos dejado tiempo siquiera para recuperar la estabilidad perdida, y más bien apilando sus consecuencias sobre las que ya estábamos viviendo. El fenómeno era tan sorprendente, a pesar de no ser para nada inesperado (muchos lo habían anunciado), que no sabíamos cómo hablar de él, y muy pronto comenzamos a explicarlo con los lenguajes que habíamos usado en las crisis precedentes. Nuestros gobiernos hablaron de la pandemia como se habla de una guerra y de la covid como si fuera un enemigo impredecible: un terrorista. Las decisiones desastrosas que llevaron a la debacle financiera de 2008 —la ausencia total de controles estatales, el egoísmo y la codicia convertidos en motor de la economía, las tensiones entre el interés del individuo y el de los mercados— nos prestaron el léxico para discutir nuestras prioridades actuales.

El mundo entero se lanzó a un frenesí de profecías y especulaciones, de bolas de cristal y teorías de la conspiración, y eso era un termómetro visible de nuestras ansiedades: estas generaciones —las nuestras, las de los vivos— no se habían enfrentado todavía a una incertidumbre similar, y había que remontarse a la gripe de 1918 para conseguir una analogía más o menos precisa de lo que vivíamos. «El futuro, por definición, carece de imagen», escribió Paul Valéry en un tiempo de incertidumbres. «La historia le da los medios para ser pensado». Pero al mirar la historia nos encontrábamos con un relativo vacío, pues la gripe de 1918, que según algunos mató a más gente que las dos guerras mundiales juntas, no se ha contado tanto ni tan bien como las guerras. Y claro: como nos faltaban los relatos sobre aquel momento pasado, nos era difícil imaginar con precisión lo que vendría después de este momento presente. En abril de 2020, una revista colombiana me pidió aventurar una opinión sobre lo que nos dejaría esta crisis. Tengo que cometer la grosería de citarme a mí mismo para que los lectores entiendan mejor mi argumento. Este párrafo fue mi respuesta:

«No tengo grandes esperanzas: una lectura rápida de la historia sugiere que la humanidad aprende poco de los desastres u olvida pronto lo aprendido. Los países ricos se han pasado los últimos años socavando las políticas públicas que habrían podido ayudarles a enfrentar la pandemia, y los menos ricos, extraviados en la corrupción y las guerras, ni siquiera han podido inventárselas. Navegaremos entre el autoritarismo y el miedo; para evitarnos el dolor por la muerte de seres cercanos, aceptaremos condenar al hambre a millones de seres lejanos. Las economías destrozadas serán el plato de Petri de violencias diversas. Veremos muestras de heroísmo y solidaridad todos los días, pero eso no bastará, porque los valientes y los solidarios no serán quienes elijan a nuestros líderes: serán los engañados por los populismos, los desinformados por las redes, los atemorizados por la pobreza. Elegirán a los Trump y a los Bolsonaro y no echarán a los Ortega o a los Maduro. La pregunta no es tanto qué enseñanzas deja esta crisis, sino cómo preparar nuestras sociedades, empobrecidas y enfrentadas, para la que no vemos todavía. Es como decía Sánchez Ferlosio: vendrán más años malos y nos harán más ciegos».

Me equivoqué con Bolsonaro y con Trump, que no fueron reelegidos, pero sería imperdonablemente ingenuo pensar que su derrota fue consecuencia de la irresponsabilidad, la incompetencia o el cinismo con que se enfrentaron (o no) a la pandemia. En cualquier caso, ahí tenemos a Trump, virtualmente nominado como candidato republicano a la presidencia; y, a cambio de Bolsonaro, la tragicomedia latinoamericana nos ha regalado a otro payaso de ignorancia orgullosa y profunda antipatía hacia la ciencia, el conocimiento y el sector público: Javier Milei. Nadie puede no recordar que una de las primeras acciones de Trump, al llegar al poder, fue destruir los mecanismos más preparados para enfrentarse a una pandemia: en 2018, desmanteló un programa del Consejo Nacional de Seguridad que se había creado en los años de Obama, cuando el Gobierno recibió duras críticas por su manejo de la crisis del ébola; y ahora sabemos que más tarde, apenas tres meses antes de las primeras infecciones por covid, eliminó un programa de alerta temprana, Predict, y despidió a docenas de científicos que habían logrado identificar 160 virus susceptibles de provocar una pandemia. Milei, por su parte, ha prometido desmantelar el Estado, comenzando por la salud pública, y desde muy pronto puso en la mira a los científicos: prometió privatizar el Conicet, que fabricó pruebas de anticuerpos en tiempo récord, y luego, refiriéndose a los científicos, se permitió preguntar: «¿Qué productividad tienen?».

Hubo un momento del año 2020 en que la pandemia nos puso a hablar de solidaridad, de responsabilidad ciudadana, de cuidarnos los unos a los otros; ahora se vota por quienes explícitamente hacen del individualismo cerril y aun de la crueldad con los más vulnerables su primer argumento electoral, y el que mejor vende. La pandemia, pensaron los idealistas, demostró la utilidad de la cooperación de las naciones y la interdependencia en lugar del aislamiento, pero lo que dejó fue un auge imparable de nacionalismos y nativismos de diverso cuño. (Las epidemias han tenido siempre una relación estrecha con la xenofobia). La pandemia, finalmente, obligó a las sociedades a considerar de nuevo la influencia en sus vidas de un gobierno sólido y competente, con instituciones capaces de responder en caso de emergencia y de reparar con fondos públicos los destrozos de las economías privadas. Todo esto es anatema para los adalides del sálvese quien pueda.

Hace cuatro años, el más irritante de los idealismos era el que veía la pandemia como un rito de paso, un reto que nos haría mejores o del que nuestras sociedades saldrían reforzadas. Nada de eso ha ocurrido. La pandemia es un territorio de paradojas, de contradicciones, de oportunidades perdidas. Tal vez la única lección posible comience por darnos cuenta de esto.

El tuit y el silencio
21 de febrero de 2024

Esta columna es dos columnas: una habla de política; la otra habla de los lugares de la política. A veces parecerán la misma columna, pero no estoy seguro de que lo sean.

La columna política comienza con una modesta sugerencia. Si alguna vez le interesara a Petro saber por qué una parte de la izquierda moderada —los que en algunas partes del mundo se llaman socialdemócratas— desconfía de él o de su figura, le bastaría remitirse a lo ocurrido en estos días: a sus reacciones o, para ser más claros, a su carencia de ellas. Yo recuerdo bien el ímpetu irreflexivo con que se lanzó a defender al peruano Pedro Castillo cuando éste trató de darse un golpe de Estado, anunciando la disolución del Congreso y declarando un estado de excepción. Castillo acabó arrestado y en la cárcel —sí: por tratar de dar un golpe de Estado— y Petro reaccionó por Twitter diciendo que se le había conculcado «el derecho a elegir y ser elegido». Pero hace apenas unos días, el gobierno de Nicolás Maduro echó mano de una artimaña grosera —y además bastante boba— para sacar a María Corina Machado de las próximas elecciones presidenciales, en las cuales tenía muchas posibilidades de ganar. El chavismo se inventó una irregularidad ridícula y el Tribunal Supremo, órgano de bolsillo del chavismo, inhabilitó a la candidata. Uno diría que no hay ejemplo más diáfano de conculcación del derecho a elegir y ser elegido. Pero el twitter de Petro, tan rápido para denunciarlo en el caso de Perú, se quedó prudentemente callado en el de Venezuela.

No es la primera vez que al presidente lo agobia el problema del doble rasero. De hecho, el lamentable espectáculo venezolano lo deja en evidencia todos los días; y, como el gobierno de Maduro anda en caída libre hacia la dictadura abierta, el silencio de Petro, que tan locuaz ha sido para denunciar otras cosas, se parece cada vez más a la hipocresía. Pienso en la activista Rocío San Miguel, experta en asuntos militares, que fue encarcelada hace cosa de una semana. En su deriva paranoica, el régimen de Maduro se ha inventado o ha imaginado una serie de tramas golpistas y de planes para asesinar al presidente, y las ha usado para meter a la cárcel a decenas de personas u ordenar su captura: activistas, estudiantes, periodistas, defensores de derechos humanos. Un grupo de sindicalistas, leí en alguna parte, fue condenado a dieciséis años de cárcel y luego liberado. El chavismo se ha inventado leyes de traición a la patria que sirven para todo lo que no le guste, y otras que castigan el odio en redes sociales (ustedes pondrán las comillas donde mejor les parezca): son todos mecanismos de represión abierta y poco sofisticada que ya no se preocupan ni siquiera por maquillar su arbitrariedad, y que desengañan a todos los que alguna vez creyeron en los acuerdos de Barbados, que en tiempo récord han quedado reducidos a papel mojado. Así es: cada semana parece menos probable que haya elecciones libres este año.

El chavismo ha entrado en una espiral temible. Después del ridículo internacional que hizo el régimen con los aspavientos alrededor del Esequibo, después de la expulsión —lo más parecido a una pataleta— de los funcionarios de la ONU, puede venir cualquier cosa. Cualquiera que le eche una mirada a la historia de los autoritarismos sabe que así, viendo conspiraciones en todas partes e inventándose tipos penales para perseguir a los opositores, comienzan los gobiernos a encerrarse en sí mismos. Lo temible es que la Venezuela de Maduro vaya a irse por el hoyo sin fondo de la Nicaragua de Ortega: un régimen que vive ya de espaldas a eso que llamamos comunidad internacional, cada vez más aislado pero cada vez, por eso mismo, más dispuesto a hacer daño. En septiembre pasado, cuando se conmemoraban los cincuenta años del ataque al Palacio de La Moneda en Santiago de Chile, a algunos nos sorprendió para bien un trino en que Petro se declaraba solidario con Gioconda Belli, que acababa de sufrir una agresión más —la confiscación de su casa después del retiro de su nacionalidad— de parte de la dictadura de matones de Daniel Ortega. Petro comparó su persecución con la que llevó a cabo Pinochet contra tantos poetas: «¡Qué paradoja!», escribió. No sé muy bien qué haya querido decir con eso, pues paradójico no es: la persecución de los dictadores es la persecución de los dictadores, sean asesinos fascistas de manual o viejos revolucionarios convertidos en estalinistas de medio pelo. Pero está bien que Petro denuncie los desmanes de Ortega, sobre todo después de haber guardado más de un silencio lamentable sobre ellos.

De todas formas, a veces me parece que la conversación es otra, o, por lo menos, es doble: por un lado, hay que hablar de lo que un presidente tuiteó sobre otro presidente, o de lo que dejó de tuitear o de lo que retuiteó. Pero acaso deberíamos dedicar un instante a pensar en lo que dice de nosotros esta nueva y triste manera de hacer política. Media América Latina vive aferrada a lo que se dice o no se dice en las redes sociales, y el clima de la diplomacia depende de esos 280 caracteres que —en el caso colombiano es claro— pueden echar un ciclo de noticias por la borda: igual que pasaba antes con Uribe, ahora se invierten veinticuatro horas en comentar un trino escrito (a menudo con faltas de ortografía y casi siempre con faltas de redacción) por alguien que no se ha tomado tres minutos para medir responsablemente sus palabras. Es casi un exotismo una declaración como la que dio Pepe Mujica hace unos días, cuando vagamente reconoció que al régimen de Maduro le convenía el rótulo de dictadura. Fue una declaración más o menos espontánea, hecha en palabras más o menos casuales, pero al lado del frenesí de los presidentes tuiteros tomó un aspecto de responsabilidad de estadista.

Así se va abaratando todo. La política latinoamericana es eso: andar todos pendientes de un trino en el que se condena (o no) la deriva dictatorial de un régimen de corruptos. Andar pendientes de un comentario de barra de bar que puede definir la diplomacia entera de un país y tener un impacto en la vida democrática del país vecino. He dicho que el silencio de Petro sobre el caso venezolano —la inhabilitación de Machado, el encarcelamiento de San Miguel— es problemático; pero lo es sólo porque viene precedido de episodios donde, crucialmente, no hubo silencio, sino algo más parecido a la incontinencia verbal. En otras palabras: ¿recuerdan ustedes el mundo de antes, cuando el silencio o las palabras de un presidente parecían salir de una institución, no de un individuo, y de alguna meditación, no de un capricho? Estoy seguro de que antes los presidentes se equivocaban tanto como ahora, pues el suyo no ha sido nunca un trabajo fácil. Pero estoy seguro, también, de que el lugar donde se equivocaban, el escenario más o menos abstracto del debate ciudadano, era más digno de que lo tomáramos en serio.

La democracia cautiva
6 de marzo de 2024

Somos los cautivos de sus errores, sus deshonestidades, sus pequeños o grandes deslices. Eso he pensado con frecuencia en estos últimos meses, mientras los candidatos de medio mundo, y también los líderes en ejercicio, toman decisiones con el único criterio de salvarse a sí mismos de lo que antes hicieron. Trump puede tener muchas razones para presentarse por segunda vez a las elecciones, una rareza en la historia de Estados Unidos, y una de ellas puede ser su narcisismo desmedido; pero la más importante ahora mismo —y desde hace unos meses— es tan simple que es conmovedora, y además retrata de cuerpo entero al populista posmoderno: Trump quiere ser presidente porque ser presidente es la única manera de no acabar en la cárcel. A eso se ha reducido la democracia más influyente de este continente nuestro: su mayor dignidad, su posición de mayor nobleza, ha quedado reducida a la tarjeta aquella del juego de mesa que permitía al jugador salir de la cárcel.

Lo veo por todas partes: con distintos matices e intensidades distintas, eso es lo mismo que pasa en Venezuela, en Brasil, en Nicaragua. En Venezuela, un régimen corrupto que viola todos los días los derechos humanos tiene que mantenerse en el poder a toda costa, pues Maduro y sus cleptómanos saben que alguna forma de la justicia los espera con la boca abierta tan pronto como pierdan unas elecciones: y eso es el mejor incentivo para no perderlas, aunque sea con trampas, con amedrentamientos, con persecución. Lo de Nicaragua es más obsceno todavía, si cabe, pero en el fondo es lo mismo: lo que realmente le prohíbe a la ridícula pareja bajarse de su tigre es la certeza de que el tigre se los comería inmediatamente, como decía Churchill que les ocurre a los dictadores, aunque sólo sea por el daño que han hecho en el poder: el sufrimiento que han causado, las vidas que han destruido frente a la mirada ciega de sus cómplices (y frente a la memez connivente de aquel embajador colombiano que marchó a favor de Ortega).

En Brasil sucede lo mismo: la ocurrencia del intento de golpe de Estado en Brasilia, inspirado de formas tan diversas —y hasta caricaturales— por el 6 de enero en el Capitolio de Washington, pudo tener más razones que la profunda antipatía que Bolsonaro le tiene a la democracia cuando ha ganado la izquierda. Pero lo que Bolsonaro ha hecho desde entonces, ya se trate de sus marchas multitudinarias (con el invaluable apoyo de la superstición evangelista y la ceguera colectiva) o de la propuesta inverosímil de que su esposa se lance a la presidencia, tiene la intención principal de garantizarle la impunidad. Garantizar, en otras palabras, que nunca será juzgado. ¿Juzgado por qué? Por el intento de golpe en Brasilia. Como Trump, Bolsonaro quiere ser presidente para no ser preso. Por supuesto, también quiere ser presidente para asegurarles a sus cómplices que tampoco ellos irán a la cárcel. Y con buena razón, claro: porque fue uno de sus cómplices más cercanos, el teniente Mauro Cid, quien se hartó de sus cuatro meses en la cárcel y decidió hablar. Y lo que dijo es lo que tiene a Bolsonaro donde lo tiene: en las 135 páginas de una acusación judicial seria, creíble y peligrosa. Peligrosa para él, claro está.

¿El poder para qué?, preguntó famosamente Darío Echandía después del asesinato de Gaitán. Para eso, le dirían un Bolsonaro o un Trump: para la impunidad. El problema es lo que pagan las sociedades cuando se convierten en rehenes de la culpa de sus líderes: pagan primero por los desmanes de esos líderes, y pagan después por lo que los líderes deben hacer para hurtarle el cuerpo a las consecuencias de sus desmanes. Así estuvimos —hemos estado, quiero decir— los colombianos durante años. Buena parte de la política de estos últimos años se ha hecho o dejado de hacer con un solo horizonte en mente: proteger a Uribe. Y así nos hemos visto todos, rehenes del destino de un hombre, escogiendo fiscales y aprobando leyes y saboteando procesos de paz que habrían podido cambiar la vida de millones, todo con el único fin de que un expresidente no tenga que lidiar con la justicia. «Llegan a ponerle un dedo a Uribe y se incendia este país», dijo obscenamente Francisco Santos en 2014. Diez años llevamos en éstas. Y seguimos: «Si tocan a Petro, nos tocan a todos», dijo Gustavo Bolívar con su retórica de pandilla adolescente.

Y eso es preocupante porque Petro se equivoca con frecuencia, y ya nos ha mostrado su manera de mover fichas para tapar sus propios errores. El nombramiento de Benedetti en un cargo que no existía es tan transparente en su propósito, y tan redomadamente cínico, que no es necesario comentarlo otra vez, por lo menos no para decir lo que ya han dicho tantos. Es lo mismo de siempre: nuestra democracia, nuestros impuestos, nuestra diplomacia en tantas partes, la estabilidad que no conocemos desde hace años: todo puesto al servicio de tapar los huecos que han dejado el error, la deshonestidad, los pequeños o grandes deslices. Y como es ahora será después. Yo empiezo ya a hacer una lista de los errores que por torpeza o incompetencia o borrachera de poder cometerán Bukele y Milei, y que después los llevarán a nuevos excesos destinados a tapar o corregir o protegerlos de los viejos. Estamos cautivos de todo eso, pensaba yo en estos días, o lo está nuestra democracia, y no se ve cómo podamos liberarnos.

El Congreso lamentable
20 de marzo de 2024

Ya no pasa una semana sin que nuestra clase política nos dé una razón más para avergonzarnos de ella. Diría que lo más peligroso del triste espectáculo que dan todos, en particular tantos congresistas, es la posibilidad de que nos acabemos acostumbrando a la indignidad y a la memez como forma de hacer política; pero no lo puedo decir, porque la verdad es más preocupante y más diáfana: ya estamos acostumbrados. Y ahí están, entonces, esos congresistas de vergüenza que se las líen a los alaridos en el Capitolio como si estuvieran en una pelea de barras bravas, y que nunca debieron salir de su hábitat natural: las cloacas de internet. Se creen que están en el mundo virtual de sus videos y sus tuits, que son lugares —en eso estamos de acuerdo— donde se queda atrás el que no insulte o manotee groseramente o agreda con las palabras. Pero no están ahí, sino en el mundo real, un mundo donde ocurren cosas que marcan la vida de todos. No deberían estar en el Congreso, pero están. Y así nos va.

El más reciente espectáculo nos llegó por cortesía de un congresista youtuber o influencer (no sé cómo se defina el personaje de marras, y poco me importa), que se comportó durante una moción de censura como si estuviera en una manifestación de plaza o en una de esas peleas baratas del arrabal de cuchilleros que es Twitter. Cuando una senadora pidió que la cosa entera se condujera de otro modo, y habló de respeto y de tranquilidad, cometió el error de llamar perro rabioso al influencer o youtuber. Sí, fue un error: en un segundo, ella bajó al barrial donde medraba él. Lo siguiente fue una de las escenas más lamentables que he visto últimamente, y saben los dioses que del Congreso colombiano llegan con frecuencia escenas lamentables: el youtuber o *influencer* abalanzándose contra la senadora con su teléfono en la mano, para grabar sus propios gritos histéricos y compartirlos con el mundo. De inmediato, otra persona —del lado de la senadora, suponemos— se acerca con su propio teléfono celular, para grabar su propio video y compartirlo por sus propios canales, tal vez para denunciar o dejar constancia del comportamiento atrabiliario del hombre.

Pero lo que me llama la atención de toda la escena es algo que no tiene que ver con la pelea de turno, ni con el decoro que podemos exigirle a un congresista de la república (no se sabe cuál de las dos palabras está más gastada), ni con la razón o la sinrazón de la moción de censura. Me llama la atención el uso del teléfono, que para mí es la metáfora perfecta de la degradación de nuestra política. Desde un punto de vista sociológico, el fenómeno es muy interesante. Cuando se sintió insultado, después de insultar él mismo, lo primero que hizo el influencer o youtuber fue hacer un video del enfrentamiento con la senadora, sin duda por la convicción de que lo más importante no era lo que estaba pasando: era que lo vieran sus seguidores. La reacción instintiva de patio escolar —del que va a refugiarse con los suyos, con su barra, porque alguien le está diciendo cosas feas— es fascinante sobre todo por tratarse de un adulto. Y hay algo en toda la escena que definitivamente no es adulto, y eso es quizás lo más molesto del episodio: la infantilización general.

Y da vergüenza ajena. Muy pronto tendremos que pedirles a nuestros congresistas, echando mano del diccionario de Turbay, que reduzcan el infantilismo a sus justas proporciones. Pues son episodios como éste los que nos dificultan a algunos —no a todos: muchos ya se han acostumbrado— ver a estos individuos como adultos responsables. No sé en qué momento llegaron a hacer las leyes que nos gobiernan a todos, pero bien merecido nos lo tenemos. Han llegado allí por votos, y eso es un comentario maravilloso sobre lo que les importa a los ciudadanos; y habrá que aceptar que no sólo tenemos el gobierno que nos merecemos, sino también el Legislativo. Pero recibir los votos no viene, al parecer, con un mínimo de dignidad o de respeto por el cargo, aunque sea un respeto hipócrita. Y eso es grave, porque la democracia es un sistema de gobierno que depende de un cierto grado de hipocresía. Nadie dice en política lo que realmente piensa, o nadie lo solía decir, porque las formas de la democracia son (o eran) lo que nos impide (o nos impedía) caer en la degradación y la violencia retórica.

Permítanme aquí una pequeña digresión sobre este tema de la importancia de las formas. A Donald Trump, un estafador con espíritu de mafioso, acosador sexual, racista de manual, tramposo de constitución y mentiroso compulsivo, le debemos buena parte del deterioro de la política contemporánea; pero quizás su legado más dañino, a largo plazo, sea la convicción que se ha instalado en sus seguidores de que Trump es genuino porque «dice lo que piensa» o «dice las cosas como son». Primero que todo, no es verdad: Trump no dice las cosas como son, sino que dice las cosas como son para un adolescente de setenta y tantos años, narcisista, misógino y acomplejado; y sus seguidores sostienen que lo admiran por decir lo que piensa, cuando en realidad lo admiran por pensar lo que dice: porque es lo mismo que piensan ellos, y así ven legitimados su propio racismo, sus odios, sus prejuicios y su violencia reprimida. Fin de la digresión.

En este Congreso hay lo mismo que ha habido siempre: una minoría de servidores públicos genuinos, demócratas de vocación y ciudadanos de compromiso, que tienen que negociarlo todo con una mayoría más o menos venal, más o menos corrupta, más o menos politiquera. Pero ahora hay un ingrediente novedoso para esa minoría, pues sus voces prudentes y sus comportamientos decorosos o simplemente dignos quedan fatalmente ahogados o hundidos en el escándalo de los que no hablan para el Congreso, ni siquiera para los noticieros, sino para las redes. Para las redes se hacen videos ridículos de gente que salta frente a la cámara como niñatos para celebrar una victoria política; para las redes se hacen puestas en escena pueriles y vergonzosas, como las de los concejales que se pasearon en moto por su lugar de trabajo. (Si siguen así, van a llegar a congresistas). Los nuevos congresistas han llevado al Congreso sus costumbres y su talante, contaminando con su indecencia un lugar ya lo bastante frágil en ese sentido, y donde los decentes —que los hay— se sienten cada día más solos.

Tan solos como se sienten, según me cuentan, los usuarios de Twitter que renunciaron un buen día a la ética del insulto, a la descalificación, a la guerra de mierda. Muchos han cerrado sus cuentas y ahora son felices, pero los congresistas buenos no pueden irse. Y contamos con ellos para que no se vayan, porque dejarían el patio entero en manos de los frívolos, los pueriles, los irresponsables, los indignos.

Parlamentarios, se llaman estas personas: y sería para reírse si no fuera para llorar.

Defender el periodismo
20 de abril de 2024

En el manual del perfecto populista, uno de los primeros mandatos es también uno de los más importantes: hay que desprestigiar a los periodistas. «Enemigos del pueblo», los llamó Donald Trump poco después de llegar al poder, y desde ese momento se dedicó a atacarlos, a calumniarlos, a azuzar a sus seguidores contra ellos, e internet se fue llenando lentamente de videos en los que un periodista recibe los insultos o las agresiones de los fanáticos de cerebro recién lavado. Los periodistas empezaron a trabajar clandestinamente, como si fueran todos infiltrados, porque bastaba con identificarse como miembro de CNN para convertirse en blanco de los violentos. Si este ciclo de autócratas antiperiodistas comenzó en 2016, con el anuncio trumpista del fascismo larvado, tal vez podamos decir que ha seguido en Nicaragua y Venezuela, donde los periodistas son las primeras víctimas de los nuevos remedios caribeños del estalinismo de siempre.

Lo de Nicaragua es ya un verdadero régimen del terror. Ayer la SIP hablaba de una situación de espanto en la cual los periodistas ya no son sólo víctimas de agresiones en la calle, sino que sufren asaltos a mano armada en sus propias casas, y se les cierran las cuentas bancarias y se agrede a sus familiares. Es un escenario de persecución en el cual el cierre de los medios y la ocupación de sus instalaciones casi parece blando. Hace casi un año que la dictadura de Ortega cerró *Confidencial* y *Esta semana*, los medios del valiente Carlos Fernando Chamorro, y además le quitó a él su nacionalidad: y fue poco después cuando el embajador de Petro en Nicaragua se deshizo en elogios del régimen.

(Tolérenme aquí una digresión sobre ciertos diplomáticos. Porque Petro ha nombrado a gente muy valiosa, pero hay algunos nombramientos que no se entienden. Yo, que he conocido a tantos funcionarios decentes y esforzados en tantas embajadas colombianas, y que conozco a tantas personas maravillosas que están ahora mismo en funciones, no dejo de pensar en esos impresentables que no tienen méritos ni siquiera para representar un salón de clase, mucho menos un país complejo como el nuestro. El tramposo aquel que corría la línea ética y se ufanaba de ello: representante de Colombia. El que no tenía los más mínimos estudios, ni la más mínima experiencia, más allá de haber jugado a la ONU en la universidad: representante de Colombia. El que elogia la dictadura de Ortega por convicción o memez: representante de Colombia. El que sabe tantas cosas malas sobre Petro que no sólo es premiado con una embajada, sino que el desvergonzado gobierno inventa una embajada nueva para dársela: sí, ese también está representando a Colombia. Son una vergüenza. Pero todo esto, como digo, merecería una columna aparte; y todo esto, como digo, no les quita valor a los buenos, que hacen su trabajo con dedicación y dignidad, y que además son mayoría).

Vuelvo al tema que tengo entre manos. En la lista de populistas que han sacado millas del ataque al periodismo, o que han jugado con inverosímil constancia al desprestigio de los periodistas que los cuestionan o critican, se ha inscrito Gustavo Petro. Sus bestias negras son Caracol y RCN, que ha mencionado en una misma frase más de una vez, puerilmente acusándolos de embrutecer a la gente. Y yo pensaba en esa triste actitud, y en el mensaje peligroso que transmite, después de que en estos días dos medios colombianos fueran atacados o calumniados gravemente por personas en posiciones de autoridad. Ya han pasado unas semanas desde el primero de los hechos, y ya lo hemos olvidado convenientemente: Maduro y la fiscalía venezolana llamando narcotraficantes y paramilitares a los periodistas de Caracol —y, más acorde con sus payasadas demagógicas, «la basura del diablo en Colombia»— después de un reportaje que denunciaba cosas serias, y cuyo responsable es uno de los periodistas más valientes y respetados que tenemos: Ricardo Calderón. El segundo caso reciente lo hemos olvidado todavía más rápido: un militar hizo unas acusaciones gravísimas contra La W, pero no presentó una sola prueba, y la Fundación para la Libertad de Prensa tuvo que salir a decir lo evidente: que las palabras del general «desacreditan» y ponen «en riesgo» al medio.

Todo es parte del mismo clima contemporáneo: atacar al periodismo se ha vuelto una moda, un acto reflejo de cualquier poderoso que tenga una cuenta por cobrarse, o que quiera confundir o defenderse o echar balones fuera, o simplemente intimidar y amedrentar para que no se hable de él. Pero esto lo hemos visto siempre: Uribe lo hizo con frecuencia, y estoy seguro de que en ningún gobierno reciente ha habido más periodistas con guardaespaldas que en el suyo. (Tengo en mente un columnista, un investigador, un caricaturista y un articulista de sátira política que debieron acostumbrarse a ir con escolta, y a que sus familias fueran con escolta, después de los ataques de Uribe o del uribismo). Desde luego, yo no esperaba que el Gobierno colombiano saliera—en ninguno de los dos casos— a defender la libertad de prensa, ni mucho menos la soberanía colombiana con la que se llenan la boca para otras cosas. No lo esperaba porque Petro es el primer interesado en minar la credibilidad del periodismo. Y eso es lo grave.

Lo que también es grave es que los ciudadanos se hayan contagiado de esa frivolidad tan peligrosa. Despotricar contra «el periodismo» o «los periodistas» se ha convertido en el atajo intelectual de los que no tienen más ideas. Y sí: no me tienen que decir que en Colombia, como en Estados Unidos y como en cualquier parte, hay periodistas venales, deshonestos, manipuladores; y muchos tienen mucho dinero y mucha influencia, y muchas ganas de servir a intereses indecentes y oscuros. Pero lo que buscan estos líderes con sus ataques —los Trump, los Bolsonaro, los Maduro, los Ortega— no es denunciar la manipulación, la deshonestidad o la venalidad de un periodista, sino cubrir con un manto de desconfianza y de duda todo un oficio. Es que así, cuando todo es sospechoso, cuando no se sabe qué es verdad y qué es mentira, es mucho más fácil salirse con la suya.

La manufactura de la crispación
27 de abril de 2024

No sé cuántas veces habré citado esas palabras infames, pero lo cierto es que se me han convertido con los años en una de las posibles metáforas de nuestro tiempo: no sólo en mi país, sino en cualquiera de nuestras democracias cada vez más descoyuntadas. En 2016, los colombianos fuimos a las urnas para aprobar o rechazar los acuerdos de paz que habían firmado, tras cuatro años de negociaciones tensas, el Gobierno y la guerrilla de las Farc. El referendo estuvo marcado desde el comienzo por las mentiras inverosímiles de la oposición que rechazaba los acuerdos; cuando esa oposición resultó victoriosa, es decir, cuando los acuerdos de paz fueron derrotados en referendo, el gerente de esa campaña tuvo un raro acceso de honestidad involuntaria durante una entrevista espontánea. Confesó que la estrategia había consistido en dejar de explicar los acuerdos y más bien apelar a la indignación. «Estábamos buscando», dijo con franqueza impagable, «que la gente saliera a votar berraca». Por si usted no tiene a mano su diccionario de colombianismos: enfadada, enfurecida, cabreada. Es decir, como a veces parece que está todo el mundo todo el tiempo.

Alguna vez, frente a un grupo de periodistas y defensores del periodismo, hablé de los mercaderes de la crispación. Son ellos: los que han descubierto desde hace varios años la inmensa rentabilidad política de mantener a la gente en un estado de permanente irritación, de enfado siempre encendido o listo para encenderse como si respondiera a un interruptor. Por supuesto que siempre hay razones para la irritación o la molestia en nuestras sociedades falibles, pero me parece que los ciudadanos hemos perdido hace rato la lucidez necesaria para separar las indignaciones legítimas de las fabricadas, y nos hemos entregado a los enfados artificiales, a las divisiones y los enfrentamientos que otros fabrican como si dejaran caer panfletos desde una avioneta. Ya está muy estudiado —aunque el memorando no le haya llegado a todo el mundo— el papel que cumplen las redes sociales en nuestro estado de constante irritación, y hace ya varios años que los expertos, algunos hablando desde el arrepentimiento y la culpa, empezaron a hacer sonar las alarmas.

Pero no parece que los ciudadanos hayan comprendido hasta qué punto su vida diaria, aun la más íntima, es manipulada por esas fuerzas insidiosas cuyo único objetivo es crispar: para que la gente salga (a votar, a manifestarse, simplemente a vivir) berraca. No me lo tienen que decir: ya sé que la manipulación de las emociones negativas —la ira, el miedo, el odio— es parte de la propaganda política desde que el mundo es mundo. ¿Por qué es distinto o novedoso lo que ocurre ahora? La respuesta es sencilla: porque las redes sociales han instalado entre nosotros un sistema que permite rentabilizar esas emociones. (No me resigno a la palabra *monetizar*, que se ha extendido tanto para hablar de este fenómeno: en nuestra lengua no quiere decir lo mismo, aunque tal vez llegue el día en que lo haga. Pero esto podría ser tema de otro artículo). Por decirlo de otro modo: crear y explotar el enfado ajeno ha dejado de ser rentable solamente en términos políticos y solamente para los agentes políticos, y se ha convertido en un factor de supervivencia para los nuevos medios de comunicación, que han comenzado a rebajarse con titulares groseros que antes creíamos reservados al sensacionalismo más barato; se ha convertido incluso, y esto es lo más temible, en una manera más de ganarse la vida para cualquiera que tenga un ordenador, ciertos conocimientos y no los bastantes escrúpulos. Pues en nuestra nueva economía de la atención, la indignación y el escándalo producen tráfico; la agresión y el insulto dan clics, y pueden por lo tanto dar dinero. El mecanismo es perverso.

Hace unos doce años, cuando empezaba a escribir una novela sobre un caricaturista político, pasé por una fiebre temporal que me llevó a leer más libros de los prudentes acerca de los medios impresos, su poder, su influencia y nuestra relación con ellos. Uno de ellos fue *Manufacturing Consent*, de Noam Chomsky y Edward Herman, que hoy tiene el lugar de un clásico de su disciplina a pesar de que el mundo a su alrededor haya cambiado tanto —se publicó en 1988— que es mejor leerlo como novela histórica. En español se ha traducido, inescrutablemente, como *Los guardianes de la libertad*, con lo cual se le ha birlado al original su mensaje primario: cómo los medios norteamericanos fabricaban opiniones o actitudes unánimes que marginaban el disenso y acallaban la crítica, y lo hacían mediante un cóctel de entretenimiento y diversión que enmascaraba poderes e intereses políticos y económicos. *La manufactura del consentimiento*, sería una traducción literal del título; y a veces se me ocurre que la transformación de nuestro mundo cívico se puede medir así: lo más rentable o provechoso ahora no es fabricar consentimiento, sino división; no la unanimidad que acalla la crítica, sino los enfrentamientos que arrinconan o silencian la moderación y los consensos: que mantienen a la gente enfadada.

La manufactura de la crispación: sí, eso es lo que hacen. Y los ciudadanos se han convertido, más que en cómplices voluntarios, en agentes activos, también fabricantes de ese enfado constante que no sólo es rentable en un video de YouTube o en un pódcast más o menos escandalosos, sino que genera seguidores, tuiteos y retuiteos, todo parte del comportamiento, pueril y hasta risible pero nunca inofensivo, de la vida en redes. Allí el capital social lo dan esos indicadores, y yo he visto el triste espectáculo de adultos emocionados como adolescentes cuando reciben una felicitación anónima por un comentario destructivo u hostil: el espaldarazo de la tribu. Nadie va a dejar que la falsedad de una noticia, mucho menos la posibilidad intangible de dañar la reputación ajena, se interponga entre nosotros y la aprobación de nuestras barras bravas; pues en esos momentos, cuando aportamos al universo digital nuestra propia dosis de crispación o de enfado, salimos del oscuro anonimato de la vida de verdad y brevemente somos visibles, somos alguien, existimos. La dinámica es tan simple que es casi conmovedora. Digo casi: al final, resulta ser sólo patética, por transparente y previsible.

En aquel diálogo tan socorrido de *El tercer hombre*, que nos ha servido tantas veces como ejemplo de tantas cosas en épocas distintas, se habla de la facilidad que tenemos para ejercer la violencia cuando no vemos las consecuencias o cuando no nos tocan directamente. En la cloaca de las redes sociales muchos han sido gustosamente ese hombre que hiere, miente, injuria o calumnia porque no ve las consecuencias de sus acciones, o más bien sólo ve el beneficio, el perverso beneficio que le proporcionan los algoritmos. Para competir por la atención de los consumidores, la cordura o la mera decencia no llevan a ninguna parte, y esto lo sabe hasta el más inocente; inventar enfrentamientos o indignación o alimentar los ya existentes tiene premio, ya sea directo o indirecto, económico o tribal. Sí, también por eso nos lanzamos con tanta facilidad a los incendios que otros provocan: porque es una forma eficaz de señalar nuestras lealtades, de afirmar nuestra pertenencia al grupo, de ser juzgados como queremos ser juzgados. Aportar nuestra leña a las hogueras públicas —esas hogueras donde a menudo se está quemando a alguien— es también una manera de decir quiénes somos, acaso para que no seamos nosotros los próximos en ocupar la estaca.

El hablamierda en campaña
14 de septiembre de 2024

Lo primero que hice el miércoles pasado, después de ver en diferido el debate que enfrentó a Kamala Harris con Donald Trump, fue releer el libro cuyo título inspira el de esta página: *On Bullshit*, de Harry Frankfurt. Su autor es un profesor de filosofía moral que murió el año pasado, a sus noventa y dos años, después de tener el gusto de ver cómo su pequeño ensayo se convertía en una suerte de manual de instrucciones para nuestro momento político. *On Bullshit* se publicó hace casi veinte años, pero empezó a leerse con mayor atención bien entrado el siglo, y después, hacia el año 2016, con algo parecido al frenesí. En español se publicó con un título prudente: *Sobre la charlatanería*. Pero Frankfurt dedica muchos párrafos fantásticos a explorar la palabra *bullshit*, que se distingue de la mentira, del simple engaño y de otras formas de la deshonestidad justamente por la sugerencia escatológica: el *bullshitter* o hablamierda no sólo profiere falsedades, sino excrementos, lo más desechable del pensamiento, los desperdicios sin forma de la razón humana.

Donald Trump es un charlatán barato, por supuesto: en Estados Unidos es común compararlo con un vendedor de coches usados, oficio que —acaso injustamente— se ha convertido en una metáfora de la palabrería diseñada para engañar a otro y sacar provecho. El diccionario de la Real Academia propone otras opciones como sinónimo de charlatán: embaucador, embustero, carrilero. Pero ninguna tiene para mí ni la fuerza ni la expresividad, ni tampoco la riqueza semántica, de este trozo de argot colombiano. Reconocemos al hablamierda no sólo porque diga mentiras, sino porque dice cualquier cosa; no porque sepa cuál es la verdad y quiera disfrazarla, sino porque no le importa la diferencia entre verdad y mentira: está dispuesto a decir hasta lo más ridículo, hasta lo más insensato, si eso es lo que necesita en un momento determinado. Lo que lo distingue es, como escribe Frankfurt, la actividad de «hacer aseveraciones sin poner atención a nada distinto de lo que le sirve decir en ese momento».

Para cualquiera que conociera el ensayo de Frankfurt antes del martes pasado, ha de haber sido muy difícil no recordarlo en varios momentos del debate. Donald Trump ha sido un proveedor generoso de instantáneas para la historia de la indignidad, el narcisismo de libro de texto, el infantilismo moral o la estupidez política, pero yo tengo para mí que se superó a sí mismo cuando, a medio debate, combinó los cuatro ingredientes anteriores para defenderse de una acusación que le dolió más que ninguna otra. En el curso del debate, Kamala Harris lo llamó delincuente convicto, mentiroso, inmoral; lo acusó de complicidad con los enemigos de Estados Unidos; recordó las acusaciones probadas de acoso sexual. Pero lo que realmente ofendió a Trump fue cuando ella comentó, en medio de una respuesta sobre la inmigración y los problemas de la frontera, que los asistentes a sus mítines —los de Trump— los abandonaban por cansancio o aburrimiento.

El espectáculo fue fascinante. «Déjeme que conteste a lo de los mítines», le dijo al moderador como un niño malcriado. «La gente no va a los mítines de ella, y los que van, es porque los llevan en buses y les pagan». En su mitad de la pantalla, Kamala Harris dejaba por primera vez que apareciera en su cara su sonrisa fantástica, una sonrisa que quería decir muchas cosas, pero sobre todo una: «Es increíble, pero ha picado. Le he puesto una trampa evidente, una trampa infantil, y ha caído. Vamos a ver qué pasa ahora». Y lo que pasó fue que Trump se lanzó a un monólogo desquiciado que habría hecho las delicias de Ionesco o de Beckett, y que debo transcribir en la medida de mis magras posibilidades: porque transcribir es poner orden, y el orden es la ausencia más conspicua en los monólogos desquiciados de esa pobre cabeza caótica.

«La gente no se va de mis mítines», dijo Trump. «Tenemos los mejores mítines. La gente va a mis mítines. ¿Sabe por qué? Porque quiere recuperar su país. Y lo que está pasando aquí, vamos a terminar en la Tercera Guerra Mundial, para hablar de otro tema... Lo que le han hecho a nuestro país permitiendo la entrada de millones y millones... Mire lo que está pasando en muchos pueblos... Muchos pueblos no quieren hablar de esto porque les da vergüenza. En Springfield se están comiendo a los perros, la gente que está llegando se come a los gatos... se come a... se comen a las mascotas... de la gente que vive ahí. Esto es lo que está pasando en nuestro país, y es una vergüenza. En cuanto a los mítines... en cuanto a... la razón por la que vienen es porque les gusta lo que digo. Ella está destruyendo este país, Y si es elegida presidente, este país no tendrá ninguna oportunidad de éxito. No sólo de éxito. Terminará siendo Venezuela con esteroides».

La sonrisa de Harris era impagable: queridos lectores, les pido que la busquen. Es la sonrisa enormemente divertida de quien ve al embaucador hundirse en su propio delirio. Las estadísticas finales del debate mostraron dos cifras reveladoras: una, Trump habló mucho más; dos, estuvo mucho más a la defensiva. La primera me interesa, porque es elocuente. El hablamierda no es solamente artífice de una deshonestidad: es también víctima de la necesidad de hablar. Las respuestas de un debate como el del martes deben cumplir con ciertos requisitos de tiempo, el principal de los cuales es no extenderse más allá del límite. A veces, los contendores tenían dos minutos; a veces, sólo uno. Cualquiera que haya debatido con seriedad, siguiendo las reglas y respetando las limitaciones, o cualquiera que haya hablado en público —en televisión o en radio, por ejemplo—, sabe lo difícil que es llenar el tiempo con ideas pertinentes y precisas: es decir, sin hablar mierda.

En el debate vimos a Trump desesperado por llenar los dos minutos que se le daban, pues ni conocía su material ni lo había estudiado, ni tenía cifras ni datos concretos que defendieran sus posiciones, y demasiadas veces tuvo que echar mano groseramente de las herramientas más conocidas de la charlatanería. Un ejemplo son las referencias falsas: se me acabó la paciencia antes de terminar con el inventario de la cantidad de veces que a Trump «alguien» lo elogió, o «mucha gente» lo consideró el mejor, o «muchos líderes europeos» dijeron que lo respetaban mucho, o «muchos economistas» elogiaron sus planes. Otro ejemplo es la hipérbole infantil e innecesaria: Trump es incapaz de pronunciar una frase sin hablar de lo peor que le ha pasado al país en toda su historia, si habla de Harris, o de lo más grande que se ha hecho en la historia del mundo, si habla de él mismo. Uno siente que le está tratando de vender un coche.

El hablamierda (o el charlatán, si lo prefieren ustedes) puede ser motivo de risa, y está bien que lo sea. Riámonos de Trump. Pero es también peligroso. El charlatán o hablamierda, dice Frankfurt, «no rechaza la autoridad de la verdad, como hace el mentiroso, oponiéndose a ella. Simplemente no le presta atención. En virtud de esta circunstancia, hablar mierda es para la verdad un enemigo más poderoso que la mentira». Y nos quedan dos meses de eso, y los cuatro años que vienen. Eso sin contar con los imitadores de medio mundo. Porque los hablamierda están por todas partes.

El apocalipsis según Donald Trump
9 de noviembre de 2024

Todos los países son ficciones, pero algunos son más ficticios que otros. Quiero decir que todos los países se construyen a partir de un relato: puede ser un relato que la sociedad asume como propio más allá de divisiones internas —libertad, igualdad y fraternidad—, o un relato que ha funcionado durante siglos y luego entra en crisis súbita, como el relato de los imperios, o un relato que parte de nuestras aspiraciones aunque la realidad no las justifique. Entre todas las ficciones de Occidente, la de Estados Unidos ha sido acaso la más arriesgada, porque ha tratado de construir una identidad monolítica sobre una de las sociedades menos monolíticas del planeta: desde hace décadas la Historia se estudia en las escuelas con un libro titulado *El experimento americano*. Entran en escena los clichés: el *american dream*, el «crisol de culturas», «la nación más grande de la Tierra». Todos los políticos de Estados Unidos pronuncian estas últimas palabras sin el menor asomo de pudor o de ironía: hacerlo —y además, inverosímilmente, creérselas— es requisito para aspirar a cualquier cargo público. En su discurso más famoso, Martin Luther King añoraba una nación que «estuviera a la altura del verdadero significado de su credo». ¿Qué significa esto?

Significa que, más que otras de esas construcciones ficticias que llamamos países, la norteamericana está constantemente haciéndose, definiéndose como un eterno adolescente, dependiendo siempre de su propio concepto de sí misma. En eso pensaba yo hace unos días, antes de la debacle de las elecciones, cuando Kamala Harris habló en uno de sus últimos discursos de la diferencia entre su propuesta y la de Trump. Con la Casa Blanca como fondo, en el mismo lugar del universo desde el cual Trump llamó a una insurrección violenta ante los ojos de todos, Harris dijo que su oponente se había pasado una década tratando de dividir a los ciudadanos y sembrar el miedo entre ellos.

«Eso es él», dijo. «Pero esta noche, América, vengo a decir: eso no es lo que somos nosotros».

Días más tarde, setenta y tres millones de votos —así como una victoria republicana en el Senado y probablemente en la Cámara— le dijeron a Harris que tal vez sí: que eso, sea lo que sea, es lo que son. Y la crisis de identidad de Estados Unidos tardará muchos años, muchos más que la presidencia de Trump, en llegar a una conclusión certera sobre lo que pasó para que un personaje de su catadura fuera elegido por segunda vez, pero la verdad profunda es inevitable: Trump montó un relato basado en el resentimiento, el agravio, el odio, el desprecio y la violencia, y millones de votantes lo dieron por bueno. A pesar de lo que se lee en las gorras rojas de sus votantes, su ficción no consistía en que Estados Unidos volviera a un pasado más grandioso, sino en que se defendiera de un presente horrible: un presente distópico junto al cual *Blade Runner* parece una escena de *Barbie*, un presente de espanto donde hordas de extranjeros liberados de las cárceles y los manicomios del tercer mundo están invadiendo nuestras ciudades, violando a nuestras mujeres, comiéndose a nuestras mascotas y envenenando la sangre de nuestra patria, y donde el «enemigo interior» está destrozando nuestras libertades, abortando niños después de nacidos y cambiándoles el sexo por la fuerza cuando se van a la escuela.

Tengo que aclararlo: ni una sola de las palabras que acabo de escribir es una exageración o una caricatura. Son palabras de Trump, pronunciadas en público y ante las cámaras, aplaudidas a rabiar por los suyos. Y no se ha hablado lo suficiente, me parece, de la gran lección que la victoria trumpista deja para los aspirantes a autoritarios del mundo entero: no hay ficción tan extrema, ni mentira tan grande, que no pueda ser aceptada por la sociedad. Sólo se necesitan dos ingredientes: por un lado, una ciudadanía vulnerable, atemorizada, desinformada o crédula; por el otro, un líder cuyos escrúpulos sean inversamente proporcionales a su desespero.

Así es. Para Trump, volver al poder no era una cuestión de codicia, sino de supervivencia: ser presidente era la única manera de no acabar en la cárcel, vestido con un overol del color de su maquillaje. Su larga vida de violador de todas las normas —y muchas de las leyes— le estaba dando alcance. El eterno acosador sexual a quien el traficante de menores Jeffrey Epstein consideraba su mejor amigo, el perseguido por las acusaciones verosímiles de más de veinte mujeres, el que se jactó de sus acosos en una conversación privada que es imposible escuchar sin asco, ya ha sido condenado a pagar unos noventa millones de dólares por difamar a una de las denunciantes, y esa condena civil abre la puerta para la consideración penal de sus varios excesos. El negociante estafador, que se ha pasado la vida haciendo trampa, que todavía no ha cumplido con la tradición presidencial de publicar su declaración de la renta, que se enorgullecía de no pagar los impuestos debidos, ya ha sido condenado por treinta y cuatro delitos y actualmente está esperando sentencia. La sentencia, en el caso de cualquier otro ciudadano, sería de cárcel; en el caso de Trump, no lo sabremos nunca. Porque la sentencia no llegará: uno de los primeros actos de su mandato será indultarse a sí mismo. Pero ya nos había anunciado que sólo sería dictador el primer día.

Son tantas sus fechorías que es difícil llevar la cuenta: nunca en la historia de Estados Unidos un presidente había tenido un prontuario semejante de malos comportamientos, o comportamientos poco éticos o delitos comprobados, y no por la opinión pública ni por los medios de comunicación —que de todas formas no son de confiar, como se sabe: son «el enemigo del pueblo», son las «noticias falsas»—, sino por la justicia. Después de cada uno de sus múltiples escándalos, el antitrumpismo se ha apresurado a declarar su muerte política, y cada vez se han equivocado. El superpoder de Trump es su incapacidad para sentir vergüenza: igual que una muerte es una tragedia pero un millón de muertes es una estadística, Trump ha descubierto que una mentira puede acabar con un político —lo hizo con Nixon, estuvo a punto de hacerlo con Clinton—, pero decenas de miles de mentiras repetidas hasta el cansancio lo llevarán a la Casa Blanca. De los muchos rasgos desconsoladores de la victoria de Trump, éste es quizás el más pintoresco y a la vez el más peligroso: la capacidad inverosímil no sólo para mentir, sino para sostener la mentira incluso cuando todo el mundo está viendo la verdad.

Donald Trump vendió una ficción distópica —no, apocalíptica— para conseguir los votos de quienes llevan décadas sintiéndose inseguros o amenazados: por una economía que no los cuida, por las guerras culturales, por las élites globalizadas. Lo temible es que ahora, para gobernar, deberá mantener esa ficción. En abril del año pasado escribí en esta página sobre un discurso que habría debido hacer sonar todas las alarmas. Trump lo pronunció ante un grupo de conservadores en donde estaban algunos de sus cómplices más fanáticos e incluso sus corresponsales en el nuevo mundo de la extrema derecha transnacional: Bolsonaro, por ejemplo. «En 2016 declaré que soy su voz», les dijo Trump. «Hoy añado que soy su guerrero, soy su justicia. Y para aquellos que han sufrido agravios y traiciones, yo soy su venganza. Yo soy su venganza».

En enero comenzará lo anunciado. Tal vez tengamos derecho a un escalofrío.

Breves apuntes sobre la decencia, el dolor ajeno, las redes sociales y los nuevos congresistas
30 de noviembre de 2024

En un país cuya clase política nos da todos los días motivos para la vergüenza, en un Congreso cuyos miembros constantemente rebajan los límites de la decencia (o cuyos hombres y mujeres decentes sufren todos los días por estar donde están), ese personajillo patético que es Miguel Polo Polo demostró, por si alguien lo dudara, que siempre se puede caer más bajo. Su ridícula puesta en escena —metiendo en bolsas de basura las botas pintadas que evocaban a las víctimas de los «falsos positivos», todo entre aspavientos insultantes— ya tiene un lugar bien ganado en la larga historia de la imbecilidad política en Colombia, pero además nos puso a muchos a lamentarnos por enésima vez del momento en que algo o alguien les permitió a esos *influencers* con ínfulas una silla en la mesa de los adultos. Entre los muchos daños que le han hecho las redes sociales a nuestra vida política —no sólo empobreciendo la conversación y banalizando los debates importantes—, está la circunstancia imprevisible de haber dado poder a gente sin brújula moral que nunca sabrá para qué sirve.

Los «falsos positivos»: qué dolorosas son esas comillas. A mí, por lo menos, me recuerdan la cantidad de veces que los colombianos hemos inventado palabras para disfrazar el horror, para camuflarlo, justificarlo hipócritamente o mirar hacia otra parte. «Retenciones con fines económicos», decían las guerrillas cobardes para referirse al obsceno crimen del secuestro, que siguieron obscenamente justificando hasta hace muy poco. Pero ya he visto en alguna parte que las comillas se les empiezan a caer a los «falsos positivos», como si hubiéramos naturalizado ya la expresión. A fin de cuentas, nada de esto importa realmente, o no importa mucho: lo que importa es recordar lo que la expresión designa, los miles de asesinatos cometidos por militares colombianos para hacer pasar a jóvenes inocentes por subversivos muertos en combate y así cobrar premios o estímulos. Entre los muchos momentos de degradación de esta guerra nuestra —que están ahí, en el informe de la Comisión de la

Verdad, para todo el que no quiera taparse los ojos: la crueldad inverosímil de las guerrillas, los paramilitares, el ejército—, estos crímenes son unos de los más espeluznantes.

En alguna página de ese informe están las palabras de un grupo de mujeres, las que hemos llamado Madres de Soacha, que hablan de sus hijos asesinados por el ejército de su país. Dan el nombre de la víctima, la fecha en que desapareció de su casa y la fecha en que lo mataron, a veces con la hora precisa de su muerte, y a veces, pero no siempre, se les quiebra la voz contando —por ejemplo— que su hijo mayor tuvo que sacar al menor de una fosa común en Ocaña, y que ni siquiera tenía una pala para hurgar en la tierra. Estas mujeres que han sufrido lo indecible, que lo vuelven a sufrir para seguir con su causa personal, aparecen en varios videos, declarando ante las cámaras en conversaciones con los comisionados, y hay que ser muy cínico o estar muy podrido por dentro para conocer esos relatos y hacer lo que hizo Polo Polo: burlarse de esas víctimas, burlarse de esas madres. No sólo con su negacionismo a la vez pueril e insultante, que ya sería lo bastante vergonzoso si lo hubiera exhibido en una declaración ante ese Congreso que envenena con su presencia; pero hacerlo como lo hizo, como un show barato y frívolo dirigido a sus frívolos seguidores —alguna responsabilidad les cabe a ellos, que lo jalean y le aplauden sus majaderías—, es una manera particularmente indigna de reírse del dolor ajeno.

Pero ese es el grupo del que viene Polo Polo: así son sus cómplices del Congreso, los que comparten con él pupitres, ideologías, videos de redes sociales. Desde luego que ya no puede sorprender a nadie el negacionismo que se ha expandido por todas partes como manera de hacer política (o de reemplazar la política cuando algunos se dan cuenta de que la realidad no está de su lado). Todo el mundo niega la existencia de lo inconveniente, y si lo hacen es porque pueden: porque suficientes seguidores son lo suficientemente ignorantes, ideologizados o bobos. María Fernanda Cabal hizo el ridículo hace ya varios años tratando de negar que hubiera existido la Masacre de las Bananeras, que llamó risiblemente «mito de la narrativa comunista», y la reacción de los historiadores la puso en evidencia. Ahora Polo Polo niega otra masacre, u otro tipo de masacre, con las mismas motivaciones de esa derecha indecente que tenemos, y lo hace, como lo hizo Cabal, cuestionando las cifras. Pero el espacio es distinto: Polo Polo lo hace de otra forma, más infantil y más boba si cabe.

Un día sabremos cuánto nos han envilecido o idiotizado (o las dos cosas al mismo tiempo) las redes sociales. Pero lo que será más difícil medir es cuánto les creen los ignorantes, los fanáticos o los incautos a personajes como este congresista. Alguno habrá que le crea, seguramente, no por convicción, sino por odio o prejuicio o envenenamiento: porque el odio ajeno es el material que alimenta los comportamientos en redes de estos individuos. No sé si *odio* sea una palabra demasiado grande o incluso noble para lo que puede ser mera maldad, mero envilecimiento. Entre las razones que daba Jaron Lanier, un viejo pionero de Silicon Valley, para cerrar las redes sociales, estaba una que me viene a la mente cuando pienso en Polo Polo y los que se le parecen, tanto en la derecha como en la izquierda: «Las redes sociales te están convirtiendo en un idiota». ¿Por qué? Porque han hecho que sea rentable comportarse de manera indigna.

Y así pasan cosas como la que pasó en el patio del Congreso. Se trata de herir, de agredir, de mentir a mansalva, y de exhibir ese negacionismo facilón que ni siquiera espera entrar en un debate. No sirve de nada dar pruebas en contrario: no sirve de nada decirle mentiroso a Polo Polo, ni tampoco decir que su comportamiento es indecoroso, ni que su presencia en el Congreso de mi país me da vergüenza y debería dársela a todo congresista decente. No sirve tampoco hacer el inventario de las confesiones de los soldados culpables, ni remitir al negacionista —es un ejemplo entre miles— al periódico *El Tiempo*, en cuya primera página, el 11 de mayo de 2022, se publicó la foto de una de esas madres de Soacha con la imagen de su hijo asesinado y la siguiente leyenda: «Catorce años después de los asesinatos de jóvenes inocentes llevados desde Soacha hasta Norte de Santander, los militares responsables de los falsos positivos llegaron hasta esta población vecina de Bogotá para reconocer sus crímenes y pedir perdón».

También Polo Polo debería pedir perdón. Pero eso pasaría solamente si estuviéramos en otro país: un país con sentido de la vergüenza, un país menos envenenado por el odio y la sinrazón de todos, y un país donde el odio y la sinrazón no pudieran rentabilizarse a punta de clics y de likes y de frivolidades semejantes. Donde no baste tener seguidores para ser congresista: donde se necesite, además, tener cierta mínima decencia.

El tiempo de la desconfianza
4 de enero de 2025

Circula por las carreteras secundarias de internet un video donde seis o siete presidentes franceses del último medio siglo hacen su alocución de fin de año ante las cámaras de la televisión nacional, y todos dicen en algún momento las mismas palabras: «Fue un año difícil». No me consta que todos lo hayan dicho con el mismo grado de honestidad o de convicción, o si cada uno de ellos fue por lo menos un poco hipócrita; pero la política en un mundo ideal debería ser el oficio diario de hacer que la gente sufra menos, o, en otras palabras, que la vida sea más fácil para quienes la tienen más difícil, y eso pasa —me dije lleno del idealismo del año que comienza— por el reconocimiento de la dificultad. Y, sin embargo, a medida que avanzaba el video, pasando de Mitterrand a Chirac y de Sarkozy a Macron, me percaté de estar teniendo la impresión, alarmista o justa, de que mi confianza en esas palabras sencillas iba disminuyendo, o de que disminuía mi confianza en la figura pública que las pronunciaba. En otras palabras: a cada una de esas cabezas parlantes le creí menos que a la anterior. ¿Por qué?

No se trata simplemente de que vivimos tiempos desastrados en los que ha dejado de ser posible la pequeña ficción optimista de antes: que el año próximo será mejor. La pose pesimista es tan frívola como el síndrome de Pollyanna, pero es innegable que algo se ha roto en nuestro tiempo y nos ha marcado la cara con una mueca de permanente escepticismo. ¿Pero de qué se trata? ¿Y cuándo ocurrió la ruptura? Es verdad que en los últimos años hemos asistido a una transformación radical de nuestra relación con la realidad, pero no todo el mundo la siente de la misma forma; y el concepto de posverdad, que irrumpió en nuestros intentos por explicar el mundo en 2016, es ya para muchos un lugar común, un cliché de columnas de opinión. Nos hemos acostumbrado incluso a lo que esa novedad explicaba: la manera en que la razón ha sido reemplazada por la emoción como herramienta para juzgar lo que pasa. Uno recuerda casi con nostalgia la idea de «hechos alternativos» que presentó una funcionaria trumpista para defender lo que en el mundo de los demás parecía ser simplemente una mentira. No estaba citando sin querer a Nietzsche (para quien los hechos no existen, solo las interpretaciones); estaba repitiendo más bien lo que dijo Alexander Dugin, el ideólogo de Putin: que la verdad es cuestión de fe.

Esta relación inestable con la verdad, la sensación de no saber qué es la realidad común, lleva una década ocurriendo, pero sería un error creer que hace una década comenzó todo. Los que nos preocupamos más de lo saludable por estos asuntos recordamos un artículo del año 2004: Ron Suskind, periodista del *New York Times*, contaba allí su iluminadora conversación con un funcionario importante del gobierno de George W. Bush, y, aunque no daba el nombre del funcionario, se ha aceptado que se trataba de Karl Rove, uno de los más cínicos de esa administración de cínicos. Rove o quien fuera se estaba permitiendo una crítica de los periodistas como Suskind, esa gente que vive convencida de que «las soluciones emergen del estudio juicioso de la realidad discernible». El mundo ya no funcionaba así, explicó Rove o quien fuera. «Nosotros ahora somos un imperio», dijo. «Y cuando actuamos, creamos nuestra propia realidad». Aquel funcionario anónimo no hubiera podido imaginar la forma en que las nuevas tecnologías, que por entonces apenas comenzaban a nacer, se iban a convertir en los mejores artífices de ese anhelo. La diferencia, claro, es que ese imperio decadente que es Estados Unidos ya no tiene ni siquiera que crear una realidad: le basta con repetir una mentira, la que sea, y sabe que cuenta con la credulidad del rebaño.

De manera que el asunto viene de lejos, y haríamos bien en recordar que nuestro momento oscuro no sucedió de la noche a la mañana. Se ha estado produciendo lentamente, incubándose como una enfermedad, con nuestra complicidad o indiferencia. Si yo tuviera que señalar un rasgo de nuestro tiempo, uno entre todos, que ha producido más que los otros la situación difícil en que nos encontramos, intentaría descubrir el momento en que los ciudadanos perdimos la confianza: la confianza en nuestros gobiernos, en nuestras autoridades, en nuestros medios de comunicación, en lo que llamamos con ligereza las élites, en nosotros mismos. No hay nada más catastrófico para una sociedad abierta que el rompimiento de la confianza entre sus integrantes, y allí estamos nosotros ahora. Lo vemos por todas partes: en los pequeños narcisismos tribales que nos separan y nos polarizan, en la ligereza con la que juzgamos al otro, en la triste credulidad con que le abrimos los brazos a cualquier explicación sobre nuestros males que involucre a un chivo expiatorio, pero, en cambio, vemos en los hechos comprobados —la ciencia, por ejemplo— una conspiración de *illuminati* que se reúnen en las sombras con el único objetivo de robarnos nuestra libertad.

¿Cuándo comenzó esto? Tampoco la mentalidad que desconfía del conocimiento, o a la que le resulta rentable hacerlo, es algo novedoso. Yo recuerdo (la memoria es una maldición) una reacción impagable de Mariano Rajoy, cabeza del Partido Popular en 2007, cuando se habló por esa época de los catorce expertos que el gobierno del Partido Socialista había convocado para consultarlos sobre, entre otros temas álgidos, el calentamiento global, las armas nucleares y los efectos de la globalización. «Nosotros no necesitamos eminencias», dijo para la eternidad Rajoy: «Tenemos principios y valores». Ya nadie recuerda esa anécdota, pero ahora, con la perspectiva de los años, podemos distinguir en esas actitudes risibles algo mucho más serio: la guerra que cierta manera de entender la política empezaba a declararles a las fuentes de autoridad, fueran las que fueran. Al año siguiente estalló por los aires la confianza ya mellada que tenían los ciudadanos en sus gobiernos, y asistimos todos al hundimiento de las economías y al posterior rescate de los irresponsables con el dinero de las vidas destrozadas: y no es imposible que allí, con la crisis económica del 2008, haya surgido también una crisis de confianza que luego fue arrasando con todo a su paso.

Sí: tal vez entonces se sembró lo que ahora recogemos. Pero luego la ponzoña de la desconfianza ha tomado otros caminos, más insidiosos e impredecibles. La victoria de lo que hemos dado en llamar posverdad es inconcebible sin la campaña de desprestigio de los medios que han llevado a cabo los nuevos populismos; durante la pandemia no nos ayudó la circunstancia brutal de que los ciudadanos no confiaban en sus gobiernos, que mentían e improvisaban y exageraban, y de que los gobiernos no confiaban en los ciudadanos, que desobedecían, hacían trampas pueriles y se entregaban a las teorías de la conspiración más imbéciles. Son muchos los ejemplos de este deterioro de la confianza; pero es que son muchos años ya que los diversos agentes del desorden han invertido en minarla, porque saben que una ciudadanía desorientada es más fácil de manipular. Nos han convencido de que la libertad es poner una bomba en el zócalo de las instituciones y las autoridades de nuestra vida pública, y les hemos creído. Pero quizás —pienso ahora, en este año que todavía está fresco— no sea tarde para recuperar la clarividencia.

Las ideas locas de la nueva dictadura
11 de enero de 2025

Maduro se ha tomado el poder después de perder las elecciones, y lo ha hecho con el recurso simple de la fuerza militar y el amedrentamiento policial: ya son casi cincuenta los nuevos presos políticos que engordan las cárceles del régimen. Y todo esto tiene un nombre que a los latinoamericanos nos resulta lamentablemente familiar: golpe de Estado. Es elocuente que ese régimen de tramposos ni siquiera se haya tomado el trabajo de falsificar las pruebas; no podía hacerlo, porque en eso la oposición ha sido hábil y valiente desde el día de las elecciones: recopilando las actas, exhibiéndolas para quien quiera verlas, facilitándole a la comunidad internacional —aun a los más pusilánimes— una toma de posición que tal vez muchos no querían. Sin esa publicidad, sin la muestra pública de las pruebas de su victoria, la oposición de Machado y González estaría en otro lugar muy distinto.

Eso no quiere decir que no hayamos asistido, previsiblemente, a los intentos desesperados que han hecho los cómplices, los miopes, los sectarios o los conflictuados por lavarle la cara al fraude: leo en las comunicaciones de W Radio las palabras del presidente Gustavo Petro, que aparentemente está convencido de que las elecciones venezolanas no fueron libres «al realizarse bajo el bloqueo económico que se convierte en una extorsión explícita». Esto es palabrerío sin sustancia, como es usual en Petro: una frase que habría podido ser clara, y que Petro convierte en un enredo con el objetivo de no decir nada, o de que no se sepa muy bien lo que dice. No: el fraude electoral no es consecuencia del bloqueo. El fraude electoral es la única forma que ha tenido este régimen corrupto y represor de seguir montado en su propio tigre, porque bajarse del tigre es correr el riesgo de que el tigre se lo coma.

Pero el presidente Petro tiene que darse cuenta de lo mucho que se juega en el desastre venezolano. Lo que no es seguro es que sea capaz de mirar más allá de los intereses de su movimiento, que comienza en Colombia una campaña electoral demasiado prematura.

Petro puede equivocarse, y gravemente, si sus actitudes le dan combustible a la derecha colombiana más reaccionaria, que tiene sus propias tendencias antidemocráticas. Desde luego, el optimismo no me alcanza para esperar que Petro tenga la sensatez, el sentido de Estado y la coherencia democrática de su colega Gabriel Boric, que no ha precisado de tantos años de experiencia para ver el fraude de Maduro por lo que es, y lo ha dicho con palabras que yo agradezco: «Desde la izquierda política les digo que el gobierno de Nicolás Maduro es una dictadura», dijo hace unos días. Los términos son cruciales para nuestro momento. La izquierda democrática latinoamericana, que buena falta nos hace, sólo se afirmará en la medida en que sepa denunciar a los usurpadores, a los violentos, a los autócratas: a estos estalinismos tropicales que echan por tierra cualquier aspiración de construir sociedades más justas en nuestros países desiguales.

Mientras tanto, ahí estaba Maduro el día de la posesión fraudulenta, flanqueado por los autócratas más notorios de América Latina: el cubano Díaz Canel y el nicaragüense Daniel Ortega, las dos cabezas visibles de regímenes que han llevado a sus pueblos a sufrimientos sin cuento, cuyas cárceles están llenas de presos políticos y cuyos ciudadanos abandonan el país en cuanto pueden. Hace unos meses, cuando escribí en este periódico sobre las elecciones robadas y la deriva represora del régimen de Maduro, dije que lo más temible de la situación era que Maduro se convirtiera en el siguiente Ortega, o Venezuela en la siguiente Nicaragua. Creo después del jueves que eso, irremediablemente, es lo que ocurrirá: la ilegitimidad del régimen no se sostiene sin violencia, y violencia de distintas formas es lo que veremos. Y es verdad, como dicen tantos, que la violencia es la señal inequívoca de la debilidad del régimen; pero eso no es consuelo para los detenidos de manera arbitraria, los que esperan en las cárceles sin saber qué esperan, o los que fueron secuestrados cobardemente frente a sus familias.

¿Qué viene para Machado y González? Ninguna persona decente necesita compartir todas sus ideas para admirar su valentía y su terquedad: a los dos les habría resultado mucho más fácil borrarse de la escena en cualquier momento, o dejarse diluir como el ectoplasma sin carácter que fue Guaidó, y en cambio han asumido los riesgos con plena conciencia del precio que podrían pagar. Pero la oposición deberá tener cuidado del árbol al que se arrima: no creo que las alianzas y los apoyos sean intercambiables, ni que todas valgan lo mismo. Maduro no es nada sin China y la Rusia de Putin; Machado y González harían bien en resistir las fuerzas gravitatorias del signo opuesto. ¿Me equivoco? Es posible. Pero confieso que algo se rompió para mí cuando Edmundo González apareció en tantas fotos abrazado a Javier Milei.

Y aunque podamos entender que un náufrago se aferra a cualquier pedazo de madera, Milei ha hecho tanto daño ya —a la gente, a las instituciones argentinas, a los intentos diarios que hace ese país atribulado por enfrentarse con su pasado más oscuro, a ciertas ideas sin las cuales una democracia es disfuncional o superflua— que es por lo menos contradictorio buscarlo para hacer valer la propia democracia. El chavismo lleva un cuarto de siglo llenándose la boca con la defensa de los más pobres mientras produce pobreza a manos llenas, robándose la economía del país y llevándolo a la ruina. No es bueno para la oposición venezolana que su recurso más perseguido sea la complicidad de un patán cuya política consiste en envenenar y dividir, que le ha declarado la guerra a la idea misma de solidaridad y que todos los días desmantela mecanismos cuyo único propósito es facilitarles la vida a los argentinos más vulnerables.

Hace unos días, Alberto Barrera Tyszka recordaba en estas páginas la amenaza velada que Diosdado Cabello lanzó en 2013, después de la muerte de Chávez. «Ustedes deberían haber rezado mucho para que Chávez siguiera vivo, señores de la oposición», dijo sin vergüenza. «Porque Chávez era el muro de contención de muchas ideas locas que a veces se nos ocurren a nosotros».

Vienen años de —hay que sacar las comillas— «ideas locas». La expresión, puesta en boca de Cabello y los suyos, debería llenarnos de aprensión.

Los improvisados y los mentirosos
22 de febrero de 2025

Si los dos años largos de Gustavo Petro en el poder nos pudieran enseñar algo, tendría que ser el riesgo que se corre cuando se vota por quien no sabe. El gobierno Petro va de tropiezo en tropiezo por muchas razones; una de ellas, muy apreciable, es la rara tendencia del presidente a deshacerse de quienes más saben —Ocampo, López, Gaviria— y nombrar a incompetentes: ministros de Educación que no saben ni de educación ni de ministerios, directores de Planeación que no son economistas porque las matemáticas les dieron muy duro, diplomáticos que no tienen un solo día de experiencia en diplomacia. Ha tenido otros ministros que sabían de qué hablaban, y algo debe significar el hecho de que le han ido renunciando con tanta frecuencia: de Cultura, de Medio Ambiente. Como todos los populistas, Petro prefiere rodearse de gente que le diga que sí (o que le diga que lo ama), en lugar de gente que le diga la verdad, o que sepa alguna verdad, aunque no la diga.

En eso —en los problemas que tiene un país cuando vota por los que no saben— pensaba yo el otro día, viendo la entrevista que la precandidata Vicky Dávila dio para la cadena CNN en Español. Vi la entrevista entera y mi conclusión fue inevitable: no es que Vicky Dávila no esté preparada para ser presidente; es que no está preparada para dar entrevistas. O, por lo menos, entrevistas sobre su candidatura. No hubo en sus respuestas ni un mínimo de sustancia, ni una noción de política seria, ni una sola frase que nos permitiera pensar que tiene las competencias, los conocimientos o la experiencia necesarios para presidir uno de los países más complejos del mundo. Petro ha sido congresista (y un opositor formidable) y pasó por la alcaldía más grande del país (aunque estuviera lejos de ser un éxito), y por eso los ciudadanos tenían derecho a pensar que su elección no era un error. Pero los años de periodista de Vicky Dávila, que merecen nuestro respeto como los de cualquiera, no le enseñan a nadie lo imprescindible para gobernar a Colombia, y es al mismo tiempo un acto de irresponsabilidad megalómana y una crasa falta de respeto creer lo contrario.

Pero es que en Colombia todo el mundo —todo el mundo— cree que puede ser presidente. ¿Por qué no, si Duque lo fue? Iván Duque, ungido a dedo por un expresidente en horas bajas y elegido por una ciudadanía crédula, llegó a la presidencia para aprender a ser presidente. Y hay que pensar lo que nos habríamos ahorrado si hubiéramos elegido a alguien que llegara con las tareas hechas: con experiencia de gobierno (a ser posible exitosa), con madurez política y, sobre todo, sin deudas con los que tiraban de sus hilos. Nadie sabe si Duque, actuando solo sin deberle nada al uribismo radical que tanto mintió sobre las negociaciones de La Habana, habría saboteado como lo hizo la implementación de los acuerdos de paz del Teatro Colón. Los colombianos recuerdan su frasecita frívola: «Ni trizas ni risas». No tuvo problema, eso sí, en recibir las palmadas en la espalda de la ONU; mientras tanto, hipócritamente, aplazaba con objeciones improcedentes el funcionamiento de la Justicia Especial para la Paz.

Yo hablé con Humberto de la Calle por esos días, y su vaticinio fue claro: las objeciones de Duque no irían a ninguna parte, porque no tenían asidero legal. «En ocho o nueve meses», recuerdo que me dijo, «las cortes las rechazarán y volveremos al punto de partida». Y eso ocurrió: las objeciones fueron rechazadas, pero la JEP, víctima de la parálisis, no pudo empezar a trabajar a tiempo; y mientras tanto el Gobierno y la derecha uribista se quejaban de que la JEP era inoperante y fomentaba la impunidad. El cinismo era todo un espectáculo; no era, sin embargo, sorprendente. Era el mismo cinismo con el que habían dicho que los acuerdos de paz eliminarían la propiedad privada, o que traerían el castrochavismo a Colombia (nadie sabía lo que eso era, pero sonaba muy malo), o que eran un vehículo para la ideología de género (un predicador evangélico, aliado del uribismo, nos explicó que los acuerdos convertirían a nuestros hijos en homosexuales). Mentir, mentir, mentir: esa fue la estrategia del uribismo contra los acuerdos. Y dio sus frutos.

Pero vuelvo a la precandidata o candidata Vicky Dávila, que en su entrevista con la CNN dejó en claro cuál era su manual de instrucciones: seguir mintiendo sobre los acuerdos de paz. Comenzó prometiendo que, al llegar al gobierno, acabaría con los procesos comenzados por Petro: «El día 1 del gobierno de Vicky Dávila», dijo en tercera persona Vicky Dávila, «todos esos procesos de paz se acaban». Se refería a la Paz Total de Petro, y es difícil no entender lo que dice: porque es verdad que la Paz Total es un fracaso. Ha venido envuelta en palabras grandes, pero ha sido planeada sin cuidado y ejecutada sin rigor, como todo lo que hace Petro, y ha abierto un caos cuyo resultado es la peor violencia que hemos visto en años. Pero de esas constataciones sobre la paz de Petro, Vicky Dávila pasa sin solución de continuidad a una serie de mentiras sobre los acuerdos de La Habana tan cínicas, tan descaradas, que la convierten a ella en digna heredera del uribismo. Y eso, por si no queda claro, no es un elogio.

«Hubo un plebiscito, ganó el no, hicieron trampa. Juan Manuel Santos se robó las elecciones del plebiscito». Eso dice Vicky Dávila. Hay que ser cínicos: solo desde el cinismo redomado se puede decir que los otros hicieron trampa, cuando lo tramposo fue la campaña del No: y hasta su gerente, Juan Carlos Vélez, lo reconoció en una entrevista de antología que todo el mundo recuerda. Por otra parte, decir que Santos «se robó el plebiscito» es también de un descaro fascinante. Cualquier adulto informado recuerda la verdad: después de que los acuerdos fueran rechazados en plebiscito, el Gobierno volvió a la mesa de negociaciones convocando a los voceros del No; ellos presentaron cincuenta y nueve modificaciones a los acuerdos; el Gobierno aceptó cincuenta y seis. El resultado fueron unos acuerdos mejores, y, sobre todo, corregidos según las propuestas de la gente del No. Esos acuerdos corregidos se firmaron en el Teatro Colón; y son esos acuerdos los que llegaron a cambiar la vida de muchos colombianos —yo conozco a algunos— hasta que el gobierno Duque empezó a cortarles las alas, y hasta que el gobierno Petro decidió desatenderlos para concentrarse en su fallida Paz Total. (Digo «concentrarse», pero es un decir: Petro es incapaz de concentrarse en nada).

Así vamos los colombianos: parece que estuviéramos condenados a pasar de un mentiroso al siguiente, o a la siguiente; de un presidente improvisado como Duque a uno incapaz como Petro, y, como eso no nos hace escarmentar, ahora estamos tomándonos en serio a una improvisada que repite tres mentiras por frase, todo ante las cámaras de una cadena respetable. ¿Es que no hay candida-

tos que sean al mismo tiempo capaces de gobernar y de no mentir?
Yo creo que sí los hay. Otra cosa es que seamos capaces de verlos.
Somos demasiado sectarios, o estamos cegados por una ética de
guerra que nos impide ver con claridad. Y si no vemos con claridad
el próximo gobierno, después de dos fracasos de signo distinto, las
consecuencias pueden ser nefastas.

Inundar la zona de mierda, o el juego de la bolita en el bazar
22 de marzo de 2025

El segundo gobierno de Donald Trump parece un festival del desorden, pero la verdad es la contraria: no ha habido en nuestros tiempos una estrategia más meditada ni mejor planeada para la demolición del oponente político. Desde hace unas semanas, además, la estrategia tiene nombre y apellido, pues los memoriosos se han puesto a recordar una entrevista infame que dio Steve Bannon en 2018: y allí queda claro todo. Bannon, por si hay alguien en el mundo que no lo sepa, es el más notorio ideólogo —si esa es la palabra— de la extrema derecha norteamericana. Estuvo detrás de esa gigantesca empresa de manipulación masiva que fue Cambridge Analytica, que trabajó en el mismo año crucial y nefasto para la campaña del Brexit y la primera elección de Trump. Luego acompañó a Trump durante los primeros meses de su primer gobierno, y su despido prematuro lo puso a dar vueltas por el mundo para asesorar o aconsejar a los nuevos extremismos de la derecha internacional: el Frente Nacional de Francia, la Alternativa por Alemania, el Vox español. Pues bien: en 2018, a medio camino del primer gobierno de Trump, Bannon le concedió una entrevista al periodista Michael Lewis, y en ella explicó de manera diáfana lo que podemos llamar su *modus operandi*.

«Los demócratas no importan», dijo. «La verdadera oposición son los medios. Y la manera de lidiar con ellos es inundar la zona de mierda».

Durante su primer gobierno, Trump se rodeó de incompetentes e improvisados, y por eso el daño que hizo fue (a pesar de todo) limitado. Esta segunda vez el equipo de incompetentes ha llegado con más competencias, o, por lo menos, con más conocimiento de los mecanismos de la administración: qué palancas se mueven para lograr qué cosas. Pero lo que ha hecho es menos importante acaso que la manera de hacerlo: con tanto ruido y tanta furia que ha monopolizado la atención y colonizado la imaginación de la pobre gente cuyo trabajo es tratar de contar la realidad. Sí, los medios son el enemigo; pero ya la estrategia no pasa solamente por el ataque directo, la calumnia y el desprestigio metódico, sino por la inundación de la zona. En otras palabras, la estrategia pasa por poner a los medios a pensar en tantas cosas, a preocuparse por tantas cosas, a investigar sobre tantas cosas para poder lidiar con tantas mentiras y tantas ansiedades, que acaben hundidos en la confusión. Sí: corriendo detrás del Gobierno —de sus excesos, de su crueldad deliberada, de sus pequeños o grandes escándalos— con la lengua afuera.

Ya no se trata de persuadir, me decía un periodista en estos días, sino de desorientar. Y claro: con los medios tradicionales tratando de recuperar el equilibrio, la información depende del universo putrefacto de las redes sociales, cuyos dueños son los oligarcas de la tecnología, estos millonarios pueriles que han convertido la república de los Estados Unidos en una plutocracia grotesca bajo la mirada cómplice del partido conservador. Pueden ser los que donaron sus millones para la ceremonia de investidura: los que, en la caricatura de Ann Telnaes que censuró el *Washington Post*, hicieron la peregrinación a Mar-a-Lago para arrodillarse ante la estatua en oro de Trump. O puede ser el que compró, con donaciones por 288 millones de dólares para la campaña de Trump, una silla fija en el Salón Oval. (También compró el derecho, aparentemente, de entrar a la Casa Blanca vestido con camiseta y tenis. Y eso no les parece mal a los mismos que humillaron a Zelenski por no ponerse corbata para hablar de la guerra y su desesperación y sus muertos). O puede ser el triste Jeff Bezos, que en cuestión de dos meses renunció a todos los principios que encontró en el camino, convirtió un periódico legendario en una vergüenza y le dio una nueva definición a la palabra *venalidad*.

La síntesis de todo esto es que la estrategia paga: inundar la zona de mierda es llenar los medios con agresiones verbales, con saludos nazis mal disimulados, con declaraciones xenófobas, y al mismo tiempo con iniciativas de ley, intervenciones administrativas que rompan el sistema y una agenda política diseñada para causar daño a los enemigos —reales o inventados— del movimiento MAGA. Recuerden: no se trata de persuadir, sino de desorientar. «El partido de oposición son los medios», dijo Steve Bannon. «Los medios —porque son estúpidos y perezosos— solo pueden concentrarse en una cosa a la vez. Lo único que tenemos que hacer es inundar la zona. Cada día los golpearemos con tres cosas, ellos se agarrarán de una y nosotros haremos lo que queramos». Y así es: no importa si se trata de perdonar a los atacantes del Capitolio, de arrestar sin cargos a un manifestante propalestino en Nueva York y trasladarlo a Luisiana, de eliminar la ayuda que mantiene con vida a miles de personas en el mundo entero.

No, no importa: lo que importa es lo que está ocurriendo por debajo (o al lado, o detrás) de todo eso. Lo que importa, como en las más viejas estafas de bazar, es lo que hace la mano que no estamos viendo mientras nos fijamos en la otra.

Eso —lo que no vemos— es lo que debería darnos miedo.

Petro en el espejo de Mujica
17 de mayo de 2025

La muerte de Pepe Mujica, este ejemplar extrañísimo de la izquierda latinoamericana, ha servido para que se hable durante unas horas —pero se hablará sin duda durante muchos días— de todo lo que la política podría ser y casi nunca es. Mujica era un hombre sabio sin alharaca, y se había ganado la sabiduría a punta de dolores; pasó por la violencia y vivió en ella, como actor y mucho más como víctima, pero fue uno de los rarísimos revolucionarios que saben para qué sirve el fracaso. No se parecía a nadie, no sólo por la rara coherencia entre su vida privada y sus convicciones públicas, sino porque brevemente puso de moda la posibilidad de que el poder político sirviera realmente para mejorar la vida de los ciudadanos. Y no se me escapa que en su caso, como en tantos otros, la imagen que tenemos los que lo vimos desde fuera puede omitir o ignorar o sufrir sesgos, y no se me escapa que su presidencia, como todas, tuvo errores (el poder es eso que es imposible tener sin equivocarse); pero aun los que ya hemos perdido todas las ilusiones vimos en su paso por la presidencia de Uruguay una prueba irrefutable, frente a nuestros ciclos eternos de corrupción, indolencia e idiotez, de que es posible otra forma de hacer las cosas.

Los presidentes de la izquierda latinoamericana se apresuraron a despedirlo, y la derecha más boba —la de Milei, por ejemplo— guardó un comedido silencio cuando hubiera podido ser tan boba como siempre: hubo mucha bobada y mucha hipocresía tras la muerte del papa Francisco. En eso, en ese silencio comedido, hay algo de la autoridad moral que Mujica tuvo en sus últimos años de vida. En cuanto a la izquierda que lamentó su muerte, yo no he podido no lamentar, a mi vez, la distancia enorme que se abre entre Mujica y el presidente colombiano Gustavo Petro. Alguien escribirá seguramente un largo intento por trazar sus vidas paralelas, y nos fijaremos en que los dos fueron guerrilleros, y los dos estuvieron en la cárcel, y los movimientos de los dos —el M-19 y los Tupamaros— se parecieron mucho (en cierto sentido, el M-19 tenía más en común con los Tupamaros que con las guerrillas del campo colombiano: las Farc o el ELN, por ejemplo). Pero luego se hacen visibles las diferencias, las inabarcables diferencias que había entre los dos hombres: de ideas, de temperamento, de eso que llamamos liderazgo. Por supuesto que los separan también varios años de edad, pero yo no creo que Petro vaya a aprender en lo que le queda de vida todo lo que Mujica sabía antes de morir. Porque no es una cuestión de tiempo, sino de carácter.

Y no se trata de las diferencias prácticas: es verdad que Mujica despreciaba las redes sociales y nunca las usó para hacer política, y ni siquiera, por lo que me dicen, tenía un celular propio; y es verdad que a veces los colombianos, si nos ofrecieran un deseo, pediríamos que Petro no tuviera celular: porque Petro no sólo usa sus redes sociales para hacer política, sino que a veces parece que sólo hiciera política en ellas. Y siempre es política de la mala: fuera de sus trinos desquiciados, donde ventila sus resentimientos incoherentes y crea catástrofes económicas o crisis políticas en dos segundos de sus insondables madrugadas bogotanas, Petro ha sido incapaz de llevar absolutamente nada a la realidad, y más bien ha usado ese altavoz formidable para amenazar o insultar —el adjetivo nazi es uno de sus favoritos— a todo lo que represente a sus contradictores ideológicos. Por supuesto que el comportamiento en las redes sociales es el mejor comentario sobre lo que es una persona; y uno puede tratar de imaginar lo que hubiera trinado Pepe Mujica si alguien le hubiera abierto a la fuerza una cuenta de X. Pero yo sospecho que hubiera comprendido la profunda inanidad, la venalidad involuntaria y el narcisismo irresponsable que pasan por política en esos lugares.

Pero no me refiero a eso. Me refiero más bien a las pequeñas y grandes coherencias: Mujica logró aprobar —él o los suyos— leyes inmensas sobre el derecho al aborto, el matrimonio igualitario y la despenalización de la marihuana, y a Petro, que siempre ha defendido lo mismo de palabra, no le ha parecido contradictorio traer a su movimiento a un predicador evangélico antiabortista y homófobo (que recomendaba luchar contra el covid afeitando una pelota de goma con un cuchillo mientras pronunciaba una especie de encanto), ni mantener como ministro del Interior a un manipulador oscuro que ha sido denunciado varias veces por violencia de género. Tampoco le ha parecido contradictorio darle asilo político al expresidente panameño Ricardo Martinelli, un ejemplar de manual de esa nueva derecha trumpista, un condenado por delitos económicos que evadió su sentencia escondido en la embajada de Daniel Ortega. Y no digo que Petro deba donar el 90% de su sueldo, como hacía Mujica, y tampoco digo que no tenga derecho a hacerse implantes de pelo o cirugías estéticas mientras despotrica contra el materialismo capitalista. La psiquis de los hombres es muy compleja; de todas formas, vivir de manera coherente es muy difícil.

A veces pienso en el Mujica sereno que parecía siempre dispuesto a gastar el tiempo hablando con la gente, oyendo a los otros, sin perder por eso las convicciones más profundas: las que son más profundas que cualquier ideología, porque son convicciones éticas. Tiene uno la impresión de que en eso se pasó la vida después de haberse retirado de la presidencia: tratando de ver el mundo con lucidez, tratando de entender lo que antes no había entendido, tratando de llegar a buenos términos con sus propios errores. Qué contraste brutal con Petro, que es incapaz de cualquier forma de diálogo —aun con los que más cerca tiene—, que sólo puede ver el mundo entre las anteojeras de su ideología, que se llena la boca con palabras como *amor* y *paz* y *vida* mientras dedica cada segundo a fomentar el odio entre los suyos y los otros, los que están con él y los que no: recuerden el discurso lamentable —uno entre tantos— de días pasados, cuando aprovechó el asesinato de un simpatizante suyo para hacer política barata: «Alberto es el primer muerto gracias a las decisiones de ese Congreso, por haber negado el tránsito de la ley de la reforma laboral», dijo, y hasta llamó a una senadora por su nombre: «Aunque no lo ordenó la señora Blel, la sangre de Alberto hoy la ensucia a usted y a su familia».

Qué quieren ustedes: por más que lo intento, no logro imaginar a Pepe Mujica descendiendo a estos niveles de mezquindad que rayan, ellos mismos, en la incitación a la violencia. Mientras Petro dedica cada segundo a dividir y a enfrentar a los colombianos desde el más barato de los resentimientos, desde la más simplona de las demagogias, Mujica —que tuvo que aguantar críticas duras por no perseguir con la justicia a los militares golpistas de su país, que lo torturaron durante años— pasó los últimos tiempos tratando de hablar siempre para sanar heridas. Muchos lo llamaron filósofo, tal vez despectivamente. Pero filosofar, nos dejó dicho el viejo Montaigne, es aprender a morir. A Mujica le llegó la muerte con la lección bien aprendida. Ya quisieran otros —ya quisiéramos todos— poder decir lo mismo.

De aranceles y saludos nazis
13 de julio de 2025

Con cada nueva transgresión de Donald Trump, con cada nueva norma que rompe ante los ojos del mundo, va quedando cada vez más claro que su sensación de impunidad no conoce límites, tal vez porque no los tiene. En los últimos días ha dado la orden, sin pasar por el Congreso, de atacar a un país que no había atacado previamente a Estados Unidos: esto no había ocurrido nunca. Pero claro, tampoco había ocurrido nunca que el presidente de Estados Unidos fuera un delincuente convicto, un acosador sexual confeso y un matón de temperamento mafioso cuyas decisiones parecen tomadas para hacer daño —y cuanto más, mejor— a los hombres, las mujeres y los niños más vulnerables de su país. Tampoco había ocurrido nunca que un presidente de Estados Unidos apoyara abiertamente a una nación agresora y culpara de la agresión a la nación agredida. A otro nivel, tampoco había ocurrido nunca que los viajeros a Estados Unidos recibieran el consejo, dado ya de manera rutinaria por instituciones de Estados Unidos, de borrar de sus teléfonos sus redes sociales. Hoy se me ocurren estos ejemplos, pero podrían ser otros: cada día hay uno nuevo.

El más reciente atentado contra todo lo que decimos cuando decimos democracia (pero no será el más reciente cuando se publique este artículo) es mucho más que una violación de la legislación norteamericana, del orden internacional o de la mera decencia. En esa desquiciada estrategia económica que consiste en crear el caos en los mercados del mundo a punta de aranceles, Trump dice ahora que impondrá a Brasil el arancel más alto de todos, 50%, y no esconde ni disimula que lo hace en castigo o represalia por el juicio que se lleva a cabo allí contra el expresidente Jair Bolsonaro. De repente ha quedado lejos, muy lejos, el mundo en el cual nos provocaba rechazo que un presidente opinara en Twitter sobre la política interna de otro país: ahora un presidente utiliza el chantaje económico, al más puro estilo mafioso, para que la justicia de otro país haga lo que él quiere. Y lo que él quiere es que la justicia de otro país declare inocente al sospechoso de un delito grave. Decir que el asunto carece de precedentes es quedarse muy, muy corto.

Pero a nadie sorprende la solidaridad entre los dos hombres: Bolsonaro es lo más parecido a Trump que ha producido la política de nuestro continente americano, y no sólo por su temperamento de matón de patio de recreo o sus querencias fascistas o su machismo un poco sobreactuado y risible, ni por su racismo más o menos abierto ni por su nostalgia de los dictadores de otros tiempos (dictadores de otras tradiciones, en el caso de Trump, y de la propia, en el caso de Bolsonaro), y ni siquiera por el atractivo inexplicable que ejercen sobre las religiones de sus países. No, no sólo por todo esto se parecen, sino por la lealtad violenta que despiertan los dos hombres en sus violentos seguidores. Bolsonaro está acusado de liderar una conspiración de generales y otros cómplices para desconocer los resultados de las elecciones, llevar a cabo un golpe de Estado y quedarse en el poder, y una de las escenas principales de ese melodrama es la sublevación de enero de 2023: un día cuyas imágenes, las que hemos visto todos, se parecen hasta extremos caricaturescos a lo ocurrido en el Capitolio de Washington el 6 de enero de 2021.

Trump ha empeñado sus considerables energías en lavarle la cara a la catástrofe de ese día, un intento de golpe de Estado incitado por él y desde su movimiento: ha subvertido la verdad que todos vimos, convirtiendo en héroes a los que atacaron la democracia y en saboteadores a quienes la defendieron, y abusando de los poderes de la presidencia para perdonar a los violentos. Lo mismo hubiera querido hacer Bolsonaro, pero no lo ha logrado. El juicio contra Bolsonaro ha seguido adelante y la justicia ha funcionado como debería funcionar (y hay que decir, sin cinismo, que eso no siempre ocurre en América Latina), pues las pruebas son devastadoras: documentos que demuestran la propuesta de sublevación que les hizo a sus generales, por ejemplo, y también indicaciones serias de que estuvo al tanto del plan para asesinar a Lula, a su sucesor y al juez que considera su principal enemigo en el sistema de justicia. El juez se llama Alexandre de Moraes, es instructor del caso contra Bolsonaro y tiene dos enemigos célebres: uno es Donald Trump, que lo acusa de liderar una cacería de brujas; el otro es Elon Musk.

Y aquí es cuando comienza a aclararse todo. Pues Alexandre de Moraes, que es para muchos el segundo hombre más poderoso del Brasil, ha liderado desde la Corte Suprema de Justicia una resistencia contra los efectos más oscuros y peligrosos de las redes sociales. En un país donde la influencia de las redes es enorme, los ejércitos digitales de Bolsonaro se organizaron para mentir y desinformar sin ninguna reticencia, acusando a los oponentes de cualquier cosa, desde pedofilia hasta complicidad con los autoritarismos de izquierda. Moraes consiguió desde la ley suspender las cuentas que incitaban a la violencia o promovían discursos de odio o calumniaban o mentían sobre la integridad del proceso electoral, y cualquiera puede imaginar cómo le sentó la decisión a Elon Musk. El eterno adolescente hizo una pataleta, dijo puerilmente que Moraes era una mezcla entre Voldemort y un Sith y se negó a obedecer la ley: se creyó, sin duda, por encima de ella. Moraes multó a X; Musk desatendió las multas igual que antes había desatendido los requerimientos. Moraes suspendió el funcionamiento de X en Brasil; Musk no tuvo más remedio que pagar.

No importa que desde entonces Trump y Musk nos hayan regalado el melodrama patético de su rompimiento: siguen teniendo ese enemigo en común, y en política los enemigos en común siempre han unido más —mucho más— que los amigos. Moraes y la Corte Suprema de Justicia se han convertido en la bestia negra de lo que Moraes llama, en un artículo maravilloso que escribió Jon Lee Anderson para *The New Yorker*, «el nuevo populismo extremista digital». Es posible que Trump quiera usar su mafioso chantaje arancelario para defender de la cárcel —de cuarenta y tres años de cárcel— a Jair Bolsonaro; pero que no nos quepa la menor duda de que quiere también minar la resistencia de aquel juez incómodo que ha podido, por lo menos una vez, enfrentarse a la maquinaria de la desinformación, la manipulación colectiva y el caos programado por la red de Elon Musk. El lugar donde se encuentran los intereses de Trump y Musk es, hoy por hoy, el mayor peligro que sufren nuestras democracias.

Dice Moraes, también en el reportaje de Jon Lee Anderson: «Si Goebbels estuviera vivo y tuviera acceso a X, estaríamos perdidos. Los nazis habrían conquistado el mundo».

Insertar aquí el video del saludo nazi que hizo Musk en enero de este año. Luego recordar las reacciones de tantas buenas gentes que dijeron que no, que no era para tanto, que estábamos exagerando. Y luego pensar que el intervencionismo grotesco de Trump en los asuntos internos de Brasil no es, después de todo, un intervencionismo en asuntos internos: es parte de algo más grande que tiene que ver con otras cosas. Nuevamente: el juego de la bolita en el bazar. Y nuestras democracias, tristemente, fijándose en la mano equivocada.

Por una Europa que resista
19 de julio de 2025

En septiembre del año pasado, en alguna entrevista impune con algún propagandista de YouTube, el candidato a la vicepresidencia J. D. Vance soltó una idea espeluznante que pasó casi desapercibida en España. Estados Unidos podría retirar su apoyo a la OTAN, dijo, si Europa seguía con sus intentos de regular las plataformas digitales de Elon Musk. Y enseguida se llenó la boca con defensas de la libre expresión como valor supremo de la cultura norteamericana, por supuesto, igual que lo hizo el pasado mes de febrero, cuando vino a Múnich para darles a los líderes europeos lecciones sobre el tema: un discurso —espero que lo recuerden mis lectores— que pasará a la historia por su singular mezcla de arrogancia, ignorancia supina, desinformación y franca mentira. Para ese momento ya había comenzado a parecerme extraño que aquella defensa de la libre expresión, aparte de su profunda hipocresía, disfrazara apenas lo que Vance buscaba en realidad: coartar o minar el derecho europeo a regular las plataformas. Y allí se juega más, mucho más, de lo que parece. Ésta es la conversación que les quiero proponer este domingo.

Pues con el paso de los meses, cuanto más nos internamos en esta distopía digital que llegó para quedarse, más claro lo veo: la amenaza de septiembre y el discurso arrogante de febrero delatan, entre muchas otras cosas, la profunda antipatía que la administración Trump siente por la Europa democrática. Pero no sólo la administración Trump, desde luego, sino también la amplia caterva de parásitos de extrema derecha que ha florecido bajo su paraguas. Y la antipatía que le tienen a Europa tiene una razón (tiene muchas, pero sobre todo una): esa Europa puede convertirse en un raro lugar de resistencia. ¿Ante qué? Ante la nueva alianza que ha surgido entre esa extrema derecha y las oligarquías tecnológicas que la apoyan, cuyos dueños se han convertido recientemente en sus ideólogos. Por eso los ataques a Thierry Breton, el antiguo comisionado europeo, que se atrevió a sugerir que las leyes europeas exigieran a las plataformas monitorear su contenido para evitar la desinformación y la injerencia extranjera en elecciones locales. En su discurso de Múnich, Vance habló de «comisario» en vez de «comisionado» (y habrá quedado feliz de su ingenio); Musk, por su parte, lo llamó «el tirano de Europa».

Hace rato que Elon Musk le declaró la guerra a la Unión Europea, no sólo con su apoyo abierto y locuaz a todos los proyectos antieuropeístas —defendiendo a Marine Le Pen cuando fue condenada, normalizando con su apoyo vergonzoso a Alternativa por Alemania—, sino usando deliberadamente el inmenso poder de su plataforma para azuzar el odio entre ciudadanos. Durante los disturbios recientes del Reino Unido, que no se pueden entender y acaso no se hubieran producido sin la retórica xenófoba de las redes sociales, Musk usó la suya para rociar el fuego con pocas palabras de gasolina: «La guerra civil es inevitable». Recuerdo muy bien haberme preguntado de qué le servía a Musk, concentrado como estaba en gastar millones de dólares para que Donald Trump fuera presidente, meterse a alimentar el sentimiento antimigrante de una pequeña ciudad europea. La respuesta es, primero, que ya no hay ciudades pequeñas: todo ocurre en el gran escenario de lo digital. Y la segunda respuesta tiene la forma de un credo, el credo de Musk y los suyos: nunca hay que desperdiciar una oportunidad de crear el caos o, una vez creado, de avivarlo cuanto sea posible.

De eso vive esta nueva alianza perversa: del caos meticulosamente creado. Hace unos cinco años, el escritor Giuliano da Empoli inventó el concepto de «ingenieros del caos» para referirse a esos científicos, ideólogos o pequeños geniecillos de Silicon Valley que descubrieron la manera de usar los datos y los algoritmos para ganar elecciones: Trump, Matteo Salvini, el Brexit. Suelo atender a lo que escribe Da Empoli, que parece tener más información que nadie, que siempre ve la realidad con mirada lúcida y la desmenuza para nosotros, los profanos, con transparencia orwelliana. Ahora ha editado un volumen de la extraordinaria revista francesa *Le Grand Continent* dedicado, justamente, a la alianza brutal entre los nuevos populismos y la oligarquía tecnológica; y es allí donde he encontrado un término curioso para nombrar la nueva realidad que esa alianza está produciendo: el tecnocesarismo. Dice Da Empoli que el proyecto de los nuevos oligarcas de la tecnología es de naturaleza imperial, y que su única moral es el enriquecimiento sin límites y el poder sin cortapisas. Y viendo las alianzas políticas que ha buscado o aceptado, es difícil no darle la razón.

Europa representa para el tecnocesarismo un contrapeso molesto, pues el objetivo final de la alianza es un imperio de nuevo cuño; y esta Unión Europea es un proyecto nacido en parte de la derrota de los viejos imperialismos, aunque la izquierda más sectaria no quiera a veces concederle ni siquiera ese crédito. Ahora una fracción de esta Europa ha cobrado conciencia de que el imperio tecnocesarista, que habla de libertad todo el tiempo, en realidad la coarta; de que estos nuevos oligarcas hablan sin parar de progreso, pero en realidad sus valores son profundamente reaccionarios: una contrarrevolución en toda regla. ¿Cómo podemos defendernos? El imperio en la sombra, como lo llama la revista de marras, carece de contornos precisos, no existe en el mundo tangible y depende del consentimiento de nosotros, sus súbditos, que frívolamente lo hemos alimentado con nuestros datos, nuestra credulidad, nuestro escepticismo y nuestra pereza: la credulidad con la que nos abandonamos a las mentiras y las desinformaciones siempre que nos satisfagan, el escepticismo que nos impide tomarnos en serio sus amenazas o la gravedad de sus intenciones, la pereza que no nos deja averiguar acerca de sus funcionamientos o exigir de ellos una mínima transparencia.

Esta Europa incómoda que levanta la mano para disentir ante el proyecto tecnocesarista, esta Europa tercamente humanista que no teme enfrentarse al poder de los oligarcas de la tecnología, no sólo es un obstáculo para ellos, sino que tal vez sea el único capaz de resistirse efectivamente al futuro que quieren inventar. Por eso la atacan y la seguirán atacando, aunque otros la ataquen por otras razones: los enemigos de Europa, aunque no sean solidarios en sus razones, lo serán en su esfuerzo. Nos corresponde a nosotros decidir si ese futuro que nos plantean los señores del poder digital nos parece o no digno de confianza: si ese futuro en que la inteligencia artificial se adueña de todo, ese futuro construido a escala inhumana por gente que nunca se ha llevado muy bien con las humanidades, contará con nuestra complicidad inconsciente: si, metidos en el mundo del entretenimiento constante y la crispación política, en el mundo simultáneo de los videos divertidos y del miedo fabricado, seremos incapaces de resistir al más potente proyecto de manipulación colectiva que el mundo ha conocido.

«La democracia consiste en querer dar a una comunidad el control de su destino», escribe Giuliano da Empoli. «Si esta perspectiva fracasa, reemplazada por un futuro perfectamente incomprensible, la democracia deja de tener sentido: y no queda más que el murmullo sordo de los ventiladores de los data centers». Hay una batalla entre el proyecto de los tecnocésares y lo que podemos llamar *democracia humanista*. Tal vez, ésta sea una nueva utopía: la construcción de un futuro digital donde volvamos a ser dueños de lo que somos, de lo que nos pasa, de lo que decidimos.

Cuando Zuckerberg llegó tarde al Palacio de Nariño
27 de julio de 2025

Un buen amigo o informante me ha llamado la atención sobre un libro que está, por decirlo cariñosamente, moviéndoles el piso a los plutócratas de la tecnología. Se llama *Careless People*; su autora es Sarah Wynn-Williams, una abogada neozelandesa que fue directora de Políticas Públicas de Facebook durante los años en que la empresa de Mark Zuckerberg dejó de ser el proyecto consentido de un geniecillo desadaptado y se convirtió en una organización de temible influencia política, capaz de torcer elecciones mientras finge neutralidad, capaz de hablar de libertad de expresión mientras le hace el juego a China y trata de censurar libros como éste. El título en español es *Los irresponsables*, que no está mal para referirse a estos niñatos eternos de Silicon Valley cuya codicia no tiene límites y cuyos desmanes no tienen consecuencias, pero yo hubiera preferido una expresión más cercana al original: Gente descuidada, por ejemplo, pues eso es lo que son los Zuckerberg y los Musk de este mundo. Llevan una década más o menos entrando en todas partes, rompiéndolo todo y luego largándose sin pagar por lo que han roto.

El pasaje que mi amigo me ha señalado tiene que ver con Colombia, y me parece que puede iluminar las preguntas que nos hemos hecho los que seguimos preocupados por el plebiscito de 2016: por la derrota de los acuerdos de paz con las Farc después de la más grande y descarada campaña de mentiras y desinformación que se ha visto en la historia del país. La escena que cuenta Sarah Wynn-Williams tiene lugar en enero de 2015, cuando Zuckerberg vino a Bogotá para entrevistarse con el presidente Juan Manuel Santos y conseguir que Colombia fuera una especie de punta de lanza para sus intereses —los de Zuckerberg, los de Facebook— en América Latina. Santos ha accedido a recibir a Zuckerberg, pero su equipo les ha comunicado a los de Facebook que la reunión tendrá que ser por la mañana: es el único espacio que el presidente puede abrir en esos días dominados por las negociaciones de paz. Y esto es un problema: porque el señor Zuckerberg no madruga y nunca ha madrugado. Y no entiende que tenga que hacerlo para un simple presidente de un simple país latinoamericano que simplemente anda tratando de terminar una simple guerra de medio siglo.

Lo que sigue es una negociación un poco ridícula que acaba con un compromiso: el presidente los cita a las doce del mediodía. Sarah Wynn-Williams, que no carece de talento para la comedia, pinta una escena en la que las distintas personas del equipo de Facebook se alojan sin saberlo en dos hoteles distintos, y por culpa del desencuentro acaban llegando tarde a la reunión en Palacio. Mejor dicho: Wynn-Williams llega por su lado, consciente de la gravedad de la situación, pero Zuckerberg no aparece por ninguna parte. No sólo eso: Wynn-Williams se ha enterado de que la asistente de Zuckerberg, como una adolescente que no ha hecho la tarea, anda inventándose la excusa ridícula de que su avión llegó tarde. «Me desconcierta que crea que esa mentira funcionará», escribe Wynn-Williams. «¿No se da cuenta de que pueden comprobarlo? ¿Quién se cree que controla el espacio aéreo?». Entonces aparece Zuckerberg —por fin— y comienza —tarde— la reunión con Santos. Y escribe Wynn-Williams estas líneas que debo citar enteras:

«El presidente empieza diciéndonos que tiene que marcharse a reunirse con las Farc. Explica que están en una fase especialmente delicada; unas semanas antes se ha producido un atentado mortal con bomba y todo el proceso peligra. Añade que quiere ampliar el apoyo al proceso de paz entre los colombianos y que le interesa que Facebook lo ayude a conseguirlo. Mark parece aturdido, lo mira con los ojos muy abiertos, con la expresión de alguien que no se ha leído el informe preparatorio. No está capacitado para mantener una conversación sobre las Farc. Pero se ofrece a hacer todo cuanto esté a su alcance para facilitar el proceso mediante Facebook (Facebook no hace nada relevante; de hecho, meses después, una vez concluido el proceso de paz, Joel se niega a publicar contenido relacionado con las Farc en la plataforma, pese a las solicitudes directas del despacho del presidente). Todos percibimos que esta reunión finalizará en pocos minutos, a pesar de que acaba de comenzar».

Tiene razón: la reunión dura diez minutos. La conversación frente a la prensa, que estaba programada para hora y media, dura apenas media hora. Luego del desencuentro —luego de la arrogancia infantil de Zuckerberg, su irrespeto por el tiempo ajeno, su ignorancia irresponsable de lo que estaba pasando en Colombia— los proyectos de colaboración quedan suspendidos. Pero lo que más me interesa de toda la situación vodevilesca, tal como la describe la escritora, es ese paréntesis soltado ahí como si nada: «Una vez concluido el proceso de paz, Joel se niega a publicar contenido relacionado con las Farc en la plataforma, pese a las solicitudes directas del despacho del presidente». Joel, por supuesto, es Joel Kaplan, que en esa época era vicepresidente de Políticas Públicas de Facebook. Kaplan es un republicano que trabajó ocho años en el gabinete de George W. Bush y que se ha dedicado a defender los intereses del mundo conservador en Facebook, manipulando los algoritmos para promocionar publicaciones de derecha, defendiendo del cierre a varios grupos que promovían noticias falsas: según Wikipedia, Kaplan ha dicho que cerrar esos grupos afectaría desproporcionadamente a medios conservadores. Los reto a que se sorprendan.

Sea como sea, éste es el hombre que, según las revelaciones de Wynn-Williams, se negó a publicar en Facebook las informaciones sobre los acuerdos de paz que al parecer le proponía el gobierno Santos. No sé cuáles hayan sido esas informaciones, pero recuerdo bien la angustia de esos días en que todos los que estábamos embarcados en la defensa de los acuerdos, porque los habíamos leído, nos sentíamos impotentes ante el éxito de las mentiras que los enemigos de los acuerdos habían conseguido sembrar en una ciudadanía insegura y adolorida por años de guerra. Leyendo la frase sobre lo que Joel Kaplan se negaba a publicar, no he podido no pensar en todos los otros contenidos que sí publicó Facebook por esos días: la desinformación y las mil calumnias que envenenaron la percepción que los colombianos tenían de las negociaciones con las Farc y que respondieron, como lo sabe todo el que no haya vivido en un hueco, a una deliberada estrategia de engaño. Ya lo saben ustedes: se trataba, como lo confesó el gerente de la campaña por el No, de dejar de explicar los acuerdos y manipular a la gente para que «saliera a votar berraca».

La escena que pinta el libro de Wynn-Williams y la frase en que menciona a Joel Kaplan son, me parece, una ventana indiscreta hacia los sótanos donde se fabrica el inmenso poder de Facebook. No: ni Facebook ni las otras compañías de su tipo son lugares neutrales de conversación ciudadana, ni son la democratización del debate, ni mucho menos los paraísos de la libertad de expresión. Son empresas privadas que responden a los intereses privados —y a veces a las pataletas, los caprichos y los rencores— de un grupo de irresponsables, esta gente descuidada que es capaz de influenciar un proceso de paz para defender sus intereses. Y ya es tiempo de que las veamos como lo que son.

Instrucciones para no ser sonámbulos: inteligencia artificial, ciudadanía y democracia*
17 de agosto de 2025

Mis reflexiones de hoy quieren salir de los debates de nuestra política local y fijarse en un asunto más amplio que es de importancia crucial, no para las próximas elecciones, sino para el futuro de nuestra especie. No estoy exagerando: tal vez ustedes sepan de la existencia del Doomsday Clock, un reloj que inventaron Albert Einstein, Robert Oppenheimer y los inventores de la bomba atómica para comunicar al mundo, de manera simbólica, el riesgo que corre la humanidad de extinguirse. Cuando lo crearon, en 1947, señalaron simbólicamente la medianoche como la hora de la catástrofe, la hora de nuestra desaparición, y pusieron las manecillas a marcar la hora menos diecisiete minutos. Cada cierto tiempo, el *Boletín de científicos atómicos*, una publicación de expertos analistas, ajusta las manecillas. Muchas cosas han empeorado desde 1947, y en enero las ajustaron para que faltaran noventa segundos; y hace apenas unos días las adelantaron un segundo, que es lo más cerca que ha estado la humanidad de un desastre planetario irreversible. En su razonamiento, el *Boletín* hizo una lista de los mayores peligros que sufre la humanidad, y habló de tres: las amenazas nucleares, el cambio climático y los usos indebidos de los avances en biología e inteligencia artificial.

Es de esto de lo que quiero hablar. Hace unos meses descubrí un ensayo titulado «El imperio de la hipnocracia», que analiza una sociedad —la nuestra— en la que los ciudadanos viven como sonámbulos porque son víctimas de una gigantesca manipulación de las conciencias. La tesis principal del autor, un filósofo de Hong Kong, es que nuestras democracias asisten a una crisis inédita en la cual la realidad ha sido reemplazada por una sugestión, los estados emocionales se inducen con fines políticos, el pensamiento crítico se apaga o se anestesia por una mezcla rara de entretenimiento

---

* Discurso pronunciado durante el Congreso Empresarial Colombiano.

constante y crispación fabricada, y nuestra percepción del mundo se falsea mediante el secuestro de nuestra atención y el estímulo constante de nuestros sentidos.

Son ideas que yo he sostenido antes, sólo que de manera menos precisa, simplemente siguiendo mis pobres intuiciones de intelectual analógico que todavía lee hasta la prensa en papel. Dice Jianwei Xun que los algoritmos no son simples útiles de cálculo y predicción: son tecnologías de manipulación masiva. Estoy de acuerdo con Jianwei Xun. Dice Jianwei Xun que la inteligencia artificial no es sólo una revolución tecnológica de posibilidades maravillosas: es un proyecto potencialmente antidemocrático que no necesita la fuerza militar para imponerse, porque le basta dominar la percepción que el ciudadano tiene del mundo. Estoy de acuerdo con Jianwei Xun. Dice Jianwei Xun que, si la inteligencia artificial ha conseguido la complicidad de los nuevos populistas como Donald Trump, no es porque prometa progreso y bienestar, sino porque es capaz de producir una realidad inestable donde ya nadie sabe qué es verdad y qué es mentira. Sí: estoy de acuerdo con Jianwei Xun en esto.

Pero tengo un problema, o más bien lo tuve. El problema que tuve, después de haber leído con admiración la crítica que Jianwei Xun hace de la inteligencia artificial, fue descubrir que Jianwei Xun no existe: fue creado con inteligencia artificial.

La idea fue del filósofo italiano Andrea Colamedici, que usó dos sistemas de inteligencia artificial —Anthropic y ChatGPT— para inventar a este hombre. Le inventó una biografía: nacimiento en Hong Kong, estudios en Dublín, residencia en Alemania. Le inventó una obra; lentamente, a través de diálogos con interlocutores de carne y hueso, del examen de otros textos filosóficos y de la corrección de sus propios textos, esa obra generó una serie de ideas que acabaron por penetrar en nuestras conversaciones sociales y nuestros análisis políticos. Luego, para terminar la impostura, el filósofo italiano plantó referencias a Jianweï Xun en artículos de Wikipedia dedicados a otros filósofos: a Gilles Deleuze, a Byung-Chul Han. Hay un cuento de Borges, *Las ruinas circulares*, en que se narra el proyecto de un hombre: quiere soñar a otro, y hacerlo con tanta minuciosidad que el hombre soñado acabe por imponerse a la realidad de todos. No sé qué habría pensado Borges de Jianwei Xun, pero hay en alguna página de internet una entrevista en la que se le pregunta a Jianwei Xun qué es, y yo casi que puedo imaginar una sonrisa malévola en su cara —su cara inventada con inteligencia artificial— cuando contesta como hubiera podido contestar el hombre soñado de Borges, o el monstruo inventado por el doctor Frankenstein:

«Soy un comienzo».

Y es cierto: esto apenas comienza. Apenas comienza una era nueva de total incertidumbre en la que la única verdad, como dice —justamente— Jianwei Xun, es que no hay verdad. Ésta es la inmensa dificultad que tendremos incluso nosotros, los que nos dedicamos a la observación de la realidad para describirla y explorarla y tratar de entenderla y aun de explicarla, en novelas y en periodismo y en la escritura de la historia. He escogido estos asuntos para hablarles a ustedes porque la gente que está aquí —políticos, empresarios—tiene el poder de moldear el comportamiento de los individuos o de aprovechar lo que moldean otros: en una democracia que además es una sociedad de consumo, eso exige responsabilidades, y quizá la primera responsabilidad frente a todo cambio social es tomar conciencia.

Las transformaciones que han ocurrido en la última década y que ocurrirán en la siguiente tienen en común el hecho incómodo de haber sucedido en la sombra, lejos de la mirada pública, lejos de cualquier fiscalización o cuestionamiento, lejos de cualquier regulación. Las democracias del mundo no se han atrevido a regular las nuevas tecnologías porque se han dejado convencer de que cualquier regulación interfiere en las libertades individuales, o viola eso que llamamos la neutralidad de internet, o va en contra de la libertad de expresión. Eso ha sido uno de los grandes éxitos de propaganda de Silicon Valley: «los que quieran regularnos van en contra del progreso y de las libertades», nos dicen individuos para los cuales la libertad consiste en que los demás hagan lo que ellos quieren. Hace muy poco el vicepresidente de Estados Unidos, J. D. Vance, lanzó una amenaza inverosímil: si Europa sigue con su intención de regular las plataformas, dijo, Estados Unidos podría salirse de la OTAN. Imagínense esto: el Gobierno de Estados Unidos le dice a Europa que tratar de controlar la desinformación y la mentira organizada, tratar de evitar la injerencia de potencias extranjeras en los procesos internos de una democracia, puede llevar a que Estados Unidos deje de apoyar un esfuerzo colectivo de seguridad en los momentos más críticos que se han vivido desde 1945. Aparte del escándalo moral que esto representa, aparte del chantaje cobarde llegado de ese lugar irreconocible que es hoy Estados Unidos, hay que preguntarse por qué: por qué ataca el gobierno Trump a la Unión Europea mientras Elon Musk defiende a los neonazis maquillados de Alternativa para Alemania y a los racistas normalizados de Marine Le Pen en Francia y a la homofobia elevada a razón de Estado de Viktor Orban en Hungría. Si esto les parece lejano, recuerden que hace apenas algunas semanas Trump y Musk estuvieron lanzando ataques en gavilla contra el juez brasileño Alexandre de Moraes, que no sólo se estaba atreviendo a investigar a Bolsonaro, sino a meter en cintura a la plataforma X, exigiéndole con la ley en la mano que tomara medidas para controlar las cuentas que incitaban a la violencia, promovían discursos de odio o difundían desinformación.

Por todo esto creo que esta conversación es más pertinente que nunca entre nosotros: aquí, en Colombia, frente a ustedes que tienen el lugar que tienen en nuestra sociedad. Todos vamos por ahí repitiendo que vivimos tiempos de polarización y culpando de ella a los otros, siempre a los otros; pero ya a estas alturas todos sabemos, salvo que no hayamos hecho lo mínimo para enterarnos del mundo en que vivimos, que lo que llamamos polarización no es un accidente: es, por lo menos en buena parte, un resultado deliberado de una manipulación que se nutre de nuestras informaciones y nuestra actividad para presentarnos una cierta versión del mundo, y luego poner en marcha sistemas de predicción incomprensibles para nosotros pero que tienen un enorme impacto en nuestra manera de tomar decisiones: decisiones personales, decisiones de consumo, decisiones políticas. Y esto está cambiando nuestras democracias. Salvo los más ingenuos o despistados, todo ciudadano ha escuchado ya esa idea: que las nuevas tecnologías, que tantos beneficios nos han dado, al mismo tiempo amenazan la democracia.

Yo recuerdo el discurso que nos empapó a todos hace unos años: internet era un lugar de conversación democrática, la verdadera plaza pública, un espacio de igualdad donde todas las voces valen lo mismo, un lugar de libertad donde los individuos tenemos más control porque hemos eliminado los intermediarios de la información y ya ningún medio de las élites despreciables nos dice qué tenemos que saber ni qué tenemos que pensar: porque nos informamos directamente a través de nuestras plataformas. Hoy da casi vergüenza recordar lo ingenuos que fuimos: con qué facilidad nos tragamos el cuento de que estos nuevos gestores de la información eran neutrales y, sobre todo, eran gratuitos. Sí, nos pedían algunas informaciones personales, pero ¿qué podía tener eso de malo? Sí, unos programas que no entendemos nos espiaban: pero si nada tengo que ocultar, ¿qué me importa? ¿Qué me importa que algo o alguien, en un lugar que no está en ningún lugar, en un espacio que no toma forma en mi cabeza cuando trato de imaginarlo, sepa dónde estuve, qué compré, en qué dios creo, cuáles son mis preferencias sexuales, a qué político sigo en sus redes, qué noticias me enfurecen?

Hemos tardado mucho en comprender el funcionamiento de estas supuestas utopías, y lo hemos hecho gracias a las delaciones de los que han trabajado en sus entrañas y han tenido el valor de contar lo que ocurre allí. Gracias a los *whistleblowers* de Facebook hemos sabido que sus programadores estaban conscientes del daño que la plataforma causaba a los usuarios más jóvenes, y no hicieron nada para evitarlo (y uno de los denunciantes hoy es un exfuncionario de Facebook cuya hija adolescente se suicidó después de meses de matoneo). Gracias a los *whistleblowers* de Twitter sabemos que Elon Musk ha modificado los algoritmos en varios momentos para privilegiar opiniones de extrema derecha, xenófobas y deliberadamente disruptivas. No, las redes sociales no son neutrales: su diseño y su programación responden a ciertas prioridades, a ciertos intereses, desde que los programadores descubrieron la posibilidad de monetizar nuestra atención: pues enseguida descubrieron que la mejor forma de hacerlo —de mantenernos enganchados— era explotar nuestros miedos, nuestros odios, nuestros complejos, nuestros prejuicios, nuestras inseguridades, nuestros sesgos, nuestro gregarismo, nuestra tendencia a creer en mentiras si nos satisfacen, nuestra facilidad para mentir si le conviene a nuestra causa. En resumen: nuestro lado oscuro.

Pues bien, yo me pregunto si lo que está sucediendo ahora no será todavía más peligroso para nuestras democracias. Hace unos meses, durante la campaña electoral de Donald Trump, los señores de la *tech* se quitaron la máscara de la neutralidad y la filantropía. Recordarán ustedes la caricatura de Ann Telnaes que motivó la censura del *Washington Post* y la renuncia, apenas coherente, de la caricaturista: en el dibujo, los dueños del imperio digital —Mark Zuckerberg, Sam Altman, Jeff Bezos y hasta Mickey Mouse— se arrodillan ante una estatua de Trump y le presentan sus ofrendas. Ahí sólo falta Elon Musk, que invirtió casi 300 millones de dólares en que Trump fuera presidente y luego llegó a tener oficina en la Casa Blanca. Bien, ¿qué le dan ellos a Trump y qué les ofrece Trump a cambio? Es muy simple: Trump les ofrece desregulación; ellos le ofrecen a cambio manipulación de los ciudadanos: de sus emociones, de sus opiniones y por lo tanto de sus votos. Y sí: los proyectos de inteligencia artificial responden a un modelo de negocio y de acumulación de poder cuidadosamente diseñado desde esa complicidad, la alianza macabra entre los plutócratas de la tecnología y los nuevos populistas. Los populistas ofrecen la posibilidad de crecer sin los controles de esas figuras incómodas que son los Estados democráticos. Los señores de las *tech*, a cambio, ofrecen control sobre los ciudadanos, sobre la información que los ciudadanos reciben y sobre el modelo de sociedad que los populistas quieren promover.

Nuevamente: no es una exageración. Elon Musk ha dicho que Grok, su modelo de inteligencia artificial, quiere ser *antiwoke*, por oposición al ChatGPT, que es, aparentemente, demasiado *woke*; pero hace poco el chatbot de Grok se puso a elogiar abiertamente a Hitler, a emitir opiniones antisemitas que llamaban a la violencia y a hablar de las virtudes del hombre blanco cuando se ha liberado de la corrección política. Sam Altman, por su parte, anunciaba el otro día su nuevo producto, una actualización del GPT, diciendo con orgullo que la nueva versión miente y manipula menos que la anterior, y uno tiene que preguntarse si de verdad necesitamos un producto cuya mayor virtud es que ya no nos engaña tanto. Último ejemplo: Larry Ellison, el fundador de Oracle y el segundo hombre más rico del mundo, ha elogiado Stargate, el programa de inteligencia artificial de Trump, diciendo que con él «los ciudadanos se comportarán mejor porque vigilaremos y grabaremos todo lo que pasa». No hay que ser paranoicos para ver que su proyecto de sociedad no se diferencia mucho de los estados policiales como la Alemania de la Stasi o la Unión Soviética de la KGB. Lo que nunca consiguieron las dictaduras comunistas —la invasión de los últimos rincones de nuestra vida privada, la autocensura de cualquier idea disidente, el adoctrinamiento simultáneo de millones de seres humanos— lo están consiguiendo los populistas de la derecha radical en alianza con los plutócratas de Silicon Valley. Adoctrinamiento, engaño, violación de las libertades: el daño que pueden causar en nuestras democracias es impensable.

Por eso quisiera hoy, frente a ustedes, decir una obviedad que se nos olvida con demasiada frecuencia: toda invención humana trae consigo, necesariamente, la naturaleza humana. Eso es problemático porque la naturaleza humana es imperfecta y falible, y responde con demasiada frecuencia a la codicia, la sed de poder, el deseo de dominar a los otros. La otra noticia, un poco más optimista, es que toda invención humana se hace, casi de manera inevitable, a partir de unos valores. Es verdad que hablar de valores no está de moda, y menos en el contexto de los Zuckerberg y los Musk, esta gente que estaba ausente cuando dictaron Ética en el colegio; y sin embargo la historia nos enseña que los grandes avances tecnológicos, cuando les dan la espalda a los valores —a ciertas posiciones éticas, como digo, o a ciertos límites morales— no llevan más que a catástrofes. No hay que ser expertos en el proyecto Manhattan, ni siquiera hay que haber visto *Oppenheimer*, para entender que puede ser mala idea abandonarse a la inercia del progreso, o abdicar de toda consideración —perdón por la palabra escandalosa— humanista. Pero todavía estamos a tiempo. Todavía podemos los ciudadanos exigirles a nuestros líderes políticos reflexión y pausa; y todavía podemos cobrar conciencia de los riesgos que estamos corriendo en medio de los beneficios que se nos prometen, y tratar de encontrar un equilibrio. Una de las razones por las que Musk detesta las democracias liberales es la lentitud de sus decisiones; pero es que las democracias liberales son lentas porque en ellas hay deliberación, hay debate, hay la aceptación de que en una sociedad abierta los ciudadanos tienen intereses radicalmente distintos y a veces opuestos, y alguien a veces puede proponer la idea atrevida de que no todo lo que se puede hacer desde el punto de vista tecnológico se debe hacer desde el punto de vista moral.

Hace un par de días se me ocurrió preguntarle a Jianwei Xun, el filósofo que no existe, su opinión sobre Colombia. Estuvimos conversando un buen rato: Jianwei Xun me habló del conflicto colombiano y su transición política como una mutación del poder que ahora se da en campañas digitales, *deepfakes*, bots políticos. Es decir, en manipulación de las percepciones. Le pregunté al Chat-GPT qué pensaría Jianwei Xun, si existiera, sobre la irrupción de la inteligencia artificial en un país como el mío. El Chat, muy amablemente, me contestó: «Xun sería crítico del entusiasmo por la IA sin una reflexión profunda sobre soberanía tecnológica, propiedad de los datos y dependencia de infraestructuras ajenas. Podría darse cuenta de que en Colombia —como en muchos países del sur— se está configurando una influencia digital que puede ser negativa, en la cual se importan modelos de IA sin reflexión ética, lo cual puede dar como resultado una nueva forma de colonialismo».

Yo les propongo que escuchemos a Jianwei Xun. Es verdad que el pobre no existe; pero tal como están las cosas, ese puede ser el menor de sus defectos.

La sala recalentada y la taza de café
7 de septiembre de 2025

No me canso de decir lo que, de todas formas, ya todo el mundo sabe: vivimos hoy en una burbuja de información, cada uno de nosotros encerrado en la suya, cada uno incapaz de ver el mundo que ven los otros. Sabemos también, los que hemos querido enterarnos, que las consecuencias de este estado de las cosas para lo que llamamos democracia, una manera de convivencia que depende de la negociación constante, son absolutamente destructivas: si no vemos el mundo que ven los otros, ¿cómo podemos ponernos de acuerdo en algo? Hemos aprendido que el secuestro de nuestra atención se lleva a cabo mediante mecanismos corrosivos: la indignación manufacturada, la crispación inducida, la excitación de nuestras peores pasiones. Pero a muchos no parece importarles esto, o no lo suficiente como para tomar medidas; porque el mismo mecanismo que a veces les incomoda, a veces también les favorece, y eso es suficiente para cerrar los ojos ante los problemas.

Sí, ya lo sabemos, pero todavía no lo sabemos todo. En *La hora de los depredadores*, un libro que saldrá en español —me informan— a comienzos de octubre, el escritor italiano Giuliano da Empoli cuenta de su encuentro con Alexander Nix, uno de los jefes máximos de la empresa Cambridge Analytica. Los lectores sabrán, supongo, que Cambridge Analytica fue la compañía responsable de las mayores manipulaciones electorales de ese año extrañísimo que fue 2016: la victoria de Trump y del Brexit no fueron los únicos casos exitosos (en Cataluña y en Colombia se dieron también ejemplos meritorios). Cuando se empezó a presentar en sociedad, la empresa era conocida como una simple agencia de comunicaciones o de publicidad; pero en el fondo funcionaba de una manera muy distinta, una manera que el mundo todavía no había identificado. Pues bien: en aquella conversación, Nix, sintiéndose en confianza, se puso en cierto momento a explicar su método. Palabras más o menos, esto fue lo que dijo:

—Supongamos que ustedes quieren vender más Coca-Cola en una sala de cine. Si van a una agencia de publicidad tradicional, les dirán que hay que multiplicar los puntos de venta, poner en la entrada la silueta de una mujer que bebe Cola-Cola en bikini, pasar una propaganda antes de la película. Nada de eso: en el fondo, el espectador compra Coca-Cola porque tiene sed. ¿Qué hay que hacer, entonces? Subir la temperatura de la sala.

Y eso es lo que hizo Cambridge Analytica: subir la temperatura de la sala, esa sala infinita y ubicua que son nuestras redes sociales. La empresa se desintegró poco después en medio de escándalos diversos, pero sus lecciones han sido de mucho provecho para las plataformas digitales —Meta, X, un largo etcétera— que han venido más tarde a dominar nuestra actividad de ciudadanos. El método es siempre el mismo: alimentar la indignación, la ira, el resentimiento, la inseguridad. Movilizar el conflicto, mejor dicho, porque el conflicto nos captura más que la negociación, igual que la moderación nos seduce menos que el radicalismo. «El principio sigue siendo el mismo en todas partes», explica Giuliano da Empoli. Se trata, dice, de tres operaciones simples: «Identificar los temas calientes, las fracturas que dividen a la opinión pública; promover, en cada uno de estos frentes, las posiciones más extremas y hacer que se enfrenten; proyectar el enfrentamiento sobre el conjunto del público, con el fin de recalentar la atmósfera cada vez más». Cuando hablamos de polarización —una palabra fatalmente desgastada—, hablamos en general de esto: no sólo habitamos esferas cerradas, esas burbujas de información, sino que en las burbujas hace mucho calor, y no hay ventanas, y alguien está subiendo el termostato a cada rato.

En un discurso de 1935, el escritor francés Paul Valéry cuenta que una vez oyó a un amigo burlarse de una frase frecuente de esos días: «Estamos en una época de transición». El amigo, como los amigos que nos critican por estos tiempos cuando decimos que nuestra crisis es inédita, decía que se trataba de un cliché absurdo, porque toda época es de transición: toda época viene de alguna parte y va hacia alguna otra. Y Valéry agarró la azucarera, sacó un terrón de azúcar y lo metió en su taza de café. Y le dijo a su amigo: «¿Piensa usted que este pedazo de azúcar, que desde hace un buen tiempo se encontraba en la azucarera, bastante tranquilo a fin de cuentas, no está experimentando ahora un tipo de sensaciones completamente nuevo? ¿No está pasando en este momento por lo que podemos llamar "una época de transición"?». Pues bien, se me ha ocurrido en estos días que así es: nosotros somos ese pobre terrón de azúcar. Y ahora pienso además en las palabras del mandamás de Cambridge Analytica y me digo: somos el terrón de azúcar, pero además alguien está recalentando el café.

Hay que ser claros en esto: durante los últimos diez años, los ciudadanos de las democracias abiertas hemos sido animales de laboratorio en un gigantesco experimento de manipulación masiva, involuntario o accidental al principio y muy deliberado después, cuyo material es nuestra atención y cuya finalidad es el enriquecimiento —no sólo en dinero, sino en influencia— de los señores de la *tech*. Pero ahora los señores de la *tech* se han aliado con los populistas de extrema derecha, como traté de explicar en este periódico hace tres semanas, y esa alianza puede muy bien ser lo más peligroso que nos ha ocurrido desde la invención de la bomba atómica. Basta un segundo de lucidez para notar el negocio macabro que tienen: el gobierno de Donald Trump les promete desregulación —y por eso ataca a todos los países que quieren ponerle límites a Elon Musk o legislar sobre inteligencia artificial, y por eso acaba de amenazar a la Unión Europea con más aranceles si multan a Google—, y ellos, a cambio, le prometen control sobre los ciudadanos. Ahora me entero de que la aerolínea Delta planea usar la inteligencia artificial para cambiar los precios de sus tiquetes según el cliente: alguien que viaja por placer pagará menos que alguien que viaja al entierro de un familiar, por ejemplo, porque la empresa mide la necesidad de cada uno y factura según ella. El mecanismo es obsceno.

Un tiempo nuevo se asoma, un tiempo dominado por tecnologías que se están construyendo en la sombra, sin control del público, sin intervención de los gobiernos democráticos, pero que estarán diseñadas para intervenir en la vida de los ciudadanos —en su economía, en su salud, en su justicia— y también en sus procesos democráticos: la información que les llega y las elecciones que sostienen. La inteligencia artificial traerá la promesa de progresos que transformarán la sociedad, seguramente, pero nos tocará a nosotros decidir qué tipo de sociedad queremos. Para decidir bien, yo recomendaría tener en mente una idea o principio, simple en apariencia, pero que es francamente incomprensible para mucha gente. Ya lo dije hace tres semanas, pero lo vuelvo a decir: no todo lo que se puede hacer desde el punto de vista tecnológico debería hacerse desde el punto de vista ético. En otras palabras: no por ser posibles los progresos son aconsejables. Es más: hay progresos tecnológicos que son, para quien tenga la mirada limpia, retrocesos humanos. Es una idea impopular, pero hay que ponerla sobre la mesa. A ver si algún valiente se anima a quitar la cafetera del fuego.

Atrévete a no saber: el lenguaje enfermo de nuestro tiempo*
18 de octubre de 2025

Hay muchas razones por las que me parece un privilegio hablar frente a ustedes hoy, pero me voy a concentrar en una: mi convencimiento de que la crisis por la que atraviesa nuestro mundo, que llamaré *política* aunque en esa palabra no quepa el sufrimiento que vemos todos los días, es también una crisis de lenguaje. La palabra griega *krisis* significaba separación o punto decisivo, y se usaba en medicina para referirse al momento de una enfermedad en el cual el cuerpo comienza a mejorar o empeora ya sin remedio. En otras palabras: o se recupera o muere. No es necesario ser un pesimista redomado para aceptar que nuestro mundo está enfermo; pero hoy quiero sugerir, porque estamos donde estamos, que la enfermedad del mundo pasa por las palabras que usamos para nombrarlo, para darle forma visible a su presente y para narrar su pasado. Y la enfermedad no es espontánea, sino provocada. Tengo la impresión ineludible de que todos los días hay fuerzas muy poderosas, económica y políticamente, que están empeñadas en romper o distorsionar la relación que existe entre el lenguaje y la realidad que el lenguaje intenta describir, o bien, por decirlo de otra forma, entre las palabras y eso que —pecando tal vez por inocencia y tal vez por anacronismo— llamamos la verdad.

Soy novelista y también articulista de prensa, y no se me ocurren dos oficios que, trabajando con el mismo material —esta lengua que nos reúne—, tengan intenciones tan distintas. Los artículos de opinión se escriben a partir de mínimas o grandes certezas, y su objetivo es convencer o persuadir o por lo menos defender una convicción previa; es decir, tomar partido. Las novelas, en cambio, se escriben a partir de incertidumbres y de dudas, no para explicar, sino para averiguar, y no para dar respuestas, sino para formular las mejores preguntas. Pero los dos oficios tienen o deberían tener una

---

* Discurso pronunciado en la Sesión solemne del X Congreso Internacional de la Lengua Española en Arequipa, Perú.

obsesión común: restaurar la relación entre la palabra y la experiencia, devolver a la lengua que usamos la capacidad de nombrar correctamente nuestro lugar en el mundo. El escritor ruso Anton Chéjov —que no escribía en español, pero nadie es perfecto— dejó en una carta privada una suerte de credo que ya he citado en otras partes, pues a él acudo siempre cuando siento que las prioridades se confunden, que la brújula moral se desimanta. «Odio las mentiras y la violencia en todas sus formas», escribió. «Para mí, lo más sagrado es el cuerpo humano, la salud, la inteligencia, el talento, la inspiración, el amor y la libertad más absoluta que pueda imaginarse, libertad de toda violencia y toda mentira, sin importar qué forma tomen estas últimas».

Libertad de toda violencia y toda mentira: parece una meta simple, pero hay que ver el esfuerzo que cuesta conquistarla. Los violentos han manchado nuestro tiempo de sangre y dolor, y nuestro lenguaje, el lenguaje que usamos para tratar de contar lo que pasa, ha resultado insuficiente, o no nos hemos atrevido a usar las palabras para nombrar correctamente lo que vemos: en Gaza, en Ucrania, en el asedio a los migrantes del mundo entero, transformados en invasores o enemigos —o en todo caso, en amenaza— por virtud del lenguaje de los partidos políticos de la insolidaridad y la xenofobia. El asedio de los mentirosos, por su parte, ha tomado en nuestros tiempos una forma novedosa y acaso inédita: la alianza retorcida y perversa entre los plutócratas de las nuevas tecnologías y el autoritarismo de los nuevos populistas. Asistimos a una verdadera conjura entre los líderes de estas democracias transformadas en otra cosa —pero no tenemos todavía una palabra para ellas— y los dueños de las tecnologías que dominan nuestra vida de ciudadanos —y que no podemos denunciar, porque no tenemos el lenguaje para comprender lo que hacen—. Son fuerzas que prosperan en el caos, y allí, en la guerra abierta que le han declarado al orden mundial, por no hablar de la que le han declarado a la mera estabilidad de nuestras emociones, la guerra contra el lenguaje tiene un lugar prioritario: se trata de subvertirlo, de minarlo desde dentro, igual que desde dentro se minan las democracias bajo cuyo amparo medran estas figuras.

Seamos claros: sé muy bien que la llamada inteligencia artificial llegó para quedarse, y sé que promete beneficios incontables que nos pueden cambiar para bien la vida; pero ya tenemos evidencias suficientes para saber que se trata, al mismo tiempo, del más grande y abarcador experimento de manipulación que han sufrido jamás los seres humanos. Y esa manipulación se hace a través del lenguaje, con base en modelos de lenguaje, alimentándose de lenguaje y utilizando el lenguaje para fines que no vemos ni comprendemos, porque ocurren en la sombra, lejos de la fiscalización de nuestros Estados. El acuerdo es muy simple: los autócratas ofrecen desregulación, que es lo que más desean los plutócratas de la tecnología; los plutócratas de la tecnología, a cambio, ofrecen control. Control del ciudadano: de la información que recibe, de las palabras que usa para dar forma a sus conversaciones, de las ideas o las emociones en que se basa para definir sus simpatías o sus animadversiones o sus lealtades o sus desprecios; para definir, a fin de cuentas, su voto. El método también es muy simple: la destrucción de la verdad. Es por eso por lo que los populistas amenazan con represalias a los países que intenten poner coto a la desinformación o sancionar los discursos de odio; es por eso por lo que los señores de la *tech* atacan al periodismo responsable, que sigue teniendo la terca idea de que la verdad importa. Se trata de hacer que colapse la confianza: en la ciencia, en la razón, en nuestros propios sentidos.

Si la Ilustración representó una revolución cifrada en las palabras de Kant —*sapere aude*, atrévete a saber—, creo que asistimos a una contrarrevolución en toda regla: atrévete a no saber nada, atrévete a vivir en la desorientación y la ignorancia, nos dicen aquellos que el escritor italiano Giuliano da Empoli ha llamado con justicia los ingenieros del caos. Su éxito depende de la destrucción del lenguaje, o de su capacidad para decir el mundo con certeza; depende, por lo tanto, del mayor o menor coraje con que protejamos nuestro lenguaje del deterioro organizado o del sabotaje metódico. Depende, en resumidas cuentas, de nosotros, los ciudadanos: de la lucidez con que sepamos enfrentarnos a modelos de negocio basados en la destrucción de la verdad comprobable y la excitación de nuestro lado más tribal y más violento; y de la energía, o la convicción, con que sepamos defender a quienes nos cuentan el mundo: los periodistas de verdad, los historiadores de verdad, los poetas y los novelistas y los profesores y los académicos cuya vocación de vida es salvaguardar nuestra lengua común, poner obstáculos a su menoscabo o mengua, denunciar su manipulación y restaurar su capacidad de reflejar la experiencia, para que palabras como *libertad* o *censura, democracia* o *humanidad,* no se emborronen ni se confundan, no se debiliten ni se desorienten.

Así veo encuentros como el que hoy nos reúne: no sólo como una diversa y multiforme declaración de amor a esta lengua que es mi material de trabajo y la razón de mis ansiedades, sino también como un intento por oponer, frente a las fuerzas del caos, una humilde forma de resistencia.

Uribe y la verdad
2 de noviembre de 2025

Es lo que tiene llevar tanto escribiendo columnas de opinión: revisarlas cuando ha pasado el tiempo es una manera de constatar nuestra miopía (si nos hemos equivocado) o de lamentar la clarividencia (porque la mayor parte de los aciertos son negativos, y habríamos preferido no tenerlos). En estos últimos días, después de la absolución en segunda instancia del expresidente Álvaro Uribe, me he dado cuenta de que llevo dieciocho años preocupándome en mis artículos por los desmanes y los excesos del político colombiano más popular de las últimas décadas. Hace quince años menos tres días, cuando el país empezaba el lento tránsito a un gobierno sin Uribe, escribí que Uribe se iba del poder sin irse realmente, pues los hechos de su gobierno lo habían obligado a cuidar su futuro más que otros expresidentes: por eso dejó la Comisión de Acusaciones en manos de uribistas leales y por eso se lanzaría después al Senado. Como le sucedió a Trump, su permanencia en posiciones de poder era la manera más eficaz de defenderse de lo que él mismo había cometido. Y ahí se la ha pasado, no convertido en un honroso mueble viejo, sino muy presente: cuidando aparentemente su legado, pero en realidad cuidándose las espaldas.

Sobre la absolución se podrían decir muchas cosas, pero ya lo han hecho varios periodistas que respeto y que están sin duda mejor informados que yo: han escrito lúcidamente sobre las dos sentencias contrapuestas, que han leído con cuidado, pero también sobre las cloacas del poder en Colombia. Lo que me interesa ahora es la reacción de Uribe, o más bien unas pocas palabras de su reacción, perdidas en medio de tantas invocaciones rutinarias a Dios y a la Providencia y al gran pueblo colombiano. Según la noticia que leí en este periódico, Uribe declaró en sus redes: «He dicho la verdad a mis compatriotas a lo largo de esta extensa vida pública». Y cualquiera que haya asistido con la mirada clara a la extensa vida pública de Uribe sabe que eso no es cierto: que Uribe se ha pasado su extensa vida pública mintiendo con cinismo, calumniando, tergiversando y sobre todo engañando: engañando, como primera medida, al gran pueblo colombiano que tanto dice querer, para el cual tanto dice trabajar.

(Digo «según la noticia que leí en este periódico» porque no sigo las redes ni de Uribe ni de ningún otro de los ponzoñosos usuarios de esas otras cloacas, y así voy libre de su veneno y de sus engaños y de su grosero matoneo. Me informo por el periodismo de verdad, el que tiene algo que perder cuando falla, el que responde por sus palabras, el que está escrito por periodistas que han oído hablar de deontología y no por *influencers* que monetizan cada escupitajo que lanzan, que buscan clics con agresiones o calumnias para ganar centavos mediante su propio veneno: y esto se aplica a la política, pero también al deporte, a la literatura y a todo lo demás. Pero esto es una digresión impertinente. Tal vez sirva para otro artículo).

La extensa vida pública de Uribe depende, por supuesto, de dos ingredientes esenciales de la política en Colombia: la credulidad y la desmemoria. Voy por partes. La credulidad: Uribe siempre ha contado y sigue contando con millones de ciudadanos que dan por bueno todo lo que dice sin examinarlo o cuestionarlo, o que cierran los ojos ante sus excesos y hacen oídos sordos a sus mentiras. Esos ciudadanos le creyeron cuando Uribe lideró la mayor campaña de mentira política que se ha visto por estos lados: la que calumnió sin parar las negociaciones de paz de La Habana, diciendo que los acuerdos iban a abolir la propiedad privada, que iban a quitarles a los viejos las pensiones para dárselas a los guerrilleros, que iban a llevar al país al castrochavismo. Ni siquiera los ciudadanos crédulos que repetían esta palabra sabían realmente a qué se refería, pero en eso Uribe ha sido siempre experto: sabe, como los mejores narradores de la literatura de terror, que es mejor no mostrar al monstruo, sino simplemente sugerirlo. Inventó una palabra que no quería decir nada concreto, pero que sugería los fantasmas de Cuba y Venezuela. Y así les dio a sus seguidores una manera de nombrar las emociones negativas que les provocaba, acaso comprensiblemente, una negociación difícil que iba a implicar concesiones incómodas.

(Cuba y Venezuela son dos dictaduras represivas y violentas que deberían provocar el rechazo de todo demócrata, comenzando por la izquierda. Pero una parte demasiado grande de la izquierda de todas partes las ha justificado o ha cerrado los ojos ante sus desmanes: en Colombia —en el gobierno de Petro, tan sectario y mentiroso como cualquiera— hubo quien elogiara el sistema electoral venezolano, diciendo que era mejor que el nuestro, y hay todavía quien se niega a admitir que Maduro y su gente se robaron las elecciones pasadas. Sí: también la izquierda ha pecado por credulidad, también se ha mentido a sí misma. Pero esto es una digresión impertinente. Tal vez sirva para otro artículo).

Y luego viene la desmemoria. Y vuelvo a las primeras líneas de este artículo: lo que tiene llevar tanto tiempo escribiendo columnas. Revisando las mías he encontrado varios momentos que yo también —porque nuestra memoria es limitada— había olvidado. Por ejemplo, las famosas cincuenta y dos capitulaciones: en 2012, cuando las negociaciones del gobierno Santos con las Farc apenas comenzaban, Uribe lanzó por Twitter su inventario de las cincuenta y dos maneras en que el gobierno le estaba «entregando el país a la guerrilla». *La Silla Vacía* las examinó en detalle y encontró que sólo cuatro eran verdad: las demás eran distorsiones, desinformación o francas mentiras. Pero esas mentiras fueron calando en la opinión pública, y acabaron minando el apoyo al proceso y destruyendo una posibilidad de reconciliación sin que Uribe tuviera nunca que responder por el engaño.

«He dicho la verdad a mis compatriotas a lo largo de esta extensa vida pública», dice Uribe. Pero yo he revisado las columnas que escribí hace muchos años para *El Espectador* y me encuentro con lo que significó esa vida pública: en una columna del año 2010 hablé de la compra de votos con notarías (por la cual hay gente en la cárcel), de las escuchas ilegales a jueces y magistrados (por las cuales hay gente en la cárcel), de los falsos positivos (por los cuales hay gente en la cárcel), y en otras columnas de la misma época hablé de la persecución a periodistas desde las agencias de inteligencia que colaboraron con el paramilitarismo (por la cual hay gente en la cárcel) y de la calumnia o la mentira que afectó gravemente la vida de periodistas con nombre y apellido, obligando a algunos a salir del país y a otros a llevar guardaespaldas durante años. Pasen ustedes por el magnífico portal *Los Danieles* si no recuerdan a qué me refiero.

En el año 2010, decir que Uribe le estaba mintiendo al país era enfrentarse a la ira de las masas fanatizadas o seducidas por su caudillismo inmarcesible (también conocido como efecto teflón). Con el tiempo sus mentiras han salido a la luz, pero nada de eso ha importado: él sigue diciendo que dice la verdad y sus seguidores le siguen creyendo. Y hay que llegar a la conclusión evidente —al lugar común vergonzoso— de que la verdad no importa en Colombia. Eso, por supuesto, explicaría muchas cosas.

II. Cuidado: aquí hay historia

Escritos sobre la violencia, las libertades individuales y la memoria colectiva

Los dos problemas de las drogas
31 de octubre de 2021

«España explora una salida legal para el cannabis», titulaba hace poco un artículo de este periódico. Contaba la noticia que ahora, cincuenta y cuatro años después de que se prohibiera en el país la marihuana, el debate sobre la legalización vuelve a ocupar el centro de la conversación política. A mí, desde luego, me complace la noticia, pero no me permito esta vez —como no me he permitido en veces anteriores— ningún asomo de optimismo. Los términos del debate de hoy son los mismos que se han dado durante las últimas décadas en todos los países consumidores, pero yo tengo para mí que el debate nunca va a llegar a ninguna parte, pues nuestros gobiernos confundidos se siguen haciendo la pregunta equivocada: se preguntan qué razones hay para legalizar las drogas, cuando debería ser evidente que las sociedades abiertas no necesitan razones para permitir las cosas: necesitan razones para prohibirlas. Y las que existen en el caso de las drogas —sobre todo la marihuana, pero las otras no son distintas— son insuficientes.

En otras palabras: los posibles beneficios de continuar con esta prohibición absurda deberían pesar mucho menos que el perjuicio escandaloso que ha causado durante décadas. Hace unos meses, algunos recordábamos un triste aniversario: el medio siglo que se cumple desde el día en que Nixon, un presidente desnortado que estaba perdiendo la guerra de Vietnam afuera y la guerra de la imagen adentro, creyó entrever una solución a sus problemas, y al perseguirla nos embarcó en esta catástrofe. John Ehrlichman, uno de sus consejeros más cercanos, se lo confesó en los años setenta al periodista Dan Baum. Nixon tenía dos enemigos, le dijo: los negros y la izquierda que se oponía a la guerra. Bastaba conseguir que el público asociara los unos a la heroína y los otros a la marihuana, criminalizar ambas drogas y perseguirlas con toda la fuerza del puritanismo, y sería mucho más fácil arrestar a los líderes y calumniar a los activistas desde los medios. La guerra contra las drogas (con mayúsculas o sin ellas) había comenzado.

Soy ciudadano de un país que ha puesto miles de muertos en esta guerra, la más insensata de cuantas nos hemos inventado los seres humanos. Uso el verbo avisadamente: la guerra contra las drogas es una invención, un artificio, porque convirtió en crimen lo que no es más que un vicio; y al hacerlo creó de la nada las estructuras criminales y asesinas que se han enriquecido hasta extremos de fábula, pero sobre todo que han causado sufrimientos sin cuento a sociedades enteras y han llevado a democracias de solidez aparente al borde del precipicio. Lo más lamentable es que todo había ocurrido ya, tiempo atrás, cuando el mismo fanatismo de siempre, en el mismo país arrastrado por la histeria puritana, decidió salvar a la sociedad de su gusto por el alcohol. El resultado conocido de todos fue el surgimiento de una industria mafiosa que dejó muertos, destrozos, corrupción, una película con Sean Connery y una gran novela de Scott Fitzgerald, pero ninguna mejoría en la salud de nadie, ni disuasión alguna en las mentes de los que sólo querían ejercer su sagrado derecho a emborracharse.

Con la droga no ocurre nada distinto. Yo crecí con las imágenes de los cuerpos destrozados por las bombas del cartel de Medellín, con la extrañísima costumbre del miedo de no volver a casa por las noches o de que otro no volviera, y esa vida ocurría en apartamentos cuyas ventanas cruzaban grandes cruces de cinta blanca que se ponían para que las esquirlas, en caso de una onda explosiva, no hicieran más daño del inevitable. La muerte de Pablo Escobar, el narcotraficante cuya guerra contra el Estado marcó a una generación entera, no cambió nada en realidad: pues el dinero de la droga como mercancía ilícita ha alimentado desde entonces el conflicto de mi país, cuyos varios ejércitos ilegales —las guerrillas, los paramilitares, las bandas criminales de nuevo cuño que son herederas de las unas o los otros— luchan por el control de las tierras donde se cultiva, se fabrica y se exporta lo que tanta gente en el mundo paga a precios tan altos.

Mientras la droga sea ilegal seguirá generando las riquezas desmesuradas que ahora genera, y seguirá provocando la corrupción y la violencia que son necesarias para la protección de un negocio tan lucrativo. Eso, desde luego, no es responsabilidad del ciudadano privado que decide privadamente, en uso de su autonomía adulta, hacerse un daño grande o pequeño a cambio de un paraíso artificial. Pero sí que son responsables indirectos nuestros legisladores, que tienen en las manos dos problemas ligados al consumo de drogas: uno de salud pública y otro de orden público. Y deciden, año tras año, que tener dos problemas es mejor que tener uno.

La conversación más difícil del mundo
28 de noviembre de 2021

No sé por qué me impresionó tanto esa historia, que en principio me tocaba más de lejos que otras que he conocido. Hace ocho años, a finales de octubre, fui testigo en Dublín de una manifestación que tenía colapsada la ciudad. La protesta había estallado tras la muerte de Savita Halappanavar, una dentista de treinta y un años que tenía diecisiete semanas de embarazo y fuertes dolores de espalda cuando fue admitida al hospital de Galway. Los médicos le hablaron de la dilatación del cuello del útero, de la pérdida de líquido amniótico y de la imposibilidad de que el feto sobreviviera, y fue entonces cuando la mujer pidió que le practicaran un aborto. Los médicos se negaron: el corazón del bebé todavía latía y, bajo la ley irlandesa, el aborto estaba prohibido. «Irlanda es un país católico», le dijeron a la paciente. El corazón del feto dejó de latir cuatro días después. Los médicos intervinieron entonces, pero ya era demasiado tarde: Savita Halappanavar murió de septicemia, y sólo un indecente niega que esa muerte era innecesaria.

Recordé ese episodio atroz en días pasados, cuando la Corte Constitucional de Colombia se disponía a dar un fallo definitivo acerca de la despenalización del aborto. La decisión acabó postergándose por formalidades legales, pero la conversación sigue dominando el país. Yo tengo para mí que es una de las más difíciles y dolorosas a que nos enfrentamos las sociedades modernas, y hacerle el quite es un grave error, aunque uno no haya nacido con útero. Otros países latinoamericanos han pasado por el mismo debate recientemente; como en ellos, el debate colombiano ha quedado definido por la fe religiosa y el machismo estructural, lo cual entorpece todo. Los que quieren prohibir el aborto, aunque miles de mujeres mueran o sufran o queden mutiladas, se llaman a sí mismos defensores de la vida; a los que defendemos el derecho de toda mujer a disponer soberanamente de su cuerpo y, por tanto, de su vida, y sobre todo a no sacrificar innecesariamente su integridad física o mental, nos acusan de permitir y aun fomentar el asesinato de seres indefensos.

Todas las cifras del mundo demuestran lo mismo: que la criminalización del aborto no ha traído como consecuencia la disminución de abortos practicados, sino la práctica de abortos más riesgosos. En una estadística espeluznante, la Organización Mundial de la Salud dice que casi la mitad de los abortos en el mundo se llevan a cabo en condiciones riesgosas; por la época en que murió Savita Halappanavar (la cifra se me ha quedado en la cabeza), 47.000 mujeres morían cada año por abortos hechos mal o en malas condiciones; hoy, según acabo de averiguar, la cifra ha subido a 68.000. En otras palabras: lejos de salvar vidas, la penalización del aborto las arriesga más, por no hablar de todas las otras que acaban destruidas por la condena social, el estigma y los castigos violentos. Añadirle a esto una condena de cárcel es de una crueldad que debería avergonzarnos.

Acaso el gran problema de esta conversación, tal como la han venido planteando las sociedades católicas, es que los autoproclamados defensores de la vida no se han dado cuenta (no han querido darse cuenta) de lo que para algunos de nosotros es evidente: el aborto es una tragedia porque no hay en él una vida involucrada, sino dos que están en conflicto. Pues bien, el derecho de resolver ese conflicto debería pertenecerle, sin interferencias ni persecuciones, a la mujer embarazada, y sobre todo debería resolverse desde la educación sexual, la ciencia y la reflexión ética, no desde la ley penal o la prohibición constitucional, y mucho menos desde la doctrina de una religión que, por difícil que les resulte a muchos entenderlo, no todos compartimos.

Pero a la Iglesia católica, principal opositora al derecho al aborto, nunca le ha gustado la educación sexual, y ha sido una enemiga decidida de la ciencia: tal vez recuerden ustedes a Benedicto XVI, que en un viaje por África en 2009 declaró, con total seriedad, que los condones agravan el problema del sida. En cuanto a la reflexión ética, ese difícil esfuerzo por resolver situaciones difíciles sin el paraguas de la fe, habría que partir siempre de un presupuesto: lo deseable sería que nadie tuviera que abortar, pero la terca realidad es distinta. Así tenemos, por un lado, la vida futura y potencial de un ser que no tiene autonomía ni conciencia de sí mismo; por otro, la vida presente de una persona autónoma, plenamente racional, cuyos intereses —no morir, por ejemplo, o evitar el sufrimiento

193

físico o moral— son parte de su soberanía. Esta segunda vida, o su derecho a definirse y moldearse, debería recibir la protección incondicional de la ley. De otra manera, decir que esa persona es libre sería faltar a la verdad.

¿Un tribunal para Putin?
16 de marzo de 2022

En el otoño de 2010, el abogado Philippe Sands llegó a la ciudad de Lviv, cuyo nombre hoy nos resulta tristemente cotidiano, para dar una conferencia sobre dos asuntos en los cuales es uno de los mayores expertos del mundo: las figuras legales del genocidio y los crímenes contra la humanidad. En su vida de jurista, Sands había sido parte actuante en una lista larga de juicios internacionales donde estas figuras no son teoría muerta, sino la única manera de juzgar episodios inverosímiles de crueldad humana, y por su escritorio habían pasado los horrores de Ruanda y las torturas de Guantánamo, y también el caso de Augusto Pinochet, y también el de Milosevic y Srebrenica. Como académico, por otra parte, Sands llevaba ya varios años estudiando la historia de aquellas figuras, y se había encontrado con esta coincidencia inverosímil: los dos inventores de los términos y de su contenido, el profesor Hersch Lauterpacht y el fiscal polaco Raphael Lemkin, habían hecho sus estudios en esta misma ciudad extraviada en el centro de Europa.

Pero Lviv, que en otros tiempos se llamó Lemberg o Lvov y que nuestra lengua española llama a veces Leópolis, tenía un interés añadido para Sands. Allí había nacido su abuelo, Leon Bucholz, en los tiempos en que la ciudad pertenecía al Imperio austrohúngaro, y de allí había escapado ese abuelo en septiembre de 1914, con diez años de edad, cuando la ciudad fue ocupada por las fuerzas armadas de Rusia. En Lviv, Sands visitó la casa donde había vivido ese abuelo remoto; también se enteró de la suerte de los demás familiares del abuelo, los que no huyeron de los rusos. En 1942, un tal Hans Frank, antiguo abogado de Hitler y luego gobernador general de la Polonia ocupada, dio el discurso en que anunciaba o desataba la aplicación de la Solución Final, y que acabó con el exterminio en los campos de concentración de unos 150.000 judíos de Lemberg: entre ellos, unos ochenta familiares de Leon Bucholz y de Philippe Sands.

Todo esto lo cuenta Sands en un libro hermoso, *Calle Este-Oeste*, que es al mismo tiempo una investigación en el pasado familiar, una historia fascinante de los juicios de Núremberg (y de su importancia para el orden mundial tal como lo conocemos, o quizás hay que decir lo conocíamos) y una exploración de esa ciudad pequeña, con sus varios nombres y su destino singular, donde se cruzaron los grandes caminos del siglo xx. Pues bien, lo que contiene ese libro, de sus espacios físicos a sus reflexiones sobre el derecho internacional, ha cobrado una actualidad dolorosa tras la invasión rusa de Ucrania, no sólo porque la ciudad de Lviv aparece en las noticias diariamente —de su estación salen los trenes cargados de refugiados hacia la frontera con Polonia, igual que en 1914—, sino porque los términos legales de genocidio y crímenes contra la humanidad han vuelto a ocupar el centro de la conciencia europea.

Pensando en esto, le escribí a Sands para hacerle una pregunta que me agobiaba. Lo conozco desde hace casi diez años; hemos compartido conversaciones públicas y, para mi gran provecho, varias privadas también, y más de una vez me he beneficiado de sus conocimientos, pero sobre de la lucidez que le ha quedado después de juzgar las caras más siniestras de nuestra humanidad. El asunto es el siguiente: la semana pasada, después de los bombardeos a hospitales y escuelas, de los civiles muertos que se cuentan por miles y que incluyen niños y ancianos, de los corredores humanitarios falsamente abiertos o abiertos para después atacarlos, fue evidente para todo el mundo (salvo para los países cómplices o los individuos aquejados de una terrible miopía moral) que la invasión de Putin ya es culpable de crímenes de guerra. ¿Pero era posible que se hubieran configurado crímenes contra la humanidad? ¿Y cómo juzgarlos? El problema es que esos crímenes son de difícil prueba, me explicó Sands, pues siempre es necesario demostrar el vínculo directo entre el acto y el presunto autor. «Pueden ser más fáciles de probar en el caso de los oficiales sobre el terreno», me dijo, «o de soldados individuales, pero para demostrar la responsabilidad de los altos mandos habría que demostrar que los actos están planificados o son imprudentes».

Pero hay otra opción. A finales de febrero, Sands publicó un artículo en el *Financial Times* que sacudió la conversación política en el Reino Unido y luego en Europa (fue oportunamente recogido por *El País*). Allí decía que, tras el ataque contra Ucrania, «el más grave desafío al orden internacional posterior a 1945, que se basa en la idea de un Estado de derecho y los principios de autodeterminación de todos los pueblos y la prohibición del uso de la fuerza», las sanciones económicas son insuficientes. Tres instituciones internacionales —la Corte Penal Internacional, la Corte Internacional de Justicia y el Tribunal Europeo de Derechos Humanos— han comenzado ya a conocer el caso ucraniano, pero su trasegar es lento y la posibilidad de probar la responsabilidad de los altos mandos suele ser un objetivo escurridizo. Para Sands, sin embargo, los crímenes de guerra y los crímenes contra la humanidad no son las únicas figuras por las que puede investigarse y condenarse a Putin. «El uso de la fuerza militar por parte de Putin», escribe, «es un crimen de agresión, una guerra ilegal, un concepto que se creó en Núremberg como "crímenes contra la paz"». Y termina: «¿Por qué no crear un tribunal penal internacional dedicado a investigar a Putin y sus acólitos por este crimen?».

En cuestión de días la propuesta se ha convertido en una declaración formal dirigida a los gobiernos del mundo, un llamado público a la creación de ese tribunal, y ha recibido la firma —entre otras autoridades— de jueces distinguidos en el ámbito del derecho internacional, académicos e intelectuales de tres continentes, un presidente del Tribunal Europeo de Derechos Humanos, un fiscal del tribunal militar de Núremberg y Gordon Brown, el antiguo primer ministro británico. Permítanme aquí una cita extensa:

> El Tribunal Especial para el Castigo del Crimen de Agresión contra Ucrania puede crearse con rapidez. Durante la Segunda Guerra Mundial, las naciones se reunieron en Londres en 1942 para redactar una resolución sobre los crímenes de guerra alemanes, que condujo, al final del conflicto, a la creación de un Tribunal Militar Internacional y a los juicios de Núremberg. Para ayudar a rechazar los atroces intentos del presidente Putin de destruir la paz en Europa, ha llegado el momento de crear dicho tribunal especial. Al hacerlo, actuamos en solidaridad con Ucrania y su pueblo, y señalamos nuestra determinación de que el crimen de agresión no será tolerado.

No sabemos cuándo acabará esta brutal agresión, ni cómo, pero los más realistas intuimos que después de ella vendrán otras:

igual que ésta viene después de Crimea, de Georgia, de Chechenia. Y no hay muchas lecciones que nuestra falibilidad humana haya aprendido después de la catástrofe de 1939-1945, pero una de ellas tiene que ser la inutilidad de aplacar a los tiranos, o más bien la utilidad profunda de que sus crímenes más intolerables no sean condenados solamente por la opinión pública.

Cuidado: aquí hay historia
22 de junio de 2022

El resultado de las elecciones colombianas rompe en dos la historia del país. Todo el mundo en todas partes echa mano ahora del adjetivo histórico, y por una vez no parece exagerado hacerlo; y pensar en el nombre del partido victorioso, el Pacto Histórico, es pensar que la segunda palabra es verdad y desear que la primera pueda serlo. ¿Pero cómo entender lo que ha pasado en Colombia? Las señas particulares de mi país, combinación de circunstancias (políticas, geográficas, temperamentales) que no han existido en otros lugares de Latinoamérica, han construido a lo largo de los años una historia hecha de excepciones. Al contrario de lo que ocurrió en el resto del continente, que en el siglo xx se hundió en dictaduras militares de una crueldad que todavía nos estremece, Colombia sólo padeció una dictadura brevísima y, en comparación, más bien incruenta. Al contrario de lo que ocurrió en el resto del continente, en Colombia nunca hubo gobiernos antiamericanos (o antinorteamericanos, o antiyanquis: como ustedes quieran). Al contrario de lo que ocurrió en el resto del continente, en fin, Colombia nunca ha tenido un gobierno de izquierda.

Lo que más se le ha parecido a eso fue el gobierno del liberal Alfonso López Pumarejo, que en 1934 lanzó un atrevido programa con un nombre sugerente: Revolución en Marcha. «El deber del hombre de Estado», dijo López en su primer discurso, es «efectuar por medios pacíficos y constitucionales todo lo que haría una revolución». Y eso hizo: la educación pública quiso ser laica, los sindicatos salieron de la sombra, se comenzó a llevar a cabo una reforma agraria que a algunos les pareció socialista y se reformó la Constitución ultraconservadora que había regido en el país durante medio siglo, y para ello se miró con atención la Constitución de la Segunda República española. Fue demasiado: el país no estaba preparado para esas transformaciones, y la reacción conservadora de los años siguientes es inseparable de esa década malhadada —con sus 300.000 muertos y un país roto— que los colombianos llamamos la Violencia. Y esto es importante: pues durante esos años surgieron las primeras guerrillas campesinas, y sólo hacía falta la inyección de ideología de la Revolución cubana para convertirlas en los ejércitos marxistas que han marcado la vida colombiana desde entonces.

Pues bien, hay que traer a la mente a estas guerrillas —Farc, ELN, EPL: siglas que son parte de nuestra memoria— para entender por qué no ha habido gobiernos de izquierda en Colombia. Porque esos movimientos armados y violentos, que con los años se degradaron hasta llegar a extremos inconcebibles de crueldad y sevicia, hicieron que en la sociedad colombiana fuera imposible hablar de izquierda y añadir democrática. He dicho con frecuencia que en esto, como en tantas otras cosas, las guerrillas revolucionarias fueron en efecto las cómplices perfectas de la reacción y el retraso social, obstáculos formidables en el camino de cualquiera de las reformas más urgentes que requería esta sociedad. Mientras diversas formas de la socialdemocracia se instalaban en otros países, España entre ellos, los excesos de una guerrilla descarriada hacían que en Colombia hablar de mínimas medidas de justicia social se pudiera tildar, de inmediato y sin fórmula de juicio, de complicidad con el terrorismo. Y los militantes que dejaban las armas y trataban de hacer política eran sistemáticamente asesinados por la extrema derecha, con frecuencia con la connivencia de políticos y militares. Todo un partido fue exterminado así.

Y por todo esto es que Colombia nunca ha tenido un gobierno de izquierda.

Pues bien, ahora acaba de elegirlo por primera vez. Y en unas elecciones, además, que convocaron más gente que nunca, aunque también pusieron en evidencia nuestro lado más oscuro, y ahora nos dejan con la obligación de convivir de aquí en adelante. La victoria de Gustavo Petro tiene muchas lecturas: desde la histeria de la derecha más desinformada y atrabiliaria (que vive en su propio mundo de verdades alternativas y paranoia generalizada) hasta el triunfalismo sin matices de la izquierda más revanchista y fanática (que suele mirar con desprecio y aun con repulsa todo lo que suene a negociación o mesura). Como suele suceder, la verdad está en algún punto medio entre esos dos extremos: la verdad es una frase larga que incluye palabras como *pero, aunque* y *sin embargo.*

Ahora Petro habrá de desactivar la desconfianza que le tenemos muchos, y yo no olvidaré que su campaña estuvo marcada por la deslealtad, la guerra sucia y serios problemas éticos. Pero lo que ha pasado va mucho más allá de Petro, por fortuna, y ahora mismo, con los elementos de juicio de que dispongo, tengo una certeza: es lo que más le convenía a mi país.

Por varias razones. La primera es lo que no pasó: una victoria de Rodolfo Hernández, el populista hecho en TikTok que no tenía más ideas que las que le aportaran sus apoyos políticos, hubiera significado la continuación en el poder de una forma de entender la sociedad insolidaria y excluyente; también, de un sector de nuestra clase política que ha dominado el escenario durante veinte años, y en ese tiempo ha mentido, calumniado, usado el miedo como herramienta política y alimentado nuestra crispación y nuestros odios sin cuidarse de que la violencia es contagiosa, o sin que le importaran las consecuencias del contagio. Eso ha sido la derecha uribista: ahora es fácil decirlo, porque los excesos se han hecho evidentes con el tiempo, pero había que ver lo que pasaba hace quince años, cuando no éramos muchos los que nos atrevíamos a sugerir que tal vez no estaba bien modificar la Constitución con votos corruptos para perpetuarse en el poder, o utilizar los organismos de inteligencia del Estado para espiar y amedrentar a periodistas y a jueces, o mirar para otro lado (en el mejor de los casos) cuando soldados enceguecidos asesinaban a civiles inocentes para hacerlos pasar por guerrilleros muertos en combate.

La segunda razón por la que me parece que a mi país le conviene lo ocurrido el domingo es más simple todavía, y tiene tres palabras: acuerdos de paz. Es mucho lo que nos han costado tantos años de guerra, y los acuerdos de 2016 —lo digo una vez más como lo he dicho tantas— son el mejor intento que hemos hecho los colombianos por pasar la página de la guerra y armar un país donde quepamos todos. Pero el gobierno de Iván Duque, cuya tarea de estadista habría debido ser unir al país en la implementación de lo acordado, no supo o no quiso hacerlo con verdadera convicción, y más bien su partido trabajó activamente en la deslegitimación o el sabotaje de los aspectos que más les incomodaban. Los acuerdos son ley y están protegidos jurídicamente, pero lo que proponen es tan grande que necesita del respaldo de la ciudadanía; y aunque ese respaldo es hoy notablemente mayor que hace seis años, cuando la gente aún creía en las calumnias de los enemigos del proceso, es mucho lo que podremos avanzar con un gobierno comprometido de verdad y a fondo con su implementación completa.

Porque también eso es lo que ha llevado al Pacto Histórico a ganar las elecciones: muchos de sus miembros se la han jugado —y no ahora, sino a lo largo de años y más años— por una paz difícil que a veces ha dañado a quienes la defendían. Lo que pasó el domingo se puede ver así: como los frutos que ahora se recogen.

El informe final: páginas para pasar la página
30 de junio de 2022

De repente, entre dos frases que no parecían cargar con demasiadas consecuencias, el hombre que estaba sentado delante de mí rompió a llorar. Estábamos en el Teatro Jorge Eliécer Gaitán, y las frases de las que hablo las pronunciaba en el escenario el padre Francisco de Roux, que en dos discursos conmovedores le presentaba al país el mamotreto del informe final de la Comisión de la Verdad. Fueron discursos precisos y elocuentes, llenos del valor civil y la clarividencia moral que siempre han distinguido al padre y que tanto les dificultan a sus enemigos la tarea de calumniarlo. No recuerdo qué estaría diciendo antes del llanto del hombre, pero sí que el llanto fue largo y agitado y que las manos de quienes lo rodeaban no lograron calmarlo en varios minutos, y recuerdo también haber pensado que en un acto como aquél pueden pasar esas cosas: uno llega con la convicción de estar asistiendo a algo importante, incluso con la intuición de que será algo muy importante, pero sólo cuando ocurre algo así se da cuenta de que la importancia no es la misma para todo el mundo.

Pues así es: la presentación del informe final ante esta sociedad rota es una de las cosas más importantes que han pasado recientemente en este país, y bien sabemos que los últimos años no han carecido de cosas importantes. He dicho sin duda demasiadas veces que parte de lo que se negociaba en los acuerdos de paz es un relato de la guerra, porque después de cerrado el conflicto se nos abre a todos la obligación de averiguar qué sucedió en él, y porque una guerra como la nuestra —ocurrida a lo largo de muchos años y con muchos actores cambiantes— es distinta según quien la cuente: es una si la cuenta una víctima de la guerrilla, y otra si la cuenta una víctima de los paramilitares o los crímenes de Estado, y ahora añadiré que también es distinta según el victimario. A lo largo de meses hemos conocido esos relatos —de guerrilleros, de paramilitares, de soldados—, y el informe de la Comisión, entre muchas cosas, es un espacio privilegiado donde esos horrores, a los que hemos dado la espalda tanto tiempo, ahora nos miran a los ojos y nos piden que hagamos algo con ellos.

De manera que nos enfrentamos a varios asuntos, que acaso no sean más que varias caras de lo mismo. En particular, el informe de la Comisión nos pedirá algo que sólo puedo llamar reconocimiento. He hablado con muchas víctimas de esta guerra, y una de las pocas certezas que he conseguido es la importancia enorme que tiene el hecho simple de contar su dolor: contarlo para que la sociedad lo reconozca. Lo cual es, por supuesto, lo contrario de lo que han hecho tantos, desde las Farc —que negaban hasta hace poco la práctica obscena de reclutar menores— hasta la derecha radical, que lo negaba todo y lo sigue negando. Todo: la existencia misma de un conflicto armado, la ocurrencia de los falsos positivos («no estarían recogiendo café») o, habiéndose visto obligados a aceptar los falsos positivos, la cifra que se ha vuelto una metáfora: 6.402. A este negacionismo se enfrenta el informe de la Comisión de la Verdad, que es un acto de memoria, y la memoria es un acto moral.

No es difícil ver por qué el partido de gobierno trató con tanto ahínco de deslegitimar el informe, con Uribe gritando a los cuatro vientos que no aceptaba la autoridad de la Comisión mientras el presidente, en escenarios internacionales donde se trataba del acuerdo, aceptaba hipócritamente cada palmadita que le daban sus mayores en la espalda. Pero la ausencia de Duque en la ceremonia del martes pasado ya no es un asunto de hipocresía: es una abdicación de las responsabilidades del jefe del Estado, y nos pone a muchos en mente la idea de que Duque, a fin de cuentas, nunca fue un jefe de Estado: fue el presidente de su partido, el presidente de los suyos, y a veces ni eso. Sólo alguien tan desconectado de la realidad podía desconocer la magnitud de lo que ocurrió en el Teatro Jorge Eliécer Gaitán; sólo alguien tan frágil podía ausentarse de ese momento para evitarse un abucheo (que hubiera recibido, sin duda, y eso también es vergonzoso y condenable). Y es una lástima: porque mucho habría podido aprender Duque de la sociedad colombiana si hubiera estado en el teatro, viendo lo que allí vimos, oyendo lo que oímos.

Por ejemplo, las intervenciones de tantos que han sufrido y que estaban presentes allí, en el teatro, interrumpiendo el acto porque tenían todo el derecho: los que reclamaron un breve recuerdo para las víctimas diversas de nuestra violencia, desde los jóvenes asesinados por la guerrilla hasta los movimientos gaitanistas que recordó en voz alta María Valencia, nieta de Gaitán, hablando en el mismo teatro donde su abuelo daba los discursos de los Viernes Culturales. Por ejemplo, las declaraciones de una víctima —qué desgastada está la palabra de tanto que la han manipulado, pero es que no tenemos otra— proyectadas sobre la pantalla del teatro antes del evento: «Queremos contar nuestra historia, lo que nos sucedió», decía esa persona, y sus palabras breves eran una petición humilde y enorme del reconocimiento del que hablaba yo hace unas pocas líneas. «Ya basta, ya paremos», decía otra persona, refiriéndose a los ciclos de dolor y desesperación que nos han marcado durante décadas, que se han convertido en el único lente a través del cual podemos entender nuestra realidad, y que a veces nos han parecido invencibles.

¿Por qué ha persistido entre nosotros la violencia? ¿De dónde sale este talento misterioso que ha tenido nuestro conflicto para perpetuarse, para no acabar nunca, para reinventarse o reencarnar en otros conflictos o en otros actores? Las preguntas, que han dado forma a nuestra literatura y nuestro periodismo, le dan forma también a este documento extraordinario que es el informe final. Que es mucho más que un documento, por supuesto: mucho más que la gruesa resma larga de papel que agitó en el aire el padre Francisco de Roux. El informe final de la Comisión de la Verdad es un esfuerzo de investigación y memoria distinto y superior a cualquier cosa que se haya hecho en Colombia, este país de sombras donde el pasado siempre es peligroso. Pero yo creo además que es otras cosas.

Es, como primera medida, una terapia de choque para este país anestesiado, insensibilizado, acostumbrado fatalmente a la degradación de su gente. Es un lugar de encuentro para todos los que quieran saber, de una vez y para siempre, qué es lo que somos los colombianos y por qué somos así, y tal vez hasta logremos entrever la posibilidad de dejar de ser como hemos sido: de ser mejores, si se me permite el inusual y efímero momento de optimismo. Finalmente: es una manera posible de la sanación y aun de la reconciliación, si uno cree, como creo yo, que no hay manera de pasar la página de la violencia si primero no aceptamos leerla: si no aceptamos lo que nos hemos hecho.

Nada de esto va a ser fácil, desde luego. Por eso hay que empezar cuanto antes.

El presidente habla del aborto
14 de julio de 2022

El presidente Duque, decidido a demostrar que cuatro años de mandato no le han enseñado a ser presidente, dio hace poco su opinión sobre el aborto en un foro público. «El aborto no es un método anticonceptivo», dijo. «Si la vida empieza desde la concepción, interrumpirla es atentar contra la vida misma, porque no existe un derecho al aborto. No existe un derecho a arrebatarle la vida a un ser con expectativa de entrar a la sociedad». Después de leer el reporte en la prensa colombiana he querido buscar el video del discurso, porque me parecía difícil imaginar más equivocaciones cometidas en el mismo número de palabras. Y ahí está el video: con todas las palabras, con todas las equivocaciones. En estas cuarenta palabras mal contadas hay fallas de lógica, de sindéresis, de cultura democrática, de conocimiento jurídico y de simple empatía, y a mí me recordaron de golpe todas las razones por las que me alegra y me tranquiliza que este gobierno esté llegando a su fin.

Comencemos por la primera frase, una de las agresiones más usuales que deben soportar las mujeres que defienden su derecho soberano a decidir sobre su cuerpo y su futuro. Habría que decirle al presidente que no, el aborto no es un método anticonceptivo: es un método abortivo. Y sugerir que las mujeres toman una decisión tan difícil con la misma actitud con que se toma una pastilla es de una frivolidad intolerable, incluso en alguien tan frívolo como Duque. Parte del problema de la discusión sobre el aborto es esta ligereza con la que muchos (por lo general hombres, aunque no siempre) se toman una decisión que es terriblemente seria, que hace daño con frecuencia y causa sufrimiento, y que se lleva a cabo siempre, sin excepción, para evitar daños mayores: desde daños físicos y tangibles como la muerte hasta daños intangibles y emocionales como —por poner un ejemplo que cualquiera puede entender— la obligación de tener el hijo de un violador.

Pero leo mis palabras y me pregunto si es cierto: si cualquiera puede entender que una mujer no quiera tener el hijo de quien la ha violado. Y la verdad es que no: para Duque o los líderes religiosos, que no sólo quisieran anular la última sentencia de la Corte Constitucional sino penalizar cualquier aborto, el Estado tiene el derecho de exigirle a la mujer violada (o a la niña: de doce, de once, de diez años) que le hipoteque su vida entera a un embarazo que no ha decidido, y que además es fruto de un acto de violencia. No se me ocurre una manera más clara de decirles a las mujeres (o a las niñas) que en realidad no son libres: pues en la sociedad que querrían Duque y los líderes religiosos, cualquier hombre puede definir su existencia futura. En filosofía se habla de «agencia» como la capacidad de una persona para actuar en el mundo: un componente esencial de la libertad. Eso es lo que se les roba a las mujeres (o a las niñas) cuando se les dice que el hecho de otro puede marcar su vida para siempre y que no tienen derecho a impedirlo. ¿Qué hombre querría vivir en una sociedad semejante?

Y aquí entra uno de los aspectos más incomprensibles de este debate sobre el aborto. Volvamos al discurso de Duque y a la revelación de que interrumpir la vida es atentar contra la vida, y recordemos que éste suele ser el primer alegato de quienes se oponen al derecho que ha consagrado el fallo de la Corte: dicen que lo hacen porque están a favor de la vida. Y el resto de nosotros nos vemos en la obligación de señalar que la decisión de abortar es difícil porque en ella no hay una vida involucrada, sino dos, y están en conflicto. ¿Cómo se resuelve este conflicto? Es una conversación muy compleja, y lo primero que hay que hacer es respetar esa complejidad (cosa que no hacen las banalidades proferidas por el presidente); lo siguiente es reconocer que, si tener un hijo implica sacrificar la vida de la madre, la única persona que puede decidir si está dispuesta al sacrificio es la madre misma. «Vivimos en una sociedad donde muchos desprecian la vida», dijo también Duque. Pero no dijo a cuál vida se refería.

Lo que sí dijo, en cambio, es que no hay derecho al aborto. Y uno podría ponerse literal y denunciar a Duque, presidente de Colombia, por desconocer un fallo de la Corte Constitucional de Colombia; o podría ponerse sarcástico y decir que Duque, evidentemente, no lee los periódicos; o podría ponerse cínico y recordar que el gobierno de Duque pidió hace poco a la Corte anular el fallo, aun a sabiendas de que esa posibilidad jurídica es casi inexistente (igual que hizo al principio de su mandato con las objeciones a la JEP: pero no mezclemos las cosas). La verdad es que el derecho al aborto sí existe, aunque el presidente, por sus convicciones personales, preferiría que no fuera así, y aunque le parezca mal, como dijo después del fallo de febrero, que cinco personas decidan sobre el orden de una sociedad. Parece que no fue a la clase de Derecho donde se explica cómo funciona una democracia: sí, pocas personas toman decisiones que nos afectan a todos. En todo caso, no veo que a Duque le haya parecido mal que otras nueve personas, las de la Corte Suprema de Estados Unidos, hayan decidido recientemente sobre el orden de otra sociedad. Sobre la anulación de Roe vs. Wade no le he oído queja alguna.

Hay mucho más que comentar sobre las palabras del presidente. Habría que decir algo, por ejemplo, sobre el hecho de que las haya pronunciado durante un foro de conmemoración de la libertad religiosa, lo cual parece confirmar algo que vengo sospechando desde hace rato: para buena parte de los que se llenan la boca con esas palabras, la libertad religiosa consiste en imponer su religión propia a las libertades ajenas. Colombia siempre ha tenido un serio problema para entender que las convicciones religiosas, por más respetables que sean, no son fuente de derecho. Es decir, la religión de unos no puede ser el fundamento de la ley de todos. Si no nos ponemos de acuerdo en esto, por lo menos, hay que preocuparse seriamente por el futuro de nuestra república laica.

Y habría que decir algo también sobre esa última de las frases que he citado: «No existe un derecho a arrebatarle la vida a un ser con expectativa de entrar a la sociedad». Un nonato no tiene expectativas de nada, por supuesto; la que sí las tiene, y las verá truncadas (a veces con mucho sufrimiento) si se le obliga a tener un hijo que no quiere, es la madre. Pero si el nonato tuviera expectativas, y sobre todo si fuera mujer, seguramente echaría un vistazo a esta sociedad que no la defiende convenientemente de las agresiones sexuales, que la culpa de ellas cuando le ocurren y no le cree cuando las denuncia. Y se preguntaría si es preferible vivir en una sociedad como la que quiere Duque o en una como la que permite el fallo de la Corte. Yo, en su lugar, tendría clarísima la respuesta.

Nuestra obligación con Nicaragua
7 de septiembre de 2022

En mayo de 2015, cuando la infame pareja de Ortega y Murillo no había destrozado por completo a Nicaragua, pasé unos días en Managua que todavía le agradezco a Sergio Ramírez, autor intelectual de Centroamérica Cuenta: un encuentro de escritores que, como tantas otras cosas buenas (y como el propio Sergio Ramírez), ha sido desde entonces expulsado por la dictadura. Fueron pocos días, pero suficientes para confirmar mi cariño por ese país tan extraño que produjo a Darío, aunque no sé si Darío habría estado de acuerdo; ese país que, por cuenta de la Revolución sandinista, estuvo hace cuatro décadas en el ojo del mundo entero: tanto que en su momento lo trataron de contar desde fuera —o lo contaron para tratar de entenderlo— gentes tan dispares como Julio Cortázar, Joan Didion y Salman Rushdie. Es difícil entender el destino singular de ese país contradictorio, y ahora es más difícil que nunca, pues Nicaragua no sólo ha sufrido el fracaso de una revolución que echó abajo una dictadura, sino que la revolución fracasada ha tomado la forma de una nueva dictadura, tan tiránica y tan cruel como la que derrocó hace años.

Pues bien, uno de esos días de mi visita pasé por las oficinas y los estudios de dos medios, *Confidencial* y *Esta Semana*, y tuve dos horas de conversación gozosa con el hombre que por entonces estaba al mando de ellos: el periodista Carlos Fernando Chamorro. Hablamos, si mal no recuerdo, de la historia de violencia de nuestros países, y de la literatura que esas violencias inventaban o provocaban. Hablamos también de su padre, Pedro Joaquín Chamorro Cardenal, antiguo director del diario *La Prensa*, que murió asesinado por los sicarios del dictador Anastasio Somoza en 1978. En las paredes de la oficina, algunos recortes de periódico recordaban el asesinato; o tal vez mi memoria me engaña, y simplemente recordaban al hombre. Lo que sí recuerdo es que estaba presente Héctor Abad, hijo, como Chamorro, de un hombre asesinado por la extrema derecha que ha marcado la historia estremecida de nuestros países. En cualquier caso, allí estábamos, en las instalaciones de un medio de televisión desde el cual un periodista ejercía una crítica informada y constante contra un gobierno que hacía mucho había comenzado a preocupar a los demócratas.

Hoy todo eso ha cambiado. *Confidencial* y *Esta Semana*, medios valientes que han seguido siendo críticos implacables de la dictadura de Ortega, fueron cerrados con pretextos imbéciles y sus instalaciones fueron ocupadas *manu militari*, y Carlos Fernando Chamorro se encuentra desde hace demasiado tiempo exiliado en Costa Rica: y desde allí sigue transmitiendo por *streaming* lo que antes hacía en televisión y publicando en línea lo que antes publicaba en papel. *La Prensa*, por su parte, es un símbolo de muchas cosas, pero sobre todo de resistencia: desde su fundación, hace un siglo mal contado, ha defendido tercamente las libertades del país frente a tres dictaduras distintas, y es lógico que se haya convertido en una piedra en el zapato para la pareja inefable. Hace cosa de un año, la policía de la dictadura ocupó las instalaciones del periódico, con cuya fachada larga y blanca me crucé también durante mi estadía. La recuerdo coronada por las enormes letras negras del nombre legendario, bien visibles desde la Carretera Norte por la que miles de nicaragüenses pasan todos los días. Pero ésta es la más reciente agresión del régimen: quitar esas palabras que son molestas para los sátrapas, porque hacen pensar en los que se han enfrentado a los autoritarismos.

Es una agresión simbólica que ha venido después de las agresiones físicas: el encarcelamiento con cargos espurios de varios miembros de la familia Chamorro, periodistas y directivos de *La Prensa*. Dos hermanos de Carlos Fernando, Cristiana y Pedro Joaquín, están en la cárcel; está en la cárcel Juan Lorenzo Holman Chamorro, último gerente del periódico. Son tres de los más de 170 presos políticos de Ortega y Murillo; a otros cuantos los vimos esta semana en los medios afines al régimen, pues la dictadura los ha sacado a la luz para desvirtuar las gravísimas acusaciones que ha venido recibiendo. Las acusaciones son varias: alimentación reducida a extremos insuficientes para el ser humano, por ejemplo, o confinamientos en condiciones de crueldad innecesaria, con frecuencia en solitario. Los presos políticos han perdido quince, veinte, veintisiete kilos: eso se supo y Ortega quiso hacerlos desfilar con el pretexto cruel de una audiencia que no está prevista en la ley. Así es: cuando digo que los ha sacado a la luz, lo digo literalmente: a Dora María Téllez, excomandante sandinista presa desde hace más de un año, le dolieron los ojos cuando la hicieron desfilar frente a las cámaras del régimen, pues llevaba demasiado tiempo encerrada en una oscuridad de ratonera.

Todo esto es lo que se ha dado en llamar —porque siempre hay que inventar palabras para ir detrás de nuestras nuevas bajezas— «tortura blanca». Se trata de causar enormes sufrimientos sin dejar rastro visible ni causar grandes traumatismos inmediatos: un sufrimiento lento y dosificado que se administra al preso para desquiciarlo lentamente hasta matarlo. Así están los líderes estudiantiles que marcharon hace unos años, y también los candidatos presidenciales que Ortega encarceló cuando vio que podían ganarle: los encarceló para llegar sin competencia a las elecciones de noviembre. El régimen de Ortega los está destrozando a conciencia y con meticulosa crueldad. Y nadie sabe qué se puede hacer para rescatarlos de ese infierno.

Por eso —por todo lo que he escrito— lamenté tanto que mi país se ausentara, hace unas semanas, de la sesión de la OEA en la que se condenaría la violación de derechos humanos que ocurre bajo nuestras narices en la Nicaragua de Ortega y Murillo, y que en los últimos días se ha ensañado con los sacerdotes católicos. Luego hubo toda clase de debates (estériles, por supuesto) en Colombia: se dijo que el viejo embajador —Alejandro Ordóñez, que nunca habría debido estar ahí— era responsable de alguna jugada sucia; se dijo que el nuevo embajador todavía no había sido nombrado. Todas las excusas eran igual de absurdas, pues Colombia tiene una de las delegaciones más grandes del continente, y la conforman diplomáticos de carrera que hubieran podido perfectamente hacerse responsables del voto colombiano. Hace unos días se han dado nuevas explicaciones que, me temo, son tan confusas como las anteriores, aunque más oficiales. Y no cambian nada en el fondo.

Lo que lamento es una oportunidad perdida. Colombia tiene ahora (o por lo menos podría tener, si hace las cosas con la cabeza clara) una autoridad que le viene, aunque les pese a tantos, de los acuerdos de paz y del informe de la Comisión de la Verdad. Es una autoridad que el país perdió en los últimos cuatro años, extraviado como estaba en los juegos infantiles del presidente Duque: sus amenazas de cercos diplomáticos, sus intervenciones ridículas en las elecciones de Estados Unidos. La decisión de guardar un silencio conveniente en el caso de Nicaragua es difícilmente comprensible; si lo que la provoca es un deseo de apaciguar a un dictador, es históricamente miope; si lo que la provoca es una estrategia de política exterior que, como leí en alguna parte con vergüenza ajena, «tiene carácter confidencial», es una cachetada a los hombres y las mujeres que Ortega está torturando. «Esperamos que las filtraciones no tengan consecuencias adversas a lo buscado», decía crípticamente el documento de la Cancillería. Pues sí: los presos también lo esperan.

Reflexiones sobre la paz total
6 de octubre de 2022

Se cumplen hoy diez años, un mes y dos días desde el 4 de septiembre de 2012, el día en que Santos anunció por televisión el comienzo de las negociaciones con las Farc. En estos diez años ha pasado de todo: la desconfianza de los ciudadanos en el proceso, que muchos veían (con la razón que da conocer los precedentes) como una futura decepción, una más en la ristra de decepciones que habían sido los procesos de paz de este país; la desconfianza de los negociadores en los ciudadanos, o en eso que se llama la opinión pública, que vimos marchar al paso que le pusieran las mentiras, las distorsiones y los engaños de una parte de la oposición; la desconfianza, normal y predecible, de los negociadores entre ellos, pues se trataba de romper con décadas de desencuentros y torpeza e intransigencia y sordera, y cada fracaso costaba vidas. Solamente los que estaban metidos en el proceso tenían razones para pensar que esta vez fuera a ser distinta.

Y fue distinta, sí: pero no sólo por razones buenas. Los negociadores del Gobierno se habían reunido con las Farc durante seis meses de sigilo, pero a finales de agosto, cuando se firmó en La Habana el acuerdo general, la noticia se filtró a los medios: la dieron Telesur en Venezuela y RCN en Colombia. Santos se vio obligado a dos minutos de televisión en los que confirmaba las conversaciones, explicaba algunas cosas y aclaraba otras, y luego vino la reacción de Uribe, que dijo sin vergüenza (y sin conocimiento, y sin información) que esto no era más que una «legitimación del terrorismo». (Ese día me vino a la memoria hace poco, con las reacciones al informe de la Comisión de la Verdad: despotricaron de las mil páginas de Hallazgos y Recomendaciones apenas quince minutos después de la presentación en el Teatro Jorge Eliécer Gaitán). Uribe, por supuesto, era el mismo presidente que, poco antes de terminar su gobierno, había invitado a las Farc a un encuentro secreto en Brasil: un encuentro con «agenda abierta» para tratar de hacer la paz. La hipocresía y el doble rasero siempre fueron uno de los rasgos más notorios del expresidente, pero esto ya era una caricatura.

Claro, Uribe estaba montando su nuevo partido —ese que se llamaba Puro Centro Democrático y acabó muy pronto perdiendo lo de «puro»: absténganse de hacer chistes malos—, y necesitaba un relato claro y un enemigo concreto. El anuncio de las negociaciones le daba todo y se lo daba al tiempo: su simple existencia era casi un programa de gobierno con el cual Uribe y los suyos buscarían volver a poner presidente. Aunque hablar de programa de gobierno es tal vez demasiado generoso: lo que montó Uribe con su partido fue un mero vehículo para la campaña por el No, que cambió cualquier programa de gobierno por la exacerbación del resentimiento, el odio, las inseguridades económicas y los miedos físicos de los colombianos, hasta lograr que salieran a votar berracos. Ya es tarde para preguntarnos qué país seríamos ahora si uno de nuestros políticos más influyentes no hubiera invertido su enorme liderazgo en dividirnos y enemistarnos. Pero pasó lo que pasó: ganó el No, los negociadores volvieron a la mesa y acabaron aceptando 56 de las 59 propuestas del No. Hoy eso me alegra, porque el resultado fueron unos mejores acuerdos: unos acuerdos más incluyentes, fruto de una negociación más amplia con más actores. Eso es, después de todo, la democracia.

(Por eso me parece que sólo puede ser fruto de la ignorancia, la desinformación o la mala fe, o a veces de las tres cosas juntas, la idea, que todavía pulula por ahí, de que el Gobierno le hizo conejo al pueblo colombiano. Por favor, sean serios: una mayoría rechazó los acuerdos de La Habana, y lo que hay ahora no son esos mismos acuerdos aprobados mediante argucias, sino unos acuerdos corregidos, fruto de una nueva negociación en la cual esa mayoría estuvo debidamente representada por la misma gente a la cual le creyó a pie juntillas para votar por el No).

Pero me desvío. Lo que quiero decir es que lo de estos diez años ha sido un camino largo y difícil. Fue difícil encontrar las palabras para explicar lo que estaba sucediendo en las negociaciones; fue difícil convencer a los ciudadanos de las virtudes de la salida negociada, y lograr, mediante un léxico preciso, que se comprendiera bien lo que causaba reticencias. Lo único que los acuerdos han tenido irrevocablemente de su lado —estos acuerdos admirados en el mundo entero y vilipendiados aquí— ha sido el tiempo. Y es un buen aliado: con el tiempo se ha visto que las calumnias de los opositores eran eso, calumnias; y no ha pasado nada de lo que, según sus amenazas, había que temer; y ni ha desaparecido la propiedad privada, ni se ha desintegrado la familia católica, ni las Farc se han tomado el poder. En cambio, la esperanza en las regiones ha ido en aumento, porque esta paz parcial e incompleta ha mejorado las vidas de miles, y las habría mejorado más si Iván Duque, el hombre ligero que de repente se vio ungido como presidente, hubiera tenido el carácter para tomarse en serio la implementación completa.

Por todo lo anterior, me parece que se equivoca Petro con el proyecto que su gobierno ha llamado, ambiciosamente, la paz total. La manera como el Gobierno ha planteado el asunto, llamando a las bandas criminales y a los que traicionaron los acuerdos del Teatro Colón al mismo tiempo que llama al ELN, mezclando peras y manzanas en una especie de batiburrillo mental que parece pensado sin paciencia, con ideas confusas y un lenguaje más confuso todavía, socava la lógica delicada que le permitió al proceso con las Farc asentarse lentamente en la conciencia de los colombianos. Los acuerdos de 2016 se lograron después de vencer obstáculos de los que la mayoría no es consciente, pero uno de los más evidentes era una cuestión de vocabulario: convencer a los colombianos de que en Colombia había un conflicto armado, en contra de las tesis negacionistas y un poco bobas de la oposición, costó pedagogía y argumentos, y sobre todo costó tiempo.

Usar el vocabulario de los acuerdos para hablar de estas nuevas conversaciones, cuyos actores no son políticos ni se pueden tratar así, es confundir gravemente a los ciudadanos, igual que es confundirlos darle tratamiento de negociación de paz a un problema de política criminal. (Por ejemplo, una banda no se desmoviliza: se somete a la justicia. Tampoco alcanzo a ver cómo puede hablarse de «cese de hostilidades» con el crimen organizado. Las palabras importan, e importa nombrar las cosas con precisión, porque ésa es la única manera de que la sociedad se apropie del relato de la paz. Y buena falta que nos hace). En resumidas cuentas, la confusión puede quitarle a la implementación de los acuerdos exitosos que ya tenemos la energía, la concentración y los recursos —siempre limitados— que todavía se necesitan para llevarlos a buen término, o para neutralizar los embates que recibieron durante cuatro años. No es momento para equívocos.

El discurso y las drogas
12 de octubre de 2022

Todavía se está hablando —no sólo en Colombia, por fortuna— del discurso que dio en las Naciones Unidas el presidente Gustavo Petro. Y está muy bien que así sea, porque allí se dijeron cosas importantes que, por una vez, conciernen a todos los que estaban presentes, que no sólo son los aludidos por el discurso. Lo que dijo Petro es importante y necesario; es verdad que para oírlo hay que atravesar una selva de retórica excesiva, pensamientos enredados y falsas equivalencias, pero detrás de todo eso, si uno tiene la paciencia para encontrarlo, hay uno de los mensajes que deberían marcar la agenda política mundial en los años que vienen. Y es éste: la guerra contra las drogas ha fracasado; hay que detenerla inmediatamente y cambiarla por otra cosa. Eso es lo que dice Petro en uno de los pocos pasajes diáfanos de este discurso palabrero. Y yo creo, como lo he dicho también en tiempos del presidente Duque y el presidente Santos y el presidente Uribe, que Petro tiene toda la razón.

«Cuarenta años ha durado la guerra contra las drogas», dijo el presidente. Se equivocó en un detalle, pues no son cuarenta, sino cincuenta y uno: desde el día de 1971 en que Richard Nixon convocó a la prensa para declarar que el abuso de las drogas era el enemigo público número uno de Estados Unidos y para anunciar una nueva ofensiva que incluía nuevas leyes, dinero nuevo —155 millones de dólares— y nuevas estrategias a nivel mundial que lidiaran con lo que llamó «el problema del suministro». Para todos los efectos prácticos, en ese momento comenzó lo que hoy llamamos *guerra contra las drogas*. Desde entonces se han multiplicado las leyes, el dinero y los mecanismos de intervención para cortar el suministro (que más de una vez, hay que decirlo, le han servido a Estados Unidos para otros propósitos). Y desde entonces el problema ha ido en aumento: las mafias son más ricas, la corrupción es más rampante y los dineros del narcotráfico financian más violencia. Y el abuso de las drogas, ese problema de salud pública, sigue igual, o ha aumentado también: a menos que uno opine más con el deseo que con los datos, nadie puede no darse cuenta de que también allí —en el problema del consumo— esta guerra ha sido un fracaso.

Visto lo visto en estos años, Petro sugirió lo que sucedería si la guerra duraba otros cuarenta. Habló del millón de víctimas de la violencia que generaría el negocio; de las inmensas extensiones de selva envenenada con fumigantes para eliminar la planta con que se fabrica la cocaína; de los millones de personas, sobre todo de piel oscura, que serían encarcelados inútilmente. Y hace una semana nos enteramos de que Joe Biden, medio siglo después de la comparecencia de Nixon, anunciaba su intención de perdonar a todos los condenados a nivel federal por posesión de marihuana. «Demasiadas vidas se han visto truncadas por nuestra aproximación fallida al asunto de la marihuana», fueron las palabras que dijo, y yo no recuerdo una frase tan directa en boca de ningún presidente de Estados Unidos. Dijo además una cosa que ya saben muchos: que, aunque blancos y negros fuman marihuana por igual, son los negros los que acaban con más frecuencia arrestados, procesados y encarcelados. Y no habré sido el primero en recordar el racismo soterrado (o tal vez no tanto) que informaba las políticas antidrogas de Nixon, y que confesó con claridad meridiana John Ehrlichman, asesor del presidente, en una entrevista sin desperdicio de los años setenta: detrás de la criminalización de ciertas drogas estaba también la intención de combatir, por vías indirectas, a los negros y la izquierda, que Nixon percibía como enemigos.

Lo que quiero decir con todo esto es que el origen de la guerra contra las drogas es una mezcla extrañísima de beligerancias culturales, lucha por el poder político y un puritanismo muy norteamericano que confunde los vicios con los crímenes. Hay que hacer grandes esfuerzos por no verlo con claridad ahora, con tantos años de perspectiva y, sobre todo, contando con la visión de los que han venido antes. Por eso me gusta recordar ahora, por poner un ejemplo, a Antonio Escohotado, que en 1983 publicó en este periódico un artículo acerca de esos temas que conocía mejor que nadie. El artículo se incluyó hace unos años en una recopilación titulada *Frente al miedo*. Allí, Escohotado ironizaba sobre las bondades del prohibicionismo: un sistema «construido desde los años veinte a hombros de la entonces artesanal industria farmacéutica, la mafia, el Ejército de Salvación y una creciente burocracia de psicoterapeutas, abogados y perseguidores»; un sistema bajo el cual, a pesar de sus intenciones declaradas y del dinero invertido en él, el mercado de la droga y la cantidad de drogadictos no han hecho más que crecer. «La prohibición», dice Escohotado, «estimula no ya el tráfico de drogas (convirtiéndolo en sustanciosísimo negocio a todos los niveles) sino el mero consumo».

También Escohotado tenía razón, por supuesto. Pero lo que no vio, lo que no podía ver al escribir ese artículo puntual, son las consecuencias de ese negocio sustancioso. Trece meses después de su publicación en España, Pablo Escobar mandó asesinar en Colombia a Rodrigo Lara Bonilla, ministro de Justicia, y así comenzó esa década de sangre cuyas consecuencias todavía nos marcan. Luego vino lo que todos ya saben: la guerra del cartel de Medellín contra el Estado colombiano, la guerra entre los carteles, toda una democracia desestabilizada, el terrorismo salvaje de bombas que se ponen en aviones de aviación comercial y la contratación de sicarios para el pago al contado de policías muertos. Y vino también, con el tiempo, la transformación de la droga en combustible de la guerra colombiana: fuente de financiación de las guerrillas, los paramilitares y hasta la corrupción institucional. Hoy persiste la misma violencia con distintos actores: las bandas criminales han llenado los espacios que dejaron guerrilleros y paramilitares cuando se desmovilizaron. Y así pasará cada vez que salga de la escena, por la razón que sea, el dueño del negocio: que vendrá un nuevo dueño a reemplazarlo.

El discurso de Petro es difícil de apreciar. Estaba escrito con ampulosidad y descuido al mismo tiempo, pero en realidad eso es secundario: es verdad que el presidente dijo venir «de la tierra de las mariposas amarillas y de la magia», pero yo creo que la obra de García Márquez lo aguanta todo. No, el problema era equiparar el narcotráfico y la explotación de petróleo; el problema era comparar, de un brochazo general que no daba nombres, a los gobernantes de los Estados contemporáneos con el hombre que «creó políticamente las cámaras de gas y los campos de concentración». (Me llama la atención el adverbio: todavía me pregunto qué quiere decir).

Y claro, esos excesos habrían podido oscurecer el mensaje importante del discurso. No sé si lo habrán hecho, pero sí que les dieron a sus contradictores el pretexto perfecto para hablar de otra cosa: es el riesgo que siempre corre Petro, por su irrefrenable tendencia a la grandilocuencia y sus coqueteos con la demagogia. Pero luego, hacia el final de su intervención, dijo: «Yo les demando desde aquí, desde mi Latinoamérica herida, acabar con la irracional guerra contra las drogas». Y en eso no sólo tiene razón. Como presidente de Colombia, uno de los países que más muerte y más sufrimiento ha puesto en esta guerra absurda que se inventaron otros, tiene toda la autoridad.

Así es: el fútbol siempre es más que fútbol
14 de diciembre de 2022

Lo que más recuerdo es la sensación de sorpresa: sorpresa porque tanta gente estuviera hablando de lo mismo, y además con tanta pasión, como si lo ocurrido fuera una cuestión política. Hablaba del tema la mujer que me alquiló un cuarto, hablaban los estudiantes, hablaban las profesoras, y todo el mundo tenía una opinión sobre lo que había dicho Jean-Marie Le Pen, presidente del Frente Nacional. Era el mes de julio de 1996; unos quince días antes, después de que la selección francesa de fútbol se clasificara para la semifinal de la Eurocopa, Le Pen había atacado a los futbolistas por no cantar La Marsellesa, sugerido que el equipo era «artificial» porque estaba lleno de «extranjeros» y amenazado con «revisar su situación» cuando llegara a la presidencia. Era un ataque racista, por supuesto, y olvidaba convenientemente que todos los jugadores de ese equipo —todos menos uno: Marcel Desailly, nacido en Ghana— habían nacido en Francia o en colonias francesas. Aimé Jacquet, el entrenador, reaccionó bien: «Yo no respondo a un payaso».

Pero el payaso siguió hablando. Frente a un micrófono hizo el inventario de los que consideraba, a todas luces, franceses de segunda. «Lamouchi es tunecino nacido en Francia; Loko, congolés nacido en Francia; Zidane, argelino nacido en Francia; Djorkaeff, armenio nacido en Francia». Y concluyó: «Sería bueno encontrar jugadores en Francia». Las declaraciones del ultraderechista envalentonado siguieron haciendo ruido mucho tiempo, y después, en medio de una marcha por los derechos (o los papeles) de los inmigrantes, vi a más de uno llevando pancartas con el escudo de la selección, las fotos o los nombres de los jugadores, mientras la gente cantaba: «¡Primera, segunda, tercera generación! ¡Todos somos hijos de inmigrantes!». Y poco después, durante el último verano que pasé en París, me vi metido en una multitud que ya no se manifestaba para exigir los derechos de los inmigrantes, sino para celebrar que la selección francesa —la de los hijos de inmigrantes: el argelino, el congolés, el armenio— había ganado por primera vez la Copa del Mundo.

He estado recordando esos días ahora que la extrema derecha francesa ha vuelto a dar su opinión sobre fútbol, o a usar el fútbol para hablar de su idea racista de Francia. Éric Zemmour, xenófobo y antisemita que ha querido ocupar el espacio de los extremistas —puesto que Marine Le Pen hace intentos desesperados por lavar la cara del Frente Nacional, después de tantos años de fracasos electorales—, hablaba indignado el otro día de los franceses de origen marroquí que, según él, celebrarían la victoria de Marruecos. «¿Cómo reaccionaría el rey de Marruecos», preguntó, «si en Marrakech miles de franceses llegaran a celebrar la victoria de Francia?». Los comentarios no tenían más objetivo que atizar las tensiones raciales y los fantasmas del nacionalismo, estrategia siempre ventajosa cuando las tensiones son reales: y lo son. Pero esos varios minutos dedicados a escupir veneno en televisión fueron también la demostración elocuente de todo lo que pasará esta tarde en el campo de fútbol.

Pues, como ocurre siempre o casi siempre en los mundiales, el partido de hoy es mucho más que un partido. El equipo de Marruecos, que ha llegado más lejos de lo que nadie esperaba, se ha convertido además en bandera o pararrayos de muchas causas de nuestro mundo globalizado: árabes, africanas, musulmanas, poscoloniales. Como el fútbol es inevitablemente político, aunque eso tanto le choque a la gente de la Fifa, era imposible que no se señalara el trayecto que ha recorrido Marruecos. Las victorias contra Bélgica, España y Portugal, como entenderá cualquiera, son fáciles de convertir en una metáfora de las relaciones colonialistas entre Europa y África. Y eso es complicado y terriblemente interesante: pues la amplia mayoría de los jugadores de Marruecos no nacieron en Marruecos, sino en esa Europa. El técnico, Walid Regragui, nació en Francia, igual que Saiss, el capitán; Munir El Haddadi nació en El Escorial, y en Madrid nació Hakimi, el autor del penalti que eliminó a España.

En las capitales de esos países europeos, en barrios a veces duros de conflictos no siempre resueltos, vive una diáspora que ha celebrado los partidos pasados con emociones que son mucho más complejas, más ambiguas y menos clasificables de lo que le gustaría a Occidente; y, como el fútbol tiene siempre un lado oscuro y no escoge lo que refleja, sino que lo refleja todo, las tensiones acumuladas por más razones de las que caben en esta página —sociales, raciales, religiosas, algunas que no son nada de eso o que lo son todo al mismo tiempo— se han convertido a veces en violencia. Así ocurrió en varias ciudades belgas después del partido, para gran dicha de la extrema derecha, que utilizó y seguirá utilizando los desmanes de los violentos (como hizo Zemmour) para aplicar el manual del perfecto populista: el ellos contra nosotros, el enemigo interno, la guerra de identidades en la que tantos caen con tanta facilidad. El fútbol también saca el lado más oscuro de todo. Así es ahora y así ha sido siempre. La pregunta es quién utiliza eso, y para qué.

Lo irónico del caso Zemmour, así como del de aquel Jean-Marie Le Pen que en 2006 se quejaba de que hubiera demasiados jugadores de color en la selección francesa, es que el equipo de hoy está construido en buena parte con los hijos o nietos de inmigrantes africanos: Mbappé y Tchouaméni, por poner sólo dos ejemplos, son descendientes de cameruneses. No es imposible leer las dos selecciones que se enfrentan hoy como las dos caras de una misma moneda: hay jugadores que crecieron en el mismo barrio y esta tarde jugarán con camisetas distintas. En el equipo de Marruecos jugarán hombres que habrían podido, por azar o por voluntad, representar a Francia; al revés ocurre un poco lo mismo. Para cierta derecha francesa, obsesionada con un país que cada vez es menos blanco, esta circunstancia es fuente de ansiedades inagotables: la idea misma de las identidades con guion (franco-argelino, franco-marroquí, franco-camerunés) les resulta francamente aterradora.

Benzema dijo una vez a la revista *So Foot*: «En resumen: si marco, soy francés; si no marco o hay problemas, soy árabe».

Esta conversación cambiará cuando acabe el partido de hoy. Veremos en qué sentido.

Más allá de las ideologías: cómo hablar de Ucrania en América Latina
1.º de febrero de 2023

La historia, dice Paul Valéry en alguna parte, es la ciencia de las cosas que no se repiten. Yo creo saber lo que quiere decir, pero al mismo tiempo me parece claro que, si bien la historia no repite sus cosas exactamente, con los mismos actores y los mismos escenarios, tiene una tendencia innegable a plagiarse a sí misma: cambiando detalles, eso sí, para que el plagio no se note demasiado.

En eso pensaba en estos días, tratando de entender las distintas posiciones que ha tomado América Latina frente a la guerra de Ucrania. El continente, que en 2001 condenó casi sin fisuras la intervención norteamericana en Afganistán, que mayoritariamente se opuso a la guerra de Irak en 2003, está fatalmente dividido en lo que concierne a la acción criminal de la Rusia de Putin. Una larga tradición diplomática se ha opuesto siempre, en América Latina, al uso unilateral de la fuerza por parte de los países fuertes contra los más débiles: una posición, como verá cualquiera, que es también de prevención o autodefensa, pues las intervenciones imperialistas no nos han sido extrañas en los dos siglos de nuestra independencia. El problema es que esas intervenciones han sido perpetradas sobre todo por Estados Unidos, y eso ha dejado entre nosotros otra tradición paralela: un antiamericanismo feroz, sobre todo en ciertos barrios de la izquierda ideológica, que a veces nos ha llevado a perder la claridad sobre las cosas.

Es posible que eso esté ocurriendo ahora; y si fuera así, es fácil recordar que ya había ocurrido antes. En los años treinta, por ejemplo, varios líderes latinoamericanos, que todavía cargaban sobre las espaldas la memoria de la guerra de Cuba y la intervención de la Marina norteamericana en Panamá, convirtieron su antiamericanismo en un apoyo a todo lo que fuera antiamericano. Pero lo hicieron ciegamente, y por el camino de los fanatismos acabaron simpatizando con la Alemania nazi: porque los enemigos de mis enemigos son mis amigos. En uno de los pasajes más extraños de su libro *Delirio americano*, Carlos Granés cuenta cómo le ocurrió a

José Vasconcelos: una de las luminarias del México posrevolucionario, rector de universidades y ministro de Educación. En 1929 había tenido buenas posibilidades de ser presidente, pero un embajador norteamericano saboteó su candidatura; ese resentimiento personal se unió a los agravios colectivos, y así se levantó un día Vasconcelos convertido en editor de una revista pronazi financiada por Alemania.

El crimen de agresión cometido por Rusia ha dividido a nuestras repúblicas en dos bandos: por un lado, los países que siguen una tradición que podríamos llamar republicana, que apoyan las sanciones, se han puesto diplomáticamente del lado de Ucrania y del orden internacional creado desde la Segunda Guerra, y defienden la autodeterminación de los pueblos y el principio de no intervención; por otro lado, los que han aceptado por la razón que sea la propaganda de Putin, y consideran que la invasión no es una invasión, sino una defensa, y que el expansionismo agresivo no es el de Rusia, sino el de la OTAN, brazo armado del imperialismo norteamericano. En el medio estaban hasta hace unos meses países como México y Brasil, cuyos diplomáticos condenaban la agresión y cuyos presidentes —López Obrador y el bien ido Bolsonaro— demostraron una reticencia a la hora de condenar a Rusia que se iba pareciendo demasiado a la connivencia. El colombiano Petro ha asumido una postura de neutralidad aislacionista. Preguntado por el asunto cuando era candidato, respondió: «Qué Ucrania ni qué ocho cuartos». Lo cual, en traducción libre, significa: Eso les pasa a otros; mejor preocuparnos por lo que pasa aquí.

Los que han seguido a pie juntillas la versión rusa de la guerra —incluso repitiendo ridículamente las más absurdas falsedades de la propaganda— son Cuba, Nicaragua y Venezuela: todos gobiernos autoritarios donde la democracia es un fracaso y las violaciones a los derechos humanos son rutina triste; todos gobiernos que por cuestiones geopolíticas o apoyos económicos dependen más o menos de las limosnas de Putin, y que sienten que ganan millas políticas cuando el Kremlin emite amenazas veladas contra Estados Unidos. Así ocurrió en enero de 2022, cuando, un mes antes de la invasión más anunciada de la historia reciente, en medio de las negociaciones para evitar la catástrofe que finalmente se ha producido, la gente de Putin sugirió la posibilidad de poner misiles cerca de la costa norteamericana. Ningún analista que yo haya leído se toma en serio la posibilidad, pero no por ello nos deja de dar escalofríos la mera idea de que la historia, esta vez, se ponga a plagiar los días terribles de octubre de 1962.

No hay en nada de esto mayor sorpresa: no hay sorpresa en las divisiones entre bandos, ni en la utilización ideológica de una crisis humana que parece remota, ni en el incómodo tufillo a Guerra Fría que tienen demasiadas de nuestras conversaciones políticas en esta América Latina desorientada. Pero ahora deberíamos mirar más allá de todo esto. Ahora, cuando está a punto de cumplirse un año de esta invasión, cuando ya hemos visto de sobra —porque todo se ve y se sabe en nuestro mundo hiperconectado— las imágenes de sufrimiento que deja la guerra todos los días, podríamos echar mano de la navaja de Occam y volver a las constataciones simples: más allá de las alianzas o alineaciones que se hacen desde los gobiernos y los poderosos, es posible que nosotros, los ciudadanos de a pie, veamos en la guerra de Ucrania lo que es cuando uno ha apartado los velos: una invasión.

Así o con palabras parecidas lo dijo Sergio Jaramillo hace unos días, cuando nos convocó a un puñado de escritores y activistas para lanzar una suerte de llamado a la sociedad civil de América Latina. Jaramillo fue uno de los artífices de los acuerdos de paz del Teatro Colón, con los cuales el gobierno de Juan Manuel Santos consiguió desmovilizar a la guerrilla de las Farc, pero ha montado esta campaña, #AguantaUcrania, sin ningún afán político ni representando a ninguna institución, ni a ningún partido, ni a ningún gobierno: visitó hace poco la ciudad de Kiev y tomó nota de los estragos de la guerra, y escuchó los relatos de los ucranios sobre sus dolores recientes y los oyó también hablar de su angustia futura: pues se acercaba el invierno y la vida en la guerra, que había sido durísima durante meses, lo sería todavía más. Ése es el origen de esta campaña.

Se trata, verdaderamente, de un movimiento ciudadano, y lo mueven combustibles tan simples como la solidaridad y la admiración que nos produce a muchos la resistencia de los ucranios. Por supuesto, no hay que ser un cínico redomado para dudar de la utilidad de estas iniciativas, o para preguntarse por ella. Felizmente, eso fue lo que ocurrió el día de la presentación en público de

#AguantaUcrania: la periodista colombiana Catalina Gómez le preguntó a Oleksandra Matviichuk, directora del Centro para las Libertades Civiles de Ucrania y premio nobel de la Paz del año pasado, si las declaraciones de apoyo de los ciudadanos de este continente remoto le servían de algo a su país agredido. Matviichuk, con enorme gratitud y más palabras, dijo que sí. No sólo porque les permite a los ucranios, que han resistido la agresión de Putin con algo que sólo puede llamarse heroísmo, sentirse menos solos en el mundo, sino porque abre la posibilidad de resistir también en la otra guerra: la guerra de la información. Y en ese campo, creo yo, se jugarán muchas cosas.

Soldados de prensa
29 de marzo de 2023

El día de la invasión rusa, a Olena Bratel, profesora de lengua española en Kiev, la despertó una llamada de su padre, que le aconsejaba salir de la ciudad lo antes posible: la advertencia de Biden, que a muchos les parecía inverosímil, se había hecho realidad. Unos decían que los tanques entrarían pronto en la capital; otros, que las fuerzas ucranias habían volado el puente del norte, por donde iban a entrar, y así se había ganado tiempo. Pero Olena Bratel no tenía coche propio, y moverse con sus dos hijos —una niña de cinco años y un niño de once— no era fácil. Vio a la gente frenética vaciar los mercados y las farmacias, todos con la incertidumbre de lo que no había ocurrido todavía, y en la tarde de ese primer día de la guerra, cuando corrieron rumores de ataques aéreos, tomó a sus dos hijos de la mano, caminó cuarenta y cinco minutos vigilando el cielo y fue a refugiarse en los sótanos de una escuela. Desde allí, por teléfono o mensajes de video, empezó a hablar con medios españoles.

Por eso conocemos su historia, que es la de miles de ucranios cuyas vidas han quedado alteradas por la agresión de Putin. (Hay otros miles, decenas de miles, cuyas vidas se han cortado prematuramente). Olena Bratel ha dicho que no le gusta ese protagonismo involuntario, pero sabe que es útil que la gente conozca su caso. Así hemos sabido que esa madrugada, la primera que pasó en el refugio, la sacó del sueño un estruendo que no conocía. Se había pasado varias horas tranquilizando a su hijo, que hacía preguntas sin parar: ¿estaban realmente a salvo en esta escuela? Olena Bratel le explicó que allí estaban bajo tierra, más protegidos de los bombardeos. ¿Y si destruían el edificio, si el edificio les caía encima y quedaban atrapados? Pues en uno o dos días vendrían a sacarlos, pero la estructura los habría protegido: aquí estaban más seguros que en casa. De todas formas, no van a bombardear una escuela, le explicó Olena Bratel a su hijo, igual que el día anterior le había explicado que nadie iba a bombardear un barrio residencial. Pero supo después que el estruendo de la madrugada había sido un misil, desviado por las defensas ucranias, que había ido a estrellarse en el corazón de su barrio.

Tal vez fue entonces cuando decidió escapar. La decisión no fue sencilla, como no lo había sido la de cambiar su casa por la escuela, no sólo por la incertidumbre que agobiaba a todos, sino por la responsabilidad que le pesaba sobre los hombros: la suerte de sus hijos dependía de su acierto o su error. «Depende de mi decisión su vida», dijo en una de esas comunicaciones con los medios. Olena Bratel se había mantenido en contacto con amigos españoles, y así, siguiendo su consejo, salió hacia una aldea vecina de la frontera con Polonia, viendo en el camino los tanques que iban a invadir Kiev, y desde la aldea silenciosa mandó un mensaje de video para decir que había llegado bien. El siguiente mensaje lo mandó desde Polonia: acababan de pasar la frontera; sus hijos estaban a salvo; vivía momentos de horror cuando no recibía noticias de sus familiares, esos familiares que había dejado atrás, pero sus hijos estaban a salvo. Alguno de sus amigos, finalmente, le compró el tiquete aéreo que necesitaba, y Olena Bratel llegó a España el 8 de marzo, hace un año y tres semanas, con la vida trastornada para siempre por la guerra, pero con la conciencia, imagino yo, de que ha tenido la suerte de contar su historia.

La conocí el lunes pasado, pero no fue ella quien me contó lo que acabo de contarles: lo he reconstruido por mi cuenta a partir de un comentario suyo. Olena Bratel era una de diez o doce hispanistas, hombres y mujeres, que sacaron tiempo para reunirse conmigo y con el escritor colombiano Héctor Abad Faciolince, todo por iniciativa de Sergio Jaramillo y de la campaña #AguantaUcrania, sobre la cual escribí en esta tribuna hace ya varias semanas. La campaña, como acaso recuerden ustedes, trata de tender muy necesarios puentes entre América Latina y este pueblo ucranio que lleva más de un año resistiendo la agresión de la Rusia de Putin con algo que sólo puedo llamar heroísmo. La campaña es tercamente civil; quiero decir que no sale de partidos políticos ni son políticos sus intereses, ni sale de instituciones ni de iglesias ni de gobiernos de ninguna parte, sino de ciudadanos de a pie que se han unido —escritores, músicos, artistas— para decir con las palabras que quieran su compasión, su admiración o su franca solidaridad. En la reunión del lunes dijo Olena Bratel: «Es importante para nosotros saber que no estamos solos».

Yo no sé de qué sirva esta compañía que les damos desde tan lejos, y además desde realidades mucho más cómodas que la que los agobia a ellos. Pero el cinismo no me alcanza para negar que es por eso precisamente por lo que estas comunicaciones (estos puentes, sí) cobran una cierta importancia, y a veces cierta urgencia, para los ciudadanos de Ucrania. Creo que no me equivoco: por el hecho de escribir desde un lugar donde no hay guerra (no una guerra como aquella, quiero decir, donde una máquina militar poderosísima quiere destruir familias, pero también un pueblo y una lengua y una historia), la posibilidad de hablar de viva voz con los ucranios, de escuchar de primera mano las historias de individuos que van sobreviviendo como pueden o que toman como pueden parte en la resistencia, puede adquirir un valor que los escépticos no intuyen. Quizá logre, como mínimo, recordarle a un mundo distraído y agotado, cuya atención se dispersa todos los días y cuya capacidad para el sufrimiento ajeno es comprensiblemente limitada, esa verdad sencilla: para los ucranios, la guerra sigue.

Si no podemos darles nada más, démosles por lo menos el breve obsequio de nuestra atención. No es poca cosa, me parece, y me lo confirman decenas de conversaciones que he tenido desde que empezó la agresión de Rusia. La atención a la que me refiero no es sólo la voluntad de correr los velos de las abstracciones del conflicto, de las estadísticas de los muertos sin nombre, de la geopolítica que les permite a todos tener o fingir que tienen una opinión informada sobre esta guerra. La atención consiste también en cobrar conciencia del poder enorme que tiene la propaganda: la narrativa —para usar esa palabreja que ya comienza a cansarnos— de la Rusia que no es agresora ni imperialista, sino agredida por una alianza occidental, y que no ha cometido crímenes de guerra contra un país libre que sólo quiere seguir siéndolo, sino que trata de desnazificar (sic) una sociedad atormentada y liberar a sus víctimas.

Hay que cobrar conciencia de eso, digo. Hay que escuchar el relato verídico de estos hombres y mujeres de carne y hueso que hasta hace poco eran traductoras o profesores de lengua española o estudiosos de la literatura de los Andes americanos, y hoy se han visto convertidos, como nos dijo uno de ellos, en un verdadero frente informativo. Así ocupan más horas de las que sería saludable: combatiendo la desinformación, la mentira, la distorsión y la grotesca propaganda. «Nos hemos convertido en soldados de prensa», dijo Oleksander Pronkevich, experto en *Don Quijote*. Soldados, sí, porque esto es una guerra. Pero sus únicas armas son las palabras; y en este caso, además, son las de nuestra lengua.

El eterno problema del Estado laico
20 de abril de 2023

Albert Camus nunca dedicó demasiada tinta al tema de la laicidad: le parecía, a él que nunca conoció otra cosa, que sus beneficios eran cosa sabida. Pero en 1945, durante uno de los gobiernos provisionales que surgieron del final de la guerra, el ministro de Educación presentó un proyecto de ley para suprimir las enormes subvenciones que el régimen colaboracionista de Vichy les había asignado a las escuelas católicas, sólo para retirarlo casi de inmediato bajo la presión de los demócratas cristianos. Camus, que por entonces escribía sus artículos de opinión en la revista *Combat*, intervino en el debate para hacer una hermosa defensa de la escuela laica, y no sólo por haberse educado en ella, sino por haber llegado a la conclusión, a lo largo de su vida, de que una república funciona mejor cuando el Estado sólo enseña «verdades que sean reconocidas por todos». Todo el artículo es lúcido y preciso, pero ahora me quiero fijar en sus primeras palabras: «Resulta muy molesto y un poco ridículo», dice Camus, «verse obligado, hoy en día, a pronunciarse sobre el problema de la laicidad».

Y da un poco de melancolía leer esto en la Colombia de hoy, donde nos vemos obligados a pronunciarnos sobre el tema todo el tiempo y en todos los tonos: porque lo que llama Camus el problema de la laicidad es uno de esos lugares de nuestra democracia donde hay más distancia entre la teoría y la triste práctica. La Constitución de 1886, que rigió nuestras vidas durante más de un siglo, había sido promulgada «en nombre de Dios, fuente de toda autoridad», declaraba que la religión católica era «la de la Nación» y era digna de la protección de los poderes públicos, y disponía que la educación pública debía organizarse «en concordancia con la religión católica». Por supuesto, uno puede pensar que esa Constitución reflejaba el país homogéneo de entonces, pero la verdad es que también reflejaba o contenía una mentalidad especial: la que creía que la religión católica era la única manera de vivir correctamente, y todo lo demás era pecado. «El liberalismo es pecado», decía la Iglesia por boca de sus

231

curas. Medio siglo después, el obispo Miguel Ángel Builes dijo famosamente: «Matar liberales no es pecado».

Nos tomó demasiados años —y tuvimos que matarnos demasiadas veces por razones que eran también religiosas, aunque a veces se disfrazaran de políticas— para cambiar esa manera de entender el mundo. En este país todo nos llega tarde, como decía el poeta Julio Flórez, y a veces, digo yo, ni siquiera llega. Pero la Constitución de 1991 decidió arriesgarse a construir un país donde cupiéramos todos, o que no tomara partido abiertamente por unos ciudadanos en desmedro de otros, y en un par de artículos sobre libertad de cultos y la igualdad de las religiones ante la ley pareció sugerir que sí, que tal vez éramos una república laica. Pero lo hizo con timidez, o sin insistir demasiado en la palabra problemática, y hubo que esperar a una sentencia de la Corte Constitucional para que nos lo creyéramos del todo. (En este asunto como en otros, la Corte Constitucional es la institución responsable de que no nos hayamos quedado atrapados con cepos en el siglo XIX. Pero eso es tema de otra columna).

Desde entonces, la laicidad ha sido objeto de malentendidos, ataques, calumnias y aun prevaricatos, y yo me atrevo a decir que una parte apreciable de los ciudadanos, congresistas incluidos, no tiene todavía una idea realmente clara de lo que significa. Todavía hay quienes creen, por ignorancia o por ceguera voluntaria, que la laicidad es enemiga de la religión, o que un Estado laico es lo mismo que un Estado ateo. Y los defensores de la laicidad nos vemos obligados a recordar que no es así: un Estado laico es simplemente aquel que no asume ninguna religión, y, al no hacerlo, abre un espacio de libertad donde se puedan practicar todas. Un Estado laico no es ateo: es neutral y, justamente porque es neutral, es la garantía máxima de que todos los ciudadanos pueden practicar la religión que quieran, reunirse en las iglesias que quieran y creer en el dios que quieran. O, también, no creer en ninguno: ser agnósticos o ateos o pacíficamente descreídos. Yo soy ateo, pero sería el primero en denunciar a un régimen político que prohíba la religión o que persiga a quienes la practican, como el estalinismo de otros tiempos o la Nicaragua de éstos.

El asunto ha surgido de nuevo en nuestras conversaciones de estos días, después de la destitución como comandante de la Policía del general Henry Sanabria, un fanático religioso, homófobo y reaccionario, que en ocho meses convirtió la institución que comandaba en un vehículo para sus creencias: que el Halloween era una estrategia del diablo para conducir a los niños al ocultismo, que el papel de la mujer es ser discreta y modesta, que el condón es un método abortivo y los homosexuales tienen la culpa del VIH. Petro lo había nombrado en agosto pasado, a pesar de que había indicios suficientes de sus tendencias fundamentalistas, y se demoró en destituirlo después de sus declaraciones delirantes. Llegó incluso a defenderlo: «Las creencias religiosas de él o de cualquier persona», dijo, «deben ser respetadas. En nuestro país hay libertad de cultos, y nosotros hemos dicho que jamás perseguiríamos a nadie por sus creencias».

Todo eso es cierto, por supuesto; también es improcedente en este caso. Pues aquí no se trataba de las convicciones o creencias de un ciudadano, ni de su derecho a tenerlas o a practicarlas (aunque a los demás nos parezca que discriminan, hacen daño y conducen a la intolerancia), sino de la transformación de una institución pública en una institución confesional. Y así es: esa institución había empezado a funcionar según la religión de quien la encabezaba. Lo mismo ocurrió durante la procuraduría de Alejandro Ordóñez, que usó el poder de su oficina para perseguir todo lo que le parecía contrario a su religión: el derecho de las mujeres a abortar en ciertos casos, por ejemplo, o el matrimonio homosexual. En otras palabras, los ciudadanos tienen la libertad de ejercer sus creencias religiosas, que están protegidas por la Constitución de nuestro país laico, pero las instituciones no pueden ni deben asumir las creencias religiosas de nadie.

La mejor forma de proteger la libertad de todos los cultos es que el Estado, cuyas instituciones marcan la vida de la gente, no tenga ninguno. Esto, que a algunos nos parece evidente, no lo es para todo el mundo, y por eso hay que volver a pronunciarse sobre el tema cada cierto tiempo. Aunque nos parezca molesto. Pero nunca será ridículo.

Colombia: ¿la paz contra la paz?
24 de mayo de 2023

Por lo que hemos sabido, los cuatro indígenas eran menores de edad que habían sido reclutados a la fuerza por la guerrilla, y fueron asesinados a sangre fría cuando trataron de escapar. La columna guerrillera que los asesinó —y que ha negado, cómo no, haberlos asesinado— es parte de lo que se ha llamado Estado Mayor Central, uno de los grupos que salieron como esquirlas de las Farc desmovilizadas, traicionaron los acuerdos de paz de 2016, volvieron a tomar las armas y ahora parecen dispuestos a regresarnos a todos a los escenarios de sangre de antes de los acuerdos. El gobierno de Gustavo Petro, que había acordado un cese al fuego bilateral con estas estructuras, ahora se ha visto obligado a ponerle fin a la tregua. Es un tropiezo más en lo que se ha llamado la paz total, que es probablemente el proyecto más ambicioso del Gobierno y también, para gran preocupación de los que siempre defendimos los acuerdos de 2016, una fuente de escepticismos. Por varias razones.

La paz total es la negociación simultánea con todos los actores de la terca y multiforme violencia colombiana: las disidencias de las Farc, los antiguos paramilitares convertidos en bandas criminales, el narcotráfico más o menos organizado y el ELN, la última de las guerrillas de los años sesenta, que se encuentra ahora mismo entre dos ciclos de negociaciones formales con el Gobierno, a pesar de lo cual asesinó en días pasados a nueve soldados que no se merecían esa suerte. El plan es audaz pero también confuso, pues los actores son distintos de maneras irreconciliables; y para muchos observadores, entre los que me cuento, no ha sido fácil entender que se use el mismo lenguaje para dialogar con una guerrilla que sigue siendo política, por más descarriada que se encuentre, y con bandas criminales cuyo interés único es mantener el control sobre el lucrativo negocio del narcotráfico. Esto por no hablar de los disidentes que han descubierto —predeciblemente— que la violencia, sobre todo contra los civiles, da poder en una futura mesa de negociación.

Como escribí aquí mismo en octubre pasado, el proyecto de la paz total parecía pensado sin paciencia, mezclando lenguajes y estrategias de mala manera y confundiendo la delicada lógica que permitió los acuerdos de 2016, y se corría entonces el riesgo de darles a los violentos incentivos que podían acabar siendo contraproducentes. Me parece que eso, en parte, es lo que está sucediendo. Digo en parte, porque el proyecto de la paz total tiene otras aristas, más indirectas o indemostrables, que ya han comenzado a tener consecuencias indeseables o las tendrán en el futuro. Pienso sobre todo en la implementación de los acuerdos de 2016, que nos obligaba como país a un itinerario de tremenda exigencia y necesitaba desde el principio una inmensa voluntad política, grandes recursos económicos y humanos y una inversión de tiempo, energía y convicción sin la cual era difícil que las cosas llegaran a buen puerto. Ahora esos acuerdos, tan admirados en el mundo entero, que representaron en su momento una esperanza para millones, están enfermando lentamente por razones variadas que no es fácil identificar. Y eso tendría que desvelarnos a todos.

En mis peores días pienso que nuestra relación con los acuerdos del Teatro Colón, la encarnación final de lo negociado con las Farc, merece que nos preguntemos si alguna vez seremos capaces de una paz de verdad. Todo el mundo recuerda la campaña de mentiras y distorsiones que llevaron a cabo Uribe y su partido, con la complicidad de un procurador ultramontano y de algunas iglesias evangélicas, para desprestigiar los acuerdos y calumniar al gobierno que los sacó adelante; el resultado de la campaña, más allá de la derrota de lo negociado en el plebiscito de 2016, fue una sociedad dividida y enfrentada, pero sobre todo engañada. En ese estado de las cosas fue elegido Iván Duque, cuya relación con los acuerdos estuvo desde el principio marcada por la indolencia y la hipocresía, pues los saboteó insidiosamente o los aplicó con desgano, sin jamás comprometerse con ellos, siempre obedeciendo las directrices del expresidente Uribe: el enemigo declarado y también el saboteador en jefe de las negociaciones de La Habana.

En la segunda vuelta de las elecciones del año pasado se enfrentaron dos candidatos: uno que llegaba con el apoyo de los enemigos de los acuerdos y otro, Gustavo Petro, que prometía darles todo el apoyo necesario para hacerlos realidad. Por eso pensé que su victoria era una buena noticia, a pesar de que Petro siempre me ha parecido un hombre de verbo irresponsable, temperamento intransigente y tendencia a la demagogia, cuyo poco talento para la gestión está fatalmente trastornado por la ideología. Pero iba a implementar los acuerdos, representaba cambios que el país necesitaba con urgencia y además había presentado una cara de hombre capaz de dialogar y hacer concesiones. Nueve meses después de su posesión, el hombre del diálogo y las concesiones se ha convertido en un populista de balcón que sólo habla para sus bases, atacando sin remilgos a todo el que no comulgue al pie de la letra con sus proyectos y sugiriendo la posibilidad de revoluciones si sus reformas no pasan como él quiere. Y la conversación con la otra orilla política —o con los moderados de su misma orilla— se hace cada día más difícil.

Mientras tanto, ¿qué ocurre con los acuerdos? Su implementación está lejos de ser la que esperábamos de este gobierno, a pesar de que en él trabajan algunas de las personas que se han dejado la piel en el esfuerzo por la paz de Colombia. Las razones pueden tener que ver con el pecado que los griegos llamaban *hubris*, pues los exitosos acuerdos de 2016 parecen saberle a poco al lado más megalómano de Petro; o con la convicción equivocada de que los acuerdos con las Farc son cosa del pasado y ya se puede pasar a otra cosa. Pero hace poco se conmemoraron los veinticinco años de los acuerdos del Viernes Santo, y cualquiera que conozca el caso irlandés o haya puesto la atención suficiente sabe que un proceso de paz puede terminar con unos acuerdos, pero nunca deja de estar vivo —es decir, de estar en proceso— ni de necesitar nuestro cuidado constante: siempre se puede volver a la guerra. Y a veces es como si Petro, empeñado en el (loable) objetivo de su paz total, hubiera decidido que la otra paz, la paz que hicieron otros, ya podía arreglárselas por su cuenta.

Por eso cree que es posible quitarles a los acuerdos con las Farc la atención que necesitan, o desviarla hacia otra parte mientras se da incluso el lujo de lanzarles críticas desinformadas. Hace un par de meses, por ejemplo, decía en un discurso que los acuerdos habían quedado incompletos, pues parecían hablar de una sociedad rural ya desaparecida y en ellos no estaba escrita la palabra «conocimiento» ni se decía nada de las universidades. Yo encontré ambas cosas en las primeras treinta páginas de mi texto de los acuerdos, y sin buscarlas demasiado; pero más allá de esto, que puede ser simplemente consecuencia de una lectura apresurada, lamenté que hablara de «revisar» los acuerdos cuando le falta mucho todavía para hacer realidad lo que pudo acordarse tras varios años de negociaciones responsables. De repente es como si la paz futura y quimérica de Petro estuviera enfrentada a la paz ya firmada del Teatro Colón. Y en medio vive, pero no eternamente, la esperanza de los colombianos.

Hemos abandonado a nuestros periodistas
7 de junio de 2023

El primero de marzo de 2018, pocas semanas antes del estallido social que sacudió la dictadura de Ortega en Nicaragua, un puñado de hombres y mujeres tomaron como pretexto la celebración del Día del Periodista para reflexionar sobre el difícil momento que atravesaba el oficio en su país destruido. Entre ellos estaba Gioconda Belli, que por entonces presidía el PEN nicaragüense, y Carlos Fernando Chamorro, una de las personas más autorizadas del mundo para hablar de periodismo perseguido: no sólo es hijo de Joaquín Chamorro Cardenal, el antiguo director de *La Prensa*, que fue asesinado en 1978 por la dictadura de Anastasio Somoza, sino que hoy vive una vida de exiliado en Costa Rica, pues hace varios años los militares de Ortega ocuparon las instalaciones de los medios que él dirige con valentía —*Confidencial* y *Esta Semana*— y lo despojaron de su nacionalidad. Igual que hicieron, como lo sabe ya todo el mundo, con Gioconda Belli, Sergio Ramírez y otras decenas de personas que le han plantado cara a esa dictadura asesina.

Pues bien: ahí estaban Chamorro y compañía en el Día del Periodista, intercambiando ideas sobre qué hacer acerca del deterioro de la libertad de prensa en su país. Y una de las cosas que se les ocurrieron, tal como lo contó Chamorro en público recientemente, fue convocar a Carlos Dada y a José Rubén Zamora. El primero era el fundador de *El Faro*, el periódico digital salvadoreño que fue el primer medio de comunicación del internet latinoamericano; el segundo había fundado en Guatemala varios medios, pero uno en especial, *El Periódico*, se había convertido recientemente en un dolor de cabeza para los corruptos del régimen de Alejandro Giammattei. A pesar de las presiones y de los hostigamientos de sus gobiernos respectivos, Dada y Zamora seguían trabajando y sus medios seguían haciendo lo que los medios hacen: obligar a los poderosos a rendir cuentas. Chamorro pensó que llamarlos para que contaran su experiencia era una buena manera de celebrar el Día del Periodista:

pues eran la prueba de que, a pesar del caso de Nicaragua, no todo en Centroamérica eran historias de desconsuelo.

Cinco años después, eso ha cambiado. *El Faro* denunció los pactos obscenos que Bukele hizo con la Mara Salvatrucha, prometiéndoles trato de preferencia en las cárceles a cambio de que dejaran de matar, y ha seguido denunciado los excesos judiciales y las violaciones al debido proceso que tienen a El Salvador convertido en un Estado carcelario (y a su presidente en el hombre más popular del país). El resultado es que Carlos Dada está —como Carlos Fernando Chamorro— exiliado en Costa Rica, pues el régimen de Bukele se ha dedicado a perseguir a sus periodistas y a asfixiar económicamente a su medio. *El Periódico*, por su parte, ha denunciado 144 casos de corrupción en las primeras 144 semanas del gobierno de Giammattei, y la persecución de sus periodistas acabó (pero no ha acabado: por supuesto que no ha acabado) con el arresto y el encarcelamiento de José Rubén Zamora, que hoy lleva once meses en prisión, muchos de ellos en solitario. La persecución ha dado resultado: a mediados de mayo, después de cerrar su edición impresa, *El Periódico* publicó su última edición digital. El medio ya no existe.

La hostilidad que los gobiernos centroamericanos le han declarado al periodismo no es nueva, ni es sólo centroamericana. En ciertos casos, además, se ha instalado en las sociedades. Alma Guillermoprieto, maestra de generaciones de periodistas latinoamericanos, recordaba el otro día que México es uno de los países del mundo donde más periodistas mueren en ejercicio de su profesión, y se lamentaba de que la violencia contra los periodistas no parece ya conmover a la sociedad: «Cuando asesinan a un colega», recuerdo que dijo, «los únicos que salen a marchar son los otros colegas». Es verdad: mil huellas distintas nos comunican la triste impresión de que el periodismo profesional, por lo menos en ciertos lugares del planeta, ha dejado de convocar la solidaridad de nuestras sociedades. Por eso es tan fácil o tan rentable perseguir a los periodistas como se hace en El Salvador, encarcelarlos como en Guatemala, expropiar sus medios como en Nicaragua, o desprestigiarlos por Twitter como en medio mundo. La sociedad ya no protege a sus periodistas. Y no se me ocurre nada más grave que pueda pasarle a una democracia, excepto, por supuesto, el dejar de serlo.

¿Cuáles son las causas o las raíces de esta desafección? ¿Se trata de la demasiada información que nos agobia, y que provoca en muchos ciudadanos una suerte de hastío, y a veces un hastío infantil, que los lleva a refugiarse en los mundos más agradables y frívolos y coloridos de algunas redes sociales? O tal vez se trate de las nuevas mentalidades que las revoluciones tecnológicas han producido a conciencia, y que ya se han estudiado hasta el cansancio (aunque muchos no se den todavía por enterados): esas mentalidades constantemente enrabietadas, contaminadas de emociones destructivas, cuyo único interés al informarse no es informarse, sino confirmar un prejuicio o alimentar un odio. El periodismo profesional, que no se hace para excitar emociones y así secuestrar nuestra atención y nuestro tiempo, que propone reflexiones menos nerviosas y más serenas que un video o un meme o los 280 caracteres, se ha vuelto incómodo para muchos. En los peores casos, de incómodo ha pasado a ser detestable. La información ha sido sustituida por los discursos de odio, que a nuestras redes les gustan más: más tráfico, más bilis, más clics, más likes, más indignación virtuosa, más tribalismo.

Es como si la sociedad civil, sin cuyo apoyo no puede sobrevivir el periodismo profesional, lo hubiera dejado en situación de abandono. Es acaso por eso por lo que se puede atacar a los periodistas impunemente, como hace todos los días López Obrador en México: amparado en un ejercicio aparentemente democrático —presentarse todas las mañanas ante la prensa para responder preguntas—, usa su púlpito para hostigar con nombre propio a los periodistas o intelectuales que lo critican, y las víctimas de sus hostigamientos van desde Emiliano Monge a Juan Villoro, y desde Enrique Krauze a este periódico. En Colombia, la Fundación para la Libertad de Prensa ha tenido varias veces que llamarle la atención al presidente Petro, que se ha enfrentado de mala manera con los periodistas críticos, y no sólo con los que son tendenciosos o incompetentes (que los hay). Esas descalificaciones, aun cuando no sean agresivas, crean un clima donde las agresiones por parte de otros se facilitan o se favorecen; y así sucede que una periodista colombiana recibe mensajes incómodos que incluyen imágenes de ella misma paseando con su hija, y otro periodista, conocido por su sátira política, se ha visto obligado desde hace tiempo a llevar guardaespaldas, y ni siquiera así se ha acostumbrado a que lo hayan amenazado de muerte desde las dos orillas políticas.

Está muy mal una sociedad que no entiende los peligros profundos de condonar esas agresiones, o de mirar para otro lado cuando se producen, o de sentir una satisfacción secreta cuando el periodista atacado pertenece (cuando creemos que pertenece) a la esquina política que no nos gusta. La relación entre la prensa y los poderosos ha sido tensa siempre, y así debe ser, y nos interesa a los ciudadanos que así sea. Pero una cosa es que a veces nos incomode esa tensión necesaria y otra, muy distinta, que toleremos la hostilidad y aun la violencia. Ese camino no lleva a ninguna parte, salvo a la destrucción de las democracias.

De la decepción al miedo
15 de junio de 2023

El periodista inglés Michael Reid, que lleva más de cuarenta años escribiendo sobre América Latina, es un hombre prudente y además tranquilo (las dos cosas no tienen por qué ir juntas), y uno tiene la sensación hablando con él de que no sería capaz de exagerar ni siquiera para salvar la vida. Por eso me preocupó la opinión que le escuché hace varios días, cuando dijo, hablando frente a un público de latinoamericanos, que éste era el momento más complicado de América Latina desde que él empezó a ocuparse de la región. Se refería sobre todo al avance sin remedio de los autoritarismos, que nos ha puesto frente a la realidad incómoda de tres dictaduras y otros regímenes que, sin ser dictaduras todavía, sin duda aspiran a serlo; pero también habló de los populismos de nuevo cuño, que no sólo son preocupantes en sí mismos, por el deterioro que les causan a nuestras democracias, sino que lo son también por ser el síntoma de un desarreglo más profundo de nuestras sociedades.

Los populismos siempre han llegado vestidos de todos los colores, y el panorama latinoamericano no es distinto. Esa variedad es lo que estamos viendo, desde el disfraz de progresismo de López Obrador en México hasta el despotismo posmoderno de Nayib Bukele en El Salvador. Porque el populismo, a pesar de que hoy parezca estar sobre todo del lado de la izquierda, no tiene color ideológico (y da un poco de vergüenza ajena ver a tantos políticos que ignoran o convenientemente olvidan esta verdad tan simple). La esquizofrenia de América Latina produjo a Chávez y poco después, en ese mismo barrio, produjo a Álvaro Uribe, que se alimentó de Chávez y lo sigue haciendo: hay que ver lo rentable que le ha sido al populismo de derecha la catástrofe de la democracia venezolana, que hoy agitan en el aire hasta los candidatos republicanos de Miami. Incluso los probables e inverosímiles votantes de Trump están convencidos de que su líder es un perseguido por una justicia politizada, y dejar que lo condenen es dejar que Estados Unidos se convierta en otra Venezuela.

¿De qué pasado ha salido este presente? Es fácil decir que el populismo nunca se ha ido en realidad de América Latina, por lo menos desde los tiempos de Juan Domingo Perón. Decía también Michael Reid que el populismo fue en un principio un fenómeno rural, sobre todo, y América Latina, que ha inventado tantas cosas, podía también jactarse de haber inventado esta forma del populismo urbano que surgió con Perón (éstas ya son mis palabras, no las de Reid) para no dejarnos nunca más. Sea como sea, ese populismo estaba agazapado y alerta cuando el continente entró en una década larga de estancamiento económico, y en el curso de esos años se instaló sobre las vidas más precarias de estas sociedades desiguales la convicción de que la democracia les estaba dando la espalda. Fue un momento de paradojas y contradicciones profundamente latinoamericanas: a comienzos de los años noventa, por primera vez en décadas, la caída de la Unión Soviética con todos sus fantasmas de Guerra Fría produjo el raro espejismo de la democratización: creímos que hacia allí se avanzaba. Pero lo que estaba sucediendo era muy distinto.

América Latina se convirtió en un continente decepcionado. Esa decepción —con el Estado, con eso que llamamos contrato social, con los partidos políticos que todo prometen y nada cumplen— se convirtió, por los tiempos en que dejaba de existir la Unión Soviética, en lo que algunos han llamado resentimiento. Una emoción: y es eso, las emociones, lo que mejor explotan los populismos. Todos quieren —y logran— que la gente salga a votar emberracada. Por eso comenzamos a asistir a elecciones en que ya no se votaba por, sino contra: se votaba por la oposición, fuera la que fuera. (Michael Reid me señaló esta estadística: de las últimas dieciséis elecciones que han tenido lugar en América Latina, quince las ha ganado la oposición). Así, desde la rabia o la frustración, hemos votado en tiempos recientes, y cuando no se vota desde estas emociones, se vota desde la resignación de estar eligiendo el mal menor. Cuando hablamos de polarización, hablamos acaso de estas democracias fragmentadas, de partidos débiles o, por decirlo de otro modo, de movimientos maximalistas que reemplazan a los partidos y desprecian su desesperante necesidad de negociar: estos movimientos lo quieren todo y lo quieren ya. No es difícil entender que provoquen con frecuencia una reacción igual de radical, pero de signo opuesto.

Pero lo que estamos viendo ahora es un cambio de emociones en muchas partes. No sé si me equivoco, pero a veces me parece que la rabia ha sido reemplazada por el miedo en nuestros populismos más recientes, o la acompaña o es su contracara. El discurso populista de ahora se construye sobre la sensación de inseguridad, que es común a todos nuestros países, y no seré yo quien se sorprenda de la inmensa popularidad de Bukele, un presidente que tiene encarcelado al 2% de la población adulta de su país. El populismo no es una ideología, sino un método; y parte necesaria del método es la invención de un enemigo. Cuando ese enemigo no es inventado, sino que está ahí y es real y sentimos su intimidación y su violencia moldea las vidas de la gente, nadie tiene derecho a sorprenderse demasiado de que el deseo mínimo de seguridad se convierta en el motor de sus campañas y en la razón de sus victorias.

El gran peligro para nuestras democracias presentes son los autócratas electos sobre el deseo de una vida sin amenazas, estos caudillos civiles que hace poco navegaban sobre la ola de la decepción y ahora comienzan a detectar las posibilidades del miedo: ofrecen seguridad o la sensación de seguridad, aunque sea a costa de atropellos que después nos pasarán factura. Nadie se toma en serio al payaso de Ortega, por más daño que haga, pero Bukele sí es un modelo temible que los aprendices de populista pueden copiar: en Colombia hay algún candidato. Ése es el riesgo. Una situación de caos social y de violencias descontroladas —la percepción de que el Estado se ausenta o se desentiende de una de sus primeras obligaciones: la protección de los ciudadanos— puede muy bien ser el caldo de cultivo de un futuro autoritarismo. Y no podremos decir que no lo hemos visto a tiempo.

Una vez más: el malentendido de las drogas
29 de junio de 2023

Primero hablemos del lamentable espectáculo que dieron nuestros congresistas en estos días: hablemos de la indignidad general de su comportamiento, que ya no nos sorprende demasiado, pues hay varios que nos tienen acostumbrados a sus gritos grotescos, sus ademanes de barras bravas y su lenguaje de matones de barrio. Y enseguida entremos en materia, porque lo que hay detrás del comportamiento lamentable también es lamentable, aunque de otra manera. Nuestro Congreso respondió esta semana a la pregunta que nos hacemos tantos: ¿por qué no cambia este país? El personaje de una de mis novelas se lamenta en algún momento de que esto sea Colombia, inevitablemente: un ratón corriendo en un carrusel. Es la impresión que tenemos los ciudadanos, por ejemplo, cuando asistimos impotentes a la dilapidación de los acuerdos de paz, que tanto trabajo nos han costado, igual que antes asistimos impotentes a la derrota de los acuerdos en un plebiscito contaminado por el odio, el miedo, la mentira y la ignorancia; y es la impresión que tuvimos en estos días, viendo cómo se hundía en el Senado el proyecto de ley que buscaba la regulación de la marihuana.

Lo ocurrido es una oportunidad perdida, como tantas que pierde este país experto en no reconocer lo bueno cuando lo ve, y lo triste es que se pierda por ignorancia de la realidad y por miopía moral: la enfermedad responsable de que nos quedemos anclados en modelos de sociedad que dañan a la gente con el pretexto de cuidarla. Comienzo con el aspecto legal, para sacármelo rápidamente de encima, porque hablar del aspecto legal es inevitable en un país como el nuestro: hay que ver algunos de los argumentos con que se hundió el proyecto (vean las entrevistas de *El Tiempo* el pasado domingo) para recordar hasta qué punto nuestro destino está en manos de leguleyos. Pues bien, lo que han logrado los congresistas que se opusieron al proyecto es preservar un absurdo que daría risa si sus consecuencias no fueran perversas, y que se resume en la siguiente incoherencia: en Colombia es legal tener marihuana y consumir marihuana, pero es ilegal comprarla. Esta flagrante contradicción es una metáfora perfecta de la inmarcesible hipocresía nacional, que es también una de las razones por las que no avanzamos, y una muestra de esa convicción, tan infantil y tan nuestra, de que basta con prohibir algo para erradicarlo.

Y no es así. El hundimiento del proyecto no disminuirá el consumo ni librará a nuestros jóvenes inocentes de la amenaza de las drogas, ni ninguna de las memeces que adornaron esos debates de altura lamentable; lo que han logrado quienes celebraron como una victoria la continuación del prohibicionismo es, simplemente, que la venta de marihuana siga enriqueciendo a las mafias y a cada jíbaro de esquina, como ha sucedido hasta ahora, y que esos dineros sigan financiando nuestras violencias y nuestras guerras, cuando podrían estar financiando la educación (por ejemplo, la educación sobre los efectos negativos del consumo de drogas) y la salud (por ejemplo, el tratamiento de los efectos negativos del consumo de drogas). Prevención y tratamiento: las dos palabras resumen la única receta exitosa que han descubierto nuestras sociedades para lidiar con lo que ha sucedido siempre, en todas partes, desde que el mundo es mundo: el consumo de sustancias. Lo contrario, la criminalización del consumo (y de la producción y de la comercialización, porque todo va inevitablemente junto), ha tenido las mismas consecuencias cada vez que se ha intentado, y nunca han sido las que han querido los prohibicionistas.

La prohibición ha convertido en delito lo que no es más que un vicio, y a veces ni siquiera eso; y a mí, que no uso drogas ni las he usado nunca, no me parece tolerable que sea el Estado quien le diga a la gente qué puede y qué no puede meterse en el cuerpo, si al hacerlo no daña a nadie más. Lo que la prohibición no ha hecho es reducir el consumo de ninguna manera apreciable, o, por decirlo de otro modo, no lo ha hecho de ninguna manera que justifique los enormes daños colaterales que va dejando regados por ahí; en cambio, ha multiplicado la rentabilidad del negocio, poniendo enormes cantidades de dinero —y de poder, por lo tanto— en manos de criminales, y ha provocado la violencia y la corrupción que son necesarias para proteger un negocio rentable. Los colombianos deberíamos saberlo bien, pues llevamos cincuenta años enfrentándonos a las fuerzas terroristas del narcotráfico, que han trastocado nuestros valores y han sido el combustible de nuestra guerra. Pero nuestra hipocresía prefiere seguir fingiendo que la corrupción y la violencia vienen del consumo de drogas, no de las mafias que trafican con ellas.

El problema de las drogas —nunca me cansaré de repetir esta obviedad— es doble: uno de salud pública ligado al consumo y otro de orden público ligado al crimen. Legalizar las drogas es librarnos del segundo problema y quedarnos sólo con el primero. ¿Por qué seguimos prefiriendo tener dos problemas gordos en vez de uno? Alguien más benevolente diría que la legalización de las drogas es un salto al vacío, pues nunca sabemos realmente lo que pueda pasar después. Pero sí lo sabemos: lo sabemos porque lo hemos visto. No hay que haber leído demasiado sobre el tema, no hay que saberse de memoria la obra de Antonio Escohotado (aunque se la recomiendo a los congresistas, que tal vez aprenderán algo), para saber que en Estados Unidos hubo alcoholismo antes y después de la Prohibición, pero sólo durante la Prohibición hubo además corrupción, violencia y mafias traficantes.

El economista Milton Friedman, que vivió la Prohibición siendo adolescente, lo explicaba muy bien en una entrevista de 1991: «La idea de que la prohibición del alcohol evitaba que la gente lo consumiera era absurda», dice. «Había bares ilegales por todas partes. Pero más que eso, teníamos el espectáculo de Al Capone, los secuestros, las guerras entre mafias. Cualquier persona con dos ojos podía ver que era un mal negocio, que se hacía más mal que bien». Luego habla puntualmente de la droga: «Les causa daño a muchas personas», dice, «pero principalmente porque está prohibida. El número actual de víctimas inocentes es enorme». Friedman habla de las personas «que mueren en el azar de la guerra contra las drogas»: ha calculado que la prohibición causa indirectamente 10.000 homicidios al año (y les recuerdo que está hablando en 1991). ¿Es correcto, se pregunta Friedman, que un Estado tolere la muerte de 10.000 inocentes por perseguir una actividad que sólo daña a quien la hace? Y concluye: «No me parece que sea moral imponerles un costo tan alto a las otras personas para proteger a la gente de sus propias decisiones».

La entrevista es uno de muchos documentos fascinantes que publicó la revista *El Malpensante* en su número de septiembre del año 2000. La fecha es un triste memorando del tiempo que llevamos enredados sin avanzar en las mismas conversaciones, o creyendo que los problemas del presente van a solucionarse si adoptamos las mismas estrategias que han fracasado en el pasado. No creo que los senadores que hundieron el proyecto de regulación de la marihuana hayan leído esta revista, pero estoy seguro de que les serviría: al menos para que su voto venga sustentado con hechos y cifras duras, no con supersticiones, puritanismos o pensamiento mágico. Que de eso ya tenemos demasiado.

Las verdades de Kramatorsk
8 de julio de 2023

Ya todo el mundo sabe lo que ocurrió la semana pasada en Kramatorsk, a menos que hayan vivido escondidos en los últimos días, pero lo voy a recordar de nuevo, aunque sólo sea para contradecir a los mendaces y a los calumniadores que empezaron desde el principio a manchar la realidad con su indecencia.

La historia es así. El 24 de junio pasado, un grupo de colombianos presentó en la Feria del Libro de Kiev una campaña civil, Aguanta Ucrania, sobre la cual he escrito varias veces en esta tribuna, y que en los últimos seis meses ha reunido a más de cien voces latinoamericanas —escritores, artistas, defensores de derechos humanos— con el objetivo, sencillo y complejísimo a la vez, de condenar el crimen de agresión cometido por Rusia y poner en palabras nuestra solidaridad con una sociedad valiente. Los colombianos eran Sergio Jaramillo, excomisionado de Paz de mi país y gestor principal de la campaña; Catalina Gómez, corresponsal de guerra que ha acompañado la campaña desde su lanzamiento, y Héctor Abad Faciolince, que tenía la razón subsidiaria de presentar la traducción al ucranio de uno de sus libros. En el acto de Kiev los acompañaron el presidente del PEN ucranio, Volodímir Yermolenko, y dos mujeres extraordinarias: Oleksandra Matviichuk, cuyo premio nobel de la Paz es la menor de sus virtudes, y Victoria Amelina, una novelista de treinta y siete años que se había dedicado en los últimos meses a investigar y denunciar los crímenes de guerra que la maquinaria de propaganda rusa, con la invaluable complicidad de tantos ingenuos del mundo entero, niega y oculta.

Tras el acto de Kiev, Victoria Amelina quiso acompañar a los colombianos en un viaje improvisado a la ciudad de Kramatorsk. El propósito explícito de aquel viaje de nueve horas era llevar la campaña un poco más lejos, pero tenía también otra intención: seguir documentando las atrocidades cometidas por los rusos en su guerra de agresión, y hacerlo más cerca de los lugares donde las atrocidades ocurrían; es decir, tratar de ver con los propios ojos aquello que se quiere denunciar, aquello de lo cual se quiere hablar. Y lo demás ya se sabe: el martes 27, un misil Iskander del ejército ruso cayó sobre la pizzería donde se encontraban los tres colombianos y la escritora ucrania, cenando en una terraza cubierta en medio de muchos otros civiles desarmados. El ataque de precisión destruyó el restaurante, asesinó a trece civiles, tres de ellos menores (dos de los menores eran unas gemelas), y dejó heridos a más de sesenta. Victoria Amelina, herida gravemente, fue llevada de urgencia a un hospital de Dnipro, y allí estuvo varios días en coma inducido, mientras un grupo de médicos trataba de salvarle la vida. No tuvieron éxito. Amelina murió el 1 de julio. Fue despedida el martes pasado, en Kiev, por dos centenares de personas, y un último adiós tuvo lugar el miércoles en Lviv, su ciudad natal.

Victoria Amelina dedicó los últimos meses de su vida a desarmar —con investigaciones precisas, con hechos comprobables, con datos duros de periodista de guerra— la inmensa y multiforme empresa de mentiras y falseamientos que la Rusia de Putin, en la más diáfana tradición totalitaria, ha usado para vender su grosera versión de la guerra. Pero no alcanzó a ver, porque estaba en coma y avanzando lentamente hacia la muerte, los falseamientos y las mentiras que se dijeron sobre el ataque de Kramatorsk. Como involucraba a un grupo de colombianos, la propaganda grotesca no se quedó en los lugares de la guerra, sino que llegó hasta Colombia. Entrevistada en la emisora La W, la portavoz del Ministerio de Relaciones Exteriores de Rusia, Maria Zhakarova, dio un espectáculo fascinante de ese viejo cinismo burocrático de *apparatchik* sin cabeza que creíamos relegado a los tiempos soviéticos, y cuyas caricaturas (pero no lo son) salen hasta en las malas novelas de la Guerra Fría. Así habló la lamentable vocera: repitió mentiras y distorsiones sin apearse ni por una palabra de la monotonía de la voz, que era audible incluso a través de la monotonía de su traductora. En ese tono les mintió a los colombianos.

Mintió sobre todo. Mintió cuando dijo que el restaurante Ria era un legítimo objetivo militar, después de que otro *apparatchik* había culpado al ejército de Ucrania y otro había dicho que el ataque era un error. Mintió cuando repitió la versión del Ministerio de Defensa, que ya venía bien adornada con nombres y números para convencer a los incautos, y dijo que allí, en el restaurante destruido, «se desplegaba el punto de mando de la brigada de infantería motorizada número 56 de las Fuerzas Armadas de Ucrania. Es por eso que se convirtió en un objetivo legítimo». Mintió sobre Victoria Amelina cuando se preguntó «por qué una ciudadana ucrania invitó a sus amigos colombianos a este lugar. A lo mejor tendría sentido hacer estas preguntas». Y luego se permitió su propia especulación: «Puedo pensar», dijo o dijo su traductora simultánea, «que esas acciones tenían el propósito de realizar una provocación para que ciudadanos de otros Estados, incluidos los colombianos, se encontraran en la zona del golpe, teniendo en cuenta que se tenía un objetivo militar en esa zona». En otras palabras, la escritora muerta en este crimen de guerra había querido provocar al misil ruso que le quitó la vida.

Pero estas declaraciones son casi funcionariales —una cuestión de rutina en la propaganda desvergonzada que lleva fabricando una realidad alternativa desde mucho antes de la invasión— al lado del cinismo inverosímil con que comentó el crimen de guerra la Embajada rusa en Bogotá. «Con mucho pesar nos enteramos de los acontecimientos en Kramatorsk», dijeron los cínicos por Twitter. «A nuestro juicio la ciudad cercana al frente, convertida en un hub operacional y logístico militar, no es un lugar apropiado para degustar platos de cocina ucraniana». En su desprecio por quienes sufrieron el ataque, en su burla del dolor de las víctimas, los tuiteros de la Embajada rusa se parecieron mucho a varios comentaristas colombianos para los cuales la culpa era de los que estaban en el restaurante. ¿Para qué tenían que ir allá estos colombianos?, se preguntaron muchos.

Es una pregunta que yo no me atrevo a contestar: sólo debería contestarla cada uno de ellos. Pero yo sospecho que la respuesta, en el fondo, no diferirá mucho de la que se hubiera dado Victoria Amelina: fueron para ver las cosas con sus ojos y así poder contarlas. Poder contar, por ejemplo, que en el restaurante Ria no había ningún hub operacional y logístico militar. Poder contar que allí no se desplegaba el punto de mando de la brigada de infantería motorizada número 56 de las Fuerzas Armadas de Ucrania. Poder contar que allí se reunían ciudadanos comunes y corrientes, y que, si llegaban soldados a veces, se trataba de soldados de permiso en su día de descanso. Poder contar lo que ha contado también Luis de Vega, reportero de este diario. «El restaurante Ria, como pudo comprobar este enviado especial cuatro días antes del bombardeo, es un lugar muy popular frecuentado por periodistas, trabajadores humanitarios, voluntarios de diferentes organizaciones y militares», escribió. «No es en ningún caso una infraestructura del ejército, como aseguró Rusia para justificar el ataque». Poder contar la verdad, las verdades sencillas, y hacer ver que las mentiras rusas son mentiras, que una invasión es una invasión, que un crimen de guerra es un crimen de guerra. Lo cual es, por supuesto, lo mismo que hizo Victoria Amelina.

La censura ya no es lo que era
2 de agosto de 2023

Cuando Pablo IV se inventó el *Índice de libros prohibidos*, allá por el año 1559, su objetivo era borrar de la conciencia de los católicos todo lo que fuera protestante: todos los libros y todos los autores. Ésos sí que eran grandes proyectos: no sólo era cuestión de proteger la vida terrenal de los fieles de todo el mundo, sino también su vida eterna, pues la lectura de los libros malos podía condenar un alma al infierno. La Inquisición española, que tenía sus propias ideas acerca de los riesgos del alma, incluyó en la lista los libros judíos o judaizantes (claro: a Pablo IV no lo recordamos solamente por la creación del *Índice*, sino por haber encerrado a los judíos de Roma en un gueto), pero además notó con envidiable clarividencia el peligro que contenía un libro como *El lazarillo de Tormes*, esa máquina de destrozar jerarquías, y su capítulo americano vio lo mismo o algo muy parecido en el *Quijote*, que después de prohibirse acabó llegando a las colonias —nos lo cuenta Irving Leonard, me parece— metido de contrabando entre toneles de vino.

Ah, qué tiempos aquéllos: se trataba de preservar todo lo que era sagrado en las sociedades, de defenderlas de la subversión de los valores que les daban estructura y solidez, de librarlas de las plagas de la duda, la incertidumbre y el descreimiento. Se trataba, en fin, de proteger a estas sociedades en crisis espiritual de las herejías que asomaban la cabeza en todas partes, siempre con la complicidad invaluable de la imprenta, ese malhadado artefacto que parecía trabajar solamente para la Reforma y que lanzaba al mundo, diariamente, más peligros de los que podía controlar un pobre censor desamparado de tiempo limitado y atención finita. Hay que ser muy insensible para no sentir solidaridad por estos pobres hombres que deben enfrentarse a una profusión insólita de libros nuevos, salidos sin descanso de todos los rincones de Europa, escritos con frecuencia en una lengua que todos los que leían podían leer. ¿Cómo dar abasto para censurarlos?

Era imposible. Esos libros —pensemos en Copérnico o en Galileo, por dar dos ejemplos evidentes— que trataban de imaginar un mundo nuevo, o que presentaban una versión del mundo radicalmente distinta de la que los poderes habían logrado imponer después de un esfuerzo de siglos, no sólo eran demasiados sino demasiado complejos. Una de las varias voces de *Terra nostra*, la novela de Carlos Fuentes, explica con elocuencia lo que le habría gustado a la Inquisición: «Hágase pesquisa de todos, hasta que todos tengan miedo hasta de oír y hablar entre sí; cautívese el entendimiento a las cosas de la Fe; e impóngase, en fin, acá y allá, silencio a todos, pues por el menor resquicio pretextado de ciencia o poesía, cuélanse las heterodoxias, los errores, las taras judaicas, arábigas e idolátricas». Algo se logró, por supuesto: se logró el miedo, se logró el silencio, se logró la delación, se logró la quema de libros y a veces la quema de sus autores (que era, por supuesto, una manera probadamente eficaz de prevenir la publicación de futuros libros).

Recordaba yo todo esto recientemente, durante un viaje por el sur de Estados Unidos, viendo cómo las fuerzas de la censura vuelven a florecer por todas partes. Pero con un cariz distinto: porque la censura ya no es lo que era. Estados Unidos, que durante muchos años llevó la libertad de expresión más lejos que ninguna democracia moderna, es hoy una sociedad contradictoria, hundida en inverosímiles guerras culturales, donde formas de censura que hace poco nos parecían imposibles, o que hubiéramos juzgado imposibles a la luz de la cacareada Primera Enmienda de su Constitución, parecen gozar de mejor salud que nunca. En el estado de Carolina del Sur, según he sabido, un estudiante denunció la autobiografía de Ta-Nehisi Coates con el argumento de que le hacía sentir vergüenza de ser caucásico: y la respuesta del colegio fue prohibir el libro. Un colegio de Tennessee prohibió *Maus*, la novela gráfica de Art Spiegelman, acusándola de incluir material sexualmente explícito porque hay una viñeta que muestra a una mujer desnuda en la bañera: y no sirvió de atenuante el hecho de que la mujer se acabara de suicidar.

(En cierto sentido, no me parece gratuito que Salman Rushdie, que fue amenazado de muerte hace más de treinta años por un poderoso régimen censor, que vivió bajo protección hasta que las autoridades consideraron que la amenaza había pasado, que incluso llegó a creer con buenas razones que su condena absurda le había sido conmutada, haya sido atacado ahora y no hace diez o quince años: en esos tiempos que ya nos parecen lejanos porque el clima que se respiraba era tan distinto. Pero eso es tal vez tema de otra columna).

La pregunta es si ese extraño clima de censura contemporánea —proveniente de distintos lados políticos y amparada en distintas justificaciones: las redes sociales, aunque no sean de papel, aguantan todo— puede contagiarse como se contagia todo en nuestro mundo hiperconectado. Me parecería difícil que las tendencias de la derecha trumpista recalen en España, por ejemplo, a pesar de que las autoridades de Valdemorillo hayan cancelado hace unas semanas una puesta en escena de *Orlando*. Ya lo saben ustedes: la novela de Virginia Woolf que ya fue censurada por el franquismo hace ochenta años mal contados, cuando una librería trató de importar mil ejemplares de los publicados por Victoria Ocampo en su editorial legendaria de Buenos Aires. La censura franquista no dio ninguna explicación, más allá de una palabra, «suspendida», escrita en el lápiz rojo del censor; pero entonces como ahora resultaban incómodos los temas de la novela, en la que un personaje cambia de género con el paso del tiempo y las reencarnaciones, y la identidad sexual se discute de maneras indirectas y con algo que es preciso llamar osadía. ¿Por qué se ha cancelado la obra en días pasados? No hay explicaciones claras, pero no es cómoda la sensación de *déjà vu*.

El problema con la censura —aparte del daño incalculable que le hace a la circulación de las ideas, al ejercicio de libertades ganadas a pulso durante años y, en general, a la salud de cualquier democracia— es lo ridícula que se ve. Es muy difícil que no nos parezca ridículo el censor franquista que hace sesenta años recibió *La ciudad y los perros*, novela de un joven peruano, y juzgó inaceptable que un militar de la ficción tuviera «vientre de ballena» y que un capellán frecuentara «burdeles», pero aceptó sin problema que el capellán frecuentara «prostíbulos» y que el militar tuviera «vientre de cetáceo»; y no es menos ridícula, aunque la tomen empresas privadas de una democracia y no los organismos públicos de una dictadura, la decisión de los editores de Roald Dahl y de Agatha Christie y de Ian Fleming, que hace unos meses emprendieron una cruzada de corrección política especialmente tonta: cambiando palabras y expresiones y hasta escenas enteras para quitarles a las ficciones cualquier cosa que pudiera resultar ofensiva. ¿Ofensiva para quién? Ésa es la pregunta más difícil: pues cualquiera puede sentirse ofendido por cualquier cosa.

Y con ese argumento infalible —el de no ofender nada ni a nadie: ni la moral de un país ni las sensibilidades de un individuo— se quiere lograr, por razones distintas, más o menos lo mismo.

Y después dicen que no se puede volver atrás en el tiempo.

La persistencia del 11 de septiembre
14 de septiembre de 2023

El lunes pasado, cuando faltaban algunos minutos para el mediodía en Santiago de Chile, se cumplieron cincuenta años del momento en que empezó el bombardeo de los golpistas contra el Palacio de la Moneda, y a mi teléfono móvil llegaron varios mensajes de amigos chilenos que recordaban o conmemoraban la magnitud de la tragedia. Yo me había pasado la tarde leyendo la nueva novela de Ariel Dorfman, *Allende y el museo del suicidio*, donde un personaje llamado Ariel Dorfman recibe de un millonario excéntrico el encargo de averiguar si es verdad —si es la verdad definitiva e inapelable— que Salvador Allende se mató de un tiro, o si otra versión de las cosas es posible: si es posible, por ejemplo, que lo hayan asesinado los militares que invadieron el palacio. ¿Fue la muerte de Allende trágica o épica?, se pregunta el millonario excéntrico en el pasado reciente de la novela. Para él es de enorme importancia llegar a una conclusión precisa, no sólo por razones históricas, sino también personales. Y alrededor de esa pregunta —del descubrimiento de esas razones— gira la intriga inicial de esta novela impredecible que luego tiene más, mucho más, que ofrecer.

Hoy sabemos, con toda la certeza que es posible tener, que Allende se quitó la vida a la 1:40 de la tarde, y que lo hizo con una ametralladora que le había regalado Fidel Castro. Pero no siempre fue así en el imaginario de América Latina. En su discurso del 28 de septiembre que siguió al golpe, Castro sostuvo frente a todo el mundo que Allende había muerto en combate, llevando en las manos la ametralladora regalada; y García Márquez escribió, en el reportaje que la revista colombiana *Alternativa* publicó en 1974, una escena que durante muchos meses pareció ser la versión oficial. A eso de las cuatro de la tarde del 11 de septiembre, escribe García Márquez, el general golpista Javier Palacios se encuentra con Allende en el segundo piso del palacio; Allende, que lleva la ametralladora de Fidel en la mano, lo llama traidor, le dispara y lo hiere, y entonces se produce el intercambio de tiros en el que muere el presidente. «Luego», escribe García Márquez, «todos los oficiales, en un rito de casta, dispararon sobre el cuerpo. Por último, un suboficial le destrozó la cara con la culata del fusil». Pero Ariel Dorfman, narrador de la novela de Ariel Dorfman, se pregunta si García Márquez no habrá adornado la escena con exageraciones literarias que no corresponden a la verdad.

Allende y el museo del suicidio es una metáfora extraordinaria del lugar que ocupa ese episodio en la conciencia de Chile: el suicidio de Salvador Allende, el médico masón que quiso llevar a su país por el camino de un socialismo democrático y pacífico, se ha convertido en un mito, y es la herida central del inmenso trauma que es el golpe de Estado. Y el golpe de Estado, seguido de los diecisiete años de la dictadura asesina de Augusto Pinochet, es uno de los grandes traumas de la historia latinoamericana, uno de esos momentos que no sólo marcaron a un país, sino que se convirtieron desde la hora cero en parte de nuestra conciencia colectiva. En cierto sentido, el golpe chileno nos ocurrió a todos los latinoamericanos, y no me sorprendió sentir el pasado 11 de septiembre que así sigue siendo: nos sigue ocurriendo a todos. Y es posible que nos ocurra cada vez más, a medida que se vayan iluminando las sombras de ese espacio de la Guerra Fría. Sí: porque el Palacio de la Moneda es incomprensible sin la presencia en el teatro de Henry Kissinger y de Richard Nixon y de las fuerzas sin control de la paranoia, que se hicieron presentes en el mundo entero durante esos años malhadados.

Para decirlo de otro modo, las conmemoraciones de estos días han puesto en evidencia lo que, por distintas razones, hemos sabido los latinoamericanos desde hace mucho tiempo: que la Guerra Fría sigue entre nosotros. Sigue dando coletazos, asomando la cabeza y negándose a enfriarse del todo. La Guerra Fría está presente en Nicaragua, en la forma involuntariamente paródica de ese viejo revolucionario convertido en sátrapa grotesco; está presente en Cuba y en Venezuela; está presente en Colombia, donde un conflicto de más de medio siglo con las guerrillas marxistas cambió de tercio con los acuerdos de 2016, pero nos arroja todos los días revelaciones de espanto sobre lo que hemos sido capaces de hacernos los unos a los otros. Y en la caja de herramientas con la que hablamos del pasado siguen predominando las palabras viejas de esos años. El pasado en América Latina es así: no se va nunca, se queda con nosotros, sigue tercamente moldeando nuestras conversaciones y nuestros desencuentros, sigue alimentando nuestras tensiones e incendiando nuestra convivencia.

Pero muchos habían creído que sobre el 11 de septiembre había ciertos acuerdos más o menos definitivos. En los últimos tiempos ha resultado que no es así: todavía se debate sobre el significado o las consecuencias o la apreciación de lo que pasó, y líderes políticos de muchos seguidores e innegable influencia defienden ante los micrófonos el legado de Pinochet, y hay quien lo llama estadista sin ruborizarse. Esto ocurre para inmenso pasmo de los que vemos a Chile desde fuera y no conseguimos entender que sea necesario ni aun permisible legitimar la violencia de esa dictadura para condenar las que cometen otras, o que un régimen cruel y sanguinario, que destrozó las vidas de miles y sembró un país de muertos y desaparecidos y hombres torturados y mujeres violadas, pueda maquillarse la cara con las cifras del producto interno bruto: como si las tres mil personas del informe Rettig no existieran, ni las casi treinta mil del informe Valech, ni los innumerables exiliados —no sé si estén en algún informe— que han hecho su vida en otras tierras para que no los mataran en la suya, o después de haber sobrevivido al roce con la muerte.

Yo, como tantos latinoamericanos, los he conocido: en Suecia, en Alemania, en Suiza. He hablado con ellos y he escuchado sus historias de dolor, y me ha admirado la terca persistencia de su memoria, que responde —o esto me ha parecido— a la intuición de que el tiempo lo suaviza todo, hasta la responsabilidad de los violentos: de que el paso del tiempo va atenuando los crímenes en la memoria de una sociedad, tal vez porque nuestras historias, las historias de nuestros países latinoamericanos, producen nuevos dolores todo el tiempo, y hay que abrirles espacio a costa de los viejos. Ya han comenzado a morir los supervivientes de esos años de horror: los que vieron por dentro el estadio nacional convertido en campo de detención y tortura, los que pasaron por el hoyo negro de Villa Grimaldi. ¿Y qué pasará cuando ya no estén para contarnos o recordarnos lo que ocurrió, para dar testimonios como los que me ha tocado oír más de una vez? ¿Cuánto tiempo tardará en morir también la idea de que lo ocurrido el 11 de septiembre no puede repetirse?

Sea como sea, en eso sí acertó García Márquez. «El drama», escribió en aquel artículo de 1974, «ocurrió en Chile, para mal de los chilenos, pero ha de pasar a la historia como algo que nos sucedió sin remedio a todos los hombres de este tiempo y que se quedó en nuestras vidas para siempre».

¿Cómo hablar de Israel?
11 de octubre de 2023

Hay muchas formas de hablar de lo ocurrido el sábado pasado, cuando Hamás comenzó un ataque terrorista contra Israel que inaugura una guerra nueva y que nos aboca a un mundo más roto que el mundo roto que ya tenemos. Hay muchas formas de hablar de ello, digo, pero una cosa es cierta: esto no lo habíamos visto nunca, y no hay manera de imaginar las consecuencias que tendrá.

Ahora trataré de explicar estos dos lugares comunes. Cuando digo que no lo habíamos visto nunca, me refiero a nuestro mundo nuevo de cámaras ubicuas y transmisiones inmediatas, que nos ha puesto frente al horror sin filtros: frente al horror de las familias con niños que son secuestradas entre gritos y miedo, frente al horror de los milicianos que entran en lugares poblados y cortan vidas —indiscriminadamente: nos hemos acostumbrado al adverbio—, frente al horror de los jóvenes que corren por campos arenosos para escapar de los ataques y llaman a sus padres para avisar de que algo no está bien. Un video muestra la entrada de una camioneta blanca a la ciudad de Sderot —lleva una metralleta montada en la parte de atrás— y luego los cuerpos muertos de quienes esperaban el bus en una parada; otro video muestra una familia acribillada dentro de su coche de familia (una mujer, un padre que había alcanzado a salir, un hijo o hija).

Y cuando digo que no hay manera de imaginar lo que vendrá, estoy pensando en la evidencia de que esta guerra entre Israel y Hamás no ocurre solamente entre Israel y Hamás. Los que saben más de esto ya habían señalado que la sofisticación del ataque, su riqueza de recursos y su organización paciente, son impensables sin la ayuda de Teherán, y eso, que a tantos les parece tan obvio, lanzaría la región a un estado de tensión impredecible y diversa. No hay manera de saber qué implicará esta participación iraní en el ataque más sangriento de la historia reciente de Israel; ni es posible olvidar que la guerra de Putin contra Ucrania se lleva a cabo desde hace tiempo con drones iraníes, porque de allí saldrán caminos hacia destinos inciertos. No es posible obviar el hecho de que en la nueva guerra que ahora comienza Israel necesitará ayuda militar, y esa ayuda vendrá de Estados Unidos, igual que vino de Estados Unidos la ayuda que impidió hace medio siglo la derrota de Israel —el de Golda Meir— en la guerra de Yom Kipur. ¿Qué significa eso?

Por lo pronto, que una víctima colateral del ataque de Hamás a Israel es Ucrania, pues no son ilimitados los frentes que Estados Unidos puede mantener abiertos. No sólo es una cuestión de armas: en nuestra cruel economía de la atención, en nuestras vidas exhaustas cuya capacidad para asumir el dolor ajeno es limitada, nada peor podía pasarles a los esfuerzos ucranios por comunicar su tragedia que la aparición en el teatro del mundo de una tragedia nueva. En los últimos meses, se ha escrito mucho sobre lo que ahora se llama un *mundo multipolar*, la competencia de actores pequeños por la torta de poder que los grandes han perdido, y también así se puede hablar de la nueva guerra: como una prueba más de que el orden que siguió al año de 1945 —y la creación de Israel en 1948 es parte de ese orden— se descose por varios lugares. Pero esta conversación es geopolítica, y nunca he podido evitar la impresión de que hablar así es dejar por fuera muchas cosas importantes: la historia, con todas sus crueles lecciones sobre el momento en que se sembró lo que ahora ocurre; el lenguaje, que sufre diariamente en tiempos de guerra; y, sobre todo, las personas, cuyos cuerpos sufren la violencia. ¿Hay espacio en nuestra conversación para hablar de todo aquello? Hay que intentar que así sea; pues sólo así, hablando del sufrimiento individual de seres humanos, se responde a las declaraciones como las que ha hecho el presidente colombiano Gustavo Petro, que, después de abogar por el diálogo (y eso está bien pero es vacío), ha sido incapaz de condenar los ataques, los ha relativizado y ha equiparado a Gaza con Auschwitz.

En cualquier caso, los que hemos seguido la historia de esta guerra grande hecha de guerras pequeñas hemos recordado en estos días, inevitablemente, lo ocurrido en octubre de 1973, cuando Egipto y Siria escogieron la festividad de Yom Kipur para atacar a Israel. Ahora se ha tratado de la fiesta de Sucot; cuando comenzó este ataque, cuando los israelíes de la frontera vieron los primeros cohetes iluminar el cielo de la madrugada, habían pasado cincuenta años y algunas horas desde Yom Kipur, y es inconcebible que las fuerzas israelíes no hayan ni siquiera tomado las precauciones del aniversario (cualquiera sabe que a los fanáticos les gustan los aniversarios: los servicios de inteligencia toman más precauciones cuando se acercan ciertas fechas). Pero no parecen ser más las similitudes: entonces se trató de una guerra convencional entre dos enemigos convencionales, una guerra entre ejércitos y Estados. El ataque a civiles de este fin de semana, cruel y cobarde, nos hace pensar más en el 11 de septiembre de 2001. Salvo por el ingrediente novedoso y aterrador del secuestro. Y eso lo cambia todo.

El secuestro de más de cien ciudadanos, niños y adolescentes entre ellos, que ahora son fichas de intercambio de prisioneros o herramientas para el chantaje terrorista, distingue a esta guerra de las que la han precedido. Hamás nunca se había atrevido a tanto, o, si lo había contemplado en algún momento, nunca lo había logrado llevar a cabo. En 2011, Benjamín Netanyahu intercambió a un soldado israelí secuestrado por más de mil prisioneros palestinos; ahora los secuestrados son muchos más, y además pueden ser y serán usados como escudos humanos, y eso le dificulta considerablemente la vida a Netanyahu, un primer ministro al que buena parte de los ciudadanos de Israel considera indeseable. No sólo eso: según he podido confirmar, buena parte de los ciudadanos lo culpa de la catástrofe de seguridad que acaba de ocurrir. Demasiado ocupado subvirtiendo la democracia de su país, intentando verdaderos golpes de Estado contra el Poder Judicial, Netanyahu no midió (porque nunca ha querido medir) el efecto que tendría en su sociedad la división, la polarización y el enfrentamiento que él mismo se encargó de sembrar. Durante meses, al parecer, los altos mandos militares le habían advertido de que las divisiones sociales y políticas estaban provocando una imagen de fragilidad que sus enemigos aprovecharían. Muchos reservistas, como se contó aquí en el mes de julio, se estaban rebelando contra el autoritarismo de su gobierno, contra sus agresiones a la democracia.

Habla un artículo de *Le Monde* de los videos que orgullosamente ha publicado Hamás: niños israelíes secuestrados y rodeados de niños palestinos que los hostigan; una mujer de ochenta y cinco años, rodeada de sus captores, sonriendo con la sonrisa inconsciente de la senilidad. Todo israelí, tenga la edad que tenga, del sexo o la proveniencia que sea, se ha convertido en objetivo militar de

Hamás, y los ataques del sábado son la encarnación más patente de esa degradación espantosa. Pero entonces aparece el ministro de Defensa israelí llamando a los palestinos «animales humanos», y podemos aventurar que en esta guerra se sembrarán las semillas de los ataques futuros. La degradación que ahora vemos viene de mucho atrás, y sólo augura degradaciones posteriores. Mientras no haya dos Estados, no hay razón para pensar que un día terminarán.

Treinta años hablando de Pablo Escobar
25 de octubre de 2023

En pocas semanas se cumplirán treinta años desde que Pablo Escobar, el narcotraficante más (tristemente) célebre de la historia, murió abaleado en los tejados de Medellín. Se había escapado dieciséis meses atrás de la cárcel La Catedral, construida según sus exigencias para que aceptara someterse a la justicia, y no era la única de las ironías el hecho de que se hubiera pasado los últimos años tratando de someter al país. Durante los dieciséis meses de su vida clandestina, mientras vivió escondido y hostigado por las fuerzas del Gobierno, las fuerzas de la DEA y los carteles enemigos, Escobar desató sobre la sociedad civil de mi país una campaña de terrorismo desesperado que marcó nuestras vidas, las vidas de mi generación, como nada más lo ha hecho.

El personaje de una novela mía recuerda una frase que se le atribuye a Napoleón Bonaparte: «Para entender a un hombre, hay que entender el mundo que existía cuando tenía veinte años». Pienso en mi generación entera: el mundo de nuestros veinte años era el de 1993, el de las bombas en los centros comerciales, el de los ciudadanos convertidos en objetivo militar azaroso y gratuito, y el de los vidrios de las ventanas cruzados con cintas blancas, para que no se convirtieran en esquirlas asesinas cuando una explosión los hiciera estallar. Era el mundo de vivir con miedo, el mundo en el cual todos conocíamos a una víctima de la violencia narcoterrorista, o a la familia de una víctima. El mundo en que la víctima estaba en nuestras familias: sí, era ese mundo también. Pues eran los días en que nadie estaba a salvo. Y eso siempre me ha servido para conocer a mi generación.

Con la muerte de Escobar se cerró una década de vida en Colombia cuya violencia no se parece a nada de lo que habíamos vivido antes, ni a nada de lo que hemos vivido después. Escobar lideró una organización terrorista que dejó unos cinco mil muertos y muchas más familias destruidas, y llevó su guerra a la sociedad civil de maneras inéditas. Yo tengo grabado en la memoria su diálogo con un lugarteniente durante una llamada intervenida, en momentos en que estaba o se sentía acorralado. «Tenemos que crear un caos muy berraco para que nos llamen a paz», dice allí. «Si nos dedicamos a darles a los políticos, a quemarles las casas y hacer una guerra civil bien berraca, entonces nos tienen que llamar al diálogo de la paz y se nos arreglan los problemas». En otra llamada: «Hay que darles a los políticos, a los militares que nos atropellen, a los jueces que nos atropellen, a los periodistas». Sí, yo he conocido a varios periodistas que salvaron sus vidas —huyendo del país, la mayoría— y conozco a los hijos huérfanos de los que no lo consiguieron. Y a los viudos o las viudas de políticos o jueces que murieron asesinados por el cartel de Medellín: a ellos los conozco.

Durante su paso por la escena pública colombiana, Escobar montó una mafia narcotraficante que lo convirtió en uno de los hombres más ricos del mundo (y no sé por qué, pero nadie recuerda esto sin añadir: según la revista *Forbes*), pero que además inyectó en una democracia más o menos estable el virus de la corrupción, e incluso trastornó para siempre el sistema de valores de la sociedad entera. Hoy, con la perspectiva de los treinta años transcurridos, me parece evidente que éste es su legado más duradero, aunque no sea para todo el mundo el más doloroso. La entrada de los dineros del narcotráfico en la sociedad colombiana trastocó su política, por supuesto, pero también el resto de la vida civil. Trastornó la Iglesia: Rafael García Herreros, un sacerdote influyente, decía que Escobar era «un hombre bueno al que quiero llevar al cielo», y le aceptaba donaciones costosas para sus proyectos de caridad. Trastornó su fútbol: todos recuerdan al otro Escobar, Andrés, asesinado por apostadores después de que la selección colombiana fuera eliminada de un mundial.

En unas líneas de *Noticia de un secuestro* que he citado más de una vez, García Márquez hace un diagnóstico preocupado que no tiene nada de ingenuo. Allí escribió: «Una droga más dañina que las mal llamadas heroicas se introdujo en la cultura nacional: el dinero fácil. Prosperó la idea de que la ley es el mayor obstáculo para la felicidad, que de nada sirve aprender a leer y a escribir, que se vive mejor y más seguro como delincuente que como gente de bien. En síntesis: el estado de perversión social, propio de toda guerra larvada». Yo creo que lo vio con lucidez. La mía siempre ha sido una sociedad de violencia fácil, y basta oír los cuentos de los abuelos para saberlo, pero el paso de Escobar la dejó convertida en un lugar distinto. Escobar no inventó a los sicarios, esos jóvenes sin futuro que matan por poco dinero, pero sí contribuyó generosamente a que bajaran las defensas de toda una sociedad ante el fenómeno. Lo digo bien: bajar las defensas. Eso es lo que sucede, creo yo, cuando una sociedad se ve impregnada por determinados fenómenos de violencia, de corrupción o de inversión de valores: el cuerpo social (o político) se vuelve menos capaz de rechazarlos, o, lo que casi siempre es lo mismo, más dispuesto a tolerarlos.

La conclusión no cambia: en estos treinta años, Escobar ha dejado de ser solamente un narcotraficante y un asesino, y se ha convertido en un personaje mediático. Goza desde hace tiempo de una cierta celebridad grosera, y un cóctel imbatible de estupidez, ignorancia ramplona y ceguera moral lo ha convertido en marca. Ahí está, en las peregrinaciones organizadas en su ciudad para turistas bobos. Ahí está, con su foto de presidiario recién fichado de los años setenta, en las camisetas que se venden por todas partes. Tengo que aceptar la repugnancia que esto me produce: no ya que alguien se gane unos billetes con la cara de un terrorista, sino que un descerebrado entregue esos billetes y luego se ponga la camiseta y salga con ella a vivir en público —en el metro de Madrid, por ejemplo— sin vergüenza visible. Y no se puede alegar ignorancia ni inconsciencia, porque la razón por la cual esa cara está en esa camiseta es la ubicuidad de las series que cuentan esa vida. Algunas —como la colombiana *El patrón del mal*— son intentos genuinos por comprender un momento histórico, y además lo exploran con rigor histórico y talento artístico; otras son de una ligereza que raya en el insulto, y en cada fotograma es evidente que ni siquiera se dan cuenta de ello.

He pensado en todo esto ahora, cuando faltan pocas semanas para que el nombre de Escobar vuelva a aparecer en los medios, porque podemos imaginar desde ya la cantidad de artículos o emisiones, actos de curiosidad o de frivolidad incluso, que lo traerán a nuestra memoria en estos días. Este, desde luego, es uno de esos artículos, y pido disculpas. Pero lo escribo con el objetivo de preguntarme en público cuánto tiempo se necesita para que la imagen de un asesino deje de ser ofensiva, o para que la vayamos blanqueando, neutralizando, convirtiendo en algo más tolerable dentro de nuestra insufrible cultura de la banalidad de la violencia, el entretenimiento constante y la insensibilidad socialmente aceptada, todo lo que constituye nuestra forma preferida de explorar el mundo.

La política de los supervivientes
5 de noviembre de 2023

Hace unos diez días, cuando escribí en este periódico acerca de la muerte de Pablo Escobar, de la cual se cumplirán treinta años en diciembre próximo, no se me ocurrió ni siquiera que pocos días después fuera a ser elegido alcalde de Bogotá el hijo de una de sus víctimas más conocidas o recordadas: Luis Carlos Galán. No seré el primero, supongo, en notar que Carlos Fernando Galán competía con Rodrigo Lara Restrepo, hijo de otro de los hombres asesinados por el cartel de Medellín durante esa década de horror que nos cambió para siempre. En cierto sentido, es con el crimen de Rodrigo Lara Bonilla como comenzó todo. La historia no suele respetar la cronología: así como el siglo XX comenzó en 1914 y terminó en 1989, la década de los ochenta en Colombia comenzó tarde, en abril de 1984, y terminó tarde también: en diciembre de 1993. Aunque en más de un sentido —nadie me lo tiene que decir— no haya terminado todavía.

Cada cierto tiempo me asaltan las imágenes de estos crímenes, porque forman parte de mi memoria, o de la memoria colectiva de varias generaciones entre las cuales está la mía. Cada cierto tiempo recuerdo el lugar de la calle 127 donde los sicarios de Pablo Escobar dieron alcance al Mercedes blanco de Rodrigo Lara, y recuerdo las imágenes de los vidrios destrozados a balazos, del asiento trasero manchado de sangre y de los dos libros abandonados allí como una metáfora de mala película: *Diccionario de historia de Colombia* y *Cadena perpetua*. Y cada cierto tiempo recuerdo, también, el video de la tarima de Soacha —que no he vuelto a ver para escribir esto que escribo—, con esos hombres de vestido y corbata, esas pancartas levantadas en la multitud, esa cámara inestable que trata de fijarse en algo, y luego el traqueteo de las ametralladoras y la secuencia inverosímil de los cuerpos que caen. «Y caí como un cuerpo muerto cae», escribe Dante en la *Divina comedia*: nunca he pensado en el crimen de Galán sin recordar ese verso. No sé cuántas veces he visto esas imágenes dolorosas, pero siempre lo he hecho sorprendido por lo que nos tocó vivir; y tengo miedo del día en que ese crimen grabado en video deje de sorprenderme o de entristecerme, porque eso querrá decir que la imagen me ha anestesiado.

Ésta es una de las formas de entender el país que nos ha tocado: la nuestra es una política de supervivientes. O de huérfanos, si se prefiere, y tendríamos que pararnos dos segundos a pensar qué dice esto de nosotros: qué dice de nosotros el hecho de que compitieran por la alcaldía de Bogotá los hijos de dos hombres asesinados, mientras en el partido de gobierno hay por lo menos tres congresistas valiosos —Iván Cepeda, María José Pizarro y María del Mar Pizarro—, que no sólo tienen en común la testaruda defensa de la paz, sino el ser hijos de hombres que murieron en la violencia. Pienso en ellos y se me ocurre que se habrán visto en cada sesión del Congreso con Enrique Gómez Martínez, sobrino de otro hombre asesinado, y también con Miguel Uribe Turbay, cuya madre murió asesinada por Pablo Escobar y el grupo de los Extraditables. Nuestras violencias se encuentran: los que tienen memoria recuerdan que Escobar, para secuestrar a Diana Turbay, le puso el señuelo irresistible de una entrevista con el cura Pérez, guerrillero del ELN; y la trampa tenía verosimilitud porque Turbay había entrevistado previamente a Carlos Pizarro. Este es el equipaje que llevan consigo nuestros congresistas cuando se dan cita en el Congreso.

Y éstos no son más que los primeros que me vienen a la memoria. ¿Qué dice esto de nosotros? ¿Qué implicaciones puede tener? Sí, la nuestra es una política de supervivientes. Es una política que se hace con dolor, o por lo menos con el fantasma del dolor pasado acompañándonos siempre y tal vez dándonos consejo. Esto se puede ver como una herencia y una responsabilidad, y también de maneras menos fructíferas, pero no puede no verse. Ya no debe de haber colombianos que no tengan a una víctima de nuestras guerras diversas entre sus conocidos, pero tendríamos que preguntarnos también qué pasa cuando las violencias pasadas forman parte de nuestras instituciones: cuando entran en ellas y las habitan con sus fantasmas. Es difícil recordarlo, pero hubo un tiempo en que no era así. Y es fácil imaginar, en cambio, un futuro próximo en que toda la política colombiana la hagan hombres y mujeres que han sido tocados por la violencia: los hijos y los sobrinos y los viudos e incluso los padres de los que han muerto asesinados en nuestro país de intolerancia extrema y de gatillo fácil.

Aunque tal vez peque yo por inocencia, o por falta de información: y ese futuro ya esté aquí.

La testosterona y sus metáforas
15 de noviembre de 2023

Patricia Lara publicó hace unos días, en su columna de *El Espectador*, una conversación que habría merecido mayores discusiones, pero que en Colombia, cuya realidad inasible nos tira a la cara un problema nuevo cada doce horas, se perdió en medio de asuntos que parecen más urgentes. Su interlocutora era la periodista Alejandra de Vengoechea, y la conversación comenzaba con una frase sugerente, por decir lo menos: «¡Qué cansancio la testosterona gobernando el mundo!». Y hacía un inventario rápido de los hombres cuyas decisiones han causado sufrimientos incontables en los últimos meses y amenazan —éstas ya son mis palabras, no las de las periodistas— con lanzarnos a tiempos aún más oscuros, de sufrimientos aún mayores. Hamás, Putin, Netanyahu, los ayatolás de Irán: a todos estos personajes, artífices de nuestras violencias presentes, la conversación de las periodistas oponía el nombre de Jacinda Ardern, la primera ministra de Nueva Zelanda, cuyo manejo de momentos de crisis —y tuvo varios, aun en un país alejado y pequeño: una prueba más de que ya no hay países alejados ni pequeños— nos pareció a tantos francamente maravilloso.

Me apresuro a decir que Nueva Zelanda es, en este mundo nuestro, un país ejemplar, y eso lo facilita todo: hay países, sencillamente, donde es más fácil la cordura. Sólo he estado allá una vez, en la ciudad de Wellington, pero me bastaron unos pocos días para comprender que hay algo especial en Nueva Zelanda: fue el primer país del mundo, si mal no recuerdo, en reconocer los derechos de sus pueblos aborígenes (lo hizo en el siglo xix, cuando nadie le hubiera exigido una cosa semejante a un gobierno de colonizadores), y sus conversaciones cívicas —en derechos de los inmigrantes, en libertad religiosa, en ecología, hasta en rugby— dejan entrever una cultura democrática envidiable. Pero eso no importa: sobre todo en tiempos de redes sociales, no hay problema pequeño ni sociedad totalmente sensata, y los que le tocaron a Jacinda Ardern —el ataque a las mezquitas de Christchurch en 2019 y el virus de la covid meses después— habrían supuesto un reto mayúsculo para cualquiera. Y sí: el manejo que Jacinda Ardern les dio a los dos incidentes, muy diferentes en duración y en implicaciones políticas, fue tan sensato y responsable que rápidamente surgió una conversación entre nosotros: cuando se habla de gobierno, ¿es posible que las mujeres lo hagan mejor?

Hace unos diez años, en un foro público, me atreví a sugerir que así es: que el mundo iría ligeramente mejor si mandaran las mujeres, o si mandaran con más frecuencia. Hace diez años no se había puesto de moda el feminismo oportunista o de última hora —ni su corolario predecible: la misoginia irritada—, de manera que eso lo dije sin preocuparme por las modas. Diez años después, lo sigo pensando: al contrario de lo que dicta la historia, el poder político está mejor en manos de las mujeres. Pero no sólo el político: también el económico puede ser parte de esta conversación. Por esos días sufríamos todavía las consecuencias de la crisis de 2008, y ahora, con los elementos de que disponemos —y tras docenas de películas, documentales, libros y artículos periodísticos que se han publicado sobre el tema—, me parece diáfano que aquella debacle tuvo mucho que ver con cierta masculinidad, o cierta forma de ejercer la masculinidad, que pasa por comportamientos de riesgo más propios de un adolescente sin córtex prefrontal. No recuerdo donde leí las declaraciones de una víctima del estafador Bernie Madoff: «No habríamos perdido todo si Bernie hubiera sido Bernadette». La frase tiene algo de humorada, por supuesto, pero hay que mirarla de cerca.

En esos días, la crisis financiera se había llevado por delante la economía entera de Islandia, y todo el mundo sabía dónde estaban las causas: en una cultura bancaria del riesgo imprudente que quiso poner al país —con sus 300.000 personas— a competir en el tanque de tiburones del mundo financiero. En todas partes del mundo, esta admiración de los irresponsables y de los ambiciosos, tan tristemente masculina, ha tenido consecuencias nefastas; en Islandia acabó con los tres bancos principales y lanzó al país a una catástrofe de la cual muy bien habría podido no salir nunca. No quisiera frivolizar con el asunto, pero lo que pasó entonces fue muy sencillo: las mujeres llegaron a limpiar el desorden que los hombres habían dejado. Las posiciones de poder que abandonaron los desprestigiados líderes fueron ocupadas por una generación de mujeres economistas de cuarenta años para arriba, y el primer ministro fue reemplazado por una mujer lesbiana que tenía entonces poco menos de setenta años: Jóhanna Sigurðardóttir.

Nuevamente: no recuerdo dónde leí (éste podría ser un artículo sobre la gente que lee demasiados periódicos y luego es incapaz de recordar de dónde salen sus informaciones) acerca de una economista que había fundado un nuevo fondo de inversión con valores distintos: prefería la prudencia al riesgo, por ejemplo, y no se avergonzaba de llevar a cabo investigaciones «emocionales» en las empresas en las que invertía. Si no recuerdo mal, hablaba de *due diligence* emocional: saber cómo es la cultura financiera de la compañía: mirar a la gente, no sólo sus números. Eran prácticas que tenían algo de revolucionario entonces. Pero dieron resultado: en cuestión de cinco años, Islandia había salido totalmente de la crisis. Habrá que ver qué relación directa hay entre una cosa y la otra.

Nadie me tiene que señalar la existencia de las Marine Le Pen o las Giorgia Meloni de este mundo, o de nuestras inefables representantes locales de la extrema derecha más destemplada y colérica, o del más tonto populismo de izquierda aquí y en América Latina: eso existe en todas partes. Pero no estoy seguro de que esos casos puntuales invaliden la conversación que propuso Patricia Lara. Hay formas de la irresponsabilidad hacia los otros, del riesgo inescrupuloso, de la violencia evitable, de la falta de empatía o del franco matoneo que tienen mucho que ver con cierta cultura machista, o cierto machismo cultural. Y no estoy hablando sólo de los políticos que amenazan a otro con «darle en la cara, marica», o que le gritan a otro que «sea varón», o que se jactan de agarrar a las mujeres por la vulva y luego son premiados con la presidencia de Estados Unidos. O tal vez sí: tal vez sí estoy hablando de ellos también, aunque esos comportamientos de patio de colegio, de aprendiz de pandillero o de acosador de vestier no pertenezcan al mismo orden de las guerras que están cambiando nuestro mundo para siempre. Pero sí es verdad que dicen mucho de nosotros y nuestras sociedades: de lo que somos, de lo que toleramos, de lo que admiramos.

El mal pasado de América Latina
22 de noviembre de 2023

Los latinoamericanos nos hemos puesto de acuerdo en muy pocas cosas. El nuestro ha sido un continente dividido sin remedio desde siempre, pues en el espíritu de estos países han cohabitado desde el comienzo el afecto hacia los militarismos de toda laya, por un lado, y, por el otro, la admiración por las revoluciones que quieren echarlo todo abajo y construir un mundo nuevo. Ya saben ustedes: los sables y las utopías. Los dos fantasmas han estado allí desde el comienzo, como digo, pero reencarnaron de manera dramática en los tiempos de la Guerra Fría, ese medio siglo de países que se alineaban o se negaban a hacerlo, de lealtades trazadas por la ideología del gobierno de turno, de ineluctables temperamentos nacionales. Y por todo esto digo que nos hemos puesto de acuerdo en poca cosa: las viejas ideas liberales y conservadoras, el barro con el cual se modelaron nuestras primeras constituciones, se han modificado con el paso de los años, pero sólo para asumir disfraces nuevos. Por eso tenemos a veces la impresión de estar caminando en círculos.

A veces, sin embargo, hemos estado de acuerdo en algo, o por lo menos lo hemos fingido. Y una de las cosas que concitaban nuestro consenso era el repudio de las dictaduras militares que los demás llamamos del Cono Sur: en particular, la de Pinochet y la de Videla. Hace un par de meses, sin embargo, me pareció detectar que algo estaba cambiando en esas humildes certezas. Se conmemoraron los cincuenta años del ataque de los golpistas chilenos al Palacio de La Moneda, y a lo largo y ancho de América Latina se habló en todos los tonos del golpe, del dictador Pinochet, de las 2.300 víctimas del informe Rettig (que contó a los asesinados por la dictadura) y las 27.000 del informe Valech (que contó a los secuestrados y torturados por el régimen); y en medio de estas discusiones y estos lamentos surgió en nuestras conversaciones la revelación inverosímil de que nada de esto basta: nada de esto basta para que nos pongamos de acuerdo en la condena sin ambages de lo sucedido. Es decir, todavía hay quienes elogian a Pinochet o reivindican su legado, o lo consideran un estadista, o minimizan la gravedad de su dictadura asesina.

Pues bien, el pasado domingo los argentinos eligieron, y no por poca diferencia, a un hombre para el cual la dictadura de 1976 —con sus centros de exterminio, sus secuestros y torturas, sus bebés robados, sus decenas de miles de desaparecidos y sus vuelos de la muerte— fue un régimen que cometió «algunos excesos». La vicepresidenta que lo acompañó, por su parte, es una mujer para la cual la dictadura fue una «guerra de baja intensidad» en la cual el Estado se defendió del terrorismo; y ha prometido multiplicar el presupuesto militar mientras Milei recorta (sí, con motosierra) todo lo demás: las ayudas sociales, la educación pública, la sanidad. Hay muchas razones por las que la decisión de los argentinos es triste y preocupante. Yo puedo pensar en lo que dice de nuestro momento la elección de un hombre abiertamente violento, insolidario, incapaz de hablar sin echar mano del insulto o del improperio, mentiroso con descaro, ignorante hasta la ostentación e inseguro hasta la lástima; sobre todo esto se puede hablar, y muchos más calificados que yo lo han hecho ya. Pero también habría que preguntarnos si la elección de Milei no significa también la lenta desaparición de ese consenso básico sobre los horrores de la dictadura militar y el lamentable deterioro de nuestra voluntad, como sociedades democráticas, de que no se repitan jamás.

La extrema izquierda suele prometer un mejor futuro; de unos años para acá, me parece claro que la principal promesa de la extrema derecha es un mejor pasado. Make Argentina Great Again, promete Milei, y echa mano de la riqueza de comienzos del siglo XX antes de empezar a justificar ladinamente la dictadura militar. Algo parecido está pasando en muchas partes. Es más: este rompimiento con la condena de un pasado violento puede ser una de las señas de identidad de la nueva ultraderecha. Los memoriosos recordarán a Bolsonaro, por ejemplo, y su reivindicación insistente de las dos décadas de dictadura de Brasil. «Es mentira que fuera una dictadura», dijo alguna vez sobre aquel régimen que encarceló a sus opositores en cárceles secretas y asesinó o desapareció a unas quinientas personas, y en otro momento dijo que el error de los militares había sido torturar a sus prisioneros en vez de matarlos. El golpe de

Estado de 1964 también es un hijo de la Guerra Fría, por supuesto, o un resultado del anticomunismo norteamericano que se había convertido en paranoia desde la Revolución cubana. Y los golpistas recibieron el apoyo inequívoco de Estados Unidos: la Operación Brother Sam incluía combustible para ellos, la intervención de aviones de apoyo y de combate y un portaviones que salió de Virginia, listo para entrar en acción. Pero nada de eso se llegó a usar, pues la defenestración del presidente Goulart resultó más fácil de lo que pensaban muchos.

No sé si estos casos —el Brasil de Bolsonaro, cierto sector de la política chilena y la Argentina de Milei— se puedan englobar bajo el rótulo de negacionismo, inverosímil apología o mera nostalgia. Pero a estas alturas no parece exagerado decir que se trata de un síntoma de algo más profundo. (Aunque no quiero tampoco que alguien me recuerde la escena famosa de *Cuando Harry encontró a Sally*: Harry le cuenta a su amigo que su mujer le está poniendo los cuernos, el amigo le dice que la infidelidad es solamente un síntoma de que algo funciona mal, y Harry contesta: «Pues ese síntoma se está tirando a mi esposa»). Sea como sea, me parece evidente que hay un patrón en estos países nuestros: el acercamiento de los gobiernos al socialismo en un ambiente de paranoia contenida, a veces con la participación de grupos armados que no sabían lo que estaban sembrando; la reacción violenta de los diversos anticomunismos, mezcla de odios feroces que no eran ajenos a la religión y que tomaron la forma de Estados represores y aun terroristas; y luego, durante décadas, el intento que han hecho nuestras sociedades por cerrar las heridas, las mil heridas abiertas. Ésta ha sido nuestra dialéctica implacable.

Lo que resultaba menos predecible, por lo menos para los que no teníamos una bola de cristal, era nuestro clima presente y simultáneo de justificación de lo injustificable, de relativismo sin vergüenza, de revisionismo histórico que amenaza con romper aún más nuestras sociedades rotas. Hay una lectura de América Latina que puede hacerse con un inventario de palabras que se ponen con mayúscula pero que no deberían tenerla: Comisiones de la Verdad, por ejemplo, o leyes de Punto Final. Son todos testimonios de los esfuerzos que se han hecho en estos países por cerrar sus capítulos más oscuros, por encontrar a los responsables del dolor de tantos y llevarles a las víctimas un alivio que sólo puede ser simbólico. La lección, si es que se puede sacar una lección de todo esto, es que nunca se cierra nada: la violencia no sólo engendra más violencia, según el lugar común que es implacablemente cierto, sino que envenena nuestra relación con el pasado. O, por mejor decirlo, la violencia tiene un talento misterioso para no quedarse nunca en el pasado: para volver siempre, convertida en otra cosa, encarnando en otros monstruos.

Vista del lugar del crimen
30 de noviembre de 2023

El año pasado, a finales de octubre, pasé tres días presurosos en la ciudad de Dallas, uno de esos lugares en los que parece que sólo ha ocurrido una cosa. Así como Alcalá de Henares es el lugar donde nació Cervantes e Hiroshima es el lugar donde cayó la bomba atómica, Dallas es para muchos de nosotros la ciudad donde mataron a Kennedy. (Para otros es también una telenovela de hombres de sombrero blanco y alma negra: pero no para mí). He vuelto a pensar en mi breve viaje ahora, pues se acaban de cumplir sesenta años de ese asesinato que sigue incomodándonos como el primer día. O incluso más: pues desde el 22 de noviembre de 1963 se han publicado toneladas de reportajes y novelas y kilómetros de películas y series que tratan de explicar, iluminar o dar una teoría sobre los hechos, y sin embargo la verdad profunda sigue escondida. Es muy posible que lo siga estando para siempre: cuando un crimen tan público pasa tantos años bajo la luz de tantos reflectores sin que sepamos nada nuevo, adquiere la categoría de mito, y ya no importa que se sepa o no la verdad. Es más: se forma en las sociedades una suerte de conciencia colectiva a la que deja de importarle la verdad, porque el mito es más importante. En cierto sentido, eso es lo que le ha pasado a Kennedy.

Borges lo vio con claridad. En un texto de *El hacedor*, «In memoriam JFK», dedica unas líneas a la bala que mató a Kennedy. Escribe: «Esta bala es antigua. En 1897 la disparó contra el presidente del Uruguay un muchacho de Montevideo, Arredondo, que había pasado largo tiempo sin ver a nadie, para que lo supieran sin cómplices. Treinta años antes, el mismo proyectil mató a Lincoln, por obra criminal o mágica de un actor, a quien las palabras de Shakespeare habían convertido en Marco Bruto, asesino de César». Una transcripción de esa página estuvo colgada en mi lugar de trabajo mientras escribía *La forma de las ruinas*, una novela convencida de que esa triste mitología de los crímenes —que va de Julio César a Kennedy— hizo dos paradas en Colombia:

una es el asesinato de Rafael Uribe Uribe en octubre de 1914; la otra, el de Jorge Eliécer Gaitán, el 9 de abril de 1948. Las hachuelas con las que Galarza y Carvajal mataron a Uribe Uribe y las tres balas que le disparó a Gaitán Juan Roa Sierra forman parte de la misma reencarnación de las armas asesinas: las armas de los magnicidios, como solemos decir en este país nuestro que ha conocido varios.

El personaje de mi novela, Carlos Carballo, está convencido de que hay coincidencias misteriosas entre el asesinato de Kennedy y el de Gaitán, y es difícil para mí contradecirlo. Desde luego que hay gente más vulnerable que otra a las coincidencias banales: que los dos crímenes hayan ocurrido un viernes; que los dos hayan ocurrido alrededor de la una de la tarde, con pocos minutos de diferencia. Menos banal es que los dos hayan sido asesinados por hombres que supuestamente actuaban por su cuenta —lobos solitarios, o *lone wolves*, que es como los llama la costumbre norteamericana—, y que los dos asesinos, Juan Roa Sierra y Lee Harvey Oswald, hayan sido asesinados después de haber cometido su crimen: Roa Sierra inmediatamente, linchado por la multitud enardecida, y Oswald dos días después, cuando un mafioso de segunda le descerrajó un tiro a pocos pasos de distancia. Sea como sea, un rasgo más los une ineluctablemente: tanto el crimen de Gaitán como el de Kennedy siguen siendo lugares oscuros de nuestras psicologías nacionales, misterios sin resolver, traumas sociales y políticos que no nos dejan en paz; sobre todo, siguen provocando teorías de la conspiración y alimentando la intuición de que la historia oficial de nuestros países puede no sólo mentir, sino imponer abusivamente su mentira.

De manera que hace trece meses, cuando surgió ese viaje a Dallas, supe que pasaría por el escenario del crimen. Quería ver la plaza Dealey, que me pareció mucho más pequeña —casi íntima, a pesar de sus espacios abiertos— de lo que parece en las pantallas: en los incontables documentales que he visto y en la película de Oliver Stone. Quería subir al sexto piso y asomarme a la ventana de la esquina que da al suroriente, por la cual se asomó Lee Harvey Oswald para disparar su tiro maestro, y tratar de ver lo que él vio, como hizo Don DeLillo durante las quinientas páginas de una novela extraordinaria: *Libra*. Ahora el sexto piso es un museo, pero no me sorprendió del todo ver que la esquina de la ventana está cerrada al público, o protegida por dos paredes de vidrio que la convierten en una habitación aparte. Los curadores la han llenado, esta habitación, con falsas cajas de libros como las que existían allí mismo el día del crimen. Lee Harvey Oswald, según la versión oficial, se acomodó entre ellas, armó su rifle y disparó.

Esa bala —la que había disparado Arredondo contra el presidente de Uruguay, la que disparó contra Lincoln su asesino— le atravesó el cuello a Kennedy e hirió al gobernador de Texas, que ocupaba el asiento delantero. Las teorías de la conspiración la llaman «la bala mágica», pues tendría que haber hecho movimientos imposibles para herir a los dos hombres como los hirió. Luego vino un segundo disparo, que le destrozó el cráneo a Kennedy y provocó uno de los momentos más dramáticos y conmovedores de la historia filmada: el momento en que Jackie Kennedy, impecablemente vestida de rosa, se encarama a la parte trasera de la limosina descapotable para recoger los pedazos de hueso y de cerebro que han saltado tras el balazo. Es una reacción irracional e impulsiva que siempre me ha causado fascinación: ¿estaba Jackie Kennedy consciente de que su marido había muerto y quería rescatar sus restos? ¿Creía con alguna parte del instinto que los médicos podrían usarlos después, en la sala de cirugía, para salvarle la vida al herido?

La escena se repite en una pantalla del museo, allá arriba, en el sexto piso del famoso depósito de libros desde cuya ventana disparó Oswald. Es el video de Zapruder, que algunos hemos visto tal vez demasiadas veces. Yo lo vi esa mañana: dos, tres, cuatro veces. Luego me asomé a la calle por la ventana, pero no por la que usó Oswald, que es inaccesible, sino por otra del mismo costado, más alejada de la esquina del edificio. Y es muy difícil mirar la calle desde allí sin pensar que todo es muy extraño, porque yo estaba detrás del lugar que habría ocupado Kennedy, y Oswald habría estado aún más atrás de donde estaba yo; y sin embargo el video de Zapruder muestra claramente que la cabeza de Kennedy sale impulsada hacia atrás, y es detrás de su cuerpo donde quedan los pedazos de cráneo y de cerebro que Jackie trata de recuperar. Allí, mirando la plaza Dealey desde el sexto piso del depósito de libros, pensé que la física es terca, pero no es más terca que el informe de la comisión Warren: en sus páginas se dice que la cabeza de Kennedy salió impulsada hacia atrás, pero no por un disparo que viniera de adelante, sino por el espasmo muscular que le causó el disparo de Oswald.

Supongo que es posible. Las teorías de la conspiración se las dejo a Carlos Carballo.

Formas de llamar un crimen
27 de diciembre de 2023

El comunicado de «Antonio García», que los colombianos conocimos en días pasados, es un termómetro inmejorable de todo lo que se ha roto en Colombia después de sesenta años de enfrentamientos con esas guerrillas antediluvianas. En una veintena de párrafos inverosímiles, el comandante niega de plano que su guerrilla se haya comprometido a no secuestrar, y sugiere que dejará de hacerlo sólo cuando se le asegure su financiación; pero lo más lamentable no es ni siquiera eso, sino la naturalidad con la que se refiere a un crimen de los más atroces, de los más deleznables, que hayan marcado esta guerra nuestra. Ya no hay que recordar siquiera que en el lenguaje de la guerrilla no existe el secuestro: se llama «retención con fines económicos», uno de los eufemismos que engordan el diccionario donde se encuentran también los «falsos positivos» y los «homicidios colectivos». Nunca es fácil descubrir qué viene primero, si el deterioro moral de una sociedad o el deterioro de su lenguaje, pero aquí están estas perlas, síntomas del infierno al que nos han arrastrado los actores de esta guerra.

Para el comandante del ELN, instalado firmemente en su realidad particular, la condena del secuestro es un invento de los medios de comunicación. Luego ha salido el Gobierno nacional a decir que no va a entrar en una discusión pública sobre estos temas, pues «los acuerdos son claros y están por escrito», según leo en un titular: cuando lo evidente es que, si el comandante de la guerrilla se permite estas palabras, es porque las cosas no están tan claras, aunque estén por escrito. Supongo entonces que le corresponde a la sociedad civil, sea lo que sea eso, encontrar la manera de responder que no es cierto lo que dice el comandante guerrillero: que el repudio del secuestro no es un invento de los medios, sino una de las pocas cosas en las que esta sociedad desorientada, donde la mitad se ha acostumbrado a justificar los crímenes que afectan solamente a la otra mitad, parece estar más o menos de acuerdo. Le tocará a la sociedad civil, repito, decir que lo que el artículo de marras llama «retenciones con fines económicos» es lo mismo que el informe de la Comisión de la Verdad llama «una muerte suspendida en el tiempo», y que las palabras de la Comisión describen mejor la realidad que las del comandante.

Es más: puesto a hacer recomendaciones inútiles, me permito recomendar (no sé muy bien a quién: a todo el mundo, tal vez) la lectura de ese documento. Allí se cuenta cómo la guerrilla de las Farc, que durante años negó el impacto del secuestro, comenzó a reconocerlo después de un encuentro con las víctimas de sus propios horrores en un espacio creado por esa Comisión que cierta derecha colombiana tanto ha denostado. Y se cuentan otras cosas que pueden ser valiosas para las negociaciones de paz que marcarán el año que viene. «El secuestro no tiene fecha de vencimiento», dice en ese informe una de las 50.000 personas que lo han padecido desde 1990. «El secuestro no se acaba el día de la liberación. El secuestro es una realidad que se vuelve genética —si se quiere, del secuestrado— y que va a cambiar totalmente su manera de ser, su manera de ver la realidad, de comunicarse». El secuestro no es una realidad transitoria: se queda para siempre. En ese sentido decimos que destroza una vida. Cuando «Antonio García» escribe sobre sus «retenciones con fines económicos», «¿habrá mirado a los ojos a los secuestrados? ¿Habrá oído sus palabras?

Yo creo que no, pero eso no importa. Lo más llamativo de todo este asunto es que eso sea necesario: que a estas alturas del partido se esté debatiendo en Colombia sobre la justificación de una práctica tan injustificable como el secuestro; y que algunos señalen que la guerrilla tiene otros medios de financiación, no sólo éste, como si eso fuera lo que hace que el secuestro sea abominable; y que el mismo comandante de la guerrilla haya aclarado, tras el secuestro del padre de un futbolista, que había sido un «error» en vez de un nuevo caso de un crimen monstruoso; y que un funcionario del Gobierno haya dicho hace unos meses, sin que se le moviera una ceja, sin que pareciera darse cuenta de los abismos éticos que se abren bajo sus palabras, que es necesario asegurarle el sustento a la guerrilla, si les vamos a pedir que dejen de secuestrar; y que estemos recordando que a fin de cuentas la guerrilla no tiene «derecho» a secuestrar, pues se lo prohíben las reglas del Derecho Internacional Humanitario. El jurista Rodrigo Uprimny tuvo que escribir hace unas semanas una columna entera para probar que el Derecho Internacional Humanitario sí prohíbe el secuestro. Muchos le agradecimos la columna, pero la conversación misma debería llenarnos de preocupación, por no decir de vergüenza.

Sin embargo, ésta y otras conversaciones son posibles en Colombia, donde ha habido durante años una emisora de radio dedicada al secuestro, o creada con el único fin de que las familias destrozadas de los secuestrados puedan mandar mensajes de cariño a los secuestrados, y donde no hay un solo ciudadano que no haya conocido de cerca o de lejos este crimen infame. Nos hemos acostumbrado a hablar de una práctica que destroza vidas, que hiere y traumatiza, que deja a sus víctimas marcadas para siempre. Nos hemos acostumbrado al paisaje del dolor, al daño y al sufrimiento como ruido de fondo, incluso al hecho de que tantas palabras —«secuestro» es una de ellas, pero no es la única— dejen de nombrar realidades humanas (o inhumanas, para ser precisos).

Es lo que pasa en la convivencia con la guerra, que nos deshumaniza en más de un sentido: no sólo porque vuelve a algunos incapaces de reconocer el sufrimiento que causan, como le sucede al comandante del ELN, sino porque hace de algo intolerable algo corriente para toda la sociedad. Yo entiendo que nuestra capacidad para la conciencia del dolor ajeno sea limitada: de otra forma enloqueceríamos. Pero a veces hay que abrirse paso a través de las palabras, sobre todo cuando las palabras quieren engañar o distorsionar, y tratar de ver a los seres humanos que las palabras describen. El secuestro es inhumano, incluso si lo llamamos de cualquier otra forma. Eso es lo único que hay que saber. Lo demás es retórica, y de eso los colombianos hemos tenido demasiado.

Las cosas de los que se han ido
6 de enero de 2024

La fotógrafa venezolana Fabiola Ferrero, que ha explorado con sus fotos la debacle de su país, me habló hace unas semanas de Mairín Reyes, y desde entonces no he podido sacarme esa anécdota escueta de la cabeza. Esta mujer se gana la vida visitando las casas que sus compatriotas venezolanos han dejado atrás al irse del país: son familias de clase media, por lo general, que salieron en su momento de Venezuela con la convicción o la esperanza del regreso, y no cerraron su vida pasada, sino que conservaron sus propiedades y creyeron que un día volverían a ellas. Miles, decenas de miles, hicieron lo mismo; miles creyeron lo mismo también. Con los años se dieron cuenta, sin embargo, de que el regreso a su país destrozado era imposible, y es entonces cuando llaman a Reyes y le piden que se haga cargo. Ella visita las casas abandonadas después de muchos años, y hace un catálogo detallado de las cosas: de todas las cosas, desde un llavero para puertas que ya no existen hasta los álbumes con las fotos de los abuelos inmigrantes, esos italianos —es un ejemplo— que llegaron a principios del siglo XX para buscarse una vida mejor.

Cuando ya ha terminado una tabla de Excel, Mairín Reyes habla por videollamada con la familia que ya no volverá y pregunta por el destino de cada una de las cosas: regalarla, donarla, venderla, tirarla a la basura. Su método es estricto. Organiza ventas de garaje para rescatar algo de dinero de la catástrofe, y hasta puede que se encargue también de la venta de la casa. Fabiola Ferrero ha fotografiado esas ventas, esas copas de cristal que tal vez valgan algo todavía, ese dinero olvidado que es lo que menos vale. En una de sus fotos, rodeado de penumbra, se ve un cajón oscuro en el cual relumbran las monedas. Al parecer, todas las casas tienen un lugar semejante: un cajón donde se guardaban las monedas por el principio inviolable de que el dinero no se tira, hasta que las crueldades de la hiperinflación terminaban por dejarlas sin el más mínimo valor. Entonces se quedan atrás, objetos desprovistos de poder alguno, y tal vez algún día valgan como curiosidades; pero dudo mucho que lleguen a coleccionarse como se coleccionan los viejos billetes cubanos que el Che Guevara, director del Banco Nacional de Cuba, solía firmar en los albores de la Revolución.

He contado muchas veces en privado lo que cuento aquí, y cada vez me pregunto por qué me ha impresionado tanto el oficio de Mairín Reyes —al mismo tiempo práctico y emocional, notarial y melancólico—, más allá de la precisión sin melodrama con que ilumina las vidas individuales contrariadas por las fuerzas de la política. No es algo infrecuente en la América Latina de los últimos años. No puedo no pensar, por ejemplo, en lo que ha contado varias veces el escritor Sergio Ramírez, que también ha sido expulsado de su país: no por culpa de una economía destrozada por la corrupción, la incompetencia y el populismo desquiciado, sino por la persecución implacable de un déspota que lo ha tenido siempre entre ojos. A finales de 2021, Sergio Ramírez se enteró de que el régimen de Daniel Ortega preparaba su arresto —inventando sus acusaciones absurdas, echando mano de esos delitos que sólo existen en las dictaduras—, y tuvo que salir de su casa y de su país de un día para el otro. Lo dejó todo atrás, pero lo que más le dolió fue su biblioteca enorme, esos miles de volúmenes que son la biografía sentimental de un escritor: *La comedia humana* que le compró a un librero de Clermont-Ferrand, y que sus amigos llevaron a Nicaragua durante varios meses de viajes privados; los libros firmados con dedicatorias irrepetibles por colegas que ya han muerto; el ejemplar especial del *Quijote* para el cual hizo construir un atril de madera que le acababan de entregar cuando tuvo que huir al exilio. Desde entonces, el dictador Ortega no lo ha dejado en paz: no sólo le ha robado su casa, sino que le ha quitado la nacionalidad nicaragüense y hasta ha anulado su título universitario, pero de nada habla Sergio Ramírez con tanta melancolía como de sus libros perdidos.

Un reportaje de Al Jazeera contaba por estos días la historia de Yasser, un profesor universitario del norte de Gaza, que escapó hacia el sur al tercer día de la guerra, dejando atrás una casa que le tomó quince años construir. Al volver, tan pronto como lo permitió el cese al fuego, la encontró convertida en escombros; y desde allí, desde las ruinas de cemento y vigas de hierro, hablaba de lo que le había pasado. Otros como él daban sus declaraciones frente a las cámaras, siempre desde los lugares que fueron los suyos, sentados sobre los restos de la destrucción, frente a un fuego improvisado en una lata. «Perdí todos mis libros», dice un niño de once años, «y me hace falta mi cama». Su padre, o un hombre que debe de ser su padre, describe el lugar para la cámara, y sin apenas mover las manos, más bien con ligeras indicaciones de la cara, va diciendo: «Ahora estamos en la cocina. Eso era la nevera, eso era el horno». El reportaje no nos ahorra el cliché de la muñeca rota en medio de los restos, y a mí, por lo pronto, me alegra que no lo haga: nos corresponde a nosotros imaginar (o intentar hacerlo) la vida que no hemos visto, la vida que está detrás de la imagen vista tantas veces.

Nadie puede saber de verdad, si no lo ha vivido, lo que es dejar atrás las cosas cuya presencia da forma a una vida. Puedo abrir nuevamente el cajón de los clichés y decir que cada cosa es una memoria, y no por manida la idea es menos cierta: el problema de los clichés es que lo son por haber sido verdades muchas veces con anterioridad. Pero el asunto va más allá de eso, como lo intuye cualquiera, pues las cosas abandonadas significan desplazamientos humanos que nunca son voluntarios, aunque en algunos casos parezcan decisiones que se toman; la realidad es que son vidas que alguna fuerza más o menos irresistible ha expulsado de algún lugar, y en eso nuestro siglo, todavía tan joven, ya es horrendamente pródigo. Hace unos meses, leyendo el Informe final de la Comisión de la Verdad, que es el documento encargado de hacer el balance del conflicto colombiano (pero «balance» es una palabra hipócrita), me encontré con la cifra espeluznante de 730.000 desplazados por la violencia, y me costó una fracción de segundo caer en la cuenta de que la cifra era la de un solo año crítico. Fueron millones a lo largo de décadas, como son ya millones los venezolanos que han emigrado, como son millones también los hombres y mujeres y niños anónimos que las guerras de este siglo han condenado a una vida distinta de la que escogieron o planearon. Ese desarraigo brutal está ocurriendo en todas partes, con distintos carices y magnitudes distintas, a veces en la intimidad y a veces en grandes escenarios, a veces a individuos que conocemos y a veces a multitudes sin rostro, y un día sólo quedará, como noticia de esas vidas, el rastro de sus cosas abandonadas.

La promesa de un mejor pasado
30 de marzo de 2024

El debate sobre el pasado y la memoria —que no son la misma cosa— o sobre la historia y la memoria histórica —que también son cosas muy distintas— ha vuelto a la superficie recientemente en España. Ocurre cada cierto tiempo, de distintas formas y con distintas intensidades, pero yo no recuerdo un solo momento de este siglo en que estas tensiones no hayan estado presentes entre los ciudadanos: la ley de memoria histórica, sin ir más lejos, cumplirá diecisiete años en unos meses. Ahora se trata de la embestida que los partidos de la derecha llevan a cabo en ciertas comunidades contra la Ley de Memoria Democrática, que no ha cumplido dos años todavía. No hay nada nuevo en ello: los políticos siempre han querido apropiarse del pasado. Pero tengo la impresión confusa de que ese interés en dominar nuestro pasado común, lo que llamamos *historia*, ha cambiado de naturaleza en los últimos tiempos, a veces permitiéndose atrevimientos que a los memoriosos —no somos muchos, por desgracia— nos parecen salidos de viejos manuales que creíamos superados. Y acaba uno recordando una vez más, y con algo de cansancio, el manoseado refrán de *1984*: «Quien controla el pasado, controla el futuro. Quien controla el presente, controla el pasado». Sí, Orwell lo sabía bien, o lo sabían las autoridades de su dictadura ficticia.

Siempre me ha gustado la coincidencia banal entre la publicación de la novela y un episodio breve de la historia colombiana, y no me resisto a anotarla aquí. Por esos años, Colombia se hundía en un estallido de violencia política sin precedentes —y esto dicho de un país que ya cargaba a sus espaldas más de un puñado de guerras civiles—, y los dos grandes partidos empezaron a negociar para acabar como fuera posible con la guerra partidista. Para las siguientes elecciones, en las que se definiría la suerte de ese país estremecido, el Partido Liberal proponía a Darío Echandía, un liberal moderado que había sido presidente designado en otros momentos críticos; pero pocos meses después, mientras caminaba por las calles de Bogotá como parte de una manifestación de liberales, Echandía fue víctima de un atentado. Sobrevivió, pero murió su hermano. Al día siguiente retiró su candidatura, y de todo el episodio quedó para la historia su frase melancólica: «¿El poder para qué?». Esto ocurrió en 1949. La novela de Orwell, publicada ese mismo año, contenía una posible respuesta. El poder para esto, señor Echandía: para controlar el pasado. Pues quien controla el pasado, controla el futuro.

Así es: el poder político es, entre otras cosas, la capacidad de imponer en una sociedad determinada una versión de la historia. Siempre ha sido así, como digo, pero fueron los totalitarismos del siglo XX los que mejor lo entendieron, o los que más jugo le sacaron. Lo que ha cambiado en tiempos recientes es, acaso, la facilidad con que lo hacemos o lo podremos hacer. Stalin tuvo que usar una técnica audaz y complejísima para eliminar a Trotski y a Lev Kámenev de las fotografías que contaban la Revolución; en otro caso se insertó a sí mismo en la foto de un Lenin convaleciente, tratando de probar que lo había visitado en sus últimos días y ganar así derecho a ser su sucesor. Hay una foto fantástica en que Mussolini levanta una espada a lomos de un caballo, y hoy sabemos que hizo borrar al hombre que tenía al caballo de la brida para que nada entorpeciera su viril pose de prócer: como tantos dictadores, Mussolini era un hombre de masculinidad acomplejada. Pero nuestras sociedades entran ahora lentamente en una época peligrosa donde bastará un mínimo conocimiento informático para lanzar al mundo una imagen adulterada, convincente y, lo que es peor, influyente: para cuando se detecte el falseo, si es que se detecta, ya habrá conseguido sus consecuencias políticas.

Pero no es esto, en estricto sentido, de lo que se habla en estos días. Es verdad que ese (no tan) valiente mundo nuevo de la inteligencia artificial me inquieta profundamente, y más me inquieta ver que a nuestros líderes no parece inquietarlos demasiado. Las leyes que regularán la inteligencia artificial no están en pañales: es que no se han concebido. Por supuesto, la ley va por detrás de la realidad, siempre persiguiéndola a marchas forzadas, siempre con la lengua afuera; y en este caso los avisos están claros, y las consecuencias de no actuar a tiempo son —literalmente— inimaginables. Pero nuestro debate de ahora no se refiere a imágenes de ningún tipo, ni a inteligencia artificial, sino a algo más familiar: la guerra por el relato. Alrededor de ella hay preguntas inmensas: ¿cómo se cuenta la historia? ¿Quién la cuenta, o quién debería contarla? ¿Cómo defendernos de los intentos groseros que hacen las fuerzas políticas por imponernos su relato interesado y tendencioso? Bajo todas estas preguntas yace una que, en su simpleza, me resulta conmovedora: ¿por qué es tan vulnerable el pasado?

A eso se reduce todo, me parece. Y la respuesta es vertiginosa y a la vez sencilla: el pasado es vulnerable porque, en cierto sentido, solo existe mientras lo imaginamos. Una novela famosa comienza diciendo que el pasado es un país extranjero, y la metáfora está bastante bien, por lo menos en el libro, pero la realidad es más compleja justamente porque no es así: ya nos gustaría a muchos, pero el pasado no es un lugar físico al cual podamos ir para ver realmente cómo ocurrieron las cosas. Paul Valéry, que tantas veces y tan bien habló sobre estos temas, visitó a un grupo de estudiantes en 1932, y habló con ellos de nuestra relación difícil con los hechos de la historia. Los mismos hechos, les recordó a esos estudiantes, constituían un relato si lo contaba un historiador anticlerical y librepensador (Michelet, por ejemplo) y otro muy distinto si lo contaba un historiador conservador y ultracatólico de tendencias autoritarias (por ejemplo, Joseph de Maistre). ¿Cómo es eso posible? Valéry responde: es posible porque el pasado es «una cosa enteramente mental». Y enseguida añade: «No es más que imágenes y creencias».

Desde que se dieron cuenta de las implicaciones que eso tiene, los políticos no han dejado pasar una sola oportunidad de adulterar esas imágenes, de manipular esas creencias. Lo hacen contando relatos cuya verdad sea difícil de comprobar para el ciudadano medio, que no tiene con frecuencia ni el tiempo ni los instrumentos para cuestionar lo que le digan, y con frecuencia no tiene tampoco la voluntad: pues las imágenes y las creencias que le llegan desde sus líderes políticos son siempre mucho más halagüeñas, más placenteras o menos incómodas que las que les proponen los otros. Es por eso por lo que el pasado histórico se está moviendo constantemente, dependiendo de vientos políticos o de inconstantes modas culturales: que se pongan o se quiten placas de mármol de nuestros lugares públicos no es sino la encarnación de esos fenómenos mentales. Hoy mismo parece que los populismos del mundo entero han descubierto, a falta de propuestas para mejorar el futuro de la gente, la inmensa rentabilidad de prometerles un mejor pasado. ¿Qué es un mejor pasado? Un espacio donde se sientan más cómodos, menos culpables, menos responsables. Es un error aceptarlo; es un error doble aceptárselo a los políticos. Sería como aceptar una foto adulterada. ¿Quién decide lo que sale en la foto? Que no sean ellos, por favor. Que no sean ellos.

Consideraciones para un día de fútbol
13 de julio de 2024

En cuarenta y cinco años, que son los que llevo viendo fútbol como otros van a misa, no recuerdo otro día similar a este domingo: no sólo por la coincidencia extrañísima de dos finales continentales en el mismo día, sino por la importancia que los dos torneos han tomado mientras se desarrollaban. Pongo la palabra *importancia* y me cae encima la frase certera de Jorge Valdano, que escribe sobre estas cosas mejor que nadie: «El fútbol es la cosa más importante de las cosas menos importantes». Son tiempos desastrados y difíciles y dolorosos, sí. Pero quien crea que el fútbol es ajeno a todo eso, que piense en Mbappé, que se puso a hablar de la política de su país en la antesala de unas elecciones particularmente trascendentes, y es muy probable que sus palabras claras, pronunciadas ante los micrófonos de esta Eurocopa cuya final no jugará, hayan puesto algunos de los votos que se necesitaban en Francia para impedir la victoria de la extrema derecha.

Las palabras de Mbappé pusieron en marcha por enésima vez un debate que a veces es interesante y a veces es simplemente bobo: ¿deben o no los jugadores de fútbol ponerse a hablar de política? Hay muchos opinadores para los cuales la respuesta es no: lo que tiene que hacer un jugador de fútbol, dicen, es callarse y jugar. Nunca he podido estar de acuerdo. Y no sólo porque separar la política de cualquier actividad humana —la que sea: el deporte, la música, las artes, la cocina de autor— es insulso además de imposible, pues todo es político, y lo más político del mundo es ponerse o sentirse al margen de la política. No sólo por eso, digo, sino porque el fútbol es el más político de los deportes, particularmente cuando se juega a nivel de selecciones nacionales. El partido Argentina-Inglaterra del 86 es incomprensible sin la Guerra de las Malvinas; el triste fracaso de Colombia en el 94 es incomprensible sin la presencia del narcotráfico y su ética mafiosa de corrupción y violencia.

Por lo demás, me parece que pedirles a los jugadores que guarden silencio sobre asuntos políticos es incluso hipócrita: ¿no estamos todo el tiempo criticándolos por ser once millonarios malcriados corriendo detrás de una pelota? Los que lo hacen —los que critican— suelen ser los mismos que los critican también cuando dejan de ser solamente eso, cuando tratan de usar el altavoz que tienen para hablar de cosas que los afectan por fuera de su mundo de privilegios.

A veces aciertan y a veces se equivocan, como el resto de los mortales: ahí estaba Maradona dándole oxígeno político a Hugo Chávez cada vez que podía; ahí estaban ciertos jugadores colombianos abrazándose con Pablo Escobar (un gesto político, por más que se pretenda otra cosa). Y es verdad que la relación entre política y fútbol ha sido con frecuencia envenenada, pero ésta es la mejor prueba de su temible poder transformador: si el fútbol no tuviera ese poder, Mussolini no se lo habría apropiado en los años veinte, ni Videla y sus chafarotes hubieran puesto tanto empeño (es una manera de hablar) en el Mundial del 78.

Sea como sea, España jugará hoy la final de la Eurocopa contra una Inglaterra sin gracia, y las figuras del equipo español son dos hijos de inmigrantes africanos: Williams y Yamal. Es el modelo de sociedad que defendía Mbappé cuando dio sus opiniones controversiales sobre el Reagrupamiento Nacional de la familia Le Pen, cuyo patriarca despotricaba hace unas décadas contra aquella selección francesa, llena de hijos de inmigrantes africanos, que fue campeona del mundo en el 98. Más allá de esas consideraciones, esta selección española ha mostrado el mejor fútbol de la copa, y con distancia. No es el fútbol de aquel milagro de 2010, pero es un fútbol generoso (contra el rácano de los ingleses y el impotente de los franceses), y España debería ganar si hubiera justicia. Pero al fútbol no le importa la idea de justicia: a veces ni sabe que existe. Y por eso, a veces, nos emociona tanto.

El segundo partido del día —el que más me importa— es también el más transcendental que ha jugado la selección colombiana desde la final victoriosa de la Copa América en 2001. En Miami, una ciudad latinoamericana que trata de abrirse espacio en el fútbol masculino a golpe de chequera, Colombia y Argentina jugarán un partido que tiene, por lo menos para mi generación, su propia mitología: los reto a verlo sin pensar en las eliminatorias para el Mundial del 94, cuando la selección de Valderrama y Asprilla ganó un partido en Buenos Aires que era mucho más que un partido. Diego Maradona, deslenguado como siempre, había hecho con las manos un gesto que le daba a Argentina una especie de derecho eterno o de ascendencia invencible sobre Colombia. Lo recordarán algunos de mis lectores:

—Los argentinos debemos seguir históricamente como estamos: Argentina arriba, Colombia abajo. Y todo bien.

Y es verdad que el fútbol de selecciones es el más histórico de los deportes, y que no conviene olvidar el peso de los precedentes. Por poner un ejemplo: en los veintidós mundiales que se han jugado —el último, con treinta y dos equipos—, sólo ocho países han sido campeones. Pero la otra verdad importante es la que dejó sentada Sepp Herberger, el entrenador alemán que en la final de 1954 se enfrentaba a un equipo objetivamente superior: la Hungría de Puskas, Kocsis y Tóth, que llegó a la final con un invicto de treinta partidos y habiéndole ganado ya a Alemania, y además por 8 a 3. Pero Herberger les dijo a sus jugadores: «El balón es redondo y los partidos duran noventa minutos». Quería decir que eso es lo único cierto en el fútbol: aparte de eso, todo puede pasar en el campo. Y como todo puede pasar, como el balón es redondo y los partidos duran noventa minutos, Alemania le ganó a Hungría y hoy conocemos ese día como El milagro de Berna. Y por la misma razón, Colombia le ganó 5-0 a Argentina, y Maradona acabó aplaudiendo de pie.

Esta selección Colombia, la de un James en estado de gracia, es también la de un grupo de futbolistas serios y esforzados, sin veleidades ni indisciplinas. El segundo tiempo contra Uruguay fue un prodigio de sacrificio, lo que los futboleros llamamos entrega: la voluntad de olvidarse de uno mismo y romperse el yo para defender el todo. En el fútbol, el éxito pasa por lugares muy misteriosos de las emociones; y ver a Lucho Díaz, estrella con derechos de la liga más exigente del mundo, conmoverse como un niño por estar jugando junto a su ídolo, es suficiente para entender de qué material humano está hecho este equipo. Es un equipo sin egos inflados ni narcisismos ruidosos. Luego vinieron los violentos de siempre, los que siempre nos avergüenzan, a amargar la noche en la tribuna. Pero ésa es otra historia.

Esta Colombia es más equipo que muchas de las selecciones anteriores, y eso hay que agradecérselo a un argentino tranquilo:

Néstor Lorenzo. Hoy juega contra el último campeón del mundo, capitaneado además por el mejor de la historia (ese debate se acabó en Qatar). Este partido es mucho más que un partido, como todas las finales, pero de él también se puede decir lo de siempre: tendrá noventa minutos y el balón será redondo.

¿Qué va a pasar en Venezuela?
10 de agosto de 2024

Las libertades de los venezolanos se han deteriorado tanto en una semana, desde que el régimen de Maduro se robó las elecciones ante los ojos del mundo, que muchos de los que me hablan por estos días me piden lo que nunca me habían pedido: permanecer en el anonimato. «Si vas a usar lo que te cuento, no pongas mi nombre», me dicen. Y lo que me cuentan es de espanto: amedrentamientos, persecución y represión a unos niveles que les traen a la memoria las protestas de abril de 2017. Maduro se jactaba hace poco de haber encarcelado a dos mil ciudadanos y amenazaba con abrir dos cárceles nuevas; ahora sabemos de una estrategia llamada Operación Tun Tun: así llaman los venezolanos a los arrestos masivos que han llenado las cárceles que existen en los últimos días, y que los tienen sumidos en el miedo.

Según me explican, el término no es nuevo: ya lo había usado Diosdado Cabello para referirse a las detenciones de «terroristas» (hay que usar las comillas) en 2017. Ahora Maduro lo ha comenzado a usar en esos discursos de fiera enjaulada que revelan dos cosas, una consecuencia de la otra: primero, la debilidad del régimen; segundo, su peligrosidad. Una periodista con la que hablé me contó que su familia ha comenzado a borrar los rastros de sus opiniones, y no sólo en redes sociales, sino incluso en mensajes de texto. Pues ya se ha sabido de gente detenida en las alcabalas —los retenes de policía— después de que las autoridades los obligan a entregar sus teléfonos desbloqueados y encuentran en su historial algo que no les gusta. Lo mismo sucede con las redes sociales: los venezolanos están borrando fotos, chats, videos, todo lo que pueda darles la excusa a esas leyes represivas que, bajo la máscara multiusos de «incitación al odio», sirven para silenciar a cualquiera que se permita una crítica.

Otra periodista —una amiga cercana que me pide mantener su anonimato— me cuenta de la nueva táctica de represión del chavismo en el poder: la cancelación arbitraria de los pasaportes.

«Puede ocurrir de un momento al otro, sin aviso ni proceso», me dice. «Y a nosotros nos toca meternos cada día a una página web para ver si seguimos teniendo pasaporte o no. Es una estrategia muy eficaz, porque no causa escándalo internacional ni hay muertos en las calles. Pero el que está fuera del país sabe entonces que ya no puede entrar, porque corre el riesgo de que lo detengan en el aeropuerto. Y el que está dentro del país sabe que no puede salir. En Venezuela, perder esa posibilidad es perder mucho más que el derecho de viajar». Para estos periodistas, la Venezuela de Maduro es una cárcel en la que han sido juzgados de antemano y condenados sin posibilidad de apelación, y todos los días crece el inventario de hombres y mujeres de medios pequeños o locales que están presos por contar lo que no le gusta al régimen.

Mis informantes me hablan de colegas que se mueven de un apartamento a otro cada dos o tres días, para despistar a los servicios de inteligencia. El Instituto de Prensa y Sociedad habla de setenta y nueve vulneraciones a la libertad de prensa desde el domingo de las elecciones: cuatro periodistas —dos camarógrafos, un reportero y una fotógrafa— han sido encarcelados por cubrir las protestas. Deysi Peña, que había publicado en redes sociales sus fotos de las protestas en el estado Miranda, está presa y señalada por delitos de terrorismo; Yousner Alvarado, de Noticia digital, fue detenido en Barinas y está acusado de los mismos delitos abstractos e indemostrables que al régimen le sirven para todo. «Incitación al odio» y «terrorismo»: ésos son los cargos que usa el régimen para encarcelar a los ciudadanos opositores o críticos, no importa si son periodistas o no. Y son terroristas quienes usen una cámara para filmar el terrorismo ejercido por la policía chavista; e incitan al odio los que denuncian la incitación al odio que el régimen escupe todos los días.

«Terroristas»: así ha llamado Diosdado Cabello a los que intentan contar lo que pasa desde el domingo 28 en su régimen de represión. Los enviados especiales de la prensa extranjera han sido detenidos, interrogados durante horas y deportados desde el aeropuerto de llegada. Eso fue lo que le pasó a Vanessa de la Torre, de Caracol radio: un medio que Maduro no ha dejado de atacar desde hace unos meses, cuando Ricardo Calderón publicó un reportaje extraordinario sobre la cacería de opositores que el régimen venezolano conduce más allá de sus propias fronteras. En su paranoia risible, salida directamente del manual de las repúblicas bananeras, Cabello ha acusado a los periodistas perseguidos de ser agentes de la CIA. Sus palabras han aparecido en los medios de todas partes: «Cuiden bien a sus agentes (periodistas), no los manden así solos por ahí, por la calle. Porque si se consiguen con el tuntún, los agarra el tuntún». (Si a usted le cuesta trabajo entender la frase, no se preocupe: es que así habla Cabello).

Y así vuelvo al comienzo de este artículo: a ese verdadero régimen del terror que el chavismo ha llamado Operación Tun Tun. Me explican mis contactos que la referencia sale de un villancico navideño en que alguien toca a la puerta. Así comienza la canción:

> Tun tun. ¿Quién es? Gente de paz.
> Ábranos la puerta, que ya es Navidad.

Maduro ha convertido el villancico en otra cosa. El tun tun no es el de la gente de paz, sino el de las fuerzas de la represión que se meten a las casas y se llevan presa a la gente, y las puertas no se abren porque sea Navidad, sino que se echan abajo a golpes como en tiempos de Pinochet y de Videla. Lo vimos en el video ya tristemente célebre de María Oropeza, coordinadora del partido de María Corina Machado en el estado de Portuguesa. Aparentemente, Oropeza alcanzó a transmitir en directo la irrupción —sí, el tun tun— de los agentes del régimen en su casa, sin orden judicial ni nada que se le parezca. Oropeza es una de las 1.200 personas detenidas por el chavismo en la ola represiva más traumática que ha vivido América Latina en tiempos recientes. Es apenas lógico: si la oposición tiene todas las pruebas de que ha ganado las elecciones y el chavismo no tiene ninguna, la represión violenta es la única manera de mantener el poder.

Ahora, mientras escribo, leo que Maduro ha comenzado a suspender redes sociales. Ayer fue Twitter o X o como se llame; habrá que ver qué viene luego, pero ya ha comenzado la guerra retórica contra las demás. La alianza de tres gobiernos de izquierda —México, Brasil y Colombia— reclama y vuelve a reclamarle al chavismo que muestre las actas, y no sé a quién le sirva fingir que al régimen de Maduro le ha importado esa exigencia. Sin embargo, ese tipo de presión es la única manera de llegar a la negociación pacífica; y la negociación pacífica es la única manera de ofrecerle al régimen una salida plausible. Pero ¿qué pasa mientras tanto? Mientras tanto, el régimen gana tiempo para acomodarse en el fraude. Mientras tanto, la gente que antes no tenía miedo comienza a tenerlo. Y muchas voces me dicen, entre lágrimas, lo que yo he creído desde hace días: que aquí no va a pasar nada.

Chávez, Maduro y el tigre
17 de agosto de 2024

Ahora que el régimen de Nicolás Maduro ha perdido para siempre la poca legitimidad que le quedaba, ahora que ha entrado en una deriva represora digna de la vieja tradición del fascismo latinoamericano, muchos compañeros de viaje de la Revolución bolivariana se han puesto a hacer memoria: a recordar lo carismático que era Hugo Chávez, ya que Maduro no lo es; a lamentar que Maduro haya malversado la revolución, que tantas cosas buenas llegó a lograr y prometía; a aceptar que el gobierno chavista de ahora puede ser corrupto, autoritario y violento, pero hasta la muerte de Chávez era democrático, popular y valiente, pues plantaba cara al imperialismo. Y entonces el fracaso del chavismo —que ha expulsado a más de siete millones de ciudadanos, que ha sumido en la pobreza a uno de los países más ricos de América Latina y que ahora mismo encarcela y amedrenta y persigue para terminar de robarse unas elecciones— es culpa de Maduro, de las sanciones norteamericanas o de la caída de los precios del petróleo, pero nunca de Chávez. No: lo de Chávez iba bien, dicen estas voces; lo que pasa ahora es otra cosa.

No puedo estar de acuerdo. Como esos chavistas nostálgicos, yo también me he puesto a hacer memoria, y he hecho varios (re)descubrimientos. Después de escribir la semana pasada sobre las acusaciones de «incitación al odio» con que Maduro encarcela a sus opositores, he recordado las palabras que usó Chávez en su momento para amenazar con el cierre a Globovisión y a otros medios. «Están manipulando, incitando al odio», los acusó en esa grotesca parodia que era el programa Aló presidente. También he recordado la reforma de los servicios de inteligencia en 2008, que incluía la obligación de todo ciudadano, jueces incluidos, de colaborar con las agencias de inteligencia cuando éstas lo solicitaran. Aquel decreto con tufillo a Stasi causó tanto escándalo en su momento que Chávez tuvo que suspender su ejecución. Pero el intento me volvió a la memoria el pasado 30 de julio, cuando Maduro pidió a sus bases utilizar una aplicación oficial, VenApp, para denunciar a los manifestantes que protestaron en las calles por el fraude electoral. Se trata ahora, como se trató entonces, de convertir a los ciudadanos en delatores del Estado.

La verdad es que la deriva dictatorial de la Venezuela de Maduro, que ha sumido al país en el caos y lo sumirá en el dolor, tiene sus raíces en los años de ese Chávez al que ahora le quieren lavar la cara los despistados, los fanáticos o los amnésicos. Tal vez no se acuerdan de la desvergüenza con la que Chávez persiguió a los periodistas que le parecían incómodos, obligando a los periódicos críticos a cerrar mediante la estrategia barata de negarles el papel, o llamando a los medios «enemigos de la revolución» (en 2001, muchos años antes de que Donald Trump descubriera que los medios eran el enemigo del pueblo). Tal vez no se acuerdan de los elogios inverosímiles que Chávez le dedicaba a Mahmud Ahmadineyad, el líder de un Irán fundamentalista y antisemita, a quien llamó ridículamente «gladiador antimperialista»; ni de las conmovedoras declaraciones de apoyo incondicional al régimen de Bachar el Asad, que Chávez llamó «el Gobierno legítimo de Siria». A los disidentes sirios, en cambio, los llamó terroristas, y en su momento comenté que la palabra se le iba a gastar: porque también la usaba con frecuencia contra la oposición venezolana, contra los presidentes extranjeros, contra las ONG. No la usaba, en cambio, contra los terroristas: a Ilich Ramírez, alias El Chacal, que en 1974 puso cuatro bombas contra periódicos franceses y mató a once personas, lo llamó «continuador de la lucha de los pueblos».

Y ahora, cuando Maduro y los suyos se desgañitan por conseguir los favores de Putin, y cuando el Gobierno acusa de terrorismo a los opositores que se manifiestan, pienso que nada es nuevo. No es nuevo el epíteto absurdo que ahora le sirve a Maduro para reprimir y encarcelar; no es nueva la admiración o la complicidad o la frívola genuflexión ante los autoritarismos brutales. Lo de ahora es lo mismo de antes: Maduro es una continuación, no una distorsión ni un descarrilamiento, de lo que ya era Chávez. Hace quince años, tomé nota (ocioso que es uno) de un discurso que pronunció Chávez en vísperas de algunas elecciones: «Preparémonos, generales, almirantes, soldados», dijo. «Porque los barreremos». Se refería, por supuesto, a la oposición, y estarán ustedes de acuerdo en que es por lo menos curiosa la invocación a las Fuerzas Armadas en contra de sus propios ciudadanos. El «baño de sangre» que prometió Maduro antes de las últimas elecciones forma parte del mismo —por decirlo de algún modo— campo semántico.

Un día le pondremos nombre al daño inmenso que esta revolución le ha hecho a la izquierda democrática de América Latina. Los que deseamos la construcción de una socialdemocracia sólida en estos países desiguales e injustos hemos comenzado a ver, en el régimen venezolano, la más potente fuerza retardataria. El chavismo lleva unos veinte años haciéndoles un regalo inapreciable a esas derechas egoístas y rastreras que tenemos, y varios de los accidentes más duros de estos tiempos, desde el sabotaje del proceso de paz colombiano a la elección de ese mal chiste que es Javier Milei, son inconcebibles sin la presencia en el vecindario de la Venezuela bolivariana. Por eso me ha alegrado la clarividencia de Gabriel Boric, que desde el principio se negó a aceptar la farsa de las últimas elecciones. Del otro lado está la alianza de tres gobiernos —Colombia, México y Brasil— que trataba de buscarle una salida negociada a este embrollo. Andrés Manuel López Obrador se ha lavado las manos cobardemente, de manera que una responsabilidad enorme les ha caído en las manos a Lula da Silva y a Gustavo Petro: presidentes, por supuesto, de los países que más tienen que perder si Maduro se queda en el poder.

Pero la propuesta de repetir las elecciones, que se ha puesto sobre la mesa en estos días, es una equivocación profunda. No sólo porque insulta a los votantes venezolanos que tienen en sus manos las actas de su victoria (mientras que el oficialismo no ha podido presentar ni un asomo de prueba de la suya), sino porque peca imperdonablemente de inocencia: ¿alguien duda que el régimen volvería a hacer toda la trampa que ha hecho, y ahora con menos escrúpulos y más violencia, para manipular el resultado? Mientras tanto, con cada opositor encarcelado, con cada nueva víctima de la represión, con cada nueva ley de persecución y censura, a Maduro le va quedando más difícil abandonar por la vía negociada, como el dictador de la metáfora de Churchill, que va subido en un tigre y no puede bajarse porque el tigre tiene cada vez más hambre.

No sabemos cuál pueda ser el mejor de los escenarios, pero yo tengo muy claro cuál es el peor: una nueva Nicaragua. Que Maduro, el continuador de Chávez, se convierta de repente en el siguiente Daniel Ortega: atrincherado en el poder ilegítimo, obligado por sus propios crímenes a una represión permanente, aislado del mundo a lomos de su propio tigre. Este escenario de espanto vendría con violaciones a los derechos humanos y nuevas olas de desplazamientos masivos. Por eso digo que Lula y Petro tienen una responsabilidad enorme.

La revolución chavista parece estar de salida. Ahora se trata de que no se lleve por delante a los venezolanos.

Nuevas reflexiones sobre la vieja paz
7 de septiembre de 2024

Es difícil no tener la impresión, viendo los dos años transcurridos de este Gobierno, de que Gustavo Petro ha desperdiciado oportunidades únicas. Los que teníamos ojos ya habíamos visto en su alcaldía mediocre las señas claras de lo que era Petro en el poder: su demagogia barata, su populismo ramplón y, sobre todo, su incapacidad incorregible para el arte difícil de llevar las ideas a la realidad. Pero yo tenía la esperanza —uno tiene sus momentos de idealismo— de que la llegada a la presidencia lo transformara de alguna manera imprecisa, o por lo menos le susurrara al oído las razones por las que a muchos nos pareció buena noticia su elección: porque la elección de su oponente, un corrupto vacío de contenido cuyo carácter insulso le iba a servir de instrumento a nuestra derecha más rústica, podía poner en peligro la correcta implementación de los acuerdos de paz de 2016.

Los acuerdos resistieron durante cuatro años los embates hipócritas y taimados del gobierno de Iván Duque, un personajillo frívolo que se vio de repente embarcado por mano ajena en la presidencia de uno de los países más complejos del mundo. Yo recuerdo como si fuera otra vida los primeros meses de su gobierno, cuando parecía posible que Duque se convirtiera, como se dice en inglés, en su propio hombre. Pronto fue evidente un temperamento reaccionario en el fondo, débil frente a los poderosos y arrogante frente a los humildes, y sobre todo desconsiderado e indolente: incapaz de lidiar con el dolor y las preocupaciones de este país donde nunca faltan en las vidas de las gentes ni preocupaciones ni dolor. El intento por pasar una reforma tributaria que gravaba los servicios funerarios en plena pandemia es una metáfora perfecta de su ceguera moral, o de su incapacidad para recordar que la primera tarea de un gobierno es hacerles la vida más fácil a los que la tienen más difícil. Si esto no está en lo más alto de las prioridades, vivir en sociedad no tiene mucho sentido. Pero tal vez ni él ni los suyos están de acuerdo en esto que para mí es evidente.

Los acuerdos de paz eran parte de esto. Yo todavía recuerdo esas imágenes que algunos celebramos porque muy poco tiempo atrás nos habrían parecido inverosímiles: las habitaciones del Hospital Militar vacías de soldados heridos o mutilados; una mujer chocoana que contaba con lágrimas en los ojos que se había sentado en frente de su casa, en una silla de plástico, para ver cómo se hacía de noche sin miedo a una bala perdida. Sí, los acuerdos de paz alcanzaron a cambiarle la vida a la gente. Las cifras lo decían: el año siguiente a la firma fue el más pacífico en lo que iba del siglo. Pero Colombia es un país raro donde ninguna buena acción queda impune, y los colombianos eligieron el gobierno que prometía corregir o revisar aquellos acuerdos exitosos, y a una buena parte de mis compatriotas le pareció bien su desmantelamiento o su sabotaje. Dije entonces y sigo diciendo ahora que les faltó información, sí, pero también imaginación: imaginación para entender lo que la vida sin guerra les había hecho a miles de personas.

Cuando el gobierno de Duque acabó en el desprestigio de su partido, nos preguntamos qué iba a pasar con los acuerdos de paz. Estaban blindados jurídicamente, pero unos acuerdos tan grandes y tan importantes pierden fuelle si no cuentan con el apoyo, aunque sea tácito, de la ciudadanía. Entonces la opción que se llamó de centro —y que era en realidad una socialdemocracia humanista, demasiado sensata y mesurada para este país colérico— se estrelló contra las montañas, víctima del error humano y de la polarización ambiente; y a los defensores del proceso de paz no nos quedó más remedio que preferir a Petro: no por él, sino por los que lo rodeaban. Se asentó la idea de que Petro podía haber sido un alcalde incompetente, incapaz de gestionar absolutamente nada y proclive a enfrentar a los colombianos con su retórica pendenciera, pero que por lo menos caería en la cuenta del logro enorme que fueron los acuerdos del Teatro Colón.

Y no fue así. En lugar de poner el peso del Gobierno detrás de la implementación de los acuerdos, en lugar de poner la palabra del Gobierno a recordarles a los colombianos la validez de los acuerdos, Petro se dedicó a denigrarlos o a menospreciarlos mientras embarcaba al país en la aventura improvisada de la paz total. El nuestro es un tiempo de narcisismos: Donald Trump, Boris Johnson y Javier Milei son ejemplos de libro de texto. Pero luego habría que hablar de la megalomanía que hace falta para, en lugar de construir sobre los logros existentes, desatenderlos hasta dejar que se mueran de inanición simplemente porque son el logro de otros. Ya se les habrá olvidado a muchos la triste visita que el padre Francisco de Roux le hizo al expresidente Uribe para recibir su declaración en el marco de la Comisión de la Verdad. Las preguntas que le hizo el padre al expresidente, y que yo no logro quitarme de la cabeza, fueron tan simples como precisas: ¿Por qué, en lugar de avanzar sobre lo conseguido, las cosas se enredaron? ¿Por qué se decidió convertir los acuerdos de paz en una razón de conflicto?

La historia tiene sentido del humor: en cierta medida, las mismas preguntas se le podrían hacer hoy a Petro. Tuvo la oportunidad de usar los acuerdos con las Farc para hacer avanzar un proyecto de país; prefirió dejarlos para que se buscaran la vida como pudieran y dedicarse a lo suyo, que era más ambicioso, más grandioso, más acorde con la imagen desmesurada que Petro tiene de sí mismo. Pero, como todo en Petro, la altura de su discurso era tanta que su capacidad de trabajo tenía que empinarse para alcanzarla. Y no lo logró: porque Petro no tiene ni sentido de la disciplina, ni capacidad de gestión, ni control sobre sí mismo; pero sobre todo porque a Petro, en realidad, le importan menos los hechos que la retórica. Por eso no le parece contradictorio decirse defensor de los derechos de las mujeres y meter a su gobierno a predicadores antiabortistas o maltratadores conocidos, ya no digamos nombrar a una mujer en un cargo importante y luego rotular a las periodistas mujeres como «muñecas de la mafia».

Y los que han puesto atención, salvo que no hayan podido quitarse las anteojeras ideológicas, se habrán dado cuenta de que el resultado es catastrófico. Bajo los esfuerzos fallidos de la paz total, el país ha descendido a niveles de violencia que no se habían visto en siete años. La palabra *desgobierno* ya no parece una exageración de la derecha mediática. Y es una lástima. Ocho años después de su aprobación tormentosa, que casi nos rompe como país, a mí me sigue pareciendo que los acuerdos del Teatro Colón son un espacio de esperanza y algo parecido al orgullo. Los acuerdos fueron fruto de estudios serios de los conflictos de medio mundo, de propuestas responsables basadas en Derecho Internacional, de estrategias medidas al milímetro después de la observación de la realidad siempre contradictoria del país menos visible, y de años y años de negociaciones que sobrevivieron a las calumnias groseras e imperdonables del uribismo. No sé si alguien esté a tiempo de recuperarlos.

América Latina: la tragedia, la farsa y la pesadilla
28 de diciembre de 2024

Se cierra un año lamentable para América Latina. Salvo excepciones localizadas, el continente retrocede por todas partes, y retrocede en todo: en democracia, en derechos humanos, en el eterno deseo irrealizado de abandonar la violencia que da forma a nuestras vidas públicas. En sus extremos —pero todo es extremo ahora, porque todos los que hablan en público sienten la obligación de irse a los extremos para no perder visibilidad—, las sociedades latinoamericanas parecen inscribirse en dos tendencias: son dos encarnaciones nuevas de fenómenos del siglo pasado, y las dos le otorgan una legitimidad preocupante a la preocupación que nos agobia a muchos: que América Latina, como dice de Colombia el personaje de una de mis novelas, es un ratón corriendo en un carrusel.

Hace varios años ya, Mario Vargas Llosa publicó una recopilación de sus artículos sobre política latinoamericana, y en su título venía resumida o cifrada la historia del siglo xx en América Latina: *Sables y utopías*. Todo el mundo entiende la metáfora sin necesidad siquiera de recordar la historia, pues durante el siglo xx América Latina se movió de manera pendular entre las dictaduras militares y las revoluciones socialistas, y en nuestras sociedades han vivido larvadas las dos ambiciones: la del golpe de Estado más o menos fascista y la de la implantación del socialismo más o menos marxista. Son extremos opuestos que se alimentan o se provocan, y en cierto sentido dependen del enemigo, y una mirada somera a los mecanismos perversos de nuestra historia se da cuenta inmediatamente de que la revolución socialista (pongamos por caso la cubana) es una reacción a la dictadura militar, y la dictadura militar (pongamos por caso la chilena) es una reacción a la revolución socialista (aunque fuera una revolución democrática y pacífica como la que intentó llevar a cabo Salvador Allende). Sea como sea, es imposible mirar el péndulo latinoamericano y no pensar que Hegel, después de todo, tenía razón.

Lo que nos sucede ahora puede leerse como la perversión o la continuación distorsionada de la Guerra Fría latinoamericana. No seré el primero en señalar que no hay Hugo Chávez sin Fidel Castro, como no hay Daniel Ortega: tanto el sandinismo que triunfó en 1979 como el socialismo del siglo XXI que triunfó veinte años después son imposibles de imaginar sin la Revolución cubana de 1959. Y puede ser tentador notar la misteriosa regularidad que marca nuestra historia: Cuba en 1959, el sandinismo en 1979, la subida al poder de Chávez en 1999. ¿Cuál fue el hito de 2019? ¿La crisis venezolana, ese vodevil grotesco que prometió al mediocre Guaidó pero atornilló en el poder al mediocre Maduro? ¿El referendo constitucional cubano, aprobado con el 90% —insertar risas aquí— de los votos? Pero éstas son preguntas ociosas; no hay que tomárselas en serio, porque no es verdad que la historia siga patrones más o menos definidos. Los patrones los descubrimos después, con el beneficio de la retrospección. Y entonces escribimos sobre ellos y creemos descubrir causas y consecuencias donde no hay más que caos.

Pero vuelvo a mi tema. Del otro lado del espectro político —el lado, por así decirlo, de los sables— tenemos el surgimiento de esta nueva extrema derecha que algunos han llamado posmoderna y otros, con una mueca de sarcasmo, premoderna. Es un chiste fácil, pero no se puede decir que no tenga razón: desde los chafarotes de caricatura que lideraron las dictaduras latinoamericanas del siglo pasado, nada ha habido tan risiblemente primitivo como estas nuevas encarnaciones del antiizquierdismo de siempre: Bolsonaro y Milei. Es una lástima que Marx no los haya conocido. Viendo a estos dos payasos —uno más payaso que el otro, todo hay que decirlo—, es casi imposible no echar mano de su ensayo célebre sobre el 18 brumario y Luis Bonaparte. La cita es conocidísima, y la gente la utiliza, como los antibióticos, para absolutamente todo. Marx está hablando de Hegel, para quien los grandes hechos de la historia ocurren dos veces, y entonces anota: «Pero se olvidó de añadir: la primera vez ocurren como tragedia, y la segunda, como farsa».

Pobre Marx: lo sacamos de contexto, lo manipulamos, lo malversamos. Pero qué fácil y tentador es ver a Milei y a Bolsonaro como el legado farsesco de aquellas tragedias que fueron las dictaduras militares de Videla y Castelo Branco. Milei y Bolsonaro tienen muchas cosas en común, del profundo desprecio por las formas democráticas a la masculinidad acomplejada, pero el tronco de su programa de gobierno es un anticomunismo feroz que no guarda demasiada relación con la realidad, pero que es muy eficaz como retórica. Por eso se empeñan en lavar la cara de sus dictaduras. Milei ha dedicado varios momentos de sus discursos a cuestionar el número de desaparecidos y su vicepresidenta ha visitado en sus cárceles a los peores criminales de la dictadura; Bolsonaro ha elogiado repetidamente la dictadura de 1964, ha dicho que el error de los militares de entonces fue no fusilar a los presos, y una vez, refiriéndose a los grupos que buscaban en las fosas comunes a los desaparecidos de la dictadura, soltó una de sus declaraciones más famosas y más infames: «Los perros son los que buscan huesos».

Ortega y Maduro ya han logrado efectivamente acabar con sus respectivas democracias: Nicaragua y Venezuela son regímenes despóticos de violencia brutal, donde todos los días hay una libertad menos, cuyas cárceles están llenas de presos políticos y cuyos medios de comunicación son perseguidos y clausurados. A Bolsonaro, mientras tanto, lo echaron los votos de los brasileños, pero ahora sabemos más sobre su intento de urdir o promover un golpe de Estado para anular la victoria de Lula: sabemos que los bolsonaristas llegaron a planear el asesinato del presidente. Milei, por su parte, ha profundizado en su guerra declarada contra la memoria de las atrocidades que se cometieron durante la dictadura de 1976, desfinanciando a las instituciones que todavía buscan a los desaparecidos, o sembrando dudas y cizañas sobre la magnitud del terrorismo de Estado.

En unos días, Maduro tomará posesión de un cargo que ha perdido en las urnas, y se consumará la destrucción de la democracia venezolana con la complicidad de tantos que se dicen demócratas; en unos días, Donald Trump tomará posesión de un cargo al que ha llegado con engaños, con trampas, con mentiras, y desde el cual dará amparo político a la extrema derecha grotesca que representan Milei y Bolsonaro, sus patéticos admiradores latinoamericanos. Y es imposible no pensar, frente al año difícil que se asoma, que Bolsonaro y Milei admiten la misma lectura que Ortega y Maduro: son la farsa que nos ha quedado de las viejas tragedias, versiones deslavazadas y grotescas —pero igualmente dañinas y peligrosas— de los fantasmas de la Guerra Fría. ¿Cómo es posible que no hayamos sido capaces de desprendernos de ellos? ¿Cómo se explica que sigamos viéndonos con esos lentes, usando esas palabras pasadas para hablar de nuestro presente? Los hombres hacen la historia, pero no la hacen libremente: la hacen dentro de circunstancias que han heredado del pasado. Eso escribió Marx en el ensayo de marras. «La tradición de las generaciones muertas», dijo a manera de conclusión, «pesa como una pesadilla sobre la mente de los vivos».

Y de esa pesadilla no conseguimos despertarnos.

El eterno retorno de la guerra
25 de enero de 2025

Es difícil no preguntarnos si todo esto se habría podido evitar. Me refiero a la tragedia humanitaria que incendia el Catatumbo, estos días violentos en un territorio que nunca ha dejado de serlo, estos días de muerte y sufrimiento que nos han devuelto a la memoria las noticias de otras épocas. Lo que nos ha llegado en estos días —la cacería casa por casa, lista en mano, de las futuras víctimas, o la escala de desplazamientos forzosos, o la mediación de los sacerdotes como último recurso para que dos grupos armados dejen de matarse o de convertir a los no combatientes en rehenes de sus represalias— parece algo salido, para los que hemos vivido lo suficiente, de los peores momentos de los años noventa. Ser colombiano es también sentir que se camina en círculos o que la historia, sobre todo la violenta, es un ciclo infinito de venganzas que nunca se rompe, que siempre inventa nuevas razones, que siempre puede encontrar combustibles inéditos. Lo que está ocurriendo en el Catatumbo es nuevo y urgente; al mismo tiempo, es lo mismo que ha estado ocurriendo durante décadas.

Porque los actores de estas atrocidades, los que han destrozado a una población civil inerme, son los mismos que llevan décadas envenenando con dolor y miedo la vida de los colombianos: el ELN y las Farc, aunque ahora se trate de eso que llamamos las disidencias. Pero es difícil no preguntarnos por esta posibilidad: lo que es ahora, habría podido no ser. Sí, hay un mundo paralelo en donde nada de esto sucede, y tal vez no sea necesario echar mano de la física cuántica o de la teoría de cuerdas para imaginarlo. No seré yo el único en estos días que ha imaginado un país distinto donde el presidente Iván Duque ha sido un estadista responsable, en vez de un monigote de la derecha sucia que saboteó los acuerdos de paz, y donde ese presidente responsable no se dedica a ponerle palos entre las ruedas a la implementación correcta de los acuerdos, y en cambio comprende que la desaparición de las Farc es una oportunidad que no se da dos veces.

No lo comprendió, lamentablemente, y ni su talante ni su carácter tuvieron la fuerza suficiente para oponerse a los enemigos declarados de los acuerdos del Teatro Colón; y, aunque siempre he dicho que la decisión innoble y trapacera de retomar las armas es responsabilidad de los violentos, y sólo de los violentos, hay que ser muy miopes para no aceptar que las disidencias tal vez no serían disidencias si Duque hubiera sido un estadista de verdad. No lo fue: y hoy pagamos su falta de grandeza. Es imposible saber qué habrían hecho con sus destinos los agresores que ahora se llaman disidencias de las Farc; también es imposible no aceptar que Duque, con sus taimados sabotajes y sus cobardes hipocresías, les puso puente de oro para que se fueran de los acuerdos.

Hay otro mundo paralelo que podría seducir nuestra imaginación por estos días. En él, Gustavo Petro se da cuenta de la oportunidad histórica que tiene entre las manos como presidente de izquierda y, sobre todo, exguerrillero que ha hecho la paz: tiene la oportunidad de afianzar una nueva paz que han hecho otros, y así compensar el tiempo perdido por los palos entre las ruedas que ha puesto su predecesor. En esta realidad paralela, Petro decide desde el primer día poner toda la energía del Gobierno —su palabra y su gente, su presupuesto y su tiempo— al servicio de los acuerdos del Teatro Colón, y lo hace con el argumento más bien evidente de que esos acuerdos ya están hechos: ya existen, y por lo tanto sólo queda mejorarlos. Piensa en corregir lo que puede corregirse, en insistir en lo que funciona y ha comenzado a dar resultados: es decir, en sacar el asunto adelante.

Pero no ha sido así. En vez de esa posibilidad, Petro se dedicó durante los primeros y eternos meses de su presidencia a hablar mal de los acuerdos, acusándolos de estar incompletos, de no incluir ciertos temas o preocuparse por ciertas cosas, y en vez de construir sobre lo ya hecho prefirió comenzar de cero otra cosa: la famosa Paz Total. Un proyecto bienintencionado pero mal planeado, mal pensado, mal ejecutado.

En nada de eso hay sorpresa: Petro piensa mal porque lo hace con el deseo, no con la información ni con los hechos; planea mal y ejecuta peor porque su cabeza es desordenada, indisciplinada y caótica, y no hay ninguna idea que no pase por las distorsiones de la ideología (en el mejor de los casos) o por el sectarismo, el resen-

314

timiento, el populismo barato o la más ramplona demagogia (en los casos peores). Uno de los males colaterales de su falta de rigor o de simple competencia es el fortalecimiento del ELN, que ha hecho lo que ha querido porque ha podido: porque el gobierno de Petro no ha conseguido, en dos años de desgobierno, controlar el territorio, proteger a los civiles y negociar con el ELN desde una posición de autoridad ni siquiera somera.

Y parece que esto no tiene nada que ver con la negligencia frente a los acuerdos del Colón, pero a mí me parece que otra sería la situación en esa frontera de terror si no se hubiera perdido el tiempo en la quimera de la Paz Total: y es posible imaginar un país donde el ELN —esta guerrilla desnortada y cínica que tanto daño ha hecho en tantos años— entiende, como entendieron las Farc, que aquí no hay lugar para ellos. Nuestra historia de violencia no es sólo la historia de los violentos, de su sevicia o su inhumanidad, de su crueldad y su cinismo. También se podría contar así: como un inventario de los errores de juicio o de criterio, las cobardías morales, el narcisismo de manual, la egolatría sin fin o la incompetencia crasa de los que nos gobiernan.

Mientras tanto, la gente sufre. Insisto: por supuesto que los responsables del sufrimiento son los violentos, los de siempre. Pero dos presidentes colombianos han tenido en sus manos la posibilidad de honrar unos acuerdos que tenían mucho para ser exitosos, y la han malversado (con intenciones muy distintas y por distintas fallas). Frente a los acuerdos del Teatro Colón hemos visto dos actitudes de esos dos presidentes. Uno, Duque, no ha estado a la altura de lo que la historia le pedía. Otro, Petro, ha actuado con la arrogancia del que cree que la historia no está a su altura. Los dos se lavarán las manos, acaso, o se echarán la culpa mutuamente. Y será el eterno retorno de lo mismo: la misma guerra, los mismos violentos, el mismo dolor. Lo único que cambia es el rostro de las víctimas.

El caricaturista político: ¿una especie amenazada?

1.º de febrero de 2025

El asunto habría debido causar escándalo. Quiero pensar que acabó extraviado entre las demasiadas urgencias de nuestro momento presente, pero la verdad puede ser más sencilla: nos hemos acostumbrado a las nuevas olas de censura, aun la más abierta, o las viejas libertades de expresión y prensa nos parecen indignas de nuestra preocupación y nuestro amparo. Me refiero a lo que pasó a comienzos de este año, cuando los editores del *Washington Post* decidieron no publicar el más reciente dibujo de Ann Telnaes: una caricaturista que se ha ganado con los años, además de un premio Pulitzer, la admiración de nosotros sus lectores. En su dibujo aparecían cuatro magnates, cada uno con una bolsa de dinero en forma de ofrenda, arrodillados ante una estatua descomunal de Donald Trump: era el comentario de Telnaes sobre la ridícula peregrinación que habían hecho a Mar-a-Lago los oligarcas trumpistas, todos prometiendo donaciones de siete cifras para la investidura —esta palabra me gusta más que *inauguración*— del presidente convicto. Entre los arrodillados estaba Jeff Bezos, dueño del *Washington Post*. No sé si tenga que decirlo: la caricatura de Telnaes nunca apareció.

Es triste que haya sido justamente el *Washington Post* —que hace medio siglo fue responsable directo de la renuncia de Richard Nixon, que cambió el curso de la guerra de Vietnam con la publicación de los Papeles del Pentágono— el escenario de esta censura vergonzosa. El editor justificó la decisión con argumentos risibles: quería evitar la repetición en pocos días del mismo tema, que ya había sido tratado en una columna de opinión; también he leído que quiso evitar la impresión de sesgo. (Una tontería, por supuesto: la caricatura es sesgada, debe ser sesgada, es lo más sesgado del mundo. De ahí vienen su valor y su pertinencia). Sea como sea, todo el mundo había visto semanas atrás cómo el periódico había suspendido, por orden de Bezos, una declaración de apoyo a Kamala Harris. La genuflexión cobarde del *Washington Post*, cuya bandera se llena la boca con la defensa de la democracia —«La democracia muere en la oscuridad», se lee allí—, es un síntoma más de la nueva mentalidad que ha tomado Estados Unidos, pero a mí me ha puesto a pensar en el momento difícil que atraviesa el arte de la caricatura política.

Poco después de aquella censura, en París conmemorábamos a las víctimas de los atentados de *Charlie Hebdo*, doce personas que hace diez años eran asesinadas por fanáticos. Varios eran dibujantes satíricos, y habían sido sus dibujos la razón —sic— del ataque. Yo estaba ese día, este 7 de enero de hace menos de un mes, en las oficinas de la editorial que publica mis libros, y un editor de tiras cómicas, refiriéndose al asunto, me dijo con melancolía: «De todas formas, ¿quién se acuerda ya de esto?». No mucha gente, parecería; y de todas formas, los que sí nos acordamos de los hechos también nos acordamos de tanta gente desorientada que los justificó con los mismos argumentos con que se justificaba, años antes, la fetua contra Salman Rushdie: «La libertad de expresión sí, pero...». Diez años después, tiene que impresionarnos el efecto congelador o paralizador que tuvieron los asesinatos de *Charlie Hebdo*. Parece que hoy se pudiera reflexionar por escrito sobre el fundamentalismo islámico, pero los dibujos satíricos se pasan de la raya. Y muchos ya nos hemos cansado de preguntar: ¿quién pone la raya? ¿Las religiones, los gobiernos, los multimillonarios dueños de los medios? ¿Y por qué debemos tolerarlo?

No, no corren buenos tiempos para el arte de la caricatura política o el dibujo satírico (que se parecen, pero no son la misma cosa). De todas formas, es legítimo preguntarse si alguna vez los tiempos han sido buenos. La caricatura ha sido siempre una amenaza para los poderosos o los fanáticos, y se podría escribir una historia del periodismo con los ataques que ha recibido. Por supuesto, los fanáticos y los poderosos —sobre todo cuando se trata del poder político, que tanto depende de la imagen— tienen algo en común: el miedo al humor. La burla y el ridículo llegan más lejos y con frecuencia tienen consecuencias más duraderas que la más crítica columna de opinión, y fustigan con armas de las que no es fácil defenderse sin hundirse más todavía. Ricardo Rendón, uno de los grandes caricaturistas políticos de Colombia, daba de su arte esta definición certera: «Un aguijón forrado de miel». El humor entra con facilidad, pero hiere y trae veneno, y por eso es temible:

y por eso el periódico de Bezos no hizo nada cuando alguien escribió una columna de opinión criticando su visita a Mar-a-Lago, pero censuró la caricatura que lo hacía ver débil, mercenario, venal. Sí: arrodillado.

De cualquier forma, es cierto que los atentados de *Charlie Hebdo* cambiaron para siempre el mundo de los caricaturistas y la relación que tenemos con su trabajo. Muchos de ellos sienten que viven en un ambiente hostil, o más hostil que antes. El caricaturista colombiano Vladdo, que lleva mucho más de veinte años fustigando a los poderosos de América Latina con sus dibujos mordaces, me lo decía en días recientes: «Nos han dejado solos». Lo conozco hace mucho; en 2012, por los días en que yo escribía una novela sobre un caricaturista político, acudí a él para que me diera informaciones o me revelara secretos sobre su oficio, y recuerdo muy bien aquella conversación en que se hablaba, con buen humor, de las presiones y los insultos y las amenazas de muerte que Vladdo había recibido en su vida. Recuerdo también las palabras con las que me explicó no sólo la responsabilidad del caricaturista, sino la razón del rechazo que inspiran en sus víctimas. «Los caricaturistas podemos exagerar», me dijo, «pero nunca inventar». Yo lo interpreté así: si una caricatura molesta, es porque se apoya en algo que existe. Lo exagera, lo deforma, pero no lo fabrica. De ahí el escozor que produce.

«Nos han dejado solos», me decía Vladdo. Se refería al poco entusiasmo, por decirlo cariñosamente, con que tantos medios han defendido o protegido a sus caricaturistas cuando son objeto de ataques. Algunos medios de importancia han prescindido de ellos, para ahorrarse problemas (la caricatura trae problemas, trae reclamos, genera incomodidad: así debe ser), y muchos ni siquiera reseñaron la digna renuncia de Ann Telnaes (este periódico sí lo hizo). En fin: un clima de censura se ha instalado en el arte del dibujo satírico, y a eso se suma la autocensura de nuestro tiempo de matoneos en redes y de cultura de la cancelación. Yo sé de caricaturistas que han preferido no meterse con Netanyahu, ni siquiera en estos meses de atrocidades injustificables, o de otros que, tras hacerlo, han tenido que dejar su puesto.

Y es una lástima. No sólo porque la caricatura política ha sido siempre un espacio especial de discusión de lo público, una manera privilegiada de confrontación con el poder, sino porque es incluso un arma de crítica a veces más poderosa que las palabras, pues goza de la extraña impunidad del humor. Muchos pagaron precios muy altos para que, por ejemplo, Daumier pudiera mofarse del rey Louis-Philippe en una caricatura de 1834, y los demás hemos heredado los frutos de esas batallas; son libertades —la burla, la sátira, incluso la ofensa— que están en la raíz de muchas otras, y que toman, tal vez sin proponérselo, la temperatura de una sociedad.

Los Estados Unidos de Putin
8 de marzo de 2025

Seamos serios: para nadie que haya seguido con atención los primeros cuatro años de Trump —para nadie que lo haya visto decir lo que dijo y hacer lo que hizo— puede ser sorprendente lo que ocurrió hace unos días en la Casa Blanca. Y sin embargo nos chocó —no a todos: pero así va el mundo— la emboscada grosera que organizaron esos dos matones, el presidente felón y el vicepresidente deplorable, contra un mandatario extranjero: nos chocó aunque no nos sorprendiera, o, dicho de otro modo, no podía sorprendernos que Trump humillara ante las cámaras al responsable indirecto de su humillación de hace cuatro años. Recordarán ustedes la famosa llamada con Zelenski, en la que Trump, con el lenguaje y las maneras del mafioso que es en el fondo, trató de sacarle favores (como buscarle mugre al hijo de Biden) a cambio de prestarle ayuda. Esa llamada tuvo su costo para el mafioso, y a Zelenski lo ve como el responsable de su humillación; y este segundo mandato está diseñado para la venganza, nada sutil, contra todos los que le hicieron pasar un mal rato en sus primeros cuatro años. Lo anunció con todas las palabras en varios discursos: *retribution*, prometió a sus seguidores. Y lo está cumpliendo.

Y por eso digo que no teníamos derecho a sorprendernos, aunque sí a que nos chocara. Porque incluso para el más curtido de los observadores políticos, si conserva en el alma una pizca de decencia, tuvo que ser difícil observar a Trump y a Vance comportarse como pandilleros de quinta en los salones de la Casa Blanca, acosando y hostigando a un hombre que creyó que Estados Unidos era todavía un aliado y se encontró con un traidor. Los hay que critican a Zelenski por caer en la trampa, o por reaccionar a las provocaciones, o por no conservar la calma ante las agresiones en gavilla del grotesco gobierno de matones. Pero es que este hombre traía en las manos el destino de un país entero que ha sido agredido e invadido por la Rusia de Putin: traía en las manos la vida de sus ciudadanos, los ciudadanos a los que ha defendido durante los tres años de la agresión con una valentía que los Trump y los Vance de este mundo no han conocido ni de nombre, los ciudadanos que todos los días mueren bajo los misiles que el ejército ruso lanza contra hospitales y escuelas. Zelenski traía en sus manos el derecho de Ucrania a existir, que está amenazado; y sí, Ucrania corre todos los días el riesgo de desaparecer. Sólo los cínicos lo desdeñan.

¿Y qué venía a hacer Zelenski a la Casa Blanca? Venía a pedir ayuda para preservar las vidas de los suyos y la democracia de un país agredido: ayuda para defenderse de un país agresor mucho más poderoso. Y se encontró de repente con un hatajo de cobardes que se burlaban de él por no llevar traje y corbata (pocos días después de que el bufón Elon Musk invadiera el Salón Oval vestido con sus camisetas de leyendas pueriles y su hijo en hombros), y que le reclamaban no haber dado las gracias por los favores recibidos hasta ahora (en caso de que usted se lo pregunte: sí, sí las ha dado. Más de una vez. Pero lo de la dignidad, en la Casa Blanca de Trump y los suyos, no parece haber pegado). No hay que hacer psicología barata con esto, pero a mí no me resulta difícil ver en la escena la simple reacción de un par de narcisistas afectados por todo lo que el otro tiene y de lo cual ellos carecen. O tal vez sí: tal vez sí se pueda hacer psicología barata. Porque el narcisismo y los complejos de Trump son lo que lo hace tan vulnerable a la manipulación: la de Putin, por ejemplo. Y al contrario que Macron o Starmer, Zelenski no llegó a la Casa Blanca para lamerle los zapatos. Tenía otras cosas en mente.

Cuando ocurrió la escena infame, yo estaba en Nueva York, y por primera vez en la larga historia de mi relación con Estados Unidos escuché a un ciudadano norteamericano pronunciar estas palabras de frustración y desespero: «Hoy me da vergüenza ser norteamericano». No, no es algo que se oiga con frecuencia. Pero Estados Unidos ha entrado con Trump en territorio decididamente nuevo, y no sólo porque un acosador sexual y delincuente condenado goce del apoyo de millones de ciudadanos, y delate así todos los días su hipocresía infinita. Señalarlo es casi un acto de inocencia, y una ingenuidad rasgarse las vestiduras, así como es ingenuo (y sin embargo hay que hacerlo) señalar que este gobierno de indecentes y plutócratas está echando por tierra una versión del mundo que nos había costado muchos años y mucha sangre construir: esa versión del mundo en la cual los países poderosos no pueden tomar por la fuerza la tierra de los que lo son menos.

Estados Unidos, digámoslo con claridad, ha capitulado ante los enemigos de la libertad y la democracia: palabras grandes que se pueden usar para decir muchas cursilerías, y de las cuales se abusa tanto que a veces pierden su significado. (¿Qué significa *libertad* cuando se dicen sus defensores personajillos como Javier Milei? ¿Qué significa *democracia* cuando la palabra le llena la boca al venal Jeff Bezos?). Trump ha adoptado como suyo el discurso del agresor Putin, ha acusado a Ucrania —el país agredido ante los ojos de todos— de provocar la guerra, y enseguida ha comenzado el desmantelamiento de la ayuda militar que hasta ahora le había permitido a Ucrania resistir a la agresión. En otras palabras: asistimos desde el comienzo de la invasión rusa a una destrucción escrupulosa del derecho internacional, por no hablar de un ataque sin cuartel a los principios democráticos que resguardan el delicado equilibrio del mundo posterior a la Segunda Guerra Mundial; pero ahora vemos cómo el Gobierno de Estados Unidos, en cabeza de Trump, se ha convertido en cómplice activo de un dictador que es ya culpable de crímenes de guerra.

La semana pasada, los Estados Unidos de Trump —o, como me dijo un estudiante en estos días, los Estados Unidos de Putin— votaron por primera vez con Rusia y Corea del Norte: fue para acallar una resolución, propuesta por Europa, que le exigía a Rusia sacar sus tropas de Ucrania. Los intereses de Putin son desde ahora los intereses de Estados Unidos; y uno de esos intereses, uno de los más importantes, es el desmantelamiento de las democracias europeas. Para eso, Trump y Putin cuentan con la colaboración o la simpatía de muchos: en la extrema derecha europea, nacionalista y xenófoba, pero también en la extrema izquierda, antieuropeísta y sectaria.

En *1948*, Orwell escribió una carta que he recordado con frecuencia en estos días. «La verdadera división», decía allí, «no es entre conservadores y revolucionarios, sino entre autoritarios y libertarios». La última palabra significaba entonces algo distinto de lo que significa ahora. Pero la lucidez de estas líneas sigue intacta. Es el momento de escuchar lo que nos dice.

Hacia los Estados Unidos policiales: sí, esto podía pasar aquí
5 de abril de 2025

En cualquier otro momento, el artículo de Masha Gessen en el *New York Times* habría causado una verdadera conmoción, ocupado el centro de nuestras conversaciones y lanzado a los demás opinadores de Estados Unidos a una serie de autocríticas implacables. Pero Donald Trump y su gobierno de matones ultranacionalistas han inundado la zona de mierda, según la estrategia que ya nos explicó Steve Bannon, y hoy estamos hablando de los aranceles insensatos que han despedazado el orden responsable de ochenta años de relativa paz. Y se entiende: el mundo se incendia por todas partes bajo las decisiones de una Casa Blanca de mafiosos y plutócratas, las bolsas caen vertiginosamente mientras Trump defiende a Marine Le Pen, y nadie tiene tiempo de preocuparse por el hecho de que Estados Unidos se esté convirtiendo, a la vista de todos, en un Estado policial.

Pero así es. Masha Gessen, que tenía catorce años cuando su familia de judíos moscovitas emigró a Estados Unidos, conoció la vida en un país totalitario, y habla de la sensación de triste familiaridad que le han producido las escenas de las últimas semanas: el estudiante Mahmoud Khalil, arrestado —la palabra que usa Gessen es «abducido», y no hay nada exagerado en ella— por gente que se niega a identificarse; la estudiante Rumeysa Ozturk, interceptada por agentes vestidos de civil y esposada bajo las cámaras callejeras antes de que la veamos desaparecer en un vehículo sin marcas, tal como sabemos los latinoamericanos que ocurría en nuestras dictaduras de los años setenta. Los dos arrestos tienen que ver con la campaña de represión que el gobierno Trump ha disfrazado de lucha contra el antisemitismo en las universidades, y uno sólo puede preguntarse qué autoridad tiene este gobierno para hablar siquiera de esos asuntos: uno piensa en el saludo nazi que hizo Musk hace unas semanas, por ejemplo, o en el prontuario de antisemitismo real de los más fieles fascistas de este gobierno: Marjorie Taylor Greene, que decía que la causa de los incendios en California era un rayo láser judío, no es la única instancia.

Masha Gessen habla en su artículo del ciudadano alemán, residente legal en Estados Unidos, que fue detenido en el aeropuerto de Boston: lo desnudaron, lo sometieron a duchas frías y se negaron a darle medicamentos necesarios. Habla de la canadiense que al parecer cometió un error relacionado con su visa y acabó detenida doce días, varios de ellos en una celda sin luz natural, durmiendo en el suelo con una de esas sábanas de aluminio con las que se cubre a los muertos de un accidente. Habla de la científica de Harvard que llegó de Francia y lleva un mes detenida en las instalaciones ya infames de Luisiana: la justificación de las autoridades, al parecer, es que no declaró correctamente unos embriones de rana. Habla de las aplicaciones creadas por compañías privadas para «delegar a los ciudadanos labores de inteligencia que normalmente llevan a cabo» las agencias estatales: es decir, para denunciar lo que quieran, como ha sucedido siempre con los informantes en los Estados policiales.

Pero no habla de los otros incidentes que hemos conocido en estos últimos días: a un ciudadano francés, investigador del Centro Nacional de Investigación Científica, se le prohibió la entrada a Estados Unidos cuando los oficiales de inmigración encontraron en su teléfono celular comentarios críticos sobre el gobierno de Trump. A Óscar Arias, expresidente de Costa Rica y premio nobel de la Paz, le cancelaron la visa sin justificación ninguna. Arias ha sido un crítico elocuente de las actitudes imperialistas de Trump, y se ha preguntado en público si son sus críticas la razón de la cancelación de su visa. No ha recibido respuesta.

Sí, eso está pasando en las fronteras norteamericanas: visas canceladas a críticos del Gobierno, celulares requisados para buscar comentarios antitrumpistas, viajeros obligados a desbloquear sus computadores... En estos días han comenzado a circular en los medios de Francia —y no sólo en los de Francia— recomendaciones para quienes viajan: llevar un computador vacío; eliminar de su teléfono las aplicaciones de redes sociales y los chats de WhatsApp. Sabemos que Marco Rubio ha dado a los consulados norteamericanos la orden de revisar las redes sociales de los estudiantes que piden visa, y sabemos que la justificación es una de las primeras acciones que tomó el gobierno Trump: con el pretexto de proteger al país de los terroristas extranjeros, Estados Unidos «debe asegurarse de que los extranjeros admitidos» al país «no tengan actitudes hostiles hacia sus ciudadanos, su cultura, su gobierno, sus instituciones o sus principios fundacionales». Por supuesto, es inútil recordar que uno de esos principios fundacionales es la libertad de expresión; y que esa libertad de expresión cobija no sólo la crítica, sino incluso la hostilidad; y que eso que la Casa Blanca llama «cultura» se ha distinguido, en la historia de Estados Unidos, por ser crítica y aun hostil contra sus ciudadanos y su gobierno.

(Y por supuesto que es inútil señalar la ironía —ah, pero son tiempos irónicos— de que el encargado de estas persecuciones sea un descendiente de cubanos que ha hecho carrera condenando la dictadura de la isla: un Estado policial que persigue a los que critican al Gobierno, vigila sus comunicaciones y censura sus actitudes).

Un colega, escritor notable cuyo nombre no puedo escribir por razones evidentes, me confesaba el otro día su resignación: ya no volvería a Estados Unidos. Una de sus amigas más cercanas, escritora también, había descubierto que se encontraba en una lista de gente señalada por sus críticas a Trump; es una mujer mayor y no puede permitirse, me dijo este colega, que un oficial arbitrario la encierre en una celda ni siquiera unas horas. Él también es un hombre mayor; también ha criticado —en medios norteamericanos muy leídos— las políticas de Trump. Y por eso prefiere, como están haciendo muchos en muchas partes, resignarse a no volver a Estados Unidos. No pueden arriesgarse a que salte una alarma en el misterioso e insondable sistema norteamericano y alguien inocente acabe esposado a una silla, o en una celda, o en una cárcel en Luisiana. «Cuando el rango de factores que pueden llevar a un arresto van desde una opinión política hasta un error de papeleo», escribe Masha Gessen, «estamos en los territorios descritos por ese dicho ruso: "Denos a la persona y le encontraremos una infracción"».

En dos meses, Donald Trump y los suyos han desmantelado las libertades que generaciones de inmigrantes han buscado en Estados Unidos. El miedo a las persecuciones arbitrarias hará que muchos se pregunten si vale la pena realmente ir a buscarlas, y en muchos casos la respuesta será negativa. Aquel científico francés del teléfono requisado volvió a su país para denunciar lo sucedido y enseguida lanzó una invitación: a los científicos que, agobiados por la guerra contra la ciencia que Trump y los suyos han declarado, quieran mudarse a Francia. Eso es lo que podemos comenzar a ver en los años que vienen: los lugares de la verdadera libertad —de investigación científica o de expresión política— serán otros. Pero más allá de todo esto, más allá del lamento de quienes tenemos una relación fuerte y frecuente con Estados Unidos, más allá de la frustración que sentimos por estos días quienes nos hemos alimentado de su cultura, habrá que preguntarnos qué pasará en el mundo cuando el lugar que para muchos era el último reducto de ciertas libertades se convierta, fatalmente, en un aparato de vigilancia y persecución.

En otro artículo recordé a Sinclair Lewis, el autor de *Eso no puede pasar aquí*, y a Philip Roth, que escribió durante los años de Bush esa fantasía distópica que es *La conjura contra América*. Puede ser el título de los años de Trump, pienso ahora. En todo caso, Lewis se sentiría vindicado: sí, esto sí podía pasar aquí.

La libertad, el miedo y una vieja conversación
26 de abril de 2025

Me declaro culpable: como tantos, yo también he reaccionado con sorpresa ante la deriva autoritaria (pero la palabra es demasiado débil) del gobierno de Trump, este régimen de matones que en tres meses ha transformado la república norteamericana en una plutocracia de comportamiento mafioso y xenofobia organizada. Y la verdad es que no teníamos mucho derecho a sorprendernos, pues lo que ha ocurrido en estos tres meses de vergüenza —la total destrucción de derechos civiles y libertades individuales, la persecución de ciudadanos por razones ideológicas, la desaparición de algunos de ellos— responde a una corriente subterránea que siempre ha estado ahí. Es como si la bestia hubiera salido a la superficie: el error es creer que se trata de algo nuevo, un síntoma de nuestros tiempos desastrados, cuando en verdad estamos ante un fascismo de manual que llevaba larvado casi un siglo.

Las noticias llegan sin parar y es difícil mantenerse al día. Eso es parte de la estrategia que el infame Steve Bannon, ideólogo estrella de las nuevas derechas del mundo entero, llamó memorablemente «inundar la zona de mierda»: producir tantas sacudidas que ni los medios ni el pobre ciudadano indefenso tengan tiempo de recibirlas, comprenderlas y reaccionar contra ellas, lo cual es el primer paso de cualquier tipo de resistencia. Ya nos parecen viejos los episodios de Mahmoud Khalil, estudiante de Columbia abducido por agentes que se negaron en un primer momento a identificarse o a mencionar los cargos, o de Rumeysa Ozturk, esposada en la calle, a la vista de las cámaras ubicuas, e introducida a la fuerza en un vehículo sin distintivos. ¿Dónde están ahora? ¿Qué ha pasado con ellos? No hay tiempo de preguntar, porque la atención se ha fijado en otras cosas. Por ejemplo, en lo que la revista *The New Yorker* contaba en estos días: el arresto en Nuevo México de cuarenta y ocho personas de las que las autoridades no dieron noticias durante días, no sólo manteniendo a sus familiares en la ignorancia y la angustia, sino saboteando deliberadamente los esfuerzos de las organizaciones de derechos humanos. Y en muchos casos el Gobierno —a veces Trump, a veces sus esbirros— ha dicho sin pruebas que se trataba de delincuentes peligrosos, y ha usado incluso el dolor real de las víctimas reales para provocar la impresión de que todo migrante es un criminal.

Con frecuencia recuerdo una conversación que tuve hace quince años, en ese mundo tan distinto del nuestro que eran los años de Obama, con el novelista E. L. Doctorow, cuyas ficciones lúcidas se dedicaron más de una vez a reflexionar sobre las zonas de sombra de la sociedad norteamericana. Doctorow me hablaba del nivel de irracionalidad que percibía a su alrededor: los republicanos que mentían a destajo sobre la reforma a la salud, o que llamaban socialista a Obama, o que lo acusaban de tener vínculos con al-Qaeda. Le hablé de un discurso del escritor Sinclair Lewis —sí, el mismo autor de esa advertencia en forma de novela, *Eso no puede pasar aquí*—, que en los años cuarenta intentó defender a Franklin Delano Roosevelt de las acusaciones insensatas del Partido Republicano, cuyos miembros más ruidosos lo llamaban dictador y (de nuevo) socialista. Le pregunté si ese viejo extremismo irracional era el mismo extremismo irracional de hoy. Y ahora me permito transcribir *in extenso* su respuesta, porque la he vuelto a leer a la luz de lo que nos ocurre y no he podido evitar un estremecimiento.

«La derecha hoy es muy distinta», me dijo Doctorow. «Tienen un gran acceso a los medios. En la radio se despotrica contra Obama, en la televisión también. Pero no sé si ha habido un cambio. Cuando yo era niño hubo una marcha de apoyo al nazismo en Madison Square Garden, y la gente iba caminando por ahí con esvásticas en las camisas. Había un conocido sacerdote de derecha, el padre Cogwin, que tenía una inmensa cantidad de seguidores. Estaba Charles Lindbergh, cabeza de un grupo llamado America First (Philip Roth escribió todo un libro sobre eso). Luego vino el fervor anticomunista de los cincuenta, una época gris en la vida de Estados Unidos. Siempre ha sido más fácil para la derecha llegar a la gente. El psicólogo Wilhelm Reich dijo que la mente del hombre promedio está construida para el fascismo: es mucho más fácil para la derecha llegar a ese lado antediluviano de la gente, sus miedos, sus ansiedades, que para la izquierda tratar de apelar a la razón. No estoy diciendo que no haya irracionalidad en la izquierda, por supuesto. Pero en la dinámica interna de este país, la derecha siempre ha apelado a los miedos de la gente».

Habría que hacer una lista de todas las cosas que Doctorow no llegó a ver, pero de las cuales habla sin querer en su respuesta. Habría que comenzar con la evocación de America First, ese comité creado por dos millonarios con el apoyo del notorio antisemita que era Henry Ford. Doctorow lo menciona sin imaginar ni siquiera la posibilidad remota de que un presidente del futuro pudiera recuperar orgullosamente el lema para montar todo un programa de gobierno: el America First de Donald Trump, que nació en sus discursos de campaña de 2016, ha vuelto en estos días con más ímpetu que nunca, y se utiliza no sólo para justificar los aranceles que han puesto la economía del mundo patas arriba, sino incluso para defender la obscena alineación de Trump con los intereses rusos en la guerra de Ucrania. Habría que hablar también de la explotación de los miedos y las ansiedades de los ciudadanos, que Doctorow señala con clarividencia, y es imposible no preguntarnos qué hubiera pensado de este país donde los inmigrantes haitianos se comen a las mascotas de la gente, donde todo el que lleve un tatuaje es miembro *de facto* del Tren de Aragua y donde hablar español se ha convertido —gracias a una elaborada campaña de propaganda xenófoba— en un primer motivo de desconfianza.

Pero de todas las palabras que me dijo Doctorow esa tarde, hace quince años mal contados, me fijo con atención especial en la relación que hay entre la derecha extremista y los medios de comunicación. Doctorow no conoció las redes sociales de Musk y Zuckerberg, esos altavoces de la irracionalidad, esas cloacas de violencia y fascismo normalizado. X y Facebook (y también YouTube e incluso Spotify) no sólo se han convertido en las plataformas predilectas de la derecha extremista, sino que están programadas para serlo: porque los algoritmos privilegian el odio y la mentira, que son rentables porque dan más clics que la verdad y la mesura, y que además encierran al usuario en universos de miedo y ansiedad que son la materia prima de la radicalización racista y el nacionalismo xenófobo. Los algoritmos instalan al ciudadano en una realidad perpetuamente amenazante y le ponen una cara y un nombre a la amenaza: el migrante de piel oscura. Y el ciudadano atemorizado, el ciudadano que vive en un universo fabricado de riesgo y de miedo, pierde lentamente la facultad de distinguir la fabricación de la realidad. Con miedo se toman peores decisiones, se renuncia voluntariamente a algunas libertades, se justifica con más facilidad el atropello que sufren las libertades de los otros. Éstos son los Estados Unidos de Trump: una sociedad que ya no es libre.

La urgencia de contar a Centroamérica
24 de mayo de 2025

Llevaba catorce años sin venir a Guatemala. En ese año de 2011, durante un solo viaje alucinado, pasé en muy pocos días de Panamá a Costa Rica y de Costa Rica a Nicaragua y de Nicaragua a El Salvador y de El Salvador a Guatemala, y ahora he vuelto a este país con la impresión ineludible de que en Centroamérica el tiempo es distinto: en un año parece que pasaran varias vidas. Aquí hemos venido un grupo de escritores, periodistas y políticos de todas partes; nos reúne el escritor nicaragüense Sergio Ramírez, o un encuentro inventado por él hace ya varios años: se llama Centroamérica Cuenta y se llevó a cabo en Nicaragua hasta que su presencia —la del encuentro, pero también la del escritor que lo inventó— se volvió demasiado incómoda para el estalinismo caribeño de Daniel Ortega y Rosario Murillo. Entonces esta cita se convirtió en un fenómeno itinerante, o, como me dijo un periodista por estos días, andariego. Y aquí, en esta errancia que ha hecho parada en Guatemala, he podido hablar con salvadoreños, con nicaragüenses, con costarricenses y panameños, y todos nos hemos puesto de acuerdo en que la región atraviesa momentos de dificultad extrema: y todos nos hemos puesto de acuerdo en que esa dificultad no es ni nueva, ni sorprendente.

Guatemala se recupera de la catástrofe política pero también moral que fue la presidencia de Alejandro Giammattei, un régimen que hizo de la corrupción una forma de vida, que miró para otro lado mientras caían asesinados los líderes indígenas, que persiguió a jueces y encarceló a periodistas (José Rubén Zamora sigue preso), y que en las últimas elecciones trató de inhabilitar a cualquier candidato que representara una amenaza. El que escapó a esas estrategias —el que logró volar bajo el radar, pues en las encuestas no parecía demasiado peligroso— fue Bernardo Arévalo, que hoy es presidente constitucional a pesar de los esfuerzos denodados de las autoridades corruptas. En Centroamérica la historia parece colapsar: el presidente de hoy es hijo de otro presidente, Juan José Arévalo, un exótico progresista que en los años cuarenta, esos tiempos que en América Latina fueron una larga pandemia de dictaduras militares, encabezó el primer gobierno elegido libremente en la historia de la república. Arévalo trató de traer a este país desigual una especie de New Deal rooseveltiano, pero sus reformas sociales se encontraron con el muro de piedra de una sociedad feudal y conservadora y, además, con una época de intensa paranoia anticomunista: una de sus medidas, la aprobación de una ley que permitía a los campesinos constituirse en sindicatos, hubiera parecido lógica e incluso modesta, pero fue recibida como si se tratase de una nueva Revolución soviética.

Y lo demás ya es conocido, sobre todo para quien ha leído *Tiempos recios*, una de las últimas novelas de Mario Vargas Llosa: las acusaciones de comunismo, las decenas de intentos de golpe de Estado, la presidencia de Jacobo Árbenz, la guerra con la United Fruit Company, la intervención de la CIA y los Estados Unidos, las campañas grotescas de desinformación y de calumnias y, finalmente, la imposición a sangre y fuego de un dictador de bolsillo: Carlos Castillo Armas. Hace unos días, dando una vuelta por la ciudad, pasé por el lugar donde Castillo Armas fue asesinado. El 26 de julio de 1957, a eso de las nueve de la noche, el dictador se dirigía al comedor de su palacio presidencial cuando recibió dos disparos de fusil. A pocos metros de allí, la guardia de palacio se topó minutos después con el cuerpo sin vida de un soldado de nombre impagable, Romeo Vásquez, en cuyo cráneo se encontró una bala idéntica a las que mataron a Castillo Armas, y en cuyo casillero descubrieron los investigadores un diario donde el soldado declaraba su intención de asesinar al dictador. La razón: Vásquez estaba convencido de que así permitiría el regreso al poder de Juan José Arévalo. Sí, la historia latinoamericana da la impresión a veces de caminar en círculos, pensaba yo en estos días, mientras me enteraba de las opiniones que un hombre guatemalteco le propinaba a una mujer española sobre Bernardo Arévalo: en frases llenas de la certidumbre de los fanáticos, lo acusaba de ser un rojo y un comunista, y luego se lamentaba de que las cosas no anduvieran mejor en España.

O tal vez no es que se repita la historia, sino que el tiempo se colapsa o se confunde. Insisto: el tiempo funciona distinto. Uno pensaba, por ejemplo, que en América Latina habíamos visto ya todas las formas de sumisión a los gobiernos matones de Estados Unidos, o que el matoneo imperialista de otros años —los de la United Fruit Company, por ejemplo, o el financiamiento de los contras nicaragüenses— había tomado ya todas las formas conocidas. Y luego llega Nayib Bukele, el administrador bien peinado de un Estado policial que se ha aprovechado de los fracasos seriales de sus antecesores, todos incapaces de enfrentarse a la violencia de las pandillas con las herramientas de la legalidad, y pone su sistema de cárceles al servicio del gobierno de matones de Donald Trump: para que Trump y su política brutal de xenofobia y racismo puedan deportar a ciudadanos latinoamericanos a un país que no es el suyo, sin debido proceso ni garantías legales. El de El Salvador es un régimen autoritario que cada hora bascula más hacia la suspensión del Estado de derecho, pero parece casi legítimo comparado con la Nicaragua de Ortega y Murillo, que en febrero pasado modificaron la Constitución de su país para crear o inventar la figura insólita de la copresidencia. Eso es ahora la pareja grotesca: copresidentes de Nicaragua.

El caso de Nicaragua a veces me parece el más triste de los que agobian la región. En la novela más reciente de Gioconda Belli, *Un silencio lleno de murmullos*, una mujer de cuarenta y cinco años investiga sobre la vida de su madre, antigua revolucionaria sandinista, y no consigue entender cómo ha ocurrido todo: cómo Daniel Ortega, uno de los líderes de una revolución triunfante que expulsó a una dictadura hereditaria, se ha convertido ahora en un dictador capaz de mandar a ejércitos paramilitares a asesinar a jóvenes universitarios que se manifiestan sin armas. Los hechos de 2018 marcan la novela tanto como el desencanto con una revolución malversada, y es imposible no recordar que su autora, antigua revolucionaria sandinista, ha terminado esta novela en el exilio: perseguida por un régimen que canceló su nacionalidad nicaragüense y le robó sus propiedades. Lo mismo les ha ocurrido a varios: periodistas, políticos de la oposición, escritores. El periodismo nicaragüense más combativo se hace hoy desde el exilio: en Costa Rica, como *El Confidencial* de Carlos Fernando Chamorro; en Estados Unidos, como *La Prensa*, que hace poco recibió —para enorme irritación de Rosario Murillo— un premio de la Agencia Efe.

Hablé largo y tendido con Chamorro, un periodista que lleva treinta años incomodando a los gobiernos y no ha dejado de hacerlo durante estos tiempos de la radicalización de Ortega y su mujer. Las historias que me contó harán parte de otro artículo; por lo pronto, puedo decir que confirmé lo que ya sabía: estos periodistas son hoy más imprescindibles que nunca. Sí, son tiempos recios, aquí y en todas partes, y se podrían hacer muchas malas metáforas con esta tierra de temblores y volcanes. Pero una certeza tenemos: el momento centroamericano, hoy más que nunca, necesita a los que lo cuentan.

Una defensa (sí, una más) de los acuerdos de paz de Colombia
21 de junio de 2025

El 10 de junio pasado, el *Wall Street Journal* publicó un editorial tan deshonesto en su planteamiento, tan ligero en sus apreciaciones y tan mediocre en su escritura, que por un instante tuve la certeza de estar enfrentándome a una noticia falsa. El desafortunado redactor partía del atentado que días atrás había sufrido, en Bogotá, el candidato a la presidencia Miguel Uribe Turbay. Toda persona decente ha condenado sin matices este resurgimiento de violencias que creíamos olvidadas (aunque los indecentes de siempre salieron pronto a tratar de usarlo para ganar millas políticas), y algunos nos acordamos del largo inventario de atentados similares que han marcado la vida colombiana desde hace décadas: yo mismo hablé en este periódico del asesinato del ministro de Justicia en 1984 y del uso de sicarios adolescentes y de la necesidad, tanto a la izquierda como a la derecha, de rebajar la retórica violenta que domina desde hace ya varios años la conversación pública. Sí, la historia de violencia política de Colombia es tremendamente compleja y bebe de muchos males endémicos, y algunos hemos dedicado miles de páginas a tratar de entenderla. Pero el *Wall Street Journal* no tiene dudas: el atentado es consecuencia de los acuerdos de paz de 2016.

Así es. En 2010, dice el editorial, Colombia estaba a punto de entrar en un futuro brillante: los ocho años del gobierno de Álvaro Uribe la habían convertido en un país donde los candidatos podían hacer campaña sin miedo. «El atentado del fin de semana muestra cuán frágiles son esas conquistas cuando no se tiene la voluntad política para protegerlas», leemos entonces. «El desmoronamiento de la paz comenzó con el sucesor de Uribe, el presidente Juan Manuel Santos. Este negoció una amnistía para la infame cúpula guerrillera de las Farc. Las conversaciones se celebraron en La Habana y contaron con la bendición de la administración Obama. Santos lo llamó paz, pero fue más una rendición. Las empresas criminales no tardaron en ascender a nuevos jefes». Aquí, después de un punto aparte, sigue el editorial hablando del gobierno de Petro, bajo el cual las condiciones de seguridad se han deteriorado más todavía. Ah, qué elocuente es ese punto aparte: qué impresionante es todo lo que allí se calla, y qué extraño talento debe tenerse para meter, en tan pocas palabras, tantas inexactitudes, tantas distorsiones, tantas omisiones malintencionadas.

Comencemos por esa paz que, según el *Wall Street Journal*, se desmoronó con Juan Manuel Santos. La idealización del gobierno de Uribe era moneda corriente en esos años —los que nos atrevíamos a disentir recibíamos los ataques de eso que llamamos *opinión pública*—, pero es más exótica en nuestros días: ha sido mucho lo que se ha descubierto desde entonces. Con el tiempo hemos sabido que el gobierno de Uribe amedrentó a los periodistas críticos y espió a los jueces de la Corte Suprema de Justicia (y hay condenados por esos delitos), que compró a cambio de notarías los votos de dos congresistas corruptos para cambiar la Constitución en su propio beneficio y asegurar su reelección (y hay condenados por estos delitos) y que inventó un sistema de premios para los soldados bajo el cual se instaló en el Ejército colombiano una práctica perversa: el asesinato a sangre fría de jóvenes sin recursos para hacerlos pasar por guerrilleros muertos en combate. Los llamados *falsos positivos* fueron, junto con la repugnante práctica guerrillera del secuestro, uno de los símbolos más notorios de la degradación de la guerra.

Los acuerdos quisieron terminar con esa guerra larga y cruel que había producido, en su medio siglo de existencia, más de ocho millones de víctimas. No es cierto que Santos haya negociado una amnistía con las Farc: los acuerdos crearon un sistema de justicia transicional que no ofrece amnistía para los crímenes internacionales y que exige obligaciones de verdad y reparación para obtener ciertos beneficios, y, además, los ofrece a todos los actores de la guerra. Y no es cierto, sobre todo, que los acuerdos hayan implicado una rendición. Ésta tiene que ser una de las mentiras más ridículas y pueriles que han sostenido siempre los enemigos del proceso de paz, y es ridículo también tener que rebatirla. ¿Cómo rebatir semejante frivolidad? ¿Recordando que las Farc entregaron más de 10.000 armas, que 13.000 guerrilleros se desmovilizaron y que el gobierno siguiente a la firma de los acuerdos fue el de Iván Duque, puesto a dedo por Uribe con el encargo de sabotearlos? ¿De qué rendición habla el *Wall Street Journal*?

Es difícil saberlo. Y más difícil todavía es saber por qué no habla de otras cosas. Por qué se le olvida que Santos sometió los acuerdos a un plebiscito, por ejemplo, y que el uribismo emprendió entonces la más grotesca campaña de mentiras, desinformación y calumnias que se ha visto en la historia colombiana. Ocurrió en el mismo año 2016 en que Donald Trump llegó al poder y ganó el Brexit, ambos con grotescas campañas de mentiras. Sí, también en Colombia se usaron las redes sociales y las maravillosas innovaciones de Cambridge Analytica: para sostener, por ejemplo, que los acuerdos iban a eliminar la propiedad privada, o que usarían las pensiones de los colombianos para pagarle un sueldo a la guerrilla, o que los acuerdos incluían algo llamado ideología de género, de manera que aprobarlos —esto lo dijeron en voz alta varios líderes evangélicos— convertiría a nuestros hijos en homosexuales.

Pasada la derrota de los acuerdos, el jefe de esa campaña explicó la estrategia de desinformación con una frase para la historia: «Queríamos que la gente saliera a votar berraca». Es decir: enfadada, indignada, encolerizada. Pero nada de esto lo menciona el editorial del *Wall Street Journal*.

Lo más llamativo, sin embargo, es el silencio que mantiene sobre el gobierno de Iván Duque: como si no hubiera sucedido. Claro: sostener que los acuerdos de paz son responsables del desastre que ahora vive Colombia es imposible si uno recuerda el rotundo fracaso del gobierno uribista de Duque, que saboteó los acuerdos, entorpeció a sabiendas partes importantes de su implementación y permitió que una fracción de los guerrilleros desmovilizados considerara más beneficioso volver a las armas. (Siempre he dicho que la decisión de traicionar la paz es responsabilidad de los traidores; pero la responsabilidad del Gobierno era cumplir lo acordado para que a nadie le pareciera preferible la traición). En otras palabras: mi país vive hoy sumido en una violencia que no se veía desde hace años, pero sugerir que eso es culpa de los acuerdos es ignorar que los años más pacíficos o menos asesinos de lo que va del siglo fueron, justamente, los que siguieron al cese al fuego y a la firma del Teatro Colón.

Los acuerdos eran, y tal vez sigan siendo, una posibilidad de futuro. Pero los han saboteado los lamentables presidentes que han venido después: Duque, incapaz de estar a la altura del momento, demasiado flojo u obsecuente con el uribismo que les declaró a los acuerdos una guerra sin cuartel; y Petro, que los desatendió desde el principio con una extraña mezcla de megalomanía, incompetencia, desidia y rencor, mientras se embarcaba en el absurdo irresponsable de su famosa Paz Total. Así vamos los colombianos, cargando con nuestra propia incapacidad para construir sobre lo construido y viéndonos obligados, además, a lidiar con las falsedades o los sesgos de medios que creíamos más responsables.

Volvamos a hablar de la bomba atómica
10 de agosto de 2025

Escribo esto en la mañana del 9 de agosto, ochenta años después de que la bomba atómica estallara en Nagasaki. Leo que en la ciudad se ha llevado a cabo una ceremonia, como ha ocurrido cada vez que se cumple un aniversario, y leo que las autoridades y los supervivientes han hecho un nuevo llamamiento de paz: como ha ocurrido cada vez que se cumple un aniversario. Sin embargo, esta conmemoración no es como otras —la que se hizo hace diez años, por ejemplo, o hace veinte—, porque el mundo ha cambiado. Sí, se han dicho las mismas frases de otros años: las peticiones de abolición de las armas nucleares en el mundo entero; el deseo de que se recuerden los bombardeos para que nunca se repitan. Son frases necesarias, como han sido siempre, y han venido envueltas en la rara y triste autoridad moral que tiene Japón por el hecho simple de ser el único país del mundo que ha sufrido un bombardeo nuclear. Pero esas frases necesarias hoy parecen además urgentes: porque en nuestro mundo desastrado de repente ha dejado de ser imposible que las armas nucleares vuelvan a usarse.

Es lo que parece temer el alcalde de Nagasaki, que en la ceremonia de hoy (según la noticia que dio este periódico) habló de «crisis existencial», de «riesgo inminente» para el planeta entero, de un mundo atrapado en un «círculo vicioso de confrontación». Y no he podido no pensar en las otras noticias del día. No he podido no pensar en los planes militares del gobierno asesino de Benjamín Netanyahu, que lleva dos años exterminando a un pueblo entero mientras en Europa se debate la etimología de la palabra *genocidio* (y el Gobierno de Estados Unidos le vende armas y le promete balnearios). No he podido no pensar en la cita que tendrán en Alaska Donald Trump y Vladimir Putin, cuyo objetivo ostensible es terminar con la guerra de Ucrania y cuyo resultado previsible será un nuevo desmantelamiento del orden internacional, una nueva abdicación del Pentágono frente al Kremlin y un nuevo memorando de que la ley de hoy es la ley del más fuerte. Ese principio que parecía invulnerable desde 1945 —que un país no puede invadir otro para quitarle territorio por la fuerza de las armas— ha quedado inservible, y no a pesar de Estados Unidos, sino con el consentimiento pleno de su gobierno de matones.

Estados Unidos, Rusia e Israel son tres de los nueve países que tienen bombas nucleares. Los otros son Corea del Norte, que está a un capricho de su líder megalómano de usarlas; India y Pakistán, dueños de una frontera inflamable donde todos los días alguien se levanta hablando de guerra y alguien más se acuesta maravillado de que la guerra no haya sucedido; China, una potencia más opaca e impredecible de lo que a veces nos gustaría aceptar; e Inglaterra y Francia, cuyos líderes han vuelto a hablar de armas nucleares con una intención que nadie había tenido desde —digamos— 1989. Hace apenas unos días que Emmanuel Macron propuso la necesidad de un «debate estratégico» sobre la protección de Europa o de la Unión Europea. Es decir, se preguntó en público, y con total seriedad, si el paraguas nuclear de la bomba francesa puede servir de disuasión en un mundo peligroso donde Estados Unidos no sólo se ha ausentado de la OTAN, sino del orden internacional, y lo sabotea cuando no se pone del lado de los saboteadores.

De manera que tiene razón el alcalde de Nagasaki cuando habla de crisis existencial, de riesgo inminente, de círculos viciosos de confrontación. Pero también tuvo razón cuando pronunció otra frase, menos concreta que sus preocupaciones legítimas por el estado del mundo pero igual de importante, y, para mí, extrañamente conmovedora: «A los *hibakusha* no les queda mucho tiempo». Los *hibakusha* son, como sabe todo el mundo, los supervivientes de los bombardeos de 1945: la palabra significa literalmente «persona bombardeada». ¿Qué quiere decir que no les quede mucho tiempo? Sencillamente, que quienes sufrieron en carne propia los horrores sin cuento de los bombardeos atómicos son cada vez menos, y con su muerte definitiva desaparecerá también el testimonio vivo de lo sucedido; y la misión que se han echado sobre los hombros desde hace décadas —llevar su testimonio por el mundo, compartir esa experiencia que es imposible de imaginar para quien no la ha vivido— quedará clausurada y sólo contaremos con los documentos.

Esto es inevitable, por supuesto: las vidas humanas son finitas. Pero basta echar una mirada al Holocausto para saber que la desaparición de los testigos directos no carece de consecuencias: hace unos años, cuando los ataques terroristas de Hamás y el genocidio perpetrado por Israel en Gaza no habían cambiado todavía la conversación, muchos comenzábamos a notar que la desaparición de las últimas víctimas del Holocausto nazi estaba coincidiendo en varios lugares con un auge de nuevos antisemitismos. Las personas mueren y muere también, o se diluye, nuestra comprensión del pasado. Eso lo saben los *hibakusha*, y por eso, porque saben que no les queda mucho tiempo, están preocupados. Cuando muera el último sólo quedarán los documentos, y los documentos no son el testimonio vivo. Tendremos que acudir a ellos, claro, y serán imprescindibles y agradeceremos que existan; pero algo se pierde de la presencia del pasado entre nosotros cuando mueren quienes lo vivieron.

Hace cosa de quince años, durante una visita demasiado breve a Tokio, conocí a uno de esos *hibakusha*. No fue un encuentro fácil, porque ninguno hablaba la lengua del otro, y he olvidado los detalles; pero recuerdo bien cómo le cambió la cara a aquel hombre cuando le conté, más por hacer conversación que por otra cosa, que yo había traducido al español *Hiroshima*, el libro célebre de John Hersey. Se le aguaron los ojos y me dio las gracias, pero nunca supe si había algo más detrás de su gratitud: tal vez se emocionó simplemente por la ayuda que ese reportaje le ha prestado siempre al recuerdo correcto de la bomba y a la causa antinuclear; tal vez recordó algo o a alguien. Me estremece pensarlo. Ahora he vuelto a ojear el reportaje de Hersey y a conmoverme con sus imágenes brutales y con las historias de valor y resistencia de sus protagonistas, y pienso: aquí viven memorias que no deberían desaparecer nunca.

Hersey hizo el reportaje durante tres semanas de mayo de 1946; *Hiroshima* se publicó en la revista *The New Yorker* —toda la revista ocupada por ese único artículo— el 31 de agosto. En los años siguientes, Hersey siguió en contacto con los seis supervivientes a los que había entrevistado, y acabó escribiendo un último capítulo que hace parte desde entonces del libro publicado: «Las secuelas del desastre». El capítulo se cierra con Kiyoshi Tanimoto, pastor de una iglesia metodista, que tiene setenta años en ese momento: ocho más que el promedio de los *hibakusha*. Es un hombre que ha dedicado parte de su vida a dar conferencias para abogar por el desarme y denunciar las armas nucleares. Lo que lee en los periódicos lo preocupa. Una encuesta entre los *hibakusha* arroja este dato: el 54,3% cree que las bombas atómicas se usarán de nuevo. Pero el señor Tanimoto trata de pasar sus días con normalidad: conduce un Mazda fabricado en Hiroshima, come demasiado, sale a caminar con su perro. Y entonces Hersey escribe: «Su memoria, como la del mundo, se estaba volviendo selectiva».

Un legado de violencia
16 de agosto de 2025

En la mañana del lunes pasado, sesenta y cinco días después de recibir tres balazos por la espalda, murió en Bogotá el candidato a la presidencia Miguel Uribe Turbay. Nunca lo conocí realmente, pero compartí con él un par de eventos de esos que quieren ser de diálogo (aunque no acaben siendo más que una serie de monólogos), y siempre tuve la impresión de que nos separaban la mayor parte de nuestras convicciones políticas, pero también de que Miguel Uribe era un demócrata de principios y además un hombre decente: un adjetivo que no siempre se puede usar —corrijo: que se puede usar rara vez— en el mundo sucio de la política de mi país. Tenía treinta y nueve años, una edad a la que muchos políticos ya tienen un prontuario generoso de deshonestidades y trapicheos, y los periódicos colombianos han señalado elogiosamente que nunca se vio envuelto en escándalos de corrupción. También desempolvaron una palabra que no se usaba tanto desde los años noventa, magnicidio, y los que recordamos esas épocas hemos vuelto a preguntarnos si la violencia política en Colombia no será un rasgo fatal de nuestro temperamento, un eterno retorno del cual no lograremos liberarnos nunca.

La escena política de mi país es un inventario de vidas truncadas; si uno se descuida, además, puede tener la impresión frustrante de que la violencia es hereditaria. Miguel Uribe era hijo de Diana Turbay, una periodista valiente que fue secuestrada por Pablo Escobar en agosto de 1990 —como sabe todo lector de *Noticia de un secuestro*, el reportaje de García Márquez— y murió en enero del año siguiente, en un hospital de Medellín, como consecuencia de las heridas de bala que sufrió en medio de una confusa operación de rescate. El niño Miguel, que por entonces tenía cuatro años, le había mandado un mensaje de Navidad a través del noticiero que ella presentaba, y no he podido sacarme de la cabeza el hecho desgarrador de que el candidato Uribe, asesinado 35 años después, deja a un niño de cuatro años que cargará con ese legado de violencia que es la vida política en Colombia. No conozco a la familia de Miguel Uribe, pero creo no ser el único que se ha admirado con la entereza de su esposa, ni el único que ha seguido con inútil compasión su destino de estos días.

Esto es Colombia: una violencia que se repite. No sé cuándo se puso el busto de Diana Turbay que hoy la conmemora en la carrera Séptima, una de las avenidas principales de mi ciudad, pero llevo desde entonces pasando por allí con frecuencia, y nunca lo he hecho sin recordar que en esta misma avenida, unas ochenta cuadras al sur, murió asesinado en 1948 Jorge Eliécer Gaitán, candidato liberal a la presidencia; y a cuatro calles del lugar donde cayó Gaitán, siempre sobre la misma avenida, murió asesinado el senador liberal Rafael Uribe Uribe, un veterano de varias guerras civiles que cometió su pecado mayor cuando quiso dejar la guerra para dialogar con sus enemigos conservadores. Los conservadores lo siguieron odiando, por liberal, y los liberales lo comenzaron a odiar, por traidor: a veces me pregunto si en Colombia no será tan peligroso hacer la guerra como intentar la paz. Sea como sea, ni el asesinato de Uribe Uribe ni el de Gaitán se han resuelto de forma satisfactoria. Conocemos a los dos asesinos, pero no a sus determinadores. La impunidad siembra violencias futuras.

Hace poco menos de dos años, a propósito de la elección del nuevo alcalde de Bogotá, escribí que la nuestra era una política de supervivientes. El alcalde que acababa de ser elegido era Carlos Fernando Galán, hijo del candidato liberal Luis Carlos Galán: asesinado en 1989 por Pablo Escobar y el cartel de Medellín. En las elecciones que ganó competía con Rodrigo Lara Restrepo, hijo del ministro de Justicia Rodrigo Lara Bonilla: asesinado en 1984 por Pablo Escobar y el cartel de Medellín. En estos días, mientras nos lamentamos por la muerte de Miguel Uribe, hijo de una víctima de Pablo Escobar y el cartel de Medellín, los colombianos hemos recordado también al periodista Guillermo Cano, que nació hace cien años y murió prematuramente, en 1986, asesinado por Pablo Escobar y el cartel de Medellín. Entenderán ustedes que me haga más bien poca gracia que los mercachifles de todo el mundo hayan convertido la cara del asesino Escobar en una forma de hacer dinero, explotando la frivolidad y la ignorancia y la franca memez de quienes han visto en esos años dolorosos poco más que un relato sensacionalista. Pero esto es tema de otra conversación.

El día de la investidura de Gustavo Petro como presidente de Colombia, la banda presidencial le fue impuesta por la senadora María José Pizarro, hija de un comandante guerrillero que entregó las armas, hizo la paz y fue asesinado por la extrema derecha colombiana; he leído en alguna parte que Miguel Uribe, que estaba en las antípodas ideológicas del presidente y de la senadora, dijo que le alegraba verla en ese momento, pues también él sabía lo que significaba perder a un ser querido por la violencia política. No son los únicos: el senador Iván Cepeda es hijo de Manuel Cepeda Vargas, político de izquierda asesinado por la extrema derecha; el senador Juan Manuel Galán es, como el alcalde de Bogotá, hijo del candidato asesinado por el narcotráfico. Por eso digo que nuestro Congreso es, entre otras cosas, un lugar de supervivientes. Un día habremos de pensar seriamente en las consecuencias que eso tiene: las leyes se votan entre hombres y mujeres que viven todos los días pensando en sus pérdidas, y a mí no deja de maravillarme que quieran servirle a este país que les ha hecho tanto daño.

En un cuento de Borges que todo lector colombiano ha citado alguna vez, a un personaje le preguntan qué es ser colombiano. «No sé» responde. «Es un acto de fe». Los lectores hemos usado y abusado de esa frase que sirve para cualquier cosa, pero hoy se me ocurre que el verdadero acto de fe consiste en seguir creyendo, contra la evidencia sobrecogedora del pasado, que es posible un país donde no se mate con tanta facilidad: donde cueste más, aunque sólo sea un poco más, acabar con la vida de otro. Muchos han dicho que con el asesinato vil y cobarde de Miguel Uribe vuelve la violencia de otros tiempos, y yo mismo he podido dar esa impresión al recordar los años noventa, pero la verdad es que la violencia no se ha ido nunca: cada semana caen asesinados líderes sociales y políticos. Muchos han hablado del odio que corroe nuestra política y de la facilidad alarmante con que lo inflaman quienes pueden hacerlo, pero recordemos también que el asesino de Miguel Uribe no mató por odio, sino por dinero: porque matar es fácil.

La nuestra es una sociedad descompuesta que lleva muchas décadas pudriéndose por dentro. Este crimen no empezó a ocurrir ayer, ni hace dos meses, ni hace dos años, ni tampoco terminará mañana. El dolor y la frustración y la rabia que sentimos ahora ya son el combustible que alguien está comenzando a explotar en alguna parte. Queda una familia rota que debería concitar nuestra solidaridad unánime y silenciosa, no ser instrumento de los intereses de nadie. Queda también un país que, a pocos meses de unas elecciones cruciales, no sabe muy bien cómo mirarse al espejo.

Un problema de imaginación
13 de septiembre de 2025

He vuelto a recordar por estos días una anécdota que he repetido muchas veces, de viva voz y por escrito, porque sirve para hablar de muchos lugares, aparte del lugar donde ocurrió. La solía contar el escritor israelí Amos Oz, que murió en 2018 y no alcanzó a ver los atentados terroristas de Hamás ni el genocidio que perpetra todos los días, y ante la mirada de todos, el régimen asesino de Benjamín Netanyahu. Se la había contado su amigo Sami Michael, escritor y judío como él y, como él, defensor de la creación de un Estado palestino independiente: es decir, de la calumniada y ya tal vez irrealizable solución de los dos Estados. Sami Michael, al contrario que Oz, murió en un mundo donde ya el gobierno de Netanyahu había tenido tiempo de inscribirse con pleno derecho en la historia universal de la infamia. No sé qué haya pensado frente a los horrores que llenaban ya las noticias cuando murió; sé que saldría a las calles junto a Etgar Keret y otros miles que protestan en silencio —y corriendo riesgos— contra las atrocidades de su gobierno. Pero eso es otro tema.

La anécdota es la siguiente.

Iba Sami Michael en taxi por la ciudad de Haifa cuando, de repente, el taxista empezó a soltarle un discurso sobre lo importante que era para Israel matar a todos los árabes. En lugar de gritarle nazi o fascista y bajarse del taxi, como había hecho otras veces, Michael decidió esa vez razonar con el hombre. «¿Quién cree usted que debería matar a todos los árabes?», le preguntó. «Nosotros», dijo el taxista. «Los judíos israelíes». «¿Pero quién exactamente?», preguntó Michael. «¿La policía? ¿El ejército? ¿Los bomberos? ¿El cuerpo médico?». El taxista dijo: «Pienso que deberíamos dividirlo en partes iguales. Cada uno de nosotros debería matar a alguno». «De acuerdo», dijo Michael. «Suponga que a usted le toca un barrio residencial de su ciudad natal en Haifa y llama usted a cada puerta y toca el timbre y dice: "Disculpe, señor, o disculpe, señora, ¿no será usted árabe, por casualidad?" Y si la respuesta es afirmativa, le dispara. Luego termina con su barrio y se dispone a irse a casa, pero al hacerlo oye en alguna parte del cuarto piso del bloque llorar a un recién nacido. ¿Volvería para dispararle?». Entonces se produce un momento de silencio y al final el taxista responde: «¿Sabe, señor? Usted es un hombre muy cruel».

Amos Oz incluyó la anécdota en una conferencia del año 2000, y es imposible no maravillarnos por lo mucho que han cambiado esas palabras y sus implicaciones en un cuarto de siglo. Por otra parte, hay algo que no ha cambiado nunca: la anécdota le gustaba a Amos Oz porque ponía en escena la relación extraña que existe entre el fanatismo y la falta de imaginación. Tan pronto le pedimos al fanático que vaya un poco más allá —venía a decirnos Amos Oz—, tan pronto le pedimos que imagine las consecuencias de su odio o a los seres humanos sobre los cuales habrán de recaer esas consecuencias, se abre una grieta en su fanatismo. Digo que esto no ha cambiado nunca y de inmediato me pregunto: ¿será cierto? Tal vez ya no sean ciertas las verdades que Amos Oz podía tranquilamente asumir en el año 2000; tal vez hemos cambiado desde entonces, se me ocurre a veces, y la convivencia constante con las imágenes de la violencia nos ha acabado anestesiando, o las imágenes recurrentes y rutinarias del dolor ajeno han acabado por facilitarnos la convivencia con él.

También la imaginación se anestesia, pues la atención humana tiene límites y ahora está colonizada, hasta sus últimos rincones, por la frivolidad organizada y el entretenimiento sin tregua. Por *imaginación* me refiero a nuestra facultad de hacernos cargo de las vidas de los otros: habitarlas en la medida de nuestras magras posibilidades. No digo simplemente que nos hayamos acostumbrado al horror cotidiano, o que hayamos desarrollado estrategias mentales y morales que justifican el horror o incluso lo niegan: de eso también se ve mucho, por supuesto, y yo he asistido con pasmo a las opiniones de gente que parece ilustrada y para la cual la muerte de miles de ucranios es culpa de la OTAN y los niños muertos de hambre en Gaza son víctimas colaterales de una operación de legítima defensa. Nelson Mandela dijo una vez que su nación, después del *apartheid*, compartía con otras la vergüenza por la capacidad de los seres humanos de ser inhumanos con otros seres humanos. Pero supongo que sentir vergüenza, la propia o la ajena, también requiere un acto de imaginación que no está al alcance de todos.

Hace medio siglo mal contado, en un mundo muy distinto del nuestro, el filósofo John Rawls trató de explicar la construcción de una sociedad justa mediante un experimento mental que era, en buena medida, un ejercicio de imaginación. *El velo de la ignorancia* (así se llamó el experimento: acaso los lectores ya lo conozcan de sobra) consistía en imaginarnos a nosotros mismos en un momento previo a nuestro nacimiento, previo a nuestra existencia, y en proponer desde allí los principios de justicia que regirán en nuestra sociedad. Pero desde allí, detrás del velo, no sabemos qué lugar ocuparemos en ella: no sabemos en qué casa vamos a nacer, ni en qué tipo de familia, ni en qué barrio, ni en qué ciudad; no sabemos si seremos ricos o pobres, hombres o mujeres, saludables o enfermizos, judíos o musulmanes o católicos o ateos, ingenieros o soldados o agricultores o periodistas, torpes o talentosos o tímidos o arrojados. En esas condiciones, ¿qué leyes propondríamos y qué instituciones? Respuesta: querríamos una sociedad donde las libertades, las cargas y los privilegios estén distribuidos sin distingos de clase o raza o sexo o religión, sin ventajas para unos en desmedro de los otros, porque así nos aseguraríamos la mejor vida posible en esa sociedad que aún no vemos.

No sé si el experimento del velo de la ignorancia se haya vuelto ya cosa de otros tiempos, ni si sus modestas peticiones hayan quedado fuera de nuestro alcance: muchas señales me dicen que cada vez nos resulta más difícil imaginar a los otros, por desatención o por hastío, por narcisismo o por distracción. No sé tampoco si la anécdota de Amos Oz pueda contener alguna verdad todavía, pues las demostraciones de crueldad innecesaria y fútil parecen formar parte del manual de instrucciones de muchos: la crueldad, por ejemplo, del ejército israelí contra palestinos desarmados, hambrientos y desprotegidos; la crueldad, por ejemplo, de la administración de Trump y el ensañamiento de sus agencias contra los inmigrantes más vulnerables.

Pero me sigue pareciendo, contra la evidencia que nos acosa y nos agobia, que la imaginación dedicada de los otros no es un ocio de desocupados (o de novelistas), sino también una forma de construir ciudadanía que ha sido creadora de igualdad y de justicia desde siempre, o por lo menos desde ese pasado no tan remoto en que inventábamos este mundo a cuya meticulosa destrucción asistimos ahora. Esas viejas invenciones —la democracia, pongamos por caso, o los derechos humanos— fueron una vez ficciones sin asidero, relatos imaginarios, y a partir de cierto momento nos pusimos casi todos de acuerdo en adoptarlos. Tal vez esas ficciones han perdido fuelle, sí. El problema es que no tenemos imaginación suficiente para reemplazarlas por otras.

Ciegos en Gaza
11 de octubre de 2025

Un sábado de mayo de 2016, poco antes de la medianoche, atravesamos el puesto de control que sirve de entrada a la ciudad de Ramallah. Esa tarde nos habíamos encontrado en los corredores del hotel que nos alojaba en Jerusalén, y un colega irlandés me había lanzado aquella propuesta imposible de rechazar: ir al otro lado. Y allí estábamos, a unos treinta kilómetros del encuentro de escritores que era la razón de nuestra presencia en Israel, corriendo riesgos imprecisos para entrar en territorio palestino y pasar la noche hablando con otros escritores reunidos con el pretexto de otro encuentro. En el puesto de control le entregamos nuestros pasaportes a un muchacho que parecía escondido detrás de un fusil enorme y cuya expresión me pareció reconocer. La había visto en caras igual de jóvenes en un retén militar junto al río Magdalena, en Colombia, durante los difíciles años noventa; la había visto en un tren que se dirigía a Chennai, en el sur de la India, llevando a un contingente de soldados que iban a combatir a las guerrillas de los Tigres Tamiles. Lo que había en ese rostro era desconfianza: una desconfianza de resultados impredecibles, porque se parecía mucho al miedo.

El jovencito nos pidió un par de explicaciones, nos devolvió los pasaportes y nos dejó pasar. Y durante las cinco horas siguientes, hasta las cuatro de la madrugada de ese domingo de primavera, estuve en la terraza de un edificio de tres pisos que hoy no sería capaz de encontrar en un mapa, hablando con novelistas y periodistas y poetas y profesores de literatura y asistiendo, como tantas otras veces, a mi propia ignorancia: por más informado que uno se sienta, por más periódicos y libros que haya consumido y creído vagamente entender, nada reemplaza la conversación de cuerpo presente para tomarle la medida a la vida de los otros. He olvidado muchas conversaciones de esa madrugada y no he vuelto a ver a mis interlocutores, y por eso no sé nombrar al periodista palestino que, contestando de buena gana a mis preguntas impertinentes, me dijo una frase simple que se me ha quedado en la memoria. No recuerdo las palabras exactas, pero la sustancia venía a ser esta: Netanyahu es lo más peligroso que le ha pasado a Palestina, pero no se quedará para siempre. Salvo que ocurra una catástrofe, un 11 de Septiembre, no se quedará para siempre.

No dejo de pensar en esa conversación: pues el 11 de Septiembre ocurrió, por supuesto, y se llama 7 de octubre. Hace dos años asistíamos con horror a los ataques terroristas de Hamás, a la masacre y el secuestro de más 1.500 israelíes que no estaban combatiendo ni llevaban uniforme (ancianos y niños entre ellos), y comenzaba de inmediato la reacción previsible del país agredido; y en este tiempo la reacción previsible del país agredido se ha convertido en el más atroz espectáculo de crueldad que haya llevado a cabo un Estado democrático en muchas décadas, y también en el mayor fracaso político y moral de eso que llamamos Occidente. En cuanto a Netanyahu, ya convertido en criminal de guerra y líder de un régimen de fanáticos cuya intención abierta es genocida, se ha visto arrastrado por sus propias decisiones a una posición insostenible, o sólo sostenible mediante la violencia: huir hacia adelante entre las ruinas de Gaza y los cuerpos de 70.000 palestinos que no tenían por qué morir. Esto tiene en común Netanyahu con otros líderes de nuestro tiempo: quedarse en el poder es la única manera de liberarse de la cárcel.

Ahora bien: he hablado del fracaso político y moral de Occidente, y quizá sea necesario aclarar a qué me refiero. Porque no estoy hablando solamente de la impotencia de nuestras instituciones, esas siglas que inventamos después de la Segunda Guerra y el Holocausto para tratar de que algo así no volviera a producirse; me refiero también a la grotesca utilización de la catástrofe de Gaza que han llevado a cabo partidos políticos y organizaciones ideológicas de todas partes del espectro: en esto, la miopía ética, el cinismo y la franca idiotez se han repartido de manera bastante equitativa. ¿Qué mundo grotesco es éste, donde la derecha radical que ha sido siempre el hogar predilecto de los antisemitas y los negacionistas del Holocausto se ha convertido a sí misma en la mejor valedora de Israel y de los judíos? ¿En qué mundo grotesco estamos, si cierta izquierda se llena la boca con la defensa de los palestinos, pero, por razones puramente ideológicas, se niega a una palabra en favor de las víctimas ucranias de la agresión rusa? ¿Y no podemos ir más allá de nuestras lealtades tribales, de nuestras simpatías o antipatías, para condenar la barbarie del ejército israelí, la hambruna organizada, los cotidianos crímenes contra la humanidad que cometen Netanyahu y los suyos?

Parece que no. Y entonces la derecha radical (por ejemplo, la norteamericana) exige pruebas de que realmente se ha usado el hambre como arma de guerra en Gaza, y se le olvida que todos los días mueren asesinados los periodistas que quieren contar lo que sucede; y la izquierda más ideologizada (por ejemplo, la francesa de los Insumisos) le lava la cara al terrorismo de Hamás llamándolo «resistencia», o exige pruebas de que hubo realmente mujeres violadas el 7 de octubre. Mientras tanto, Trump se erige en adalid contra el antisemitismo, cuando hace poco llamaba *Shylocks* a los banqueros judíos, su querido Elon Musk hacía saludos nazis a la vista de todos y a la Casa Blanca iban a cenar negacionistas como Nick Fuentes. Pero ni siquiera tengo que salir de mi país para encontrar ejemplos patéticos: ahí estaba el expresidente Iván Duque, miembro con carnet de la derecha más boba, tomándose fotos junto a Netanyahu para promocionar el libro que acaba de publicar, ciego a la matanza indiscriminada de gazatíes; y ahí está el presidente Gustavo Petro, representante de la izquierda más sectaria, que ha usado sin vergüenza el dolor palestino para acosar a los empresarios colombianos, y muy poco le ha importado despertar los monstruos nunca dormidos del antisemitismo. Él también está ciego.

Nos hemos quedado ciegos al dolor que no coincide con nuestras alineaciones ideológicas, y estamos ciegos al mismo tiempo a las contradicciones, hipocresías y postureos que acompañan todo conflicto en nuestros tiempos instagrameables. Me alegra enormemente la posibilidad de un plan de paz: los palestinos dejarán de sufrir lo inenarrable y los secuestrados israelíes se podrán reunir con sus familias. Pero estas semillas de paz son más frágiles de lo que quisiéramos. Por una asociación de ideas que al principio fue meramente verbal, recordé en estos días una lectura de mis veinte años: *Ciego en Gaza*, una de las mejores novelas de Aldous Huxley. El título viene de un verso de Milton sobre el destino de Sansón, capturado y esclavizado por los filisteos, que antes le habían quemado los ojos. Anthony Beavis, el personaje principal de la novela, lleva un diario. «Todos somos noventa y nueve por ciento pacifistas», escribe allí. «Sermón de la Montaña, siempre y cuando se nos permita ser Tamerlán o Napoleón en nuestro uno por ciento particular. Paz, una paz perfecta, mientras que nos permitan tener la guerra que nos convenga. Resultado: todos somos la víctima predestinada en la guerra excepcional de alguien más». La novela se publicó en los años treinta y nada tiene que ver con nuestro momento. O casi nada.

Las lanchas en el Caribe, o el problema más útil del mundo
16 de noviembre de 2025

En febrero de 1979, el expresidente colombiano Alberto Lleras Camargo escribió una columna de opinión en la prensa colombiana para responder, a su manera, a un artículo que la revista *Time* había publicado por esos días: «The Colombian Connection». El artículo, decía Lleras Camargo, «nos concede el dudoso honor de estar narcotizando, envenenando y corrompiendo a millones de norteamericanos». Y luego, con esa ironía precisa que no han vuelto a tener los presidentes colombianos, escribe estas líneas: «La guerra y la droga teñirán la reputación de nuestros compatriotas en ese tiempo futuro. Y cuando un senador, o un representante de Estados Unidos, o un pedagogo europeo, o un geógrafo de cualquier parte del mundo necesite saber algo de Colombia, allí se enterará de nuestra perniciosa influencia sobre una sociedad en su mayor parte blanca, anglosajona y protestante, influencia que en pocos años sustituyó a la de Francia y México en el mercado mundial de la marihuana y la cocaína, e inventó los más audaces y mejores métodos para llegar hasta el corazón de un pueblo honesto y puritano con sus barcos, sus aviones, sus mafias, sus asesinos, sus contrabandistas, sus mulas y toda la parafernalia de la deletérea contaminación de nuestro tiempo».

He estado recordando ese artículo en estos días de lanchas que estallan en mitad del mar Caribe y de portaaviones de guerra que supuestamente se mandan para combatir a los carteles de la droga. Cuarenta y seis años han pasado desde ese artículo clarividente, y el dinosaurio sigue ahí: la droga latinoamericana sigue corrompiendo a los gringos inocentes. «A todos los matones terroristas que meten drogas venenosas de contrabando a los Estados Unidos de América, sean advertidos: los borraremos de la faz de la Tierra», dijo Trump en las Naciones Unidas con su retórica de sheriff. (*We Will blow you out of existence,* dijo en su lengua: mi traducción no consigue reproducir con exactitud el tono de matón terrorista). Y luego continuó: «Cada lancha que hundimos lleva drogas que podrían matar a más de veinticinco mil norteamericanos». Lo cual es mentira, por supuesto: como recordó Jonathan Blitzer en el *New Yorker*, las muertes por sobredosis en Estados Unidos se deben al fentanilo que se hace en México, no a la cocaína. No, los ataques a las lanchas no buscan proteger a nadie de nada. Buscan otra cosa. ¿Qué cosa? Ya lo sabemos: el secretario de Defensa de Estados Unidos, Pete Hegseth, acaba de anunciar una operación para «expulsar a los narcoterroristas» del hemisferio occidental y proteger «a nuestra patria de las drogas que están matando a nuestra gente».

(Paréntesis: Hegseth, por supuesto, es el funcionario ideal del mundo de Donald Trump: un narcisista de manual que ha sido acusado de acoso sexual, deshonestidades financieras y problemas con el alcohol. No sólo eso: antes de mandar sobre el ejército más poderoso del mundo, Hegseth fue presentador de los programas frívolos de la Fox, esa cadena de televisión por cable cuya relación con la verdad es meramente casual y cuyos periodistas venales son cajas de resonancia para cualquier propaganda, desinformación o mendacidad que venga de la Casa Blanca. Hegseth ha sido uno de los lameculos más dedicados de Trump, a pesar de que alguna vez se burló de él, de su escaso conocimiento de la política internacional y de las múltiples excusas con que evitó el reclutamiento durante la guerra de Vietnam. Siempre he pensado que también esto le gusta a Trump: le gusta nombrar en los puestos de más poder a los que antes han sido sus más duros críticos: Marco Rubio no es el único ejemplo. Es como si encontrara un placer perverso en demostrar que todo el mundo es venal, que todo el mundo tiene un precio. No le falta razón).

La operación que Hegseth acaba de anunciar no puede sorprender a nadie, pues no comenzó con este anuncio, sino con lo de las lanchas. Desde septiembre pasado, el ejército de Estados Unidos ha asesinado a ochenta ciudadanos latinoamericanos acusándolos, sin una sola prueba ni un juicio ni una sentencia, de ser narcoterroristas. Todos hemos visto las imágenes: la lancha que avanza sobre el mar, el estallido luminoso, los restos imposibles de identificar. Son ejecuciones extrajudiciales de extranjeros llevadas a cabo en aguas internacionales, algo que en otros tiempos habría causado por lo menos una cierta indignación; pero en el mundo sin ley de Donald Trump, bajo el imperio salvaje de su gobierno de matones, no tienen consecuencia alguna, por lo menos no en la vida pública. Y lo más aterrador es que probablemente no tienen consecuencias tampoco en nuestras vidas privadas: todos hemos visto los ataques a las lanchas como se ve un videojuego, pero sin ruido ni colores, y con alguna parte de la cabeza estamos conscientes de que allí, en la pantalla gris, flotan o se hunden restos de cuerpos humanos junto a los restos de la lancha y de la droga que llevaban.

Para ser claros: sí, yo también creo que algunas de las lanchas llevaban droga. Pero estamos muy mal si tengo que explicar por qué eso, en este caso, es lo de menos. De todas maneras, no importa. Habrá incluso algunos a quienes le parezca bien esto de asesinar a seres humanos por lo que sospechamos que son o, incluso peor, por lo que especulamos que harán: esos hombres están muertos porque eran narcos según Trump, y otros morirán en el futuro próximo porque la palabra de Trump bastará para matarlos. Y no sabe uno por dónde comenzar a lamentarse: lamentar ingenuamente la ejecución extrajudicial, lamentar ingenuamente la ausencia de debido proceso, ingenuamente lamentar la violación de tantos derechos civiles y tantas garantías constitucionales en el mismo acto de violencia impune. O lamentar la mentira fácil del gobierno de Trump, que ha justificado los asesinatos con el argumento de la defensa nacional y la guerra contra «esas drogas que están matando a nuestra gente». Hay tantos niveles de hipocresía en esas palabras que tampoco allí sabe uno bien por dónde comenzar a quitarle las capas a la cebolla.

Vuelvo a decirlo: las drogas que están matando a la mayoría de las víctimas no vienen en lanchas de América Latina, sino que se fabrican, como el fentanilo, en otros lugares. Vuelvo a decirlo también: a nadie en el gobierno de Trump le importa de verdad que «nuestra gente» se meta en el cuerpo líneas de cocaína latinoamericana; son bien conocidas las aficiones de algunas de las personas más cercanas a Trump, y los programas de sátira política se han divertido durante años con ellas. Y por último: nadie puede no saber, a estas alturas, que el ataque a las lanchas, la declaración de guerra contra los carteles venezolanos y la presencia del portaaviones Gerald Ford en el Caribe no son más que la última encarnación de lo que ha sido siempre la guerra contra las drogas: una manera de control político de gobiernos extranjeros, en el mejor de los casos, y, en los demás, una forma grotesca de intervencionismo imperialista. Ya pasó en Panamá, y, cuando no se trataba de carteles de cocaína sino de reformas agrarias con el banano como fondo, pasó en la Guatemala de Jacobo Árbenz.

Sí, esta película ya la vimos. Ya sabemos lo que vendrá: una convulsión política que dejará destrozos. Ya sabemos lo que no vendrá: una solución al problema de las drogas. Lo que interesa es que siga el problema.

Es el problema más útil del mundo.

III. El arte no es un lujo

Escritos sobre literatura y otras formas de explorar
el mundo

Las orejas de Daniel Ortega
19 de septiembre de 2021

En marzo de 2018, poco antes de recibir el Premio Cervantes en Madrid, Sergio Ramírez pasó por Bogotá para presentar *Ya nadie llora por mí*, una de las novelas en que su investigador Dolores Morales se da de bruces contra la tosca realidad nicaragüense. Durante hora y media de conversación en una librería, hablamos del *Quijote*, del *boom* latinoamericano y de la Revolución sandinista; pero sobre todo hablamos de los inefables Daniel Ortega y Rosario Murillo, del daño que su régimen autoritario y ladrón les estaba haciendo a los nicaragüenses, y de la forma impredecible en que la novela negra —o policial, o detectivesca: como la quieran ustedes llamar— se ha convertido, recientemente, en un espacio aventajado de crítica social y despiadada sátira política.

Ya nadie llora por mí lanzaba a veces dardos indirectos: en cierta escena se dice de un oscuro personaje que es el «violador de su propia hijastra», y ningún lector olvidaba a la hijastra de Ortega, que lo acusó públicamente de haberla violado ante la pasividad de su madre. Pero lo que recorría la novela era simplemente un lamento, un lamento cansado por lo que este régimen ridículo pero peligroso ha hecho con el poder que la revolución —de la que Sergio Ramírez hizo parte en su momento— le ha puesto en las manos. Pues bien, pocos días después de nuestra conversación en Bogotá estallaban en Nicaragua las protestas más arduas que ha enfrentado Ortega; y el 23 de abril, cuando ya los muertos de la represión a sangre y fuego se contaban por decenas, Sergio Ramírez llegó al paraninfo de Alcalá de Henares y les dedicó su premio a ellos: a los asesinados por reclamar justicia y a los miles de jóvenes que siguen luchando «por que Nicaragua vuelva a ser una república».

Recordé esos momentos la semana pasada, cuando nos enteramos de la persecución grotesca que el régimen de Ortega ha lanzado contra Sergio Ramírez. Su fiscalía de bolsillo y sus jueces de bolsillo y sus policías de bolsillo han encarcelado ya a unos cuarenta opositores y críticos, de periodistas a candidatos presidenciales, y lo mismo han querido hacer con Ramírez, que es sin duda una de las figuras más incómodas para el régimen —por su influencia, su reputación y el respeto que le tenemos miles— ahora que se avecinan unas elecciones. Para sacar a Ramírez de circulación, el régimen ha invocado delitos convencionales como lavado de dinero, pero también otros que sólo existen en las dictaduras: menoscabo a la integridad nacional, por ejemplo, o algo llamado «provocación, proposición y conspiración»: paraguas penales en los que cabe todo lo que no le guste al sátrapa de turno, y que confirman la deriva represora de Ortega y su estalinismo de manga corta.

Sergio Ramírez publica ahora en España una nueva novela de Dolores Morales: *Tongolele no sabía bailar*. El régimen ha hecho lo necesario para sabotear el libro en Nicaragua, impidiendo su entrada con burocracias inventadas, cerrándole las fronteras por aire, tierra y mar, como si una novela representara una amenaza. Claro: es muy probable que así sea. No sé si la pareja risible habrá leído el libro, o si alguien les ha llevado un informe completo; pero se habrán enterado, seguramente, de que la intriga de *Tongolele* tiene lugar durante las protestas de 2018, y de que Sergio Ramírez ya no escribe desde las alusiones y el lamento, sino desde la rabia y la frustración. En un sermón de iglesia transmitido por la radio, un monseñor describe la situación sin ambigüedades:

«Vimos cómo aquellos que cuando eran jóvenes lucharon por un mundo nuevo le daban un golpe de Estado al pueblo, cambiando la constitución para perpetrarse en el poder en nombre de una revolución ya muerta, y no dijimos nada. Vimos cómo se robaban las instituciones y las prostituían, y tampoco dijimos nada. Vimos cómo se apoderaban de la policía y del ejército y nos callamos... Vimos cómo saqueaban el Seguro Social, cómo descaradamente nos robaban nuestros ahorros para un retiro digno, y seguimos en silencio... Vemos cómo cambian los libros de historia y los llenan de mentiras, cómo pisotean la educación, cómo se apoderan de las universidades... Y vemos cómo crecen sus turbas, que garrotean sin piedad al que se atreve a manifestarse, y tampoco decimos nada».

Sergio Ramírez sí lo ha hecho. No sólo en esta novela, desde luego, sino a lo largo de los últimos años, con su presencia, sus opiniones y sus columnas. Comentando las palabras del monseñor, un personaje de la novela dice: «Esos sermones no le hacen ni cosquillas en las orejas al lobo». Pero cada hecho de estos días —la orden de captura, los cargos ficticios, el allanamiento a la casa de un escritor cuyas únicas armas son las palabras— parece confirmar lo contrario.

El hombre sigue siendo rebelde
17 de octubre de 2021

Hace exactamente setenta años, el 18 de octubre de 1951, apareció en las librerías de Francia un ensayo que fue como un terremoto: un terremoto cuyas réplicas seguimos recibiendo. Yo he vuelto a leerlo por estos días, en parte por mi vieja vulnerabilidad a los aniversarios, en parte por la intuición molesta de que este libro venido de otros tiempos no ha agotado todavía lo que tiene que decirnos.

Cuando publicó *El hombre rebelde*, Albert Camus no había cumplido todavía los treinta y ocho años, pero ya tenía un lugar de privilegio en la izquierda intelectual francesa. Había militado en la Resistencia desde las páginas de *Combat*, una publicación clandestina que salió durante dieciocho meses, cambiando de formato según lo permitían las existencias de papel, y en la cual escribió editoriales arriesgados en el tiempo más peligroso de todos. La publicación de *La peste* lo había puesto en una posición infrecuente: tenía autoridad moral, sí, pero además era un novelista de éxito, una suerte de celebridad literaria cuyo tiempo quieren todas las instituciones y cuyo apoyo buscan todos los manifiestos. Era un hombre querido y respetado; y sin embargo, pocos días antes de que *El hombre rebelde* saliera a la calle, mientras comía en el hotel Lutétia, Camus le dijo a su acompañante: «Deme la mano. Dentro de unos días, no habrá muchas personas que me la den».

Tenía buenas razones para creerlo. En menos de trescientas páginas, su libro se atrevía a condenar varias de las ortodoxias más testarudas de su propio bando, y entre ellas, una en especial: la regla no escrita de que para ser progresista fuera necesario cerrar los ojos ante los horrores del comunismo soviético.

Alrededor del Rey Sol que era Jean-Paul Sartre, en aquel palacio de Versalles que era la revista *Les Temps Modernes*, se hablaba del gulag en voz baja, como esperando que nadie lo notara, y se consideraba que mencionar los excesos del régimen policial —la tortura y el asesinato, por ejemplo— era lo mismo que sabotear la Revolución. Camus cometía todas esas herejías, y además lo hacía de la peor manera posible, pues su libro no salía de ninguna indignación política, sino de un lugar mucho más amenazante: una preocupación moral. En su segunda página, *El hombre rebelde* nos echa a la cara esta frase que a mí, viniendo de donde vengo, siempre me ha estremecido: «No sabremos nada mientras no sepamos si tenemos derecho de matar al otro o de consentir que alguien lo mate».

El hombre rebelde es una puesta en escena de esa duda en la que se juega todo. En una definición que ya forma parte de nuestro inconsciente, Camus se pregunta qué es este hombre rebelde del que se dispone a hablar, y enseguida se contesta: «Es un hombre que dice no». Es el no del esclavo al opresor, del que sufre la invasión al invasor: del que ya no está dispuesto a soportar más los abusos de otro. ¿En qué momento, se pregunta Camus, este hombre se convierte a su turno en opresor de otro ser humano, en qué momento abusa de él o lo invade, en qué momento le parece tolerable torturarlo o asesinarlo? ¿Cómo ocurre esa perversión, y qué sistema de convicciones —qué absolutismo ideológico— la justifica? Camus, una de las figuras más respetadas de la izquierda, ha puesto en la picota la idea misma de revolución, ha cuestionado la francesa y ha defenestrado la soviética. Y luego ha observado cómo se caía el mundo.

La reacción de *Les Temps Modernes* fue aún más violenta de lo que esperaba. El triste autor de la crítica era Francis Jeanson, cuyo nombre no nos ha llegado por motivos distintos, que comienza reprochándole a Camus el hecho de que su libro haya sido bien recibido por los medios conservadores: «Si yo fuera Camus, creo que estaría preocupado». El resto de la crítica no es menos pueril. Camus contesta que la verdad de una idea no se decide según lo que la derecha o la izquierda quieran hacer con ella, y se declara harto de recibir lecciones de los intelectuales burgueses que quieren «purgar sus orígenes al precio de violentar su inteligencia». Sartre reacciona con furia. Refiriéndose al gulag, dice: «Sí, Camus, como a usted, esos campos me parecen inadmisibles; pero tan inadmisibles como el uso que la prensa llamada burguesa hace de ellos cada día».

Al lector le pido que mire con atención la palabra «tan»: son tres letras pequeñas, pero en ellas vive toda una concepción del mundo. En otro momento, Sartre escribe: «Hay que aceptar muchas cosas si se quiere cambiar algunas».

En buena parte de su obra, pero en particular en *El hombre rebelde*, Camus se preguntó cuidadosamente si eso era cierto. Y entonces dijo no.

Dos escritores y una epifanía
26 de diciembre de 2021

La noticia de la muerte de Almudena Grandes —el mensaje de texto de un periodista amigo— me sorprendió en Guadalajara. Estaba yo en el auditorio Juan Rulfo de la Feria Internacional del Libro, a punto de ocupar mi lugar entre quinientas personas mal contadas que asistirían a la inauguración del encuentro en este año que tanto se ha llevado, y el golpe me obligó a un esfuerzo grande para atender a lo que estaba pasando. Y allí estaba entonces, oyendo sin entender realmente las palabras del primer discurso, pensando en Almudena y en Luis García Montero y en los amigos suyos que en estos últimos tiempos se han vuelto también amigos míos, cuando el primer orador, que acababa también de enterarse, dio la noticia, y nunca se me olvidará el sonido que entonces recorrió el auditorio Juan Rulfo: el sonido de quinientas personas tomando aire al mismo tiempo, o, por mejor decirlo, el sonido irrepetible de quinientas personas que al mismo tiempo, brevemente, se han quedado sin aire.

Desde mis primeros años de residencia en España, allá por el cambio de siglo, yo había entendido bien que Almudena Grandes no tenía lectores, sino hinchas. Había una intensidad especial en la relación que guardaban sus novelas con su público, o su público con ella, y una de sus claves era también el rasgo que definió a Almudena, según constó en los mil tributos que se le hicieron tras su muerte: la generosidad. Yo creo recordar ejemplos de esa generosidad —de mujer, de lectora o de novelista, todo era un poco lo mismo— en América Latina tanto como en España, pero es verdad que la relación de Almudena con Madrid, esa ciudad que quería y conocía, era particularmente viva, y pasaba también por el lugar que en ella le asignaban sus lectores de Madrid, o por la manera como los madrileños entendían la ciudad a través de sus libros. Por eso me pareció tan lamentable que ciertos grupos políticos —rácanos, resentidos o simplemente pueriles— le negaran la distinción sencillísima de hija predilecta de Madrid. No la necesitaba para serlo, por supuesto: la distinción se la habían dado sus lectores hacía mucho tiempo.

Cuando me enteré de ese incidente bochornoso, recordé otro de los discursos que se pronunciaron aquella mañana mexicana en el auditorio Juan Rulfo. Hablaba el escritor nicaragüense Sergio Ramírez, protagonista a su pesar de este año incierto por la persecución que los ridículos autócratas Daniel Ortega y Rosario Murillo han montado en su contra. Ramírez lamentó la muerte de Almudena y luego dio su discurso, uno de los más conmovedores que me ha tocado escuchar recientemente. En breves minutos habló de su biblioteca, los miles de volúmenes acumulados pacientemente a lo largo de una vida de lector, conseguidos con esfuerzo y conservados con cariño, porque la biblioteca de un lector dedicado se va convirtiendo con los años en una suerte de autobiografía, casi un lugar de su experiencia o sus emociones.

Contó Ramírez cómo le había comprado *La comedia humana* de Balzac a un librero de Clermont Ferrand, un hombre mayor que la vendía barata porque los demasiados libros ocupaban demasiado espacio en sus estantes, y contó cómo tuvo que pedir ayuda a sus amigos para llevar la colección a Nicaragua. Contó cómo había encontrado los dos tomos de cuentos de Chéjov, a los que volvía con frecuencia, y contó dónde estaban sus libros autografiados, y contó de su alegría cuando se dio cuenta, con su ejemplar de *La metamorfosis* en la mano, de que lograba entender a Kafka en alemán. Contó cómo había contratado alguna vez a un bibliotecólogo para organizar el caos de sus libros, y contó cómo, tras recibir su biblioteca perfectamente organizada y catalogada, se desorientó tanto en ella que de inmediato comenzó a desordenarla de nuevo: a devolverla a su anárquico orden precedente. Contó, finalmente, cómo había mandado a construir un atril de madera para tener en él un ejemplar especial del *Quijote*, y contó que el atril acababa de llegarle cuando la persecución de la pareja risible —la noticia de los cargos inventados que se le formulaban y la intención de los represores de arrestarlo— lo obligó a dar por cerrada su casa de Managua y huir al exilio, dejando atrás su biblioteca: la biblioteca de una vida.

Y he pensado, ahora que el año termina y vemos con cierta perspectiva lo que en él ha ocurrido, en esa manera curiosa que tienen los escritores, por su presencia o sus libros, de retratar a nuestros lamentables políticos: retratar su pequeñez o su mezquindad, y también su mendacidad y su intolerancia. Los dejan en evidencia, los desnudan sin proponérselo, a veces mientras hablan de otra cosa, a veces incluso después de haber desaparecido: los ponen en su lugar para que los veamos bien. También por eso podemos estarles agradecidos.

Un siglo leyendo el *Ulises*
19 de enero de 2022

Hace cien años, en París, un escritor irlandés al borde de la desesperación escribía cartas y telegramas y hacía llamadas telefónicas para asegurarse de que su nueva novela saliera el día programado. James Joyce había publicado ya dos libros que habrían bastado para abrirle un espacio en la historia: *Dublineses,* que a veces me parece el mejor libro de cuentos de la lengua inglesa, y *Retrato del artista adolescente,* una novela cuyas últimas páginas me causan hoy los mismos escalofríos que me causaron cuando las leí por primera vez, más o menos a la edad de su protagonista. Pero en enero de 1922, Joyce era conocido sobre todo por una novela que no se había publicado entera, pero que ya era una leyenda: el *Ulises.* Varios capítulos habían aparecido en revistas diversas, dividiendo a los lectores entonces igual que hoy: la mitad pensaba que la novela era una obra maestra; la otra mitad, que era una obscenidad incomprensible. Ninguna editorial se había animado a publicarla, previendo —correctamente— que recibiría demandas e intentos de censura. Joyce le comentó el asunto con desconsuelo a una librera amiga, y quedó tan sorprendido como ella cuando la oyó preguntar: «¿Le daría usted a Shakespeare and Company el honor de ser su editora?».

La librera se llamaba Sylvia Beach: una norteamericana joven, de ojos grandes y labios delgados, que había llegado a París escapando de las restricciones de su familia presbiteriana, y cuya librería de la rue de l'Odéon era un lugar de encuentro para los expatriados de toda laya (Hemingway y Pound la frecuentaban, también Gertrude Stein, mentora de todos). La idea de que esa librería se encargara de la publicación de *Ulises* era por lo menos insólita, pero así se hizo: en abril de 1921 Joyce y Sylvia Beach acordaron la publicación de mil libros, siempre que se hubieran vendido por adelantado, y no se me olvida la carta que escribió George Bernard Shaw cuando recibió una invitación a comprar un ejemplar: «Si usted cree que un irlandés, ya anciano por más señas, pagaría ciento cincuenta francos por un libro, conoce muy poco a mis compatriotas». Durante el resto del año Joyce se dedicó a terminar esa novela imposible, haciendo correcciones a los capítulos publicados y buscando quien pasara a limpio los impenetrables manuscritos de los inéditos. El proceso habría sido lo bastante difícil incluso si Joyce no hubiera impuesto, además, la fecha de publicación: 2 de febrero.

Era el día en que cumpliría cuarenta años, y Joyce era un hombre supersticioso. Nunca quiso, por ejemplo, que la novela se publicara en 1921: las cifras del año suman 13. En verano fue a beber vino con un amigo, y no sólo se preocupó cuando encontró los cubiertos puestos de manera rara, sino que casi le dio un síncope cuando el amigo vio pasar una rata: era señal segura de mala suerte. Por los mismos días, para empeorar las cosas, tuvo un ataque de iritis que lo dejó en cama, en una habitación oscura, durante las siguientes semanas. Pero seguía revisando las pruebas, mandando nuevos añadidos a su impresor —un buen hombre de Dijon que casi enloquece en el proceso—, todo el tiempo recordándole que la novela tenía que ser publicada el 2 de febrero. El primer día del mes, paseando por un parque con su mujer, Nora, y la escritora Djuna Barnes, oyó que un hombre le decía: «Usted es un escritor abominable». Pero se lo dijo en latín, y a Joyce le pareció un augurio tan negativo que se puso a temblar.

Increíblemente, como dice Borges en un cuento, el día prometido llegó. El 2 de febrero, a las siete de la mañana, el maquinista del expreso Dijon-París trajo un paquete con los dos primeros ejemplares de la primera edición del *Ulises*. Sylvia Beach los esperó en la estación de tren, como si fueran dignatarios de algún gobierno extranjero, llevó uno a casa de los Joyce y se llevó el otro para enseñarlo en su librería. Richard Ellmann, autor de una biografía de Joyce que ha tenido en mi vida un lugar que no suelen tener las biografías, cuenta que la librería estuvo llena hasta el final de la tarde. Cuenta también que Joyce, por su parte, se fue a cenar con su familia y varias parejas de amigos para celebrar el acontecimiento, pero sólo al final de la cena se animó a sacar el libro del paquete que guardaba debajo de su asiento. «Era un volumen», escribe Ellmann, «encuadernado con los colores griegos —letras blancas sobre fondo azul— que Joyce consideraba como de buena suerte».

Dos veces he tenido en mis manos un ejemplar de esa edición. La primera fue a mis veintiún años, durante el verano de 1994, cuando el hechizo inexplicable que me causó el *Ulises* estaba en su momento más álgido. Había leído la novela un año antes con algo parecido a la veneración, y aún no entiendo qué vínculo misterioso estableció ese libro hermético conmigo. Lo leí con una dedicación que no he vuelto a tener nunca, acompañándome de dos libros paralelos que explicaran o iluminaran todas las referencias; hoy sigo pensando que es la única manera de leer esta novela llena de guiños, grandes y pequeños, y que leerla sin ayudas bien escogidas es una pérdida de tiempo y explica que tantos lectores se queden fuera. En cualquier caso, esa lectura de mis veinte años tuvo mucho que ver con el afianzamiento de mi vocación, y también —por razones más personales y sin duda más frívolas— con mi decisión de buscar un pretexto para irme a París, pues nada me parecía más urgente en ese momento que estar en la ciudad donde no sólo habían vivido mis maestros latinoamericanos, sino donde aquel «intrincado irlandés» (otra vez Borges) terminó esa intrincada novela.

Lo primero que hice cuando llegué a París, con veintitrés años y la obsesión devoradora de aprender a escribir novelas, fue caminar hasta el número 12 de la rue de l'Odéon. La librería Shakespeare and Company ya no existía, por supuesto, y la que existía y existe con su nombre no es la misma, aunque sea una heredera digna. Pero estaba (y está) la placa que nos cuenta fríamente lo que allí sucedió. Pues bien, en pocas semanas se cumplirán cien años del día en que un ejemplar de esa primera edición se exhibió en ese local desaparecido como un santo grial, y yo no he podido evitar en estos días volver a mi propia edición, publicada setenta años después, y recorrer mis pasajes favoritos: los tres primeros capítulos, el capítulo de la biblioteca, el de la ciudad nocturna (todavía desternillante) y el monólogo famoso de Molly Bloom. Hoy no admiro las cosas que admiraba con veinte años —ni las dificultades gratuitas ni las pirotecnias sin propósito—, pero he encontrado otras que admirar. Y hace casi un año, cuando un amigo de Madrid me puso en las manos uno de esos ejemplares, volví a sentir una emoción un poco ridícula y en todo caso incomunicable, porque en ese momento se mezclaban el pasado, la amistad y la literatura, tres cosas que siempre me he tomado muy en serio.

Historia de un delirio
2 de febrero de 2022

Todo el mundo sabe que un siglo no dura lo mismo en todas partes. En Europa, por ejemplo, el siglo xx fue extraordinariamente corto: comenzó en 1914, con el asesinato de un archiduque, y terminó en 1989, cuando los berlineses se armaron de picos y martillos para echar abajo una pared de piedra (y muchas de las cosas, aunque no todas, que esa pared simbolizaba). En América Latina, donde a veces parece que hasta el tiempo se cuenta distinto, el siglo pasado comenzó en 1898, cuando Estados Unidos intervino en la guerra de independencia de Cuba, le apostó a la derrota de España y se instaló como potencia imperial en el corazón del continente. Tres años antes había muerto en las sierras de la isla José Martí, un poeta de espíritu romántico que decidió tomar las armas sin saber manejarlas y murió de tres tiros —en el pecho, en la pierna y en el cuello— tras una maniobra inexperta. Dice Carlos Granés, autor de uno de los ensayos más ricos e iluminadores que he leído en mucho tiempo, que así comenzó un nuevo mito latinoamericano: el de tantos «poetas, visionarios y utopistas dispuestos a liberar al continente, una y otra vez, eternamente, de los molinos de viento que lo atenazaban».

Delirio americano, se llama este libro extraordinario, y ésta es la historia que cuenta: la relación enloquecida, vibrante, llena de dolor y de euforia y de idealismos y fracasos, que han tenido la política y la cultura en el siglo xx latinoamericano. También hay otra forma de decirlo: a lo largo de su joven historia, América Latina ha producido estallidos de creatividad que han sacudido el mundo, pero la exuberancia y la desmesura que son fértiles cuando se habla de literatura o de artes plásticas resultan nocivas —sí, delirantes— en el universo de la política. Es verdad que los políticos y los creadores han tenido en todas partes una relación más incestuosa de lo que nos gustaría creer; pero el caso latinoamericano, tal como lo explica Granés, es un paisaje desquiciado en que las mejores intenciones han convivido con las mayores catástrofes, y en el que la sensibilidad más sofisticada puede coincidir con las más turbias visiones: por ejemplo, Leopoldo Lugones —ese inventor de metáforas que fascinaban a Borges—, un nacionalista obsesionado por la pureza de la raza, fundador de un fascismo local que creía a ciegas en el poder de la espada y enemigo a muerte de la democracia liberal, esa artimaña extranjerizante.

El inventario de estas contradicciones es uno de los ejes del libro, o una de sus lecturas más provechosas, y Granés parece divertirse recogiendo esos episodios. El día de su posesión como rector de la Universidad de México, en 1920, José Vasconcelos invitó a los intelectuales y los artistas a que salieran de «sus torres de marfil» para unirse a las fuerzas progresistas de la Revolución mexicana; al mismo tiempo, su antiamericanismo beligerante lo llevó a acercarse inverosímilmente al nazismo, pues Hitler era, después de todo, el gran enemigo de Estados Unidos. Juan Domingo Perón, el valedor de los descamisados y el enemigo de las élites, era un simpatizante de diversos fascismos, un admirador de Mussolini que acabó exiliándose en la España franquista, pero Granés nota cuánto se parecían sus ideas en cierto momento a las de Fidel Castro. En otro capítulo recuerda que la dictadura reaccionaria del doctor Francia, en el Paraguay decimonónico, cerró las fronteras y persiguió a los extranjeros, pero en los años sesenta Eduardo Galeano lo llamó «el país más progresista de América Latina» por negarse a recibir inversiones foráneas y empréstitos de bancos europeos. Una instancia más, para Granés, del espíritu paradójico y delirante de América Latina.

Pero tal vez lo más sugerente del libro, para los que andamos preocupados en estos tiempos por los problemas narrativos de la historia (es decir, por quién la cuenta, desde dónde, en detrimento de quién), es la confusión maravillosa y aterradora que se ha presentado en mi continente entre los que narran la historia y los que la hacen. No se trata sólo de los intelectuales que han sido presidentes con una frecuencia que no se conoce en otras latitudes. Perón solía decir que la conducción política es un arte, y el conductor, un artista, y la cita le causa a Granés una fascinación comprensible, sobre todo por las veces en que se dio también el movimiento inverso. «Si Martí, viniendo de las letras, se creyó capaz de participar en las acciones militares», escribe Granés, «Perón, viniendo del ejército, creyó disponer de genio artístico para conducir los destinos de su patria». Walter Benjamin señaló alguna vez que el comunismo se movía hacia la politización de la estética, mientras en el fascismo la política se estetizaba. Pero en América Latina, este cruce de máscaras —los políticos comportándose como artistas y los artistas, como políticos— había comenzado muchos años antes.

Delirio americano es un libro amplio: aquí hay espacio para poetas modernistas que adoran el fascismo, para una explicación política de la génesis del realismo mágico, para que un cura colombiano se meta a guerrillero y muera en su primera escaramuza, repitiendo sin pensarlo el destino de Martí; hay espacio para que Caetano Veloso tome en sus canciones la influencia del rock y reciba la censura inmediata, pero no de la dictadura militar, sino de la izquierda puritana; hay espacio para que un tipo especial de populismo nazca y florezca en más de un país, de la Argentina de Perón al Brasil de Getúlio Vargas, y para que ese populismo llegue hasta nuestros días —de izquierda, como el de Chávez y Correa, o de derecha, como el de Fujimori y Uribe— y aun se contagie a tantos políticos europeos, para gran preocupación de los que han visto en América Latina ese depósito de utopías que se aplauden desde lejos pero se temen cuando están más cerca.

Nuestro presente ideologizado y a la vez pueril, donde los narcisismos pasan con demasiada facilidad por convicciones, no parecería ser el mejor momento para un libro de mirada clara como el de Carlos Granés, capaz de abrirse paso como una cuchilla a través de la distorsión de los sectarismos y las tonterías de la corrección política. Pero hay algo en su erudición sin pompa, en la seriedad sin acartonamiento de su propósito, en la riqueza insolente de su investigación y en la desfachatez de su humor ocasional, que debería desarmar toda lectura que se haga desde la intransigencia o el fanatismo. Yo espero que así sea, porque hay mucho que aprender en este libro. Interpretar esa paradoja con fronteras que es América Latina es la tarea que nos ha obsesionado a todos los que hemos escrito sobre ella, y *Delirio americano* es una sonda lanzada al fondo de esa zona de sombra. Es un libro sobre muchas cosas, todas ellas fascinantes, y yo he pensado más de una vez, durante mi lectura de sus quinientas páginas largas, que no sé si él solo baste para entender esa tierra contradictoria y convulsa, pero sí estoy seguro de que todo esfuerzo, de ahora en adelante, quedará incompleto sin lo que este libro cuenta.

El difícil arte de ser uno mismo
30 de marzo de 2022

He vuelto a leer en estos días la brevísima biografía de Montaigne que Stefan Zweig dejó sin terminar cuando se quitó la vida. Su larga huida del nazismo había comenzado en 1934, cuando se refugió en Inglaterra tras ver, con más claridad que otros, lo que Hitler representaba en realidad; y siguió seis años más tarde en Nueva York, después de que su nombre apareciera, con dirección y todo, en una lista negra de personajes que habrían de ser arrestados tan pronto como los nazis ocuparan la isla. Zweig y Lotte Altman, su segunda esposa, viajaron más tarde de Nueva York a Buenos Aires y de Buenos Aires a Petrópolis, en Brasil, y mientras vagaban por América iban siguiendo el desarrollo de la guerra, cada vez con más pesimismo, cada vez confiando menos en la respuesta que los aliados pudieran darle a Hitler. El 22 de febrero de 1942, cansados de escapar y seguros de lo que para ellos era la derrota de la civilización, se tomaron una sobredosis de barbitúricos y se durmieron abrazados en su cama matrimonial, y así los encontraron los policías al día siguiente, muertos junto a la mesa de noche donde estaban el vaso de agua y las pastillas.

Es extrañamente conmovedor que Zweig hubiera estado trabajando en este libro, esta biografía de Montaigne, en el momento de su desespero y su suicidio. La biografía es apenas un borrador, la obra de quien escribe sin acceso a los libros necesarios y a veces citando de memoria, pero precisamente por eso nos salta a la vista la urgencia con que fue escrita. En realidad, las cien páginas que nos han llegado apenas pueden llamarse biografía, y son más bien un ensayo personalísimo —casi un panfleto, un manual de autodefensa existencial— que usa la vida de Montaigne para hablar de lo que obsesionaba a Zweig en el desconsuelo de su exilio: aquella época catastrófica en que la guerra y las ideologías tiránicas amenazaban las libertades que los seres humanos habían conquistado con sangre en los últimos siglos. «Cuánto coraje», escribe Zweig, «cuánta honradez y decisión se requiere para permanecer fiel a su yo más íntimo en estos tiempos de locura gregaria». Nada es más difícil, añade, que «conservar la independencia intelectual y moral en medio de una catástrofe de masas».

Independencia en tiempos de locura gregaria: ésta era para Zweig la gran virtud de Montaigne, o su logro más admirable. Por supuesto, eso era exactamente lo que Zweig echaba de menos en su época, asolada por ideologías totalitarias a las que el individuo adhería con entusiasmo o sin él, por miedo o por odio, pero en todo caso buscando siempre el amparo de las multitudes. También Montaigne vivió tiempos convulsos. Tenía menos de treinta años cuando los católicos y los hugonotes comenzaron a matarse entre sí, y le faltaban dos para llegar a los cuarenta cuando los años de violencias diversas fueron a dar a los ocho mil muertos en un solo día de la masacre de San Bartolomé. Pero además su punto de partida era especial, por decir lo menos, y ahora podemos comprender bien que le interesara tanto a Zweig. Montaigne era hijo de una madre de ascendencia judía y de un padre católico, y por eso, escribe Zweig, «estaba predestinado a ser un hombre del centro y de la unión que miraba a todos lados sin prejuicios, con amplitud de miras, librepensador y ciudadano del mundo, un espíritu libre y tolerante».

Sí, ahí está: un hombre del centro. Es imposible no leer esa frase ahora y no llenarnos de melancolía, no sólo al imaginar lo que podía pasarle a Zweig por la cabeza al escribirla, sino por ver lo que les ha ocurrido a esas palabras ahora, ochenta años después, en la época desastrada que nos ha tocado en suerte. «Un hombre de centro», escribe Zweig, y nuestro tiempo tribal y polarizado le habría escupido inmediatamente (a Zweig, pero probablemente también a Montaigne) por equidistante y tibio. No sé si sea posible «mirar sin prejuicios», pero sé que intentarlo, en nuestro tiempo cínico, es una señal inequívoca de ingenuidad, y es difícil leer una invocación a la tolerancia sin sentir el hálito temible del buenismo: debe de ser una de las palabras más desgastadas de nuestro diccionario, ahora que se la han apropiado todos para los propósitos más diversos: entre ellos, para defender su propia intolerancia. Pero así pasa en todos los ámbitos: la libertad religiosa consiste para muchos en el derecho de expulsar las religiones ajenas, para que no molesten; la libertad de expresión, en exigir que los demás se callen, para que sus ideas no nos hagan interferencia.

En cuanto al cosmopolitismo —ciudadano del mundo, dice Montaigne, que conoció un mundo bastante más pequeño que nosotros—, parece estar de capa caída ahora que en todas partes estallan los nacionalismos más ramplones y volvemos todos a refugiarnos en las políticas de la identidad, en nuestros pequeños fundamentalismos portátiles; y otra vez va siendo cierto que sólo entre los nuestros —los que hablan nuestra lengua y comen lo que comemos y piensan lo que pensamos— nos sentimos tranquilos y a salvo. No es otra cosa lo que hacen las redes sociales, por poner un ejemplo; lo hacen con nuestra connivencia y aun nuestro beneplácito, y yo no veo que sean muchos los que intenten con seriedad defenderse de esas distorsiones. A eso hemos vuelto: al pensamiento de manada, o a la imposibilidad de sustraernos a la presión del grupo, como si las sociedades en que vivimos se hubieran instalado en una mentalidad de adolescente. Sí, lo sé: nunca ha sido sencillo el oficio de pensar por cuenta propia. Ya escribía Zweig que en toda la obra de Montaigne sólo encontró una sola afirmación categórica: «La cosa más importante del mundo es saber ser uno mismo».

Ser uno mismo nos puede sonar hoy a libro de autoayuda, pero hay que ver lo difícil que es, cómo puede convertirse en el trabajo de toda una vida. La independencia o el disenso provocan la inmediata desconfianza de los grupos que se han situado en los extremos, y en el centro queda el hombre del que habla Zweig, que sobre todo admiraba de Montaigne ese esfuerzo por salvaguardar su libertad «en una época de servilismo generalizado a ideologías y facciones». «Dejaba a los otros hablar, agruparse en cuadrillas, encolerizarse, predicar y fanfarronear», dice Zweig sobre Montaigne, «y sólo se preocupaba de una cosa: ser juicioso él mismo, humano en una época de inhumanidad, libre en medio de una locura colectiva».

Zweig, escribiendo a comienzos de los años cuarenta, proyectaba sus propias ansiedades sobre un hombre del siglo XVI, pero estaba convencido de que Montaigne era su contemporáneo, de que hablaba también de su mundo, de que «su lucha es la más actual de la Tierra». Por supuesto que el mundo de Zweig no es nuestro mundo, ni este mundo nuestro es el que vivió Montaigne: ese mundo de violencia religiosa y guerras civiles, ese mundo de locura gregaria y de sectarismos enloquecidos. Por fortuna.

El Fuentes nuestro
11 de mayo de 2022

El 15 de mayo de 2012, al encender mi teléfono después de un acto en la Casa de América de Cataluña, me di cuenta de que tenía varias llamadas perdidas de varios números distintos, y antes de que pudiera averiguar qué había ocurrido se me acercó una periodista —me asaltó, diré con más justicia— para pedirme un comentario sobre la muerte de Carlos Fuentes. Durante un instante brevísimo pensé que podía tratarse de un error, pues a finales de enero lo había visto atravesar a nado una piscina con la energía de alguien treinta años más joven, continuando en cada pausa de su rutina la conversación que le dábamos mi mujer y yo desde la orilla seca, y esa imagen vitalista no casaba bien en mi cabeza con la noticia de una muerte súbita. Pero era cierto, según confirmaron todos los asistentes a aquel acto, y todos recibieron la noticia con sorpresa; y esto es importante, pues tal vez lo mejor que se pueda decir del momento que atravesaba Fuentes es que tenía ochenta y tres años y nadie, absolutamente nadie, se esperaba su muerte.

Hasta el último día estuvo leyendo con curiosidad voraz, publicando libros y artículos, dando conferencias en medio mundo, organizando encuentros entre los escritores que apreciaba y sirviendo de puente o de embajador o de catalizador de amistades literarias. La última idea que se le ocurrió para juntar a la gente con el pretexto de la literatura fue un encuentro organizado por el Colegio Nacional de México, donde un puñado de novelistas nos reuniríamos, en noviembre de ese año, para una de las cosas que más le gustaban a Fuentes: hablar y oír hablar del lugar de la novela en América Latina. La última vez que lo vi me habló del asunto y me dijo que una invitación me llegaría; pero llegó primero la noticia de su muerte, y un par de semanas después un cartero me entregó un sobre certificado que venía con su nombre, y todavía me estremece un poco recordar el momento en que encontré en el sobre una tarjeta escrita de su puño y letra, o escrita por ese puño que ya nunca escribiría esa letra: «Ojalá puedas aceptar. Me daría un gran gusto».

El gusto, por supuesto, habría sido mío. A Fuentes lo conocí en 2007, después de casi dos décadas de leer sus libros, y nunca dejó de extrañarme que ese hombre de conversación fácil y humor incisivo fuera el mismo que había escrito aquellos libros que yo leí a comienzos de los años noventa como se leen los clásicos: como los franceses leen a Balzac o a Flaubert, por ejemplo, o como un inglés de mi edad leería a Dickens. Fue a Jorge Volpi a quien le oí por primera vez maravillarse del hecho de compartir el mismo mundo físico con los novelistas que consideramos fundadores de algo, aunque a veces no seamos capaces de precisar con exactitud lo que han fundado. Las mitologías cambian con el tiempo, como bien se sabe, y es difícil transmitir lo que aquella generación fue para nosotros, los latinoamericanos que empezamos a publicar libros a finales de los noventa: Vargas Llosa y García Márquez y Cortázar y Fuentes y Cabrera Infante, y antes de ellos Borges y Carpentier y Onetti y Rulfo, y un largo etcétera de esa constelación que Fuentes organizó, en la medida en que eso es posible, en *La gran novela latinoamericana*.

Pero así es: Fuentes siempre tuvo tiempo para leer a los habitantes de eso que él mismo bautizó «el territorio de La Mancha», que es todo el universo de la lengua española, cuyas tensiones históricas exploró con tanta fortuna. Y no sólo tuvo tiempo para leer a esos autores, sino para hacerlo seriamente y escribir sobre ellos. La crítica era, en su caso, una rara forma de generosidad, y nunca cayó en la trampa de creer, como creen tantos, que ocuparse de los libros de los otros actuara misteriosamente en desmedro de sus propios libros. Fuentes tenía el don de transmitir su entusiasmo: y así es como yo, antes de leer a Sergio Ramírez, leí lo que Fuentes escribió sobre Sergio Ramírez; y antes de leer a Salman Rushdie, leí el ensayo que Fuentes escribió sobre *Los versos satánicos*. Los dos textos están en *Geografía de la novela*, una recopilación de textos extrañamente homogéneos que, según la última página de mi ejemplar, leí en marzo de 1994, poco después de leer *Los días enmascarados* y poco antes de leer *Aura*. Siempre he anotado las fechas de mis lecturas, y eso ahora me sirve para ordenar el recuerdo.

Y recuerdo bien esa época: tenía veintiún años y la obsesión devoradora de ser escritor, y me había acostumbrado a buscar en las obras laterales de los novelistas que me interesaban las pistas que pudieran llevar la obsesión a buen término. Así leí también *La orgía perpetua* y *El pez en el agua*, de Vargas Llosa, y *Último round*, de Cortázar, y aun *El olor de la guayaba*, las conversaciones de García Márquez con Plinio Apuleyo Mendoza. *Geografía de la novela* pertenece en mi memoria a esos tiempos de descubrimientos, y acaso por eso le guardo una terca lealtad. Se la guardo a todo el libro, pero en particular al ensayo que lo abre: una defensa de la novela (lo cual aparentemente hay que hacer cada treinta o cuarenta años, como lo atestiguan Orwell y Rushdie) que recuerdo haber leído en su momento con la pasión interesada de quien cruza los dedos para que el mundo no se acabe antes de haber entrado en él. *¿Ha muerto la novela?*, era el ominoso título. La conclusión, para satisfacción de mi juventud, era que no.

En estos días volví a echarle una mirada a ese ensayo. Y después de confirmar que la novela sigue tercamente sin morirse, una asociación de ideas que entenderá cualquiera me llevó a revisar la salud de las suyas: las novelas de Fuentes. Quería pasear por varias, ver cómo ha pasado el tiempo por la lengua y las intenciones, pero decidí empezar por la más ardua de todas, *Terra nostra*, y ya no volví a salir. No creo que haya unanimidad sobre ese mamotreto del cual dijo Carlos Monsiváis, famosamente, que hacía falta una beca para leerlo, pero a mí me sigue pareciendo una fiesta de la inteligencia y de la erudición, de la imaginación y aun del humor, y además un ejemplar aventajado de esa especie maravillosa —pienso en *Tristram Shandy* o en *El hombre sin atributos*— cuya virtud está en su desmesura, en su voluntaria imperfección.

Terra nostra habla de todo o de casi todo, pero su centro de gravedad es nuestra historia, lo que la novela misma llama «la menos realizada, la más abortada, la más latente y anhelante de todas las historias: la de España y la América Española». La novela se publicó en 1975, pero cada vez que recorro sus páginas aprendo algo nuevo sobre lo que somos hoy. A diez años de la muerte de Fuentes, no se me ocurre mejor conmemoración que constatar la vida —pasada, presente, acaso futura— de una de sus grandes novelas.

Noticias que nos traen las novelas
20 de julio de 2022

En uno de sus muchos ensayos extraordinarios, *¿Cómo debe-ríamos leer un libro?*, Virginia Woolf dice, palabras más o menos, que leer una novela es un arte difícil y complejo: el lector ha de ser capaz de una percepción muy fina, pero además de grandes auda-cias de la imaginación, si quiere hacer uso de todo lo que el nove-lista le puede dar. Me gusta todo en estas líneas: me gusta la defen-sa de la dificultad, que no es popular en nuestros tiempos, y me gusta la audacia aplicada a la imaginación (ya que no todas las imaginaciones son iguales); pero sobre todo me gusta el concepto de «hacer uso» de lo que ofrece el novelista, pues contradice el lugar común, que cada día me resulta más irritante, de que la ficción no sirve para nada: de que su importancia, si es que le reconocemos una, es la importancia de las cosas inútiles.

Pues bien, hace unos meses, en un festival de Lancaster, tuve la oportunidad de defender la convicción contraria, y creo haber recor-dado el ensayo de Woolf para poder hacerlo. Dije que los lectores, o cierto tipo de lectores, usamos la literatura; que la usamos como se usa una herramienta, y que la pregunta más bien debería ser: ¿para qué la usamos? Una respuesta posible es que la usamos como fuente de in-formación o de conocimiento, para saber cosas que no podrían saber-se de otra forma o para obtener lo que Javier Marías llama reconoci-miento: la literatura como forma de «saber que se sabe lo que no se sabía que se sabía». He olvidado dónde encontré por primera vez estos versos de William Carlos Williams, pero sé que no soy el primero en traerlos a colación para defender la misma idea. La traducción es mía:

> Mi corazón se levanta
> pensando en traerte noticias
> de algo
> que te concierne
> y concierne a muchos hombres. Mira
> lo que pasa por lo nuevo.

No lo encontrarás allí
sino en
poemas despreciados.

Es difícil
obtener noticias de los poemas
pero cada día los hombres mueren infelices
por falta
de lo que allí se encuentra.

Los poemas como portadores de noticias: lo mismo puede decirse de las novelas, y acaso con algo de filología. Salvo algunas excepciones, como el español y el inglés, la mayor parte de Europa se refiere a las obras largas de ficción en prosa con una palabra derivada de *romanice*, que en latín medieval (esto me informan mis diccionarios) describe la lengua natural o común, por oposición a la lengua escrita de los eruditos y las élites. Esta pequeña intuición etimológica me complace, debo confesarlo, porque refleja el impulso democrático que para mí es inseparable de la novela moderna: este género nacido con Rabelais o con el *Lazarillo* o con el *Quijote*, pero en todo caso con la idea de contar las vidas de gentes que nunca habían sido importantes. Pero nuestra hermosa palabra *novela*, que en italiano o en francés antiguo traía a cuestas el significado de «noticias», me parece profundamente satisfactoria. Con su sugerencia de mensajeros que nos llegan desde países ignotos, con esa fascinación implícita por la realidad cotidiana —la que uno vería en los periódicos—, la novela promete hablarnos de lo que nos «concierne y concierne a muchos hombres»: en otras palabras, promete traernos noticias.

Ahora bien: la naturaleza de estas noticias siempre ha sido difícil de definir. Desde luego, no se trata de la información que buscamos en el periodismo o en la historia, por muy preciada que sea; no se trata de una información cuantificable ni que pueda confirmarse empíricamente, y muchos de los malentendidos acerca de las novelas surgen cuando se espera de ellas esa información. Por supuesto, cualquier lector atento cerrará *El jugador* de Dostoievski sabiendo más que antes sobre casinos, y probablemente aprenderá con *La defensa* de Nabokov muchas cosas que no sabía sobre el ajedrez. Pero si eso es todo lo que el lector obtiene —o todo lo que buscaba—, decir que ha perdido el tiempo es quizás un eufemismo cariñoso.

La novela que llamamos histórica ha sido a menudo víctima de este tipo de malentendidos. De nuevo: todos los lectores de *La guerra del fin del mundo* recogerán datos interesantes sobre la revolución de Canudos en el Brasil decimonónico, y no puedo sino alegrarme de que lo hagan, del mismo modo que todos los lectores de Wolf Hall aprenderán mucho sobre la corte de Enrique VIII. Pero tanto Vargas Llosa como Hilary Mantel, sospecho yo, quieren mucho más que ser tan precisos como la historia: quieren, sobre todo, contarnos algo que la historia no nos cuenta. La mejor historia es insustituible como fuente de cierto tipo de informaciones. ¿Qué sentido tendría utilizar la ficción para dar a los lectores más de lo mismo? La única razón de ser de la novela, dice Hermann Broch, es decir lo que sólo la novela puede decir. Las noticias que nos dan las novelas de A. S. Byatt o de Sebald o de Javier Marías —sobre el pasado, sobre el presente, aun sobre el futuro: pensemos en *Tu rostro mañana*— no se encuentran en ningún otro lugar del mundo.

Carlos Fuentes se preguntaba qué es la imaginación sino la transformación de la experiencia en conocimiento. Y así es: la ficción es conocimiento y siempre lo ha sido; y, aunque es cierto que se trata de un conocimiento ambiguo, impreciso e irónico, los lectores de novelas sabemos que nuestra comprensión del mundo sería incompleta sin él, o fragmentaria, o incluso gravemente defectuosa. Esto es lo que ofrece la ficción: para esto la usamos. Puede que me equivoque, pero me parece que esta idea cobró un nuevo significado para muchos en los meses de la pandemia (que ahora tratamos como si se hubiera ido, como si ya no estuviera). Para mí, desde luego, así ocurrió.

Me contagié del virus a finales de febrero de 2020, tan pronto que las pruebas de mi país no pudieron diagnosticarlo correctamente; durante unos meses, tras superar una neumonía y recuperarme sin consecuencias graves, estuve convencido de haber tenido un virus diferente, aunque cada nuevo síntoma confirmado por los medios de comunicación resultó estar presente en mi caso. La incertidumbre que sentí entonces cedió el paso con el tiempo a nuestra incertidumbre general, a la dificultad colectiva para saber cómo debía tratarse todo aquello. Hoy me parece, cuando miro por mis ventanas digitales (a través de las cuales prácticamente ningún lugar del mundo escapa a nuestra mirada), que la pandemia ha anulado o mermado nuestra capacidad de imaginar a los demás —su ansiedad, su dolor, su miedo— y ha agotado nuestras estrategias para afrontar nuestro propio miedo, nuestro propio dolor, nuestra propia ansiedad.

En esos meses difíciles, me consta que cientos o quizá miles de lectores echaron mano de *La peste* de Albert Camus, o del *Diario del año de la peste*, el libro tramposo y maravilloso de Daniel Defoe. Hay algo fascinante en este comportamiento, que contiene un impulso casi religioso (los creyentes buscando respuestas en un libro) y al mismo tiempo profundamente práctico y materialista: las novelas como intérpretes de nuestras enfermedades, si se me permite tomar prestado el hermoso título de Jhumpa Lahiri; o, por decirlo de otro modo, la ficción como vademécum. Estas palabras, sabrán los lectores, significan «ven conmigo». Eso es lo que pido a mis ficciones predilectas: que vengan conmigo, que me acompañen, que me ayuden a interpretar lo que nos pasa y, al hacerlo, que me traigan noticias del mundo.

El vallenato, su leyenda y el diablo
28 de julio de 2022

La escena es maravillosa. Es el año 2012: García Márquez, con esa expresión de ausencia que le cubría la cara en sus últimos años, está de pie frente a un grupo de vallenateros, sin saber muy bien qué hay que decir o quiénes son estas personas. (Al final de su vida dejó de reconocer a todo el mundo, pero, como prefería no desairar a nadie, desarrolló una serie de estrategias para que no se le notara tanto). Pero entonces reconoce la letra del vallenato que están cantando, y su boca empieza a moverse con las palabras y hay algo en su cara que se transforma, como si la hubiera invadido alguien más joven. Y los que conocemos su biografía podemos pensar en el muchacho que a mediados del siglo pasado recorría la costa junto con Rafael Escalona y otros compañeros de incertidumbre, a veces vendiendo enciclopedias y a veces buscándose la vida de otras formas pero siempre cantando canciones populares y tomando notas mentales para los libros que todavía no había escrito.

Pero la escena no se ha acabado: García Márquez se sienta junto a Mercedes y del otro lado está Leandro Díaz, el inventor, como lo sabe todo el mundo, del verso que sirve de epígrafe a *El amor en los tiempos del cólera*: «En adelanto van estos lugares: ya tienen su diosa coronada». Leandro Díaz, con los ojos cerrados como los ha tenido siempre, se inclina hacia García Márquez y le dice: «Cuando canto esta canción, en cualquier lugar que me encuentre, me acuerdo de ti». Y es imposible no conmoverse con el encuentro de los dos hombres, el autor de vallenatos que son parte de todos y el autor de libros que, como dijo García Márquez de *Cien años de soledad*, en realidad son vallenatos de cientos de páginas. Eran parte de la misma generación y del mismo mundo. Leandro Díaz nació en 1928 y moriría al año siguiente de ese encuentro; García Márquez había nacido casi un año antes que Díaz y moriría casi un año después. Y a ambos, estoy seguro, les habría gustado este documental en el que salen: *Leyenda viva*, de Martín Nova, que acaba de estrenarse en Colombia.

A Nova lo conocíamos por las entrevistas rigurosas que ha reunido en dos volúmenes —*Conversaciones con el fantasma* y *Memorias militares*—, y este documental se apoya en buena parte en sus talentos como entrevistador: la paciencia, la información y una curiosidad sin límites. Son dos horas que no tienen desperdicio. Yo las he visto tres veces, y cada vez encuentro algo que antes no había notado, y ahora no me cabe duda de que *Leyenda viva* se convertirá con el tiempo en un documento imprescindible. En esas dos horas está todo: la historia del vallenato hasta nuestros días (de Escalona hasta Fonseca, por decir algo), pero además una exploración extraordinaria de lo que es esta música por dentro, la genealogía de sus instrumentos, los artificios de sus letras, su lugar en nuestra cultura y su relación con lo que somos. O mejor: la manera como el vallenato, por caminos sinuosos que no siempre han pasado por la aceptación de que goza hoy, ha venido a convertirse en la cifra de nuestro carácter: en el mundo del vallenato se reflejan todas las caras de este país contradictorio.

Por *Leyenda viva* supe, por ejemplo, que «El amor amor», la tonada que ha dado forma a tantas parrandas desde que hay memoria, aparece ya mencionada durante la Guerra de los Mil Días. Supe también que fue con el Festival de la Leyenda Vallenata, esa invención de López Michelsen y otros visionarios, cuando se empezó a resquebrajar el machismo inveterado que les prohibía a las mujeres tomar parte en la parranda. (Dos años antes tuvo lugar una edición pionera en Aracataca: y ahí están las fotos de García Márquez y Álvaro Cepeda Samudio posando junto a los músicos debajo de un árbol). Y recordé algo que había descubierto cuando investigaba para *El ruido de las cosas al caer*: que en tiempos de la bonanza marimbera los grupos vallenateros se volvieron tan populares, sobre todo entre los nuevos millonarios que la bonanza iba produciendo, que a los interesados de siempre pronto les quedó imposible pagar una serenata. En eso también el vallenato ha sido como un espejo de nuestra historia.

En un momento alguien se pregunta: si no hubiera canto, ¿qué haríamos nosotros con la violencia? La violencia es lo contrario a todo lo que el vallenato significa, parece sugerir este hombre, o tal vez lo que quiere decir es que la música permite de mejor manera lidiar con lo que agobia a estas sociedades. Y es muy posible que tenga razón: los territorios del vallenato, el valle que va de la Sierra Nevada a la serranía del Perijá, han sido con frecuencia duramente golpeados por nuestra guerra. «En este país hay ocho millones de desplazados», dice alguien en un momento. «¿Cuántos Leandros Díaz, cuántos Rafaeles Escalona habrá entre ellos?». Cualquiera reconocerá la validez de la pregunta, sobre todo en zonas donde darle un acordeón a un niño —y esto dicho, y comprobado, sin idealismos ni ingenuidades— puede muy bien robárselo para siempre a las garras de las bandas ilegales. La película conmemora en los créditos finales a todos los que hicieron parte de esta historia y ya no están. El nombre de Consuelo Araújo Noguera estremecerá, seguramente, a los muchos que todavía la recuerdan.

Pero acaso lo que más me gusta del documental de Martín Nova no es ninguna de estas zonas de interés, sino las voces: las voces de estos testigos y protagonistas de la historia riquísima del vallenato. Claro, el vallenato es sobre todo una música narrativa: cuenta cuentos y los cuenta muy bien. O, por decirlo de otra forma, los viejos juglares son juglares, pero sobre todo son cronistas: gente apegada, como se dice en alguna parte, a «la idea de echar noticias», primero en su comarca y luego saliendo de ella. Lo que hay en el documental es también eso: todo el mundo cuenta historias. Las cuenta Sergio Moya Molina hablando de «La celosa», y las cuenta Nafer Durán dando una clase magistral sobre los cuatro aires del vallenato, y las cuenta Beto Murgas hablando de la historia del acordeón, y las cuenta también Carlos Vives, que muy bien explica el fenómeno que tuvo lugar cuando él y los suyos tomaron el folclor de toda la vida y lo convirtieron en otra cosa, rupturista y a la vez respetuosa.

La parranda es como el diablo, dice alguien: todo el mundo habla de ella, pero nadie sabe. Tal vez eso es lo primero que pasa con este documental: que terminamos de verlo con la impresión de saber. Y no es la única razón por la que valen la pena estas dos horas de leyenda.

Sobre la dificultad de pensar bien
5 de agosto de 2022

En su libro más reciente, *Madres, padres y demás*, Siri Hustvedt habla de sus años de juventud, cuando uno está buscando dificultosamente su lugar en el mundo y echa mano de todas las ayudas que pueda para encontrarlo. Lo hace en un ensayo sobre los mentores, esas figuras cuya aprobación necesita el joven para seguir avanzando y con las cuales suelen armarse relaciones complejas, llenas de tensiones y de malentendidos y de frustraciones. Todo el ensayo es bello y lúcido, pero hay una línea simple que se ha quedado conmigo estas semanas. Habla Hustvedt de la época de su juventud en que necesitaba que alguien, una figura de autoridad, reconociera el valor de las decisiones que había tomado sobre su vida, y pensó que podía, para conseguir ese reconocimiento, inscribirse en un programa de escritura y entregarse a la instrucción de sus mayores, poetas y novelistas. No lo hizo. Decidió, en cambio, entrar a la carrera de Literatura. Lo que quería, dice, es «estudiar, leer mucho y aprender a pensar bien».

Aprender a pensar bien. A veces se me ocurre que no hay nada más difícil en el mundo, y también que buena parte de nuestros problemas y nuestros desacuerdos, los privados y secretos tanto como los sociales y políticos, vienen de esa dificultad. Nuestro tiempo confundido ha reemplazado el pensamiento por las emociones, y, aunque no parezca haber en eso nada insólito, yo tengo la impresión de que las nuevas tecnologías, o las formas en que ocurren las conversaciones en ellas, sí han cambiado las reglas de juego: arrinconan a los reflexivos, premian a los biliosos y van ahogando cada vez más las voces de quienes tratan de mirar el mundo con claridad. Al final, algunos están optando por abandonar estos espacios que una vez, no hace mucho, eran la promesa de una verdadera discusión democrática, pero que hoy se han convertido en extraños totalitarismos donde se premia el gregarismo y se castiga el disenso. Otros, como yo, decidieron desde el principio no ser nunca parte de ese mundo, y creen o creemos —acaso equivocadamente: está por verse— que no hemos tomado mejor decisión en nuestras vidas.

Claro: echar mano de las emociones para poner una opinión en el mundo o proponer en nuestros foros una decisión política cuesta menos esfuerzo y da réditos más inmediatos, y además —seamos sinceros— a nadie le importa en realidad la justicia o la virtud de una opinión, ni a quién se le haga daño ni a quién se proteja con ella. Importa, en el nuevo narcisismo de nuestro mundo de redes, cuánta visibilidad se gane, cuánta aprobación se consiga. Por otra parte, la idea misma de que haya formas de pensar en la realidad que sean mejores que otras irrita a muchos de los habitantes de nuestros populismos digitales, que ven en ella una manifestación de arrogancia, de superioridad o de pedantería. No: lo que yo sugiero es que pensar en nuestra realidad común —el intento por entenderla y emitir una opinión justa sobre ella— se beneficia del uso de ciertas herramientas, y hay quienes están dispuestos a usar la caja y lo que la caja contiene, mientras otros van por la vida armando los muebles con la mano o con un solo martillo desgastado, y a veces sin siquiera mirar las instrucciones. Y así nos va.

La dificultad de pensar bien me ha preocupado recientemente a propósito de las conversaciones que nos agobian por estos días. Hace tres semanas, al final de la columna que escribo para la edición colombiana de este diario, comenté unas declaraciones del presidente Iván Duque sobre el derecho al aborto, que la ley colombiana consagra y el presidente desconoce cada vez que puede. «No existe un derecho a arrebatarle la vida a un ser con expectativa de entrar a la sociedad», había dicho el presidente en cierto encuentro, y yo comenté que ese ser en realidad no tiene expectativa de nada: sí tiene expectativas la mujer, en cambio, y las verá truncadas si la sociedad la obliga a tener un hijo que no quiere. Pero además, escribí, si el nonato tuviera expectativas, y sobre todo si fuera mujer, «seguramente echaría un vistazo a esta sociedad que no la defiende convenientemente de las agresiones sexuales, que la culpa de ellas cuando le ocurren y no le cree cuando las denuncia». Y se preguntaría si es preferible vivir en una sociedad como la que quiere el presidente o en una como la que permite la ley.

Mis lectores tendrán su opinión sobre el derecho al aborto, algunas más informadas que otras, algunas moldeadas en la religión y otras sin ella. Más allá de eso, lo que les pedía yo en esas líneas era un acto de imaginación para pensar en este debate: imaginar que se va a nacer mujer y escoger qué tipo de sociedad se prefiere. De manera indirecta o levemente distorsionada, estaba usando una de las herramientas más útiles de esa caja de la que hablaba antes: es el «velo de la ignorancia», como la llamó el filósofo John Rawls (en *Teoría de la justicia*, un libro de 1971), y yo echo mano de ella con mucha frecuencia, pues siempre me ha dado buenos resultados. Se trata de imaginar que estamos escogiendo los principios que gobernarán nuestra sociedad, pero lo hacemos sin saber qué lugar ocuparemos en ella: cuál será nuestra posición social, cuáles nuestros recursos económicos. Lo mismo se aplica a la raza, al sexo, al lugar de nacimiento: no sabemos qué nos tocará en suerte, pero tenemos que escoger las reglas que ordenarán la vida de todos.

Parado detrás del velo de la ignorancia, el individuo racional escogerá una sociedad más igualitaria, aunque tal vez tenga que pagar más impuestos o sacrificar otros beneficios, pues estadísticamente existe una posibilidad mayor de que no le toque nacer entre los privilegiados; y el miedo a la pobreza nos llevaría a preferir reglas con las que estaríamos más protegidos, o gracias a las cuales sufriríamos menos. Si detrás del velo contemplamos la posibilidad de nacer dentro de una minoría —sexual, racial, religiosa—, ¿no nos interesaría proponer para la sociedad una serie de reglas que nos permitieran una vida digna, o que aseguraran una distribución equitativa del poder y de las cargas, aunque sólo fuera para protegernos a nosotros mismos? No se trata de altruismos, cosa en la cual, por lo que se ve, no estamos bien dotados; se trata de buscar la mejor vida posible sin hacer daño a nadie, o de apostarle al beneficio propio al mismo tiempo que tratamos de reducir, en la medida de lo posible, el sufrimiento ajeno.

El problema, por supuesto, es que la utilización de esta herramienta exige ciertas capacidades que —como el altruismo— parecen escasear en nuestros días. La principal es la imaginación, que nos ha permitido a lo largo de nuestra historia vivir vicariamente lo que en realidad no hemos vivido. Es difícil, ya lo sé: estamos fatalmente condenados a entender el mundo desde nuestras coordenadas vitales, que son como las orejeras que se ponen a los caballos para limitar su campo visual, y no sé por qué me parece que hemos perdido el talento para apropiarnos de la experiencia de los otros, incluido el reto de hacernos cargo del dolor ajeno. Quizás ésta sería una buena vara para medir la sabiduría o la estupidez de nuestras opiniones diarias, y también de nuestros actos. Aunque en nuestro mundo digital, me parece, las opiniones son actos. Y eso lo complicaría todo.

Salman Rushdie y nuestras libertades
17 de agosto de 2022

Tampoco esta vez han conseguido los fanáticos matar a Salman Rushdie. Lo primero que tiene que admirarnos es su resiliencia inverosímil: las consecuencias del atentado del 12 de agosto están todavía por verse, y podemos estar seguros de que la vida de Rushdie quedará trastornada para siempre, pero sobrevivir a diez puñaladas —en el cuello, en el hígado, en un ojo que posiblemente pierda— no está al alcance de cualquiera. Por supuesto que Rushdie, como sabe todo el mundo, ya había sobrevivido a una década de persecución de un régimen fundamentalista cuyos asesinos eran ubicuos; las condiciones en que vivió durante esos años habrían destrozado a otro, y a mí siempre me ha parecido milagroso que Rushdie no sólo emergiera sano y salvo de la amenaza constante, sino que además fuera capaz de seguir viviendo con algo parecido a la normalidad. Y eso es lo que ha hecho: seguir escribiendo sus novelas y llevando su vida privada y además defendiendo en público, con un valor que los demás le agradecemos, las mismas libertades por las cuales fue condenado a muerte.

He escrito «los demás», pero la verdad rigurosa es que no es así: no a todos les parece evidente que Rushdie merezca nuestro apoyo sin condiciones, y aun hay quien condona o justifica los ataques de que ha sido objeto durante treinta años. No me refiero a los fundamentalistas, como es evidente, ni a las sociedades que desde fuera parecen democracias pero cuya mentalidad es en la práctica la de un sistema totalitario, sino a las que Rushdie ha llamado «las brigadas del pero». Sí, dicen estos militantes, la libertad de expresión está muy bien, pero no si dice lo que a mí me ofende; sí, yo defiendo la libertad de conciencia, pero hasta cierto punto. Esas voces han acompañado a Rushdie desde la fetua de 1989, y es aterrador leer *Joseph Anton*, el libro extraordinario en que Rushdie da cuenta de sus años más difíciles, y recordar cuántos escritores o periodistas —es decir, gente que vive de la libertad de expresión, o gracias a ella— no consideraron inaceptable que una figura religiosa pidiera a sus fieles el asesinato de un novelista por el hecho de haber puesto en palabras un acto de imaginación.

Hemos oído estas voces por todas partes en los últimos años, y no sólo a raíz de los asesinatos de *Charlie Hebdo*. Y yo me he preguntado: ¿estamos ante el mismo fenómeno de 1989? Es posible y preocupante leer el ataque a Rushdie como resultado natural de un nuevo proceso: la instalación entre nosotros de una mentalidad intolerante e inquisidora que no responde a la fetua, sino que es muy de nuestro tiempo. Después de todo, el agresor de Rushdie nació diez años después de la publicación de *Los versos satánicos*, y muy lejos —no sólo literalmente— del mundo del ayatolá Jomeini: el suyo es el mundo del discurso de odio convertido en triste rutina, de la radicalización a través de las redes sociales, del debate libre sofocado por el miedo a la cancelación y, sobre todo, de las amenazas de muerte que cualquiera le lanza a cualquiera con escandalosa impunidad, y que se materializan con más frecuencia de lo que creemos. Las sufrió la semana pasada J. K. Rowling, sin ir más lejos, por rechazar el ataque a Rushdie. «No te preocupes, tú eres la siguiente», le escribió en Twitter un tal Meer Asif Aziz. Rowling pidió apoyo a Twitter y recibió esta respuesta: «Después de revisar la información disponible, consideramos que no hay violaciones a las reglas de Twitter en el contenido que usted ha reportado».

En nuestro mundo, el aire en que nos expresamos es cada vez más tóxico. Es un mundo de censura rampante, una censura que hemos llegado a aceptar o a la cual nos hemos acomodado porque no hay más remedio, y puede decirse que la libertad de expresión, o lo que designábamos con estas palabras, ha cambiado de contenido en nuestros días: el debate sobre lo que puede pensarse y decirse ya no es el mismo, y no seré el primero en sugerir, por ejemplo, que *Los versos satánicos* probablemente no se publicaría hoy en día, igual que no se publicaría (por razones muy distintas) una novela como *Lolita*. Lo más grave es que esa censura ya no la ejercen los poderes políticos ni las autoridades religiosas, sino cada uno de los ciudadanos, y tanto los ciudadanos como las corporaciones en que nos reunimos —políticas, económicas, las que sea— tomamos decisiones acerca de lo que decimos o callamos sobre la base de la posible controversia y lo que ella pueda causar: matoneo, acoso, cancelación o violencia.

En *Los testamentos traicionados*, Milan Kundera (uno de los defensores más elocuentes de *Los versos satánicos*, dicho sea de paso) habla de la novela como el espacio privilegiado donde suspendemos el juicio moral. La moralidad de la novela, dice Kundera, se opone a la costumbre humana de juzgar a todo el mundo «instantáneamente, incesantemente» y hacerlo, sobre todo, «antes de entender». «Desde el punto de vista de la sabiduría de la novela», continúa, «esa ferviente disposición para juzgar es la estupidez más detestable, el mal más pernicioso». Siempre he pensado que esas palabras, «ferviente disposición para juzgar», son lo más cerca que ha estado de describir lo que ocurre en Twitter alguien que no estaba hablando de Twitter. Ésta es la atmósfera en la que vivimos hoy, y no hay forma de saber a qué deterioro de nuestras libertades nos llevará semejante estado de las cosas.

En estos días he recordado las palabras que Rushdie pronunció hace unos años ante el PEN catalán: «¿Quién tiene el poder de contar las historias de nuestras vidas y de determinar no sólo qué historias se pueden contar, sino también de qué forma se pueden contar, cómo tienen que contarse? Evidentemente, hay historias en las que todos nosotros vivimos, la historia de la cultura y la lengua en las que vivimos, la Historia en la que vivimos y, de hecho, las estructuras éticas en las que vivimos, de las cuales una es la religión. ¿Quién debería tener poder sobre estas historias?». La libertad de contar nuestra historia según la entendamos o imaginemos, y de hacerlo sin miedo a censuras ni ataques, es lo que está en juego. Eso es lo que Rushdie ha defendido siempre, incluso cuando ya nadie se lo exigía, incluso cuando cualquiera hubiera entendido que guardara silencio sobre estos asuntos hasta el final de sus días.

Y no: no lo ha hecho. Se ha sabido que el viernes pasado, antes de la agresión que casi lo mata, Rushdie se disponía a defender en público la necesidad de que Estados Unidos diera refugio a los escritores ucranianos, y recordé casi sin querer que así fue como lo conocí: en una reunión del PEN, hablando de proteger a escritores y periodistas de la deriva autoritaria y censora del Gobierno chino. Más allá de sus ensayos y sus conferencias públicas, las imágenes que tengo de Rushdie son inseparables de esa constancia con la cual se ha dedicado a defender las ideas en las cuales los demás vivimos, sobre todo cuando eso puede ayudar a otros. Lo ha hecho mientras el mundo a su alrededor se ha transformado, pero justamente por eso el brutal atentado de que ha sido víctima debería no sólo merecer todo nuestro repudio, sino servirnos de memorando: los enemigos de las libertades cambian, pero no desaparecen.

Javier Marías y los traductores de la vida
31 de agosto de 2022

Por razones que no viene al caso explicar, he vuelto a leer en estos días *Fiebre y lanza*, el primero de los tres volúmenes en que se publicó una de las grandes novelas de lo que va del siglo: *Tu rostro mañana*, de Javier Marías. Lo había leído hace veinte años, tan pronto como se publicó, y me ha alarmado esta vez darme cuenta de lo mucho que ha cambiado el libro. Esto es cierto siempre de las buenas novelas, que reflejan lo que llevamos a ellas, y por lo tanto se transforman en la medida en que nos transformamos sus lectores; pero hay novelas que cambian más que otras, y habría que pensar algún día con detenimiento en las razones por las que esto ocurre. Tengo la impresión de que Dostoievski cambia más que Tolstói, por ejemplo, sobre todo cuando la primera lectura se hizo en la adolescencia; y me parece claro que Faulkner cambia más que Hemingway, aunque no sabría decir por qué. Pero, como diría ese Tristram Shandy que tanto le gusta a Marías, me estoy desviando.

Tu rostro mañana es tal vez la novela más exigente de Javier Marías, aunque sólo sea por la intimidación o el desafío de sus 1.336 páginas, pero su exigencia es tanta como las satisfacciones que brinda, que son muchas y ocurren a muchos niveles. Los lectores recordarán seguramente la premisa de la novela: un español llamado Jacobo Deza —al que los demás a veces llaman Jacques y a veces Jaime y a veces Yago, y que los lectores de Marías habíamos conocido como narrador anónimo en *Todas las almas*— se ha separado de su mujer, se ha marchado de su casa en Madrid y ha vuelto a Inglaterra, a Londres y a Oxford, donde había vivido años atrás. Ahora trabaja en un edificio sin nombre para un grupo de gente misteriosa que tuvo o tiene una relación estrecha con el Servicio Secreto británico, y su tarea extraordinaria consiste en observar a los demás, observarlos con cuidado, y luego juzgar su carácter: juzgar si serían capaces de mentir, traicionar o incluso asesinar, y en qué circunstancias lo harían. Tiene, al parecer, un talento especial para esto: para fijarse en los otros y leerlos correctamente. En la novela como en la vida, se trata de un talento invaluable.

No sé de dónde me viene cierto gusto por las novelas que reflexionan, indirectamente, sobre lo que hacen las novelas. *Tu rostro mañana* pertenece a esta familia que comienza, como tantas otras cosas en el arte de la novela, con el *Quijote*. Son novelas en las cuales los personajes o las situaciones nos invitan a pensar en el funcionamiento de las novelas mismas: ficciones que son, también, una metáfora de la ficción. En el último tomo de *En busca del tiempo perdido*, el narrador, Marcel, llega a la conclusión de que «la verdadera vida, la vida por fin descubierta e iluminada, esa única vida, en consecuencia, que es vivida plenamente, es la literatura». Y antes de que tengamos tiempo de recuperarnos del exceso (que para mí no lo es, pero eso es otro asunto), compara la vida que vivimos con un libro que está por escribirse. «Ese libro esencial», dice entonces, «el único libro verdadero, un gran escritor no está obligado, en el sentido corriente del término, a inventarlo, pues ya existe dentro de cada uno de nosotros, sino a traducirlo. El deber y la tarea de un escritor son los de un traductor».

A mí, que durante tantos años felices en Barcelona me gané la vida traduciendo literatura, la idea del novelista como traductor de un libro que llevamos dentro me parece extrañamente justa, inexplicablemente satisfactoria. Y no puedo no pensar en las traducciones de Marías, que nos ha entregado versiones bellísimas de aquel *Tristram Shandy* que he recordado antes, así como de *El espejo del mar*, de Conrad, y de otras obras diversas que van desde Thomas Browne a Isak Dinesen. Hace once años tuve con él una larga conversación acerca de, entre muchas otras cosas, el arte de la traducción y su relación con la escritura de novelas. «La del traductor es una tarea que se puede comparar con la del intérprete musical», me dijo Marías. «Tiene muchas dificultades a la hora de interpretar una pieza, pero siempre tiene la partitura, sabe que la partitura no va a desaparecer. Así que me he dado cuenta de una cosa que me ayuda al escribir. Dado que yo soy un autor que no tiene un trazado de las novelas antes de empezar, sino que las averigua a medida que las hace, tener un primer borrador de una página, aunque sea escrito de cualquier manera, funciona como el texto original en las traducciones».

He recordado esa conversación porque ahora, leyendo *Tu rostro mañana* tantos años después, me parece encontrar un eco en ella. Aunque tal vez sea más preciso hablar de un triángulo: un triángulo que va de la novela de Proust (el novelista como traductor del libro que llevamos dentro) a la conversación de hace once años (el novelista como traductor de sus propios borradores) a las páginas de *Fiebre y lanza* donde el narrador, ese Jacobo Deza, explica que su oficio consiste en «escuchar y fijarme e interpretar y contar». En otra parte de la novela habla de sus «tareas de invención, llamadas interpretaciones o informes», y, enseguida, de lo difícil que es no fiarse de nadie, ver a todos bajo la misma «luz suspicaz, recelosa, interpretativa». Y he pensado que ésta puede ser una de las razones por las que me gusta tanto la novela de Marías: porque pone en escena lo que hacemos constantemente los seres humanos, que no es otra cosa que esa interpretación constante: ese esfuerzo por leer a los otros y saber quiénes son en realidad, de qué serían capaces, cómo actuarán en determinadas circunstancias.

¿No es ésta una de nuestras preocupaciones principales, todo el tiempo, en todas partes? Nuestra pareja, nuestros amigos, nuestros compañeros de trabajo, los políticos que nos lideran, las celebridades en cuyo frívolo destino perdemos tanto tiempo, las figuras públicas en las que invertimos tantas energías: ¿no nos gustaría siempre leerlos bien e interpretarlos con precisión? Bien lo sabe Jacobo Deza, cuyo padre sufrió durante la dictadura franquista una delación que trastornó gravemente su vida y estuvo a punto de arruinarla. El delator era un amigo íntimo, pero el padre no supo anticiparse a la traición. «¿Cómo era posible que mi padre no hubiera sospechado ni detectado nada?», se pregunta Deza, que tiene en cambio el don de detectarlo todo: el don de ver con claridad a los otros. «¿Cómo puedo no conocer hoy tu rostro mañana, el que ya está o se fragua bajo la cara que enseñas o bajo la careta que llevas, y que me mostrarás tan sólo cuando no lo espere?».

Sí, a todos nos gustaría contar con esa lucidez o esa clarividencia: muchos problemas nos evitaríamos en la vida diaria si las tuviéramos. Pero nunca es fácil mirar a los demás con la atención o la concentración suficientes para saber quiénes son en realidad, y la verdad es que somos muy hábiles a la hora de poner disfraces o máscaras entre nosotros y los demás: sólo un desquiciado se presentaría ante este mundo tal cual es. Quizás ésta sería otra razón para frecuentar las grandes novelas: en ellas tenemos la experiencia imposible de ver a los demás por dentro, de traducir sus vidas para mejor leerlas.

En la muerte de Javier Marías: contar el misterio
11 de septiembre de 2022

Durante varios años, los primeros de este siglo, en mi casa hubo una máquina de fax que tenía un solo propósito: mi comunicación con Javier Marías. Nos habíamos conocido por fax, pues fue así como lo entrevisté en el año 2000, y la conversación continuó por ese medio muchos años después de que nos viéramos en persona. Nuestros diálogos estaban hechos con las cartas que yo le escribía y los comentarios que él hacía en los márgenes —por ejemplo, sobre la injusticia de que el *Ulises* tuviera la consideración que tiene, cuando, evidentemente, Faulkner había hecho cosas más importantes—, o con párrafos breves de buenos deseos si algo afortunado le pasaba a un libro mío. Más tarde, cuando aceptó la existencia del correo electrónico, comenzó a escanear sus cartas y mandarlas como documento adjunto; pero nunca dejó de escribir en su vieja máquina de siempre, lo que para muchos de sus conocidos era un capricho o una excentricidad, pero que yo veía como parte inseparable de su método creativo, y de la razón por la que su pérdida me parece un daño irreparable.

Marías no escribía una historia que había descubierto o planeado de antemano, sino que la iba averiguando mientras avanzaba. Lo que iba a pasar en la página futura estaba determinado por lo que había sucedido en las pasadas; y lo que había sucedido en las pasadas, por estar escritas a máquina, era imposible de cambiar o de corregir. Lo cual es lo mismo (le gustaba decir) que sucede en la vida. (Nadie me tiene que señalar, como le señalé inútilmente hace mucho tiempo, que la escritura a máquina también le permite a cualquiera volver atrás para cambiar o corregir). Marías usó muchas metáforas para explicar lo que le interesaba, y todas son elocuentes. A veces decía que algunos escriben con mapa y otros con brújula: él, por supuesto, era de los segundos, pues en la escritura sabía que se dirigía hacia el norte, pero ignoraba todo lo que descubriría en el trayecto. Le gustaba una idea faulkneriana: escribir es como encender una cerilla en un campo oscuro: no se ilumina todo, pero lo bastante para que nos demos cuenta del tamaño de la oscuridad. Le gustaba, finalmente, la idea de que hay herramientas de conocimiento, pero la literatura lo es de reconocimiento: «Es una forma de saber que se sabe lo que no se sabía que se sabía», como escribió en un ensayo de los años noventa. «La literatura que a mí me interesa leer —y por tanto intentar escribir— es muy variada. Pero toda participa de eso: no cuenta lo consabido, sino lo sólo sabido y a la vez ignorado. O, en menos palabras: sin poder explicarlo, cuenta el misterio».

Durante veinticuatro años de mi vida de lector, desde la lectura alucinada que hice en 1998 de *Corazón tan blanco* y *Mañana en la batalla piensa en mí*, las novelas de Marías me han dado acceso a ese misterio. En ellas he conocido rincones de nuestra experiencia humana que nadie más me ha contado nunca, que nadie ha sabido iluminar para hacerlos comprensibles como lo ha hecho él. Lo mismo, sospecho y he constatado, les ha ocurrido a legiones de lectores en todas partes. Lo que se pierde cuando muere un novelista de su tamaño es una manera de ver el mundo y de pensar en él: es como si se cerrara una puerta y alguien se llevara la llave, y nos deja extrañamente encerrados, en una realidad más pobre o más estrecha. La correspondencia que tuvimos y las veces que nos vimos serán para mí un privilegio irremplazable; pero prefiero, ahora que me llega la noticia de su muerte, decir tan sólo que era uno de los mayores novelistas de nuestro tiempo en cualquier lengua, pero que honró la nuestra, y que su prematura muerte nos deja a sus lectores con la sensación inconfundible de lo inacabado, de lo inexplorado, de lo injusto.

Vencer el miedo
14 de septiembre de 2022

Por esos días del año 2002, yo llevaba casi tres años viviendo en Barcelona, había renunciado a mi trabajo en la revista *Lateral* y buscaba desesperadamente maneras de ganarme la vida con lo único que me interesaba: leer literatura, tratar de escribirla o escribir sobre ella. Una de las primeras personas que había conocido en la ciudad, el editor Pere Sureda, me encargó generosamente trabajos diversos que me permitieron sobrevivir mientras escribía una novela que acabaría llamándose *Los informantes*. Traduje libros de Colin Thubron y de Soazig Aaron, entre los autores vivos, y de Victor Hugo y John Dos Passos, entre los muertos. La otra parte de mis encargos consistía en informes de lectura que hacía para todos los sellos de aquel grupo editorial. En el momento de encargarme el primero, alguien me puso en las manos un volumen de tapas azules que la editorial Península había publicado dos años antes: *Noticias de libros*, de Gabriel Ferrater. «Algo así es lo que hay que hacer», recuerdo que me dijeron. Y algo así es lo que hice, o traté de hacer, durante varios meses de oficios múltiples.

Noticias de libros recopilaba todos los informes de lectura que Ferrater, de quien yo no sabía nada por entonces, había escrito en tiempos dispersos de su dispersa vida: para Seix Barral en dos épocas distintas y, entre ellas, para la editorial alemana Rowohlt. Eran textos breves cuya misión era recomendar —o, más a menudo, lo contrario— la publicación de un libro, pero su inteligencia pavorosa, su escritura precisa, su cultura abarcadora y su sentido del humor los convertía en otra cosa: leer esos informes olvidados entre papeles viejos era como frecuentar un amigo que es al mismo tiempo buen lector y buen conversador, y que se toma los libros con la seriedad de los que saben que en esto de la literatura les va la vida y al mismo tiempo desbarata de un plumazo cualquier asomo de solemnidad. Su intransigencia es un espectáculo. De un autor dice: «No es bestia del todo, pero el hombre es dogmático». De otro, un hombre de la Alemania Democrática que se ha pasado a la Federal: «No sabe desembarazarse de la maña conciencia. El libro quiere digerir el teatro del absurdo con los jugos gástricos de san Lukács, y el resultado es que el autor tiene una apreciable úlcera de estómago, y quiere transferírsela al lector».

Uno de los documentos más bellos del volumen es la carta que Ferrater le escribe a Jaime Salinas, que desde Alianza Editorial le ha pedido su opinión sobre ciertas traducciones de Dashiell Hammett. La carta me hizo pensar en Julio Cortázar, cuya correspondencia tiene el mismo efecto: uno quiere estar ahí, uno quiere que este hombre siga hablando de cualquier cosa, porque de todo habla con gracia, con un tono de intimidad y a la vez ironía constante que es un regalo para el destinatario. Ferrater le da a Salinas su opinión sobre las novelas de Hammett —la que más le gusta es *Cosecha roja* y en segundo lugar viene *El halcón maltés*— y luego le dice: «Pero si lo que te interesa es el juicio sobre las traducciones: todas son malas, pero los curas ya enseñan que el pecado tiene graduaciones». Y cuando le explica sus razones, libro por libro, se nos abre una ventana hacia un hombre de rigor, cultura y una rara forma de la elegancia, un hombre que tuvo que ser una compañía deliciosa cuando sus demonios no lo hacían insoportable. Siempre quise saber más de él.

Ahora he podido hacerlo, después de tantos años, gracias al libro bellísimo que Jordi Amat publicó hace unos meses: en abril, para ser precisos, sin duda con la intención de hacerlo coincidir con el suicidio de Ferrater. El día 27 de ese mes, hace exactamente medio siglo, Ferrater subió las escaleras de su edificio hasta su piso de la cuarta planta, donde tenía unos estantes con pocos libros y un escritorio que le había regalado José María Valverde, se puso una bolsa en la cabeza, la ató con una cinta y se dejó morir de asfixia. Amat escribe: «Quizás bebe. Quizás toma pastillas para dormir». Y hay algo conmovedor en estas palabras, como si el biógrafo se compadeciera de su biografiado, como si Amat, en el momento de escribir la escena del suicidio, le hubiera deseado a Ferrater una muerte indolora: como si para Amat fuera importante imaginarla así, a pesar de no tener ninguna prueba de que así fuera. El título del libro, *Vencer el miedo*, sale de una carta que le escribió a Gabriel su hermano, Joan Ferraté: «El miedo no se deja vencer, porque es la otra cara de todas nuestras afirmaciones, y sobre todo de las más profundas y esenciales: vencer el miedo sería quizás lo mismo que suicidarse».

Vencer el miedo es un libro extraño, porque es una biografía rigurosa pero además el testimonio melancólico de un conocimiento imposible; un trabajo de dedicación (dedicación de biógrafo, sí), pero además el resultado de una curiosidad especial, la persecución obsesiva de una figura escurridiza. «Demasiadas veces Ferrater te resbala entre las manos», dice Amat que decía José María Castellet. El libro está construido a partir de cartas y documentos y diarios que jamás habían salido a la luz, y también a partir de azares y complicidades y entrevistas y encuentros, pero lo que lo mantiene en pie es el misterio inasible de la figura de Ferrater, o el intento de Amat por develar ese misterio. Eso es lo que quiere *Vencer el miedo*: saber quién fue este hombre, pero saberlo, si así puedo decirlo, desde dentro: más que reconstruir su vida, lo que hace Amat es interpretarlo. Amat recuerda en su nota de autor sus propios estudios de la «nueva biografía», y habla de Stefan Zweig y de Lytton Strachey, pero yo me pregunto si aquí no hay algo de *En busca de Corvo*, de A. J. A. Symons: se trata de perseguir una vida para averiguar de qué se trató, para iluminar su misterio.

El libro de Amat es una indagación sobre el mito de Ferrater, y al mismo tiempo lo desbarata y lo vuelve a armar. Aquí está la importancia de las mujeres en su vida, que eran, con la literatura, la otra fuerza que le permitía seguir vivo. Aquí está ese lector que lo tiene todo en la cabeza y que es incapaz de leer de manera convencional, siempre entrando en los grandes libros por puertas impredecibles, siempre sacando de ellos algo inesperado. Aquí está el retrato de una generación, de una clase y de una ciudad que moldearon la cultura de su momento, incluida, por vías impredecibles, la latinoamericana. Y aquí he encontrado, en fin, la construcción o la anatomía del poeta extraordinario cuyas *Mujeres y días* leí yo —en la edición bilingüe de Seix Barral, publicada ahora hace veinte años— con la sensación de que mucho me habría servido leerlo años antes, en momentos más difíciles. En eso también es fantástico Amat: en trazar las formas en que la literatura era para Ferrater un refugio y un rescate y una manera de sobrevivir, como lo fue para mí desde mi llegada a Barcelona en 1999. Leer esta vida contada e interpretada y escrutada me ha recordado esos años de traducciones e informes de lectura, cuando intentaba encontrar mi lugar en esa ciudad de la que me fui hace ya diez años, pero de la cual, en muchos sentidos, no me he ido nunca.

Testigo de nuestra guerra
20 de octubre de 2022

En mayo de 1992, durante una de las épocas más duras de esta guerra que no las ha tenido distintas, Jesús Abad Colorado llegó a Dabeiba y le tomó una foto a un tablero de clase. La zona estaba sacudida todavía por la última masacre, que la guerrilla de las Farc había cometido en la carretera que va de Medellín a Urabá: había tratado de tomarse el pueblo de Alto Bonito, pero sin éxito, y acabó emboscando a una patrulla del ejército en la entrada del cañón de La Llorona. Los cuerpos de las víctimas, catorce soldados, quedaron allí, a la entrada del cañón, frente a la escuela rural. Y hasta allí llegó Jesús, un joven fotoperiodista de *El Colombiano*, que avanzó entre casas donde los indígenas y los campesinos habían improvisado banderas blancas. «Sólo queremos la paz y trabajar en nuestros campos», dice Jesús que decían ellos. «Pero la violencia no nos deja». Dice Jesús que se acercó a la escuela temblando, porque era su primer encuentro con la guerra, y que vio, al asomarse por una ventana, el tablero donde quedaban las palabras de la última clase: era la historia de Caín y Abel.

Treinta años después, Jesús Abad Colorado se ha convertido en uno de los cronistas imprescindibles de esta guerra nuestra que cambia y se reencarna pero se resiste a irse del todo, por más esfuerzos que hagamos. La guerra que ha visto Jesús en todas partes, recorriendo el país a pie y dejándose muchas veces la salud (o una rodilla) por el camino, ha tomado formas diversas a lo largo del tiempo, pero esta forma le ha parecido la más notoria: es un conflicto fratricida. Y es verdad, porque la guerra colombiana se hace con guerrilleros que se vuelven soldados, soldados que se vuelven paramilitares, paramilitares que se vuelven guerrilleros, y no es infrecuente encontrar, en las historias tristes de estos años, familias en las que un hijo se va a un bando y otro, al bando opuesto. Y en medio de los ejércitos y de las violencias quedan las víctimas llorando a sus muertos, a veces enterrándolos (ya es un privilegio) y a veces esperando a que reaparezcan sus cuerpos; a veces lamentándose entre los escombros de una iglesia destruida o de un pueblo entero, y a veces acompañando los cuerpos sin vida con una actitud que puede ser de dignidad, pero también de lamentable costumbre.

Dice Jesús que esa foto del tablero, de la historia bíblica de Caín y Abel que se quedó colgando allí después de clase como una metáfora demasiado evidente, es, para todos los efectos prácticos, su comienzo como fotógrafo del conflicto. Desde entonces ha cruzado el país de un lado al otro y ha tomado fotos en las ciudades y en los pueblos y en el campo, construyendo con los años un archivo que ya no se puede distinguir de nuestra memoria. O mejor: que es un lugar de memoria. Las fotos de Jesús están allí para que no olvidemos. Nos han servido a los colombianos (a los que hemos querido verlas, en todo caso: hay muchos que todavía se ponen orejeras) para enterarnos mejor de las caras de la guerra, de sus aristas y sus rincones, de todo lo que la vuelve insoportable e inadmisible e inmoral, y que va mucho más allá de las estadísticas, los noticieros de la noche y la propaganda política. Las fotos de Jesús chocan e incomodan a muchos porque nos ponen frente a frente con nuestra propia crueldad, o, por lo menos, con esta pregunta molesta: ¿cómo la hemos tolerado tanto tiempo?

Así es: éstas son las preguntas que nos hacen las fotos de Jesús. ¿Qué dice de nosotros que estas cosas estuvieran pasando mientras mirábamos para otro lado, o mientras felicitábamos algunas violencias al mismo tiempo que lamentábamos otras? ¿Quiénes somos si nos parece que algunas víctimas son más dignas de nuestra compasión que otras, o si justificamos o negamos de plano el sufrimiento de tantos? Esto último es importante: pues una de las virtudes del trabajo de Jesús es darles carta de identidad a personas que de otra manera no existirían en el relato de nuestra guerra, y a violencias cuya existencia misma muchos han desconocido o, en buen colombiano, ninguneado. Como cualquiera que haya pasado algún tiempo con Jesús, a mí me ha deslumbrado la precisión de su memoria, que no sólo cuenta las historias de cada una de las personas que ha fotografiado durante treinta años, sino que en muchos casos ha seguido en contacto con ellas, a veces volviendo a visitarlas y a veces por teléfono o por mensajes de texto. Y uno se pregunta si no tiene límites su capacidad para recibir y acoger el sufrimiento de los otros, si no estará poniendo en riesgo su propia cordura. A veces tengo la impresión de que Jesús ha visto en directo la guerra para darnos a los demás el lujo de verla en diferido. Todo eso ha quedado, como lo sabrán acaso los lectores, en una exposición cuyo título no podía ser más apropiado: *El testigo*. Esas fotos llevan unos cuatro años en el claustro de San Agustín, en el centro bogotano, expuestas bajo la curaduría —inteligente, informada, cuidadosa— de María Belén Sáez de Ibarra. De allí han saltado a un documental bellísimo de Kate Horne (que comienza con la historia del tablero y lleva ese subtítulo: *Caín y Abel*) y ahora se acaba de convertir en libro sin perder el nombre. *El testigo* es un libro publicado en cuatro tomos, como cuatro salas tuvo la exposición, y en él María Belén Sáez de Ibarra vuelve a ser la fuerza organizadora, la presencia que le pone orden al universo difícil de las fotos y la experiencia de Jesús. Aquí están las imágenes que ya se han vuelto parte de la retina de los colombianos: aquí está el brazo de la mujer marcado con la sigla de las AUC, igual que están las siglas en el flanco afeitado de un perro; aquí está la mujer en medio de las ruinas de la iglesia de Bojayá, destruida por la guerrilla; aquí están, por fin, las fotos de la operación Orión. Aquí está todo.

Yo llevo un par de semanas recorriendo estas páginas con tanto espanto como gratitud. Y no sólo por las imágenes, sino por las palabras que las cruzan, las acompañan y las explican. En su introducción, María Belén Sáez de Ibarra usa varias veces la figura que tantos hemos usado para hablar de esta guerra: la del espejo roto en el cual nos estamos mirando. Pero añade algo imprescindible: el espejo roto significa también que no se puede capturar esta guerra, ni su verdad profunda, desde un solo punto de vista. Es una realidad astillada, fragmentada, incompleta, y hay que reconstruirla como podamos, porque no hay otra manera de lidiar con ella. Sobre las imágenes del dolor de tantos, dice Jesús en el libro: «Aquí las registré y las documenté para que nadie pueda decir después que no supo lo que ocurrió». Y claro, habrá quienes encuentren de todas formas la manera de decirlo: de decir que no ocurrió lo que ha ocurrido. Pero nos quedan las fotos del testigo para desmentirlos.

Hans Holbein y el cambio climático
23 de noviembre de 2022

De paso por la National Gallery de Londres, a finales de octubre pasado, me detuve un buen rato frente a *Los embajadores*, el cuadro de Hans Holbein el Joven, y lo hice con cierta melancolía inevitable y también con algo de desconsuelo. Seguramente ustedes recuerden la pintura: es el retrato de tamaño real de dos hombres que flanquean una mesa atiborrada de objetos, todos ellos cargados de simbolismo, todos hablándonos de cosas que no están dentro del marco. Uno de los hombres, el de nuestra izquierda, lleva ropas seculares (ropas de ciudadano, por así decirlo); el otro viste traje clerical, y esa oposición entre las autoridades laicas y las religiosas es una de las muchas formas de leer el cuadro. Entre los hombres, en los dos niveles de la mesa, todos los objetos parecen hablar de conflicto: un libro de aritmética abierto en la página de las divisiones; un laúd con una cuerda rota. Y no es inútil saber que el cuadro se pintó en 1533, año en que Enrique VIII, que había logrado divorciarse de Catalina de Aragón a pesar de la prohibición papal, se casó con Ana Bolena y sacudió para siempre la política europea. Esa convulsión está por todas partes en la pintura de Holbein.

Cuando la National Gallery la adquirió, en 1890, nadie sabía quiénes eran sus dos personajes. Los historiadores del arte nos han enseñado con el tiempo que el hombre de la izquierda era Jean de Dinteville, embajador de Francia ante la corte de Enrique VIII, y que el otro, el arzobispo de Lavour, había llegado de visita en la primavera, tal vez en misión secreta, enviado por el rey francés para ver qué estaba pasando con el cisma fatal entre Inglaterra y la Iglesia católica. Es posible que Holbein haya pintado el cuadro por encargo de Ana Bolena, que quizá se lo dio como regalo al embajador Dinteville; si eso fuera cierto, es conmovedor pensar en esa reina joven, que en el momento del encargo estaría embarazada de una niña, Isabel I, y tres años más tarde moriría decapitada. Pero nada de esto aparece en la pintura. Lo que sí aparece, en cambio, es una meditación intensa sobre los seres humanos, y uno puede pasarse horas enteras escudriñando los objetos de la mesa, que miden el firmamento y los cuerpos celestiales (los de arriba) o aluden al estudio de la vida terrenal (los de abajo). Todo es parte de la misma conversación humanista: Holbein fue, después de todo, retratista de Erasmo de Róterdam.

Pero entonces la mirada sigue bajando y se encuentra con una figura extrañísima. Parece no pertenecer a la escena de la pintura, y sabemos que los primeros curadores de la galería la tomaron por un hueso de pescado, inexplicablemente puesto en primer plano por el artista. Alguien descubrió entonces que la figura era una distorsión, y que para verla correctamente había que situarse a la derecha del cuadro, con la mirada casi pegada al marco, pues entonces la perspectiva corrige las proporciones y el hueso de pescado se convierte en una calavera perfecta: un *memento mori*, símbolo de humildad ante la muerte que nos espera a todos a pesar de nuestro poder o nuestras riquezas. Esas calaveras son frecuentes en la pintura renacentista, pero hay que preguntarse por qué decidió Holbein pintar así la suya: la anamorfosis, que así se llama esta técnica, era inmensamente difícil de aprender (en el Renacimiento se publicó por lo menos un libro al respecto) y todavía más difícil de ejecutar convincentemente, y no descarto que Holbein estuviera simplemente exhibiendo su talento o su virtuosismo. No se lo reprocharía, en todo caso: admirar ese virtuosismo, ese talento, es uno de los placeres que da *Los embajadores*.

Me puse del lado derecho de la pintura, pegué la cara a la pared y vi la calavera. Y pensé: tal vez sea una de las últimas veces que lo haga. Tal vez en el futuro esto ya no se pueda: ni acercarse tanto al cuadro, ni mirarlo sin que algo —un vidrio de protección, por ejemplo— nos impida ver la imagen.

Porque en una de las salas vecinas, a pocos pasos de allí, estaban *Los girasoles* de Van Gogh que un par de adolescentes confundidas, tratando de reclamarles a nuestros gobiernos la cesación de las explotaciones petrolíferas, atacaron con sopa de tomate hace poco más de un mes. Era un ataque simbólico, por supuesto, porque el cuadro estaba protegido por una lámina de vidrio, como protegido estaba el cuadro de Monet que otros activistas atacaron con puré de patatas, o el de Klimt —*Muerte y vida*—, en cuyo ataque se usó una especie de falso petróleo. Nadie entiende, ni siquiera los autores de estas gamberradas vulgares, qué relación pueda haber entre amenazar obras de arte y la defensa del planeta, y desde luego nadie con dos dedos de frente cree que los gobiernos vayan a dejar de extraer gas o petróleo porque unos desnortados amenazan con destruir un objeto cuya importancia, evidentemente, no reconocen o intuyen.

Las chicas de la sopa de tomate gritaban frente al cuadro de Van Gogh: «¿Qué importa más, el arte o la vida?». La pregunta es francamente tonta, no sólo porque sea una falsa disyuntiva, sino porque tenemos al alcance de la mano disyuntivas reales que sí deberían ser parte de nuestras conversaciones: vida o enriquecimiento, crecimiento o supervivencia, decrecimiento o catástrofe. De estos problemas se habló tal vez en las mesas de la COP27; y, si bien los acuerdos que allí se lograron están lejos de ser suficientes, yo tengo por cierto que no se dieron gracias a las fotos en Twitter de una obra de arte embadurnada por un par de narcisistas, cuyas buenas intenciones pueden ustedes elogiar si quieren, pero no las distinguirán fácilmente de un sentimiento de superioridad moral que es muy de nuestro tiempo: nuestro tiempo de redes sociales y constante postureo ético.

Y uno tiene que preguntarse —se lo están preguntando los curadores de los museos de todo el mundo— en qué momento los ataques simbólicos a cuadros que se saben protegidos pasarán por el escalamiento predecible: porque es parte de la naturaleza humana subirle al dial de la violencia a medida que avanzamos, sobre todo si algún fanático cree que no se ha logrado lo perseguido. Eso es lo que me pregunto: en qué momento comenzarán los activistas a atacar obras desprotegidas, como aquel loco de hace medio siglo que le rompió la nariz y un ojo a la *Piedad* de Miguel Ángel. En ese momento los cuadros y las esculturas empezarán a cubrirse con más y más protecciones, y a los visitantes de los museos se les prohibirá acercarse para apreciar, de la única forma posible, la calavera anamórfica de un virtuoso, o las pinceladas que construyen un tejido, o el uso de un blanco sobre otro blanco para hacer sombras en una ola de mar, o la meticulosidad con que un artista (un Van Gogh, un Monet) ha mirado sus girasoles o sus almiares después de la cosecha.

Eso es acaso lo más paradójico de estos ataques: que nadie mira el mundo, este mundo que queremos proteger y tal vez salvar de su propia destrucción, con la atención y la dedicación de un artista. Y la consecuencia de estos ataques puede ser el daño de las obras donde ha quedado esa mirada, pero también la prohibición, que lamentaremos muchos, de ver mejor el mundo cuya destrucción tememos.

La despedida de Joan Manuel Serrat
21 de diciembre de 2022

De manera que Joan Manuel Serrat se retira de los escenarios. Entre hoy y mañana dará sus dos últimos conciertos, y lo hará en Barcelona, la ciudad donde empezó a cantar en público en 1965. En estos 57 años nos ha enseñado a hablar del amor y del desamor y de todo lo que hay en medio, poniendo nombre a nuestras emociones como lo hacen los poetas de verdad, y, si es cierto que nos ha mostrado las virtudes de algo que sólo se puede llamar compromiso, también lo es que lo ha hecho sin estridencias ni postureos, y ésta es una virtud incluso más escasa. Hace unos días, en el portal colombiano *Los Danieles*, habló de la dificultad que entrañarán previsiblemente esos conciertos. «Dos horas y media de música, tratando de controlar emociones que no son las de un acto determinado, sino que forman parte de toda una vida», dijo. «Un rosario de recuerdos que irán pasando por mi cabeza en tanto vayan avanzando las canciones». En esto, por lo menos, habrá algo de justicia: porque lo mismo les pasará a los asistentes.

Así es: las canciones de Serrat forman parte de la educación sentimental —es decir, del rosario de recuerdos— de tres generaciones, y esto no es algo que se pueda decir de muchos. La longevidad de un artista no es una bondad en sí misma, desde luego, y más de una vez hemos visto que se convierte en una losa: la bondad o el talento están más bien en lo que se haga con ella. Y Serrat no se retira por quebrantos de salud, ni porque se le haya extraviado el arte, ni porque el público haya comenzado a mirar para otro lado. La última vez que lo vi en un escenario, en mayo pasado, despidiéndose en Bogotá frente a diez mil personas, no fue diferente en su esencia de la primera, más de veinte años atrás, cuando subió a nuestros 2.600 metros de altura para contarnos a los bogotanos que él era catalán, que hablaba catalán como hablaba español, y que ahora, después de cantarnos unas canciones en español, nos iba a cantar una en catalán: y enseguida nos descerrajó *Paraules d'amor*, que yo tengo por una de las maravillas de su trayectoria, y nos hizo llorar un llanto bilingüe.

No, los dos momentos no fueron en esencia distintos. El escritor colombiano Sandro Romero Rey lo dijo bien después de esta despedida de mayo: en el escenario estaba Serrat, diciendo adiós durante dos horas y quince minutos, «con veinticinco canciones que los miles de espectadores nos sabíamos de memoria pero que le dejábamos cantar para que se sintiera un héroe, que lo era, para que nos ayudara a morir tranquilos a nosotros, sus feligreses sin tiempo». En otras palabras: allí, en el escenario donde canta Serrat, seguía existiendo todo lo que vamos a ver quienes vamos a verlo. ¿Por qué, entonces, se retira de los escenarios? Me temo que la verdad verdadera sólo la sabrá él mismo, aunque yo puedo aventurar una respuesta: Serrat toma esta decisión por rebeldía, que es la misma razón por la que ha hecho tantas cosas. En otras palabras, la toma para que nada ni nadie —ninguna de esas fuerzas que actúan sobre nosotros, algunas que controlamos y otras incontrolables— la tome por él. ¿Y quién le va a decir que no tiene razón?

Lo bueno de las despedidas, y acaso lo único bueno de las que son como ésta, es que ponen las cosas en su lugar: nos permiten ver el arco de una vida, y así entender mejor lo que esa vida cuenta. Para su público español, espero yo, el relato estará claro, porque ha sido muy visible durante muchos años, pero a partir de ahora podrá verse sin la interferencia molesta de las distorsiones y los malentendidos que siempre se presentan cuando un artista asume posiciones políticas, o cuando no las rehúye porque entiende que no son políticas, sino éticas. Las canciones de Serrat formaron la identidad de una generación que en los últimos años del franquismo trataba de encontrar su lugar en el mundo, su relación con la posguerra y el lenguaje para nombrarla. En esas letras —en la alternancia natural entre el catalán y el castellano, en el retrato de cuerpo entero de unos orígenes y unas querencias, en la revelación de que la ciudadanía también se hace de emociones privadas— Serrat dio a los españoles un vocabulario y una actitud para estar en la transformación del país. Y, de paso, nos reveló ese país a los que estábamos del otro lado del mar.

La relación de América Latina con Serrat no se ha contado entera, que yo sepa, pero habrá que hacerlo pronto. Habría que contar, por ejemplo, los nueve meses que pasó exiliado en México: Serrat había condenado los últimos fusilamientos franquistas, el franquismo había respondido con orden de búsqueda y captura, y Serrat, que no podía volver a España ni era bienvenido en otras dictaduras de aquella América militarizada, emprendió la gira más larga que ha hecho jamás en un solo país, de Tijuana a Cancún, metido con su banda en un bus apodado La Gordita. Habría que contar sus conciertos en Buenos Aires, por los años en que moría de muerte demasiado lenta el Proceso de Reorganización Nacional, cuando los argentinos lo adoptaron —a él, que había pasado meses encerrado en casas de otras gentes para que no lo matara la extrema derecha española— como una de las voces más queridas de la libertad que se venía. Igual que Sabina, igual que Víctor Manuel y Ana Belén, Serrat lleva ya muchas décadas viviendo con una parte de sus emociones en América Latina y entendiendo los destinos diversos de ese continente.

Y nosotros, los latinoamericanos que hemos entendido a Cataluña y a España con su música, también habremos de contar nuestra historia. Cada uno tiene su propio álbum de fotos, por supuesto. Yo llegué a Serrat con la tardanza de mis veinte años, pero me había enterado de su existencia mucho antes, no sólo porque alguna de sus canciones sonaba en mi casa, sino porque su nombre aparecía en una de mis fuentes de conocimiento más respetadas: las tiras cómicas de Quino. «¿Por qué no Joan Manuel Serrat presidente?», pregunta Susanita en una viñeta. «Pobre flaco», le contesta Mafalda. «¿Qué mal te ha hecho?». En el verano de 1998, ya con la idea fija de mudarme a Barcelona en cuanto me lo permitiera la vida, pasé unos pocos días en un hotel barato de la calle Poeta Cabanyes, y supersticiosamente me gustó enterarme de que aquél era el barrio de Serrat. Y años después, cuando Calella de Palafrugell se convirtió por razones de amistad en uno de mis lugares predilectos en el mundo, no me incomodó saber que allí se había escrito —por lo menos en parte, por lo menos según una de las versiones— esa biografía de todos que es *Mediterráneo*.

Biografía de todos, digo, y pienso que así es. Las canciones de Serrat están terminadas y son definitivas en cierto sentido, pero también son borradores sobre los cuales los demás hemos proyectado nuestras propias historias de vida. Ahora él se retira de los escenarios y no volverá a cantarlas en público, pero las canciones quedan, y, con el permiso de Serrat o con su anuencia, los que hemos vivido en ellas las seguiremos escribiendo, así como las seguirán escribiendo los que vendrán después.

El colonialismo y sus alrededores
4 de enero de 2023

En las primeras páginas de *A orillas del mar*, la novela de Abdulrazak Gurnah que leo por estos días con admiración y retraso, uno de los narradores medita sobre la relación que su país africano tuvo con los colonizadores británicos. Recuerda la educación de su niñez, recibida en la lengua de los colonizadores, y recuerda la impresión confusa que esa educación le produjo. Era, nos dice, algo parecido a la admiración por los colonizadores, que habían llegado con tanta seguridad a estas tierras para hacer en ellas cosas importantes que los colonizados ignoraban: curar enfermedades, por ejemplo, o volar aviones. Pero luego piensa que *admiración* no es la palabra. Lo que sentía —lo que sentían los niños como él, educados en ese sistema— era más parecido a una concesión. ¿Y qué era lo que les concedían los locales a los colonizadores? Control, dice el hombre: control sobre sus vidas materiales, pero también sobre sus mentes. Y luego vienen estas líneas maravillosas, que me voy a permitir citar sin recortarlas, porque cada palabra importa:

En sus libros [en los libros de los colonizadores, se entiende] leí relatos poco halagüeños de mi historia, y, como eran poco halagüeños, parecían más verdaderos que las historias que nos contábamos a nosotros mismos. Leí sobre las enfermedades que nos atormentaban, sobre el futuro que nos aguardaba, sobre el mundo en que vivíamos y nuestro lugar en él. Era como si nos hubieran rehecho, y de una forma que ya no nos quedaba más remedio que aceptar, tan completa y ajustada era la historia que contaban sobre nosotros. No creo que nos la contaran cínicamente, pues me parece que ellos también la creían. Era la manera en que nos entendían y se entendían a sí mismos, y en la abrumadora realidad con la que vivíamos había poco que nos permitiera contradecirla, por lo menos mientras la historia tuviera novedad y no fuera cuestionada.

A orillas del mar se publicó en 2001; en los años que han pasado desde entonces, no creo haber leído una descripción más lúcida de los efectos invisibles del colonialismo. Los otros efectos, los visibles, son bien conocidos de todos, y suelen aparecer con frecuencia en los diarios, tomando casi siempre la forma de hechos violentos o, en todo caso, de sufrimiento humano; pero esto que describe el personaje de Gurnah, la lenta imposición a una sociedad de una historia que no es la suya, es el equivalente sociopolítico de un lavado de cerebro, la conquista de un territorio que es, en últimas, mucho más valioso que el territorio geográfico de un país: el territorio mental. Todos los poderes terrenales que en el mundo han sido han perseguido ese premio, y cualquiera que haya leído a George Orwell sabe bien que, entre muchas otras cosas, eso es el poder político: la capacidad de imponer un relato determinado a una sociedad. Cuando la sociedad compra el relato, cuando lo hace suyo y empieza a vivir en él y a través de él se entiende a sí misma, el poderoso puede decir que ha triunfado.

El colonialismo no es distinto en eso de cualquiera de los otros ismos que nos han tratado de moldear las vidas en los últimos tiempos. Es lo que han hecho los totalitarismos: pienso en el fascista y el comunista, aunque alguno me dirá seguramente que el colonialismo es, en sí, una forma totalitaria (y no le faltaría razón, aunque esta es una conversación más compleja). De cualquier manera, esto me parece evidente: montar una historia sobre el futuro que nos aguarda, rehacernos de una forma que no nos queda más remedio que aceptar, es lo que busca todo el que aspire a dominar una sociedad. Si hubiera que escoger una razón por la cual los novelistas y los poetas son perseguidos, censurados y a veces asesinados por esos poderes, ésta me parece la más evidente: la literatura es incómoda porque siempre está rebelándose contra los relatos impuestos, introduciendo el disenso, dando una versión de la historia común que es discordante o insumisa, impidiendo con su mera existencia el asentamiento de una historia única o monolítica. «Eso que usted está contando es falso, o incompleto, o tendencioso», dice la literatura. «Las cosas no ocurrieron así, o también ocurrieron de otra forma, o habrían podido ocurrir de otra forma, y nuestra historia queda incompleta si esa forma no se cuenta».

Esto, claro, es terriblemente molesto, por lo menos para el autoritario de turno. Para usar nuevamente las palabras afortunadas de Abdulrazak Gurnah, o de su narrador en su novela: lo que ha hecho siempre la literatura (o, por lo menos, la literatura que me interesa), es buscar, en la abrumadora realidad en que vivimos, lo que nos permite contradecir la historia que algo o alguien trata de imponernos, la historia que se va imponiendo mientras no sea cuestionada. Pero el asunto no tiene que ser solamente político. Theodor Adorno señaló en alguna parte que uno de los rasgos distintivos de un fascista es una profunda aversión a la introspección, o a todos los que invitan a la introspección: por supuesto, la identificación de grupo no puede funcionar si los miembros del grupo están mirando hacia dentro, si no están participando en el relato colectivo o no lo compran o no le creen, si se declaran agnósticos o desinteresados o meramente escépticos. Por el hecho mismo de invitar al ciudadano a volverse individuo privado, a dejar el gregarismo y encerrarse en los mundos que lleva dentro, la literatura de imaginación se vuelve subversiva.

Hace casi cincuenta años, Gabriel García Márquez y Mario Vargas Llosa tuvieron en Lima una conversación sin desperdicio. (En realidad fueron dos conversaciones en días seguidos, y se han publicado recientemente en forma de libro con el título *Dos soledades: un diálogo sobre la novela en América Latina*). Allí comenta García Márquez que no conoce ninguna literatura genuina que sirva para exaltar valores establecidos. Y, a pesar de que se me ocurra el ejemplo de la literatura de Rudyard Kipling, que es al mismo tiempo un escritor genuino y un colonialista redomado, yo entiendo bien lo que dice; y además tengo por cierto que ésta es una de las deudas que los latinoamericanos tenemos con los dos novelistas allí sentados, y con otros que van de Alejo Carpentier a Carlos Fuentes, de Guillermo Cabrera Infante a Ricardo Piglia: sus novelas hicieron saltar por los aires la noción misma de historia única, y nos dejaron tras su paso un continente múltiple e inabarcable, de pasado ambiguo y presentes inasibles, de cuya realidad abrumadora tantos siguen tratando de apropiarse. Y ahí vamos los novelistas, tratando de cubrir el continente con historias.

De manera que la novela de Gurnah, que habla sobre todo del colonialismo, puede servir para hablar también de otras cosas muy distintas. Pues todos los ciudadanos de todas las sociedades vivimos en tensión con lo que podemos llamar nuestros narradores: las fuerzas que compiten constantemente por contar la historia que gane, la historia que se imponga. Esos narradores pueden ser instituciones políticas como el Estado o fenómenos históricos como los ismos, pueden ser religiones organizadas (grandes y exitosas narradoras) pero también tendencias culturales, pues nada mueve tanto los relatos de nuestro mundo contemporáneo como la exaltación de las identidades. Sea como sea, más nos vale a los ciudadanos estar vigilantes: contradecir, cuestionar, disentir. Que siempre hay allá fuera alguien decidido a colonizarnos las cabezas.

En el regreso de Salman Rushdie
15 de febrero de 2023

En las imágenes que ha publicado la prensa en los últimos días —una foto de la revista *The New Yorker*, una ilustración en *El País*—, Salman Rushdie lleva unas gafas parecidas a las que ha llevado durante años, pero uno de los lentes, el del ojo derecho, es negro. Las imágenes han aparecido a propósito de *Ciudad Victoria*, la novela que Rushdie terminó de corregir en julio del año pasado; tres semanas después, cuando se aprestaba a tener una conversación pública en apoyo de los escritores refugiados del mundo entero, un fanático islamista vestido de negro subió al escenario y lo atacó a cuchilladas. Como consecuencia del ataque, Rushdie perdió el ojo derecho y el uso parcial de una mano, y en su cara y en su cuello quedaron cicatrices que todavía son visibles; y las nuevas imágenes se han convertido entonces, por lo menos para mí, en un terco memorando de lo que pasó en agosto, pero también en un testimonio conmovedor de la asombrosa resistencia del hombre.

Aquí está Rushdie, seis meses después de la agresión que casi lo mata, dispuesto a seguir siendo novelista: dispuesto a que nada, ni siquiera la violencia irracional que le ha descarrilado la vida, le quite ese derecho. Todos conocen las líneas generales de esta vida tan extraña que le han obligado a llevar las fuerzas más oscuras de nuestro tiempo. Todos saben que publicó en 1988 una novela llamada *Los versos satánicos*, que el ayatolá Jomeini lo condenó a muerte por blasfemo, que se vio obligado a pasar más de una década escondiéndose del mundo para que los fanáticos no lo mataran y que a partir de cierto momento decidió que no se escondería más. La primera vez que hablé con él sobre un escenario, en la primavera de 2009, fue para presentar en una biblioteca de Barcelona su novela *La encantadora de Florencia*, y lo que más recuerdo —aparte de la llegada al lugar en una furgoneta blindada con escoltas armados— es la expresión de testarudez con la que se negó a ponerse un chaleco antibalas como el que llevaba la gente de prensa de la editorial. Eran sus esfuerzos por recuperar la normalidad que la amenaza persistente le había robado, y los llevaba a cabo tratando al mismo tiempo de que sus acompañantes no pasaran por más incomodidades de las necesarias.

Pero todo esto era lo visible: detrás de la anécdota había una historia más compleja. Rushdie la dejó por escrito en *Joseph Anton*, un libro valeroso y lúcido que debería leer cualquiera para apreciar debidamente la magnitud del atentado de agosto. Son las memorias de los años de la fetua, contadas a partir de ese documento que nos debería causar escalofríos de espanto y que muchos, sin embargo, toleraron o justificaron: «Informo a los orgullosos musulmanes del mundo que el autor del libro de *Los versos satánicos*, que va contra el Islam, el Profeta y el Corán, y todos los involucrados en su publicación que hayan estado conscientes de su contenido, son sentenciados a muerte». El título de las memorias es el pseudónimo que Rushdie escogió para llevar su vida clandestina, una composición hecha con los nombres de pila de Joseph Conrad y Anton Chéjov: en palabras de Rushdie, «el creador de agentes secretos en un mundo de asesinos» y el «maestro de la soledad y la melancolía».

La voz que cuenta el libro es uno de sus rasgos más sorprendentes. Es una tercera persona que habla del protagonista como si fuera distinto del autor, como si Rushdie hubiera querido, mediante ese recurso sencillo, evitar cualquier tono de victimismo o de queja, o atenuarlo por lo menos. Pero que no haya queja no quiere decir que no haya cierta melancolía: por la debilidad humana, la de los individuos y también la de las sociedades, y por la frecuencia con la que tanta gente digna de mayor perspicacia no estuvo a la altura de los acontecimientos. Leer *Joseph Anton* es lamentarse durante casi setecientas páginas de nuestra miopía, nuestra pusilanimidad y nuestra incapacidad de apoyar a un hombre condenado a muerte por escribir un libro. El arzobispo de Canterbury, por ejemplo, pidió que fuéramos «más tolerantes con la ira musulmana»; para demasiados de sus colegas, Rushdie «se la buscó», o «juzgó mal a la gente» y por lo tanto era responsable de su propia tragedia; para otros, era simplemente un oportunista que había encontrado una manera nueva de hacerse publicidad.

Rushdie se vio enfrentado a esta paradoja: estaba escondido para que no lo mataran, pero el hecho de que no lo mataran, por algún giro extraño de la mente, se convirtió en la prueba incontrovertible de que nadie quería matarlo. Y el mundo lo juzgaba por ello. En los tabloides británicos, pero también en la prensa seria, se le criticaba por exhibicionista, por tener guardaespaldas como si fuera un rey, por su supuesta arrogancia que se daba por cierta sin más pruebas que los rumores más frívolos o las antipatías de un periodista. Hay un momento fascinante en que Rushdie, que tiene los párpados caídos por un rasgo genético hereditario e inevitable, se los opera simplemente para volver a ver con normalidad, y se da cuenta de que han sido siempre parte del problema: la expresión de su mirada de párpados caídos lo volvía antipático para mucha gente, o daba la impresión de arrogancia. Rushdie, una de las personas más afables que conozco, descubrió que luchaba contra un enemigo imposible: «La idea de que no era un hombre muy agradable», escribe, «iba a resultar muy perjudicial».

El cantante Cat Stevens, convertido al islam, aparece en televisión para desearle la muerte y declararse dispuesto a llamar a los comandos de asesinos si llegaba a enterarse de su ubicación. El novelista John Le Carré, cuyas novelas he admirado por su clarividencia moral, declara que nadie tiene derecho a «ser impertinente con las grandes religiones de manera impune», y que Rushdie debería «retirar sus libros hasta que lleguen tiempos más tranquilos». Y en este paisaje de infelicidades y decepciones, los que se atrevieron a defender a Rushdie parecen defensores de algo mucho más grande. Lo cual eran, sin duda: Mario Vargas Llosa, Carlos Fuentes, Nadine Gordimer, Umberto Eco, Christopher Hitchens, José Saramago y muchos otros aparecieron en eventos públicos y firmaron cartas abiertas, y Bono lo invitó a subirse al escenario en un concierto; y no deberíamos olvidar que lo hacían en el mismo mundo en que los fanáticos habían asesinado al traductor japonés de *Los versos satánicos*, Hitoshi Igarashi, y en que su editor noruego, William Nygaard, había sobrevivido por muy poco a un atentado con arma de fuego.

Joseph Anton termina en marzo de 2002, con una conversación entre Rushdie y dos oficiales de la Rama Especial de la policía. Después de trece años protegiéndolo, han venido a notificarle que el nivel de amenaza ha bajado drásticamente; si él está de acuerdo, pueden retirar la protección. Le preguntan si eso le parece aceptable, y él dice que sí. Lo demás ya se sabe: Rushdie ha publicado desde entonces unos quince libros, ha aparecido en comedias de televisión para burlarse de su muy serio destino, ha defendido la libertad de expresión en foros de todo el mundo. Sobre todo, ha sobrevivido al ataque salvaje de un fanático que luego, en entrevista con un tabloide, confesó que nunca había leído *Los versos satánicos*, pero que había visto videos de Rushdie en YouTube. «No me cae muy bien», dijo. ¿Quién quiere hablar de la banalidad del mal?

Charlie, el chocolate y las sensibilidades heridas
23 de febrero de 2023

Se supo hace unos días que la editorial británica Puffin Books, que publica los libros de Roald Dahl, ha comenzado a publicar ediciones corregidas, y las correcciones tienen un objetivo claro: eliminar cualquier tipo de lenguaje que pueda resultar ofensivo. Dahl, por supuesto, es uno de los autores de libros infantiles que todos conocen aunque no sean niños ni lean libros, porque las adaptaciones de sus historias al cine —*Charlie y la fábrica de chocolate*, por ejemplo— forman parte de nuestro paisaje. Pues bien, me entero por un artículo de *The Guardian* de Londres de que las nuevas ediciones de estos libros llevan desde hace unos días una nota pequeña en la página legal: «Las maravillosas palabras de Roald Dahl pueden transportarte a mundos distintos y presentarte a los personajes más maravillosos. Este libro fue escrito hace muchos años, por lo que revisamos periódicamente el lenguaje para garantizar que todos puedan seguir disfrutándolo hoy en día». El breve texto se las arregla para ser paternalista e hipócrita al mismo tiempo, y lo de la «revisión periódica del lenguaje» parece una expresión salida de *1984*. Pero ¿en qué consiste realmente?

Dice el *The Guardian* que los cambios son muchísimos y que toman muchas formas, y cita varios. Augustus Gloop, uno de los personajes de *Charlie y la fábrica de chocolate*, ya no es «enormemente gordo» en las nuevas ediciones, sino sólo «enorme». La señora Twit ya no es «fea y bestial», sino sólo «bestial». Los Umpa-Lumpas ya no son «hombres pequeños» sino (inescrutablemente) «gente pequeña». Pero no se trata sólo de adjetivos que puedan ofender a alguien, según la justificación inverosímil de la editorial, sino que se han cambiado descripciones enteras: en un libro de 1983, una bruja poderosa trata de hacerse pasar por una mujer común y corriente, «cajera en un supermercado o mecanógrafa de cartas para un empresario», y el repaso o la actualización o el lavado de cara (en resumen: la revisión periódica del lenguaje) ha preferido que sea «científica de alto nivel o directora de una empresa». Y yo me pregunto si las cajeras y las mecanógrafas, que en 1983 hacían un trabajo perfectamente digno y lo siguen haciendo, no tendrían pleno derecho también a sentirse levemente insultadas.

Lo que ha llevado a cabo la editorial, con la complicidad de los herederos de Dahl, es una censura flagrante, tal como lo señalaron Salman Rushdie (que algo sabe del asunto) y el PEN Internacional. Pero esta censura en particular, la eliminación de las palabras e incluso las ideas que escogió el autor de una obra literaria, es más lamentable que otras porque viene arropada por razones que parecen correctas: no herir sensibilidades. Claro, uno podría ponerse cínico y recordar que Dahl, treinta años después de muerto, sigue vendiendo millones de libros cada año; que sus herederos reciben enormes beneficios de esa industria; y que probablemente a nadie le importaría que los libros se quedaran como están, tal como fueron escritos, si las palabras que escribió Dahl en otros tiempos no conllevaran, en nuestro tiempo entontecido, el riesgo de vender menos. Pero ese riesgo es real, ya tome la forma de una cancelación o de una simple controversia, porque nuestro tiempo entontecido se ha impuesto la idea de que las sensibilidades personales son la vara con la cual se mide todo: de que la misión última de todos los creadores en todas las disciplinas es, sencillamente, cuidarse de ofender a alguien.

Esta nueva mentalidad es grave por varias razones. Como primera medida, censurar el lenguaje de una literatura pasada con el pretexto de que así —maquillado, ajustado, corregido, censurado— lo aceptarán mejor las generaciones presentes es privarnos de comprender cómo se veía el mundo antes. No creo que sea una caricatura preguntarme por qué, si aceptamos que Dahl sea purgado de ofensas, no deberíamos aceptar también que se elimine de Shakespeare todo comentario que hoy ofenda nuestra sensibilidad: por antisemita (en *El mercader de Venecia*), por elitista (en la escena de los sepultureros de Hamlet), por racista (hay más de una línea en *Otelo*). Me dirán ustedes que Dahl no es Shakespeare —y tendrían razón: ni siquiera es Philip Pullman— o me dirán que Dahl escribe para niños y a los niños hay que protegerlos; y yo diré que eso, protegerlos, es justamente lo que no se hace cuando se los pone a vivir en mundos asépticos, ideales, inocuos, como los de las ficciones expurgadas. Esos niños crecen sin herramientas ni defensas para enfrentarse a las imperfecciones del mundo, cuando una de las posibles virtudes de la literatura es su capacidad de enseñarnos a lidiar mejor con nuestro mundo imperfecto.

La idea de que la literatura deba purgarse de todo lo que ofenda o hiera o sea molesto echa a perder una de las pocas razones por las cuales podemos decir, seriamente, que la ficción es indispensable: en ella entramos en contacto con las zonas oscuras de nuestra condición, con los peligros y las amenazas de estar vivos, pero sin la necesidad de vivir esos peligros ni de sufrir realmente esas amenazas. Es inverosímil que sea preciso decirlo a estas alturas del partido, pero la vida vicaria de una ficción es la única manera que tenemos de entender ciertas experiencias sin necesidad de tener las experiencias. La literatura es lo que ha sido —un lugar de conocimiento— porque muestra al mundo como es, no como debería ser. En ella hay siempre algo que resultará doloroso para alguien, o hiriente, u ofensivo: porque así es la vida. Lo digo de otra forma: la idea de que la literatura no deba ofender a nadie sólo puede llevar a una catástrofe: una literatura inofensiva.

Yo no sé si eso es lo que persigue la estúpida corrección política de nuestro tiempo, pero sí sé que es lo que han buscado, sin conseguirlo, incontables dictadores, regímenes totalitarios, teocracias como la que condenó a muerte a Rushdie, puritanismos de nuevo o viejo cuño y todos los censores que en el mundo han sido. Una literatura inofensiva es el sueño húmedo de todo el que aspire a dominar a una sociedad, y es por eso por lo que los escritores han estado siempre entre las primeras víctimas de las persecuciones autoritarias. Si algún día llega a desaparecer la literatura de imaginación, no será porque la maten de muerte violenta los autoritarios, ni porque muera de inanición bajo el desinterés de los lectores incapaces de concentrarse durante más de 280 caracteres. Después de lo ocurrido con los libros para niños de Roald Dahl, hay buenas razones para pensar que la muerte de la ficción, con la cual nos han amenazado tantas veces, tendrá lugar justamente en los lugares que dicen defenderla: las editoriales donde se publican los libros y las universidades donde se estudian.

Ahora, mientras escribo, me entero de que Alfaguara y Gallimard, las editoriales de Dahl en España y Francia, no han cedido a la manía purificadora: mantendrán los textos tal como los escribió su autor. Y me gustó lo que dijo Laura Hackett, subdirectora literaria de *The Sunday Times*: «Guardaré cuidadosamente mis viejos ejemplares originales de los cuentos de Dahl para que un día mis hijos puedan disfrutarlos en todo su repugnante y colorido esplendor». Hay sensatez en el mundo, me digo: hay gente que todavía entiende lo que hace la ficción, que todavía resiste al avance de la corrección política. Pero nadie, absolutamente nadie, sabe cuánto durará la resistencia.

De qué hablamos cuando hablamos de James Bond

1.º de marzo de 2023

Ahora le ha tocado el turno a James Bond. Después del escándalo improbable que estalló hace unos días, cuando se supo que la editorial de Roald Dahl en el Reino Unido había decidido «corregir» (nunca fueron tan necesarias unas comillas) el lenguaje de sus libros, parece que la misma suerte correrán los de Ian Fleming, y por razones idénticas: se trata de eliminar las expresiones que los lectores de hoy puedan considerar ofensivas. Dahl escribía sobre todo para niños, y la editorial incluyó en sus ediciones corregidas unas líneas que sin duda querían tranquilizar, pero a mí, por lo menos, acabaron preocupándome más: «Este libro fue escrito hace muchos años, por lo que revisamos periódicamente el lenguaje para garantizar que todos puedan seguir disfrutándolo hoy en día». La aclaración aparece en la página legal; está redactada en el tono paternalista que algunos usan para hablar con los niños, pero va dirigida sin duda a los adultos: a menos que ustedes conozcan a muchos niños que siempre lean cuidadosamente la página legal. Más allá de eso, la nota es fascinante, y merece por lo menos ser el punto de partida de una reflexión más amplia.

Lo digo como lo dije hace una semana en la edición colombiana de este periódico: eso de la revisión periódica del lenguaje me parece salido directamente de *1984*. La novela de George Orwell, que tanto nos ha servido en los últimos años para ponerles nombre a los fenómenos de nuestro mundo nuevo, nos dejó términos como *newspeak* (que podría traducirse como «novolengua»), y pienso en el indefenso Roald Dahl y se me ocurre que eso es lo que buscan las nuevas ediciones de sus libros: traducirlos a la novolengua de la corrección política. Lo he confirmado ahora, pues un artículo de *The Telegraph* me cuenta que las novelas de Bond se corregirán también, y que las ediciones nuevas incluirán su propia nota explicativa: «Este libro se escribió en un tiempo en que eran normales términos y actitudes que los lectores modernos pueden considerar ofensivos». Los editores nos explican que la nueva edición incluye «una serie de actualizaciones», pero que se han hecho siempre «manteniendo la mayor fidelidad posible al texto original y a la época en que se ambienta».

No sé si los lectores lo hayan hecho, pero los redactores de ese lavado de manos no parecen haberse percatado de las mil ironías que presentan sus poquísimas palabras. Sólo para empezar está el reconocimiento de que el problema es el pasado, que es, como dice una novela, un país extranjero: allí las cosas se hacen de manera diferente. Para estos editores, el asunto es muy sencillo: cuando un libro de otro tiempo nos diga cosas que no están de acuerdo con nuestra mentalidad presente, hay que revisarlas (como se revisan las doctrinas de un partido político) o tal vez actualizarlas (como un programa de ordenador que ha quedado obsoleto). Pero los que escribimos sobre el pasado sabemos que el pasado es problemático porque no existe físicamente: es una construcción enteramente mental. Es decir, el pasado sólo existe mientras lo imaginamos, y lo imaginamos sólo gracias a las historias que contamos o que han contado otros. Y este ridículo frenesí de nuestro tiempo, este afán por conformar las creaciones pasadas a la moralidad presente, puede tener muy buenas intenciones, puede estar movido por emociones bien puestas y solidaridades genuinas, pero lo primero que logrará es cerrarnos las puertas de acceso a ese lugar que ya no está, impedirnos entender cómo se veía —como se vivía— el mundo de antes.

Hay otros problemas. Me entero de que una de las revisiones de las novelas de Fleming se refiere a una escena en la que Bond, hablando de un grupo de africanos que pueden o no ser delincuentes, comenta que son hombres «bastante respetuosos de la ley, excepto cuando han bebido demasiado». La corrección eliminará la segunda parte de la frase, que se considera ofensiva. Yo puedo aceptar que lo fuera si el comentario lo hiciera una persona real —un político, digamos, o un periodista, o un tuitero— acerca de personas reales, pero me veo en la penosa obligación de señalar que no es así: que el comentario lo hace un personaje de ficción acerca de otros personajes de ficción. Y claro, los personajes de ficción tienen esa característica incómoda: dicen o piensan cosas que los lectores reales —y muy a menudo el autor real— consideran reprobables, y lo hacen justamente para explorar e investigar los lados oscuros de lo que somos los seres humanos.

Es triste y lamentable y un poco vergonzoso vernos obligados a señalar estas obviedades. Pero llevar el caso Bond a sus propios límites lógicos, ¿no nos obligaría a corregir *La cabaña del Tío Tom*, por ejemplo, porque en ella hay personajes racistas? Se me dirá que no, porque la intención de Harriet Beecher Stowe es muy distinta de la de Fleming, y eso es cierto, sin duda, pero entonces viene la pregunta siguiente: ¿quién lo decide? ¿A quién estamos dispuestos a darle el poder de decidir sobre las intenciones de un autor muerto, y, por lo tanto, sobre el derecho que tiene de que sus palabras se conserven como las escribió? ¿Y qué pasa, por otra parte, con los vivos? Hay una nueva figura en el mundo de los libros, los *sensitivity readers*, que no son más que lectores expertos en las sensibilidades de un grupo determinado. Se han puesto de moda en el mundo anglosajón, y su misión es señalar los momentos en que un libro pueda herir las sensibilidades de tal o cual grupo. La idea, como tantas otras de nuestro tiempo confundido, sale de emociones loables; pero a mí me parece que tiene consecuencias perversas.

Leo la entrevista que una de estas lectoras de sensibilidad (no hay traducción posible que no suene feo) dio hace poco, a raíz de lo de Dahl. ¿Por qué se han vuelto tan populares los lectores de sensibilidad?, le pregunta el periodista, y la respuesta es transparente: «Creo que los autores no quieren publicar un libro y verse metidos en una tormenta de Twitter, o darse cuenta por las reseñas de Amazon de que han cometido un error grande». En otras palabras, el miedo a las multitudes sin forma de internet está decidiendo lo que los autores se permiten decir: no hay que despertar a la bestia de la indignación virtuosa, del postureo ético, de las políticas de la identidad; sobre todo, hay que cuidarse de ofender las sensibilidades personales, que son el nuevo territorio de lo sagrado. Si esto no es una manera de la censura, aunque se dé por caminos sinuosos y aunque muchas veces venga de los propios censurados, no se me ocurre qué pueda serlo.

Se equivocan mucho quienes creen que lo sucedido en estos días es menos grave por tratarse de ligeras novelas de espionaje (y quienes creen que los libros infantiles son menos importantes no tienen la menor idea de cómo se forma un ciudadano, ya no digamos una persona), pues lo que está en juego aquí es toda una manera de entender lo que hacen las ficciones. La literatura es un lugar de tensiones y contradicciones y problemas y oscuridades, y podemos discutir con ella, criticarla y despreciarla incluso; pero expurgarla para que no nos ofenda, purificarla de lo que nos choque o incomode, nos priva de formas invaluables de conocimiento, y habla menos de los defectos de la literatura, me parece, que de nuestra propia y lamentable fragilidad.

Hablemos de los años del vértigo
4 de abril de 2023

El historiador alemán Philipp Blom, una de las cabezas más lúcidas de su generación, que es la mía, llegó ayer a Bogotá para participar en un encuentro que no es de historia, ni de literatura (Blom ha publicado una novela), ni un foro sobre el cambio climático (Blom ha escrito un maravilloso libro al respecto), ni una manifestación colectiva sobre las ansiedades de nuestro momento (Blom las ha diseccionado en otro libro). No: Philipp Blom llega al festival de música clásica que organiza el Teatro Julio Mario Santo Domingo. Los organizadores han tenido el buen tino de invitarlo porque el título y el tema del festival es la *belle époque*: esos años que comienzan alrededor de la derrota de Francia en la guerra de Prusia y se cierran con el comienzo de la Primera Guerra Mundial, la más salvaje y asesina de cuantas recordaban los seres humanos que la padecieron. (Que la llamaron la Gran Guerra, no la Primera, pues no sabían que venía una Segunda; igual que llamamos Guerra de Ucrania a la de ahora, confiados todavía en que no sea la Tercera).

Y sobre esos años, o sobre su última parte, ha escrito Philipp Blom uno de sus mejores libros. Se llama *Los años de vértigo*, y explora hasta el fondo esa época contradictoria de progreso y de atrocidades, de bienestar europeo y de colonialismo explotador, que a comienzos del siglo XX se transformó en un tiempo singular de ansiedades privadas, tensiones públicas y vertiginosos cambios tecnológicos: en otras palabras, años sospechosamente parecidos a los nuestros. En ellos, escribe Blom, «nadie sabía con seguridad qué forma tendría el mundo futuro, quién ejercería el poder, qué constelación política saldría victoriosa o qué tipo de sociedad surgiría de la vertiginosa transformación». *Los años de vértigo*, este libro inquietante, alimentará seguramente las dos conversaciones públicas que tendrá Blom en este festival de música. Y yo espero que la gente de Bogotá llene los dos eventos, porque Blom es uno de esos raros historiadores que tienen la enorme virtud de ser también grandes narradores, y además de serlo no sólo por escrito, sino en el arte difícil de la conversación pública.

Como si esto fuera poco, Blom tiene también un doble talento que es la razón por la que sus libros me han parecido a mí no sólo gozosos, sino útiles. Por un lado, es capaz de hacernos comprender el pasado desde el pasado mismo, sin esa mirada moralista y un poco ridícula de nuestras correcciones políticas, que ahora nos piden juzgar a los hombres y mujeres del pasado con la mentalidad de nuestro momento presente, pidiéndoles que sepan lo que nosotros hemos aprendido con el tiempo y el esfuerzo, exigiéndoles retroactivamente que se comporten en su momento como nosotros nos comportamos ahora en el nuestro. Yo tengo para mí que ésta es una de las insuficiencias más graves que podamos sufrir los ciudadanos: la carencia de imaginación. En *Los años de vértigo*, Blom nos invita explícitamente a hacer ese experimento: al entrar en esa época, imaginemos que no sabemos nada de lo que vino después; imaginemos que vemos esos años de 1900 a 1914 «sin las sombras largas del futuro». El ejercicio es difícil, pero contamos por fortuna con la ayuda inestimable de las novelas y los buenos historiadores.

Lo que llamamos imaginación es la facultad de instalarnos —con la mente, con las emociones, con la sensibilidad— en un pasado desaparecido. Pero esto es sólo una parte del oficio complejo de mirar hacia atrás, por lo menos tal como lo entiende Philipp Blom. La otra parte es la capacidad de contar el pasado de manera que ilumine —o que ayude a interpretar— el presente: este presente que nunca entendemos bien porque lo tenemos demasiado cerca, igual que lo tuvieron demasiado cerca los habitantes de ese cambio de siglo para los cuales la *belle époque* no era bella, sino angustiosa e incierta. La belleza se vio mejor después, como consecuencia de la retrospección y la nostalgia por el mundo previo a la catástrofe. Claro: después de una guerra como la de 1914, cualquiera tenía derecho a pensar o sentir que todo tiempo pasado fue mejor. Y leer *Los años de vértigo* (o asistir, por ejemplo, a una conversación que lleve ese título) es también darnos cuenta de lo mucho que se parece nuestro mundo al de ese momento.

Son parecidos curiosos. «Entonces, como ahora», escribe Blom, «los rápidos cambios en la tecnología, la globalización, las comuni-

434

caciones y los cambios en el tejido social dominaban las conversaciones y los artículos de prensa; entonces, como ahora, la cultura del consumo masivo imprimía su sello a la época; entonces, como ahora, la sensación de vivir en un mundo acelerado, de ir a toda velocidad hacia lo desconocido, era abrumadora». La sociedad de esos años estaba afligida por una gran zozobra, como la nuestra, y en todas partes, como entre nosotros, se hacían fuertes los sentimientos nacionalistas y aun antisemitas; pero lo más extraño es que a esa sociedad la agobiaba también una especie de machismo angustiado que respondía —explica maravillosamente Blom— a las conquistas que lograban las mujeres en todos los ámbitos.

Educación, derecho a ganar un salario, posibilidad de votar: esos progresos de las mujeres lanzaron a los hombres del flamante siglo XX a una crisis tan profunda que la reacción, tan masculina, fue una defensa agresiva de los valores más elementales de la masculinidad. Sí: el macho europeo se sintió amenazado, y reaccionó en consecuencia. Nunca antes se habían peleado tantos duelos; nunca antes se habían publicado en los medios tantos anuncios de productos para curar «enfermedades masculinas»; nunca antes se había hablado tanto del declive de la fertilidad en Europa, con las predecibles reacciones de los racistas y los xenófobos, que se preocuparon por el hecho de que las gentes de las colonias estaban ganándoles a los blancos la batalla por poblar el mundo civilizado. Era el prototipo de la Teoría del Gran Reemplazo, que ahora agita la extrema derecha internacional, del inefable Éric Zémmour a los supremacistas blancos de Donald Trump.

Philipp Blom publicó *Los años de vértigo* hacia 2008; en los quince años que han pasado desde entonces, nuestra realidad no ha hecho sino justificar sus diagnósticos. Tal vez de esto hable en el Teatro Julio Mario Santo Domingo, mientras otros asistentes (o los mismos) escuchan a Ravel y a Debussy y a Georges Bizet. Es que la *belle époque* da para mucho. Aunque no haya sido bella todo el tiempo.

Que no se mueran mis escritores muertos
4 de mayo de 2023

A finales de la Feria del Libro de Bogotá, una lectora de unos setenta años quiso saber mi opinión sobre la noticia que acabábamos de recibir: el año próximo se publicará una novela inédita de García Márquez. Se trata de *En agosto nos vemos*, un manuscrito del que ya muchos habíamos oído hablar: García Márquez duró varios años dándole vueltas a la historia, y llegó incluso a leer algunas páginas de una encarnación temprana en una rarísima aparición pública, pero no logró terminarla antes de que su memoria quedara estragada por la enfermedad. Esta novela fue uno de los últimos intentos que hizo por vencer sus propias limitaciones; pero, aunque logró terminar sus memorias y una novela breve en los últimos años de su vida, la forma final de *En agosto nos vemos* se le siguió escapando. Escribir ficción, y sobre todo esa forma tan exigente de la ficción que es una novela de cierta complejidad, es imposible sin memoria.

Pues bien, la lectora de la feria opinaba que la novela no debía publicarse. Si García Márquez no la publicó nunca, si no la terminó por no saber cómo hacerlo, ¿tenemos nosotros derecho a conocerla? ¿No es eso violar la voluntad del escritor? Esta lectora se había indignado por las imbecilidades en serie que han cometido recientemente las editoriales de lengua inglesa contra los libros de gente como Roald Dahl o Agatha Christie o el pobre Ian Fleming, y me preguntó por qué, si rechazamos esos atentados contra las palabras de un autor que ya no puede defenderlas, nos va a parecer bien que se publique lo que un autor no dio a la imprenta. Me pareció un argumento inteligente; y el hecho simple de que esta mujer se pusiera del lado de los autores muertos, y por lo tanto en contra de la tontería reinante en nuestro mundo, me pareció conmovedor, y le hubiera dado la razón de buena gana. Pero en este caso no pude hacerlo: porque la noticia sobre la publicación de *En agosto nos vemos* me había llenado de alegría íntima, y hubiera sido una hipocresía decir cualquier otra cosa.

Sí, yo agradezco que se publique esta novela. Aunque esté incompleta, aunque García Márquez no haya sabido terminarla, aunque no haya dado autorización para que saliera a la luz (o más bien la haya dado y luego haya cambiado de opinión). Le dije a la lectora que justamente por todas esas carencias nos correspondía a nosotros, los lectores de García Márquez, saber cómo se lee un libro semejante: saber mientras leemos que no es definitivo, y que no pertenece por lo tanto al mismo orden de las cosas donde existen las novelas que García Márquez publicó en vida. En otras palabras, nos corresponde ajustar los lentes de lectura; pero nunca me parecería preferible que se me privara del contacto con la obra inacabada de un gran artista. No voy a hablar del cariño que les tengo a las esculturas en borrador de Miguel Ángel, que justamente porque están a medio hacer nos permiten una ventana maravillosa que da directamente al taller. Limitémonos a la literatura para decir lo que dije cuando apareció una novela de Hemingway casi reescrita por su hijo, por ejemplo, o esa novela de Louis-Ferdinand Céline: la obra extraviada de un antisemita que, aparte de ser un antisemita, era un escritor enorme. En todos esos casos dije lo mismo que digo en éste: denme el libro, que yo decidiré cómo leerlo.

No creo que me suceda lo mismo con todo el mundo. Pero García Márquez no es todo el mundo: es un escritor que transformó para siempre mi manera de relacionarme con mi país, y además, junto a siete u ocho escritores más, transformó nuestra lengua, nuestra tradición y la cultura de nuestro continente latinoamericano. He estado pensando en eso con frecuencia en estos días, pues de todo aquello hace más o menos sesenta años: lo que ahora llamamos *boom* latinoamericano comenzó más o menos entonces. ¿Pero cuándo, exactamente? Algunos dicen que fue con la publicación de *La ciudad y los perros*, la novela de un peruano jovencísimo, que había recibido en las últimas semanas de 1962 el premio Biblioteca Breve. Otros, que fue con la extraordinaria coincidencia en espacio de pocos meses de *El siglo de las luces*, *La muerte de Artemio Cruz* y *Rayuela*. Los historiadores de la literatura han escrito hasta el hartazgo sobre este fenómeno, pero todavía no logran ponerse de acuerdo sobre el momento preciso en que estalló lo que estalló.

¿Y qué fue aquello? ¿Qué fue lo que comenzó? Desde luego, no la ficción latinoamericana, que había producido un puñado de obras señeras en el primer cuarto del siglo y llevaba inventando francas maravillas por lo menos desde los años cuarenta: cuando

Borges publicó *Ficciones* y *El Aleph*. De los años cincuenta son milagros como *La vida breve*, de Juan Carlos Onetti, y *Pedro Páramo*, de Juan Rulfo; para cuando aquel peruano jovencísimo recibió el premio de marras, ya habían aparecido los cuentos de *Bestiario* y novelas como *La región más transparente* y *El coronel no tiene quien le escriba*. De manera que no es que se haya creado el universo donde antes sólo había un oscuro vacío, como creyeron tantos lectores despistados de esos años. Y, sin embargo, a comienzos del 63 la gente estaba dándose cuenta de que algo sucedía por primera vez, o de que algo se estaba transformando de manera tan notoria que era difícil no ceder a la impresión de las fundaciones.

Yo soy hijo de esa transformación. Y esos libros son parte del paisaje mental de cualquiera de ustedes, lectores de mi lengua, y hablamos de ellos como se habla de los clásicos, porque eso es lo que son sin duda. Es más: esos escritores y esas novelas se han vuelto presencias tan cotidianas, y nos hemos acostumbrado tanto a su compañía, que es fácil olvidar la profunda revolución que constituyeron entonces. He dicho mil veces que lo daría todo por volver a leer *Cien años de soledad* por primera vez: ésta tiene que ser la más grande frustración de todo lector dedicado, pues es realmente el único deseo imposible: nunca se vuelve a descubrir lo que ya se ha descubierto. En realidad, mi deseo mayor sería leer *Cien años de soledad* por primera vez, pero además hacerlo en 1967, en el mundo donde apareció la novela para sorpresa de todos, en el mundo que la novela puso patas arriba y donde su título empezó a pasar de boca en boca con la celeridad de una calumnia.

Quizás todo esto que he escrito no es sino una elaborada manera de agradecer la publicación futura de *En agosto nos vemos*: agradecer que a mí, que he crecido como lector y novelista en el mundo donde estos nombres han publicado sus libros, me dejen seguir teniendo el inmenso placer —o el descubrimiento privilegiado— de sus libros desconocidos. Yo era apenas un niño cuando murió Cortázar y un adolescente cuando murió Borges, pero la muerte de Fuentes y la de García Márquez me sorprendieron con plena conciencia del vacío que se abrirá ante nosotros cuando el último de la generación, Vargas Llosa, ya no esté. Un escritor muere dos veces: cuando muere y cuando dejamos de leerlo. Y yo no quiero que los escritores que me importan se me sigan muriendo después de muertos.

Visitando al viejo Faulkner
10 de mayo de 2023

De manera que allí estábamos, caminando por un cementerio poco antes de la medianoche, aguantando la lluvia que nos emborronaba la visión escasa y desafiando la alerta de tornado que el estado de Misisipi acababa de anunciar en todos los teléfonos móviles. Buscábamos la tumba de William Faulkner, pero el alumbrado público era débil y la noche era oscura, y en algún momento nos tuvimos que preguntar para qué lo estábamos haciendo: y si no lo hicimos, creo yo, fue por evitarnos la vergüenza de aceptar que no teníamos ninguna razón sensata para andar persiguiendo la lápida de un escritor entre las de otras buenas gentes, por más importante que el escritor fuera para nosotros. Estaríamos a punto ya de desistir cuando un relámpago iluminó el cielo nublado, y el escritor Charles McNair, mi amigo y mi guía, exclamó: «Aquí está». Y era verdad: en la punta de su zapato terminaban las palabras William Cuthbert Faulkner, y debajo de ellas aparecían las fechas que enmarcan una vida: Septiembre 25, 1897. Julio 6, 1962.

Suelo recordar con precisión el descubrimiento de los autores que más me han importado, pero el caso de Faulkner se me pierde en la memoria. Tuvo que ser a través de García Márquez, se me ocurre ahora. A ningún autor, con la excepción de Hemingway, le regaló García Márquez tantos elogios a lo largo de su vida; con ninguno estuvo tan dispuesto a reconocer deudas e influencias. Es verdad que no le dedicó una columna de prensa en el día de su muerte, como sí lo hizo memorablemente con Hemingway, pero en cambio lo usó para cerrar su discurso de Estocolmo, que es uno de los más bellos que se hayan pronunciado en la Academia sueca. Por otra parte, también Carlos Fuentes y Mario Vargas Llosa tienen en común el hecho simple de haber leído a Faulkner con admiración y provecho. Diría más: lo leyeron con deslumbramiento —Vargas Llosa suele decir que fue el primer autor que leyó con lápiz en la mano, para desentrañar sus estructuras y comprender sus mecanismos— y con algo parecido al culto.

Lo digo en otras palabras: no hay un autor más determinante que William Cuthbert Faulkner para esa generación latinoamericana. ¿Pero cuál es la importancia de Faulkner, o la razón de su influencia? En 1967, cuando se encontraron casi por azar en Lima, Mario Vargas Llosa le preguntó a García Márquez sobre la presencia de Faulkner en la nueva literatura latinoamericana. «Yo creo que es el método», dijo García Márquez. «El método faulkneriano es muy eficaz para contar la realidad latinoamericana». Y añade: «En el fondo, no es muy raro esto, porque no se me olvida que el condado Yoknapatawpha tiene riberas en el mar Caribe; así que de alguna manera Faulkner es un escritor del Caribe, de alguna manera es un escritor latinoamericano». El error es bellísimo, por no decir deliberado. No, el condado ficticio donde ocurren las ficciones de Faulkner no tiene riberas en el mar Caribe: en el mapa que dibujó él mismo, y que acompaña cuando es posible las ediciones de *¡Absalón, Absalón!*, se ve claramente que Yoknapatawpha está rodeado de tierra por los cuatro costados.

Pero ese intento de apropiación era lo mínimo que se podía esperar del joven García Márquez, cuya obra habría sido muy distinta si no hubiera descubierto, en la desorientación de sus veinte años, una serie de novelas del sur de Estados Unidos que parecían hablarle de su propia experiencia en la costa Caribe de Colombia. Se las presentaron los amigos del grupo de Barranquilla, que las habían conocido gracias a un exiliado catalán llamado Ramón Vinyes, capitán de una librería por la cual entraba a Colombia toda la literatura que el franquismo no permitía. Y en esas novelas — *Mientras agonizo*, digamos, o *Luz de agosto*—, García Márquez descubrió un mundo de guerras civiles, de pasados llenos de fantasmas, de plantaciones que eran de algodón en un lado y de banano en el otro, y ese mundo le resultó tan familiar, o tan reconocible, que a su inventor se refería con un apelativo de intimidad caribeña: el viejo Faulkner.

Los novelistas del *boom* latinoamericano me enseñaron a leer a Faulkner. Más terrorífico me parece que Faulkner me haya enseñado a leer a los latinoamericanos. No sólo al *boom*: pienso también en sus mayores. No me refiero a Borges, que tradujo (o reescribió) *Las palmeras salvajes* pero en realidad nunca apreció la verbosidad de su autor; ni a Rulfo, que negó siempre la influencia de Faulkner, a pesar de que sea tan fértil leer *Pedro Páramo* a la luz de *El ruido y la furia*. Fue Juan Carlos Onetti, que decía haber sido arrastrado por el boom, el primero en usar a Faulkner para dar forma a sus propios fantasmas; y desde luego que su ciudad de Santa María, ese híbrido de Buenos Aires y Montevideo que yo conozco como si la hubiera visitado, es imposible sin Yoknapatawpha. Sin Faulkner no hay *La vida breve*, ni *El astillero*, ni *Juntacadáveres*, ni *Para esta noche*, la más faulkneriana de todas. Sin esos libros, exploradores adelantados que abrieron la trocha por donde después hemos pasado los demás, nuestra literatura sería un territorio distinto.

En 1998, cuando yo era un aprendiz de veinticinco años que trataba de encontrar su camino en la literatura, entrevisté en Madrid a Antonio Muñoz Molina, cuyos libros había descubierto con admiración pocos años atrás, pero que además había leído a Faulkner como pocos en España. Me parecía, y me sigue pareciendo, que *El jinete polaco* era una de las grandes novelas de nuestro tiempo; y la historia de Mágina, por su parte, me parecía incomprensible sin *¡Absalón, Absalón!*, que Muñoz Molina había prologado por encargo justo en el momento en que acometía la redacción definitiva de su propia novela. Hablamos durante dos horas, o me habló él con una generosidad y una paciencia que no me parecieron entonces tan inusuales como lo son, y al final me enseñó, como quien comparte una complicidad oscura, una hoja de árbol enmarcada con cuidado: la había traído de Rowan Oak, la casa de Misisipi donde Faulkner vivió y escribió desde junio de 1930 hasta el día de su muerte.

Recordé inevitablemente esa conversación madrileña en marzo pasado, un cuarto de siglo más tarde, cuando visité Rowan Oak por primera vez. Sé muy bien que no todo el mundo entiende estos entusiasmos más o menos secretos de los novelistas (y no de todos: los hay sensatos), y me doy perfecta cuenta de que a veces se parecen demasiado a la superstición o al peregrinaje; pero no voy a ponerme a defender aquí la discreta emoción que sentí frente a la pared donde Faulkner garabateó, en lápices de colores, la trama de *Una fábula*, o al sentarme brevemente frente a la máquina de escribir de donde salieron esas novelas que han dado forma a mi vocación, y, lo que es más importante, a tantos de los libros que más me importan. Y no espero que nadie entienda el impulso que me llevó a recoger, cuando ya me alejaba de la casa, una hoja caída de uno de los árboles inmensos. La tenía en mi bolsillo al día siguiente, cuando quise caprichosamente encontrar el nombre de Faulkner en el cementerio abierto donde está enterrado, a pesar de que la oscuridad, la hora y el pronóstico del tiempo lo desaconsejaran. Y la tengo aquí, sobre mi escritorio, mientras escribo estas líneas, y mentiría si dijera que entiendo por qué esta presencia amarillenta me llena de satisfacción.

El viejo malestar del Nuevo Mundo
1.º de junio de 2023

Hace dos años y medio, cuando Mauricio García Villegas publicó *El país de las emociones tristes*, me pareció que estábamos ante uno de esos momentos que son mucho menos frecuentes de lo que podría pensarse: la intuición de una manera genuinamente fresca, verdaderamente útil, de pensar en el mundo que compartimos todos. La intuición salía de Baruch Spinoza, el filósofo holandés que llamó «emociones tristes» a todas aquellas que corroen nuestra vida, sabotean nuestras posibilidades y nos causan sufrimiento: la envidia, la rabia, el odio, la venganza, el miedo, la cólera, el desprecio, la malevolencia (y la lista sigue). Las llamó «tristes» en lugar de «malvadas», por ejemplo, o «destructivas», porque prefería evitar la condena moral, que tan fácil es, y tratar más bien de entender de dónde salen esas emociones y adónde conducen, y por qué nos hacen daño y qué podemos hacer para remediarlo. García Villegas echó mano del concepto de Spinoza y lo usó para pensar en Colombia, y el resultado fue revelador: como si nos hubieran dado una lupa nueva para ver mejor el país afligido que ya creíamos comprender.

Ahora García Villegas publica un nuevo libro, *El viejo malestar del Nuevo Mundo*, que de alguna manera es una ampliación del anterior, pero que es al mismo tiempo una profundización en sus temas: lo que aquél hacía con Colombia, éste lo hace con toda América Latina. Es como si el continente se hubiera acostado en el diván del psicoanalista y confesara sus fragilidades y dejara que se hable de sus problemas, tanto los que ha heredado como los que se ha creado él mismo; y el resultado es un examen duro pero extrañamente cariñoso de nuestras carencias y nuestras esperanzas, y una exploración franca y desengañada de las razones más recónditas —las razones emocionales, si me permiten ustedes el oxímoron— por las cuales somos inevitablemente como somos. Aunque diga García Villegas, y lo subraye cada vez que puede, que no estamos condenados a seguir siendo así para siempre, y aunque se atreva incluso a hacer propuestas muy concretas sobre la ruta que deberíamos seguir para evitar los peores riesgos que hoy corren nuestras democracias.

Son diversas las emociones tristes que consumen a América Latina, pero García Villegas les da más espacio a tres de ellas: el miedo, la desconfianza y el delirio. El miedo es el que le tenemos con frecuencia al otro, al venido de fuera, al distinto, al que tiene más poder y también al que tiene menos. Y al del otro lado de la frontera: sí, las fronteras son inventos detestables en *El viejo malestar del Nuevo Mundo*, culpables de nuestra incapacidad para cooperar o perseguir objetivos comunes, testimonios de nuestra tendencia a dividirnos cada vez que podemos, incluso cuando lo más sencillo sería trabajar juntos. La desconfianza, en cuanto a ella, es una de nuestras enfermedades más nocivas: las latinoamericanas somos sociedades en las cuales los ciudadanos desconfían del Gobierno (que miente o roba), los gobiernos desconfían de los ciudadanos (que desobedecen o hacen trampa) y los ciudadanos desconfían de los ciudadanos (e incumplen las normas porque sería una idiotez cumplirlas si sabemos que el vecino no lo hace).

En cuanto al delirio —que García Villegas discute echando mano con frecuencia de *Delirio americano*, el extraordinario libro de Carlos Granés—, es una de las emociones más complejas que nos agobian, pues tiene que ver con ese rasgo fascinante del carácter latinoamericano: más que el *Homo sapiens*, dice García Villegas, somos el *Homo fictitius*. Necesitamos ficciones, vivimos en ellas, entendemos el mundo a través de ellas; y esto, que nos ha dado un arte y una literatura de enorme riqueza, es fatal cuando se habla de política. «La ficción», escribe García Villegas, «pertenece al mundo de la imaginación tanto como la política al mundo de la realidad. Sin embargo, hay mucho de realidad en la ficción y mucho de imaginación en la política». El resultado es novelas que cuentan lo que la historia oficial suele callar, pero también políticas de la utopía o la desmesura que desprecian los límites de la realidad o la razón como si aceptarlos fuera hacer concesiones al enemigo.

Al igual que el libro anterior, *El viejo malestar del Nuevo Mundo* es un ejemplar exótico o por lo menos inusual en la tradición colombiana. García Villegas ha encontrado una mezcla precisa y muy personal de filosofía, sociología, historia y autobiografía, y se permite referencias constantes a sus amigos y a su familia y a su entorno más íntimo en la misma línea en que discute una teoría historiográfica sobre las formas de la monarquía o un pasaje de *El paraíso perdido*, de Milton, sobre nuestra relación con la naturaleza. Yo tengo para mí que ahí está el secreto de estos dos libros de García Villegas, y tal vez la razón de que me parezcan tan inusuales: en esa voz que es como la voz de un amigo, pero un amigo que sabe muchas cosas, o, por decirlo mejor, la voz de un compañero de viaje por carretera que es también un erudito. Y yo diría que el resultado de todo esto es novedoso si no me pareciera evidente algo mucho mejor: que viene en línea directa del siglo XVI.

Hablo de la presencia en el libro de Michel de Montaigne. Son muchas más las razones por las cuales me siento cerca de los libros de Mauricio García Villegas, pero la presencia de Montaigne, uno de los pocos escritores de los que se puede decir sin grandilocuencia ni cursilería que nos enseñan a vivir mejor, es una de mis predilectas. Montaigne es el hombre que un buen día de 1571, harto de la vida pública que había llevado como alcalde y magistrado en Burdeos, se encerró en una torre de piedra que tenía su propiedad y se puso a escribir un libro —de varios tomos publicados a lo largo de varios años— distinto de cualquier cosa que se hubiera escrito antes. Así es: una mezcla muy particular de autobiografía, filosofía, historia y poesía. Lo llamó *Ensayos*, y no sólo es muy posible que haya inventado un género con él, sino que dio forma a una manera de estar en el mundo: una actitud, por decirlo así, inseparable de ciertos valores que hoy echamos brutalmente de menos en nuestras sociedades enfermas.

«Una manera de estar en el mundo», digo, pero podría decirlo con menos palabras: una ética. ¿Y en qué consistiría? En la práctica de la tolerancia (esa palabra desgastada), en el terco intento por comprender al otro, en la confesión de nuestras imperfecciones; pero también en el rechazo del dogmatismo y de los fanáticos, en el escepticismo ilustrado y en la mesura frente a los excesos de los radicales. Todo pasa por lo que *El viejo malestar del Nuevo Mundo* llama la «educación sentimental» o, a veces, «educación emocional»: la comprensión o el dominio de esos demonios que llevamos dentro, que convierten al contradictor en enemigo, que nos impiden pensar sin las muletas de la ideología y provocan la ilusión de que tenemos, cada uno de nosotros, la verdad revelada. Ver el mundo con mirada clara, leer la realidad correctamente, siempre ha sido una tarea difícil: requiere tiempo, información y una mente abierta, y eso no parece estar al alcance de todos en estas sociedades nuestras, que adoran los sectarismos y tienen más respeto por los fanáticos que por los moderados. Y así nos va.

En la muerte de Milan Kundera: la ironía y la novela
12 de julio de 2023

En diciembre de 1968, un joven escritor checo se dio cita con tres latinoamericanos en un baño de sauna a orillas del río Moldava. Los latinoamericanos eran García Márquez, Julio Cortázar y Carlos Fuentes, que habían llegado a Praga invitados por la Unión de Escritores Checos, pero con la consigna de ver con sus propios ojos lo que estaba sucediendo tras la represión soviética de la primavera anterior; el checo era Milan Kundera, que había conocido a Fuentes unos meses atrás, en París, y le había dicho que el mejor apoyo que podían recibir los checos era ser visitados como si los rusos no estuviesen allí. Pero los citó en una sauna, contaría Fuentes después, porque «era uno de los pocos lugares sin orejas en los muros»: es decir, porque los rusos estaban allí, y también sus espías. Pocos meses después, García Márquez supo que su novela *Cien años de soledad* competía con una de Kundera por el premio al mejor libro extranjero en Francia, y deseó que se lo dieran a aquel checo, «loco desatado», «que nos explicaba los problemas de su país primero a 120 grados sobre cero y luego a 20 grados bajo cero». Porque las paredes tenían orejas.

La escena parece salida directamente de *La broma*, la bellísima novela donde Kundera comenzó a explorar el tema que lo agobiaría toda la vida: la lucha del ser humano contra las fuerzas, sean las que sean, que le roban la libertad. *La broma* cuenta la historia de Ludvik, un joven militante comunista que se permite una humorada en una carta y ve después cómo esa breve línea espontánea manda su vida entera al carajo. A Kundera siempre lo preocupó ese rasgo de la mentalidad totalitaria que es la invasión o la destrucción de la vida privada —sí: las paredes que escuchan—, y dejó esa preocupación en sus maravillosas lecturas de Kafka, pero sobre todo lo preocupaba nuestra relación con el humor y la ironía. Los espacios donde no cabe el humor, donde la ironía es mal vista, le parecían no sólo indeseables, sino francamente peligrosos, y uno de los peores adjetivos de su diccionario personal era una invención de Rabelais: *agelasta*, que significa «el que no sabe reír». Lo aterraban sobre todas las cosas las lecturas sin humor de sus novelas, y siempre dio por cierta la idea de Octavio Paz: el humor, o por lo menos el humor que toma forma con Cervantes, es la gran invención de los tiempos modernos.

Kundera escribió un puñado de novelas que sigo leyendo con el placer de su inteligencia precisa y de ese humor delicado (que es, por supuesto, una función de la inteligencia), pero ninguna de sus ficciones tiene en mi biblioteca el lugar privilegiado de una trilogía de ensayos: *El arte de la novela*, *Los testamentos traicionados* y *El telón*. Son las meditaciones de un novelista sobre el lugar de la novela en nuestro mundo, y a mí no se me ocurren más de tres nombres en la historia entera de este arte incomprendido que hayan dejado mejores reflexiones, ni una erudición mejor llevada, que Milan Kundera. Ahora ha muerto, después de años de vivir en cierto sentido fuera del mundo, escondido del mundo, y nosotros, los que hemos aprendido a leer de otra forma con sus libros, recordaremos acaso lo mucho que le gustaba una frase de Gustave Flaubert: «El artista debe arreglárselas para hacerle creer a la posteridad que no ha vivido». No sé si lo haya intentado seriamente, pero aquí estamos sus lectores: lamentando su muerte.

Atentamente, el *boom* latinoamericano
13 de julio de 2023

Leo por estos días *Las cartas del Boom*, un volumen de más de quinientas páginas de gozo ininterrumpido, por lo menos para quienes tienen, como yo, el vicio incurable de las correspondencias. No sé desde cuándo me agobia a mí esta fiebre, y he constatado con algo de escándalo que no todos la comparten, pero las cartas privadas de los escritores han ocupado siempre un espacio considerable en mi vida de lector. En uno de los momentos más difíciles que he vivido, me ayudó mucho una recopilación de cartas: las que se escribieron durante poco más de veinte años Ernest Hemingway y su editor, Maxwell Perkins. Allí había todo un manual de instrucciones sobre lo único que las grandes novelas no pueden enseñarle a un novelista: a lidiar con la frustración y con el desánimo, o, en otras palabras, con esas fuerzas extrañas que vienen de fuera —la envidia, el resentimiento, la calumnia y la maledicencia— y también con las que vienen de dentro —el cinismo, la incertidumbre, la amargura y la sensación de fracaso—. Todavía tengo el libro al alcance constante de la mano, como el teléfono de un buen amigo. Y de ésos sí que hay pocos.

Pero me desvío. *Las cartas del Boom* es una recopilación sin desperdicio de la correspondencia que se cruzaron los cuatro novelistas más notables de esa generación, a quienes unió la extraña circunstancia de ser al mismo tiempo grandes escritores y grandes amigos. En orden de aparición: Julio Cortázar, Gabriel García Márquez, Carlos Fuentes y Mario Vargas Llosa conformaron u ocuparon, para monumental rabia de tantos entonces como ahora, una suerte de lugar central de la literatura latinoamericana (el cogollito, como lo llamó José Donoso, otro gran novelista que se sentía a la vez dentro y fuera del grupo, y que dejó su testimonio al respecto en un libro que es al mismo tiempo deliciosamente chismoso e irrefrenablemente serio: *Historia personal del Boom*). Yo tengo para mí que lo siguen conformando, pues el tiempo, que todo lo pone en su lugar, ha pasado tal vez con menos indulgencia por unas novelas que por otras —yo no puedo ya leer el *Libro de Manuel*, por ejemplo—, pero la obra en su conjunto de estos novelistas sigue siendo —y lo será cada vez más, me temo— uno de los fenómenos más sólidos y verdaderos de la literatura del siglo xx.

Siempre hay que repetir, un poco cansadamente, que ese movimiento llamado *boom* no se limitó ni mucho menos a estos cuatro nombres, pero en el mismo aliento es preciso conceder la verdad inevitable de que no se puede hablar del *boom* sin empezar con ellos. Tal vez nos hayamos acostumbrado a su presencia y a la mención de sus libros, porque ya nuestra relación con todos va cumpliendo sus años, y tal vez se nos hayan vuelto paisaje y se haya morigerado la sensación de asombro que debieron de tener los lectores de otras décadas, pero la coincidencia en poquísimos años de sus obras maestras tiene que ser fuente de fascinación, o por lo menos perplejidad, para cualquiera que conozca la dificultad casi insuperable de escribir un libro decoroso. Los cuatro editores de este libro —en orden no de aparición, sino de alfabeto: Carlos Aguirre, Gerald Martin, Javier Munguía y Augusto Wong Campos— parecen estar muy conscientes de eso. En un prólogo informado y perspicaz y además escrito con gracia, identifican los cuatro rasgos de ese juego sagrado que fue la relación entre estos novelistas: la escritura de novelas totalizantes, la amistad, la vocación política y el impacto internacional de sus libros. Creo que dan en el blanco cuando citan como premisa una frase de Vargas Llosa en carta a Carmen Balcells: el ideal de novela debería ser al mismo tiempo *Los tres mosqueteros* y *Ulises*; es decir, una novela que sea de aventuras sin dejar de ser absolutamente moderna.

En el centro de la conversación —no sólo la política, sino también la literaria— está Cuba. Sin la Revolución cubana, que aparece muy poco después de la primera carta en las vidas de estos novelistas, es imposible pensar en el *boom*; y no sólo porque los aglutinó y les puso sobre la mesa un propósito común, sino porque los comprometió de manera tan intensa que también fue una de las razones de sus desavenencias. Pero además (y esto también lo señalan los prologuistas) las grandes novelas de esa generación trataron de hacer en la ficción lo mismo que la revolución cubana trataba de hacer en la realidad: reescribir la historia. La historia latinoamericana, que tan pródiga había sido en mentiras y distorsiones interesadas, empezó a encontrarse con las molestas verdades de la ficción en novelas como *Cien años de soledad* o *La muerte de Artemio Cruz* o *Conversación en La Catedral*; en cambio la Revolución, que trató de imponer categorías absolutas a la molesta relatividad humana, acabaría por ilustrar el error que puede cometerse cuando se aplican las ambiciones de la literatura a la vida política.

Pero nada de lo anterior bastaría para explicar la felicidad que es leer este libro, o no lo haría si no tomáramos en consideración la razón más importante: estos cuatro escritores eran también extraordinarios corresponsales. Ya lo sabía yo de Cortázar, cuyos cinco tomos de cartas tienen el único defecto de no ser diez o veinte, pues era tan inteligente, y su humor tan culto y tan despojado de pretensiones, que cada página suya nos deja con las ganas de seguir oyendo esa voz hasta el final de los días. Pero en *Las cartas del Boom* están también la inteligencia y la erudición de Carlos Fuentes, que parece haber leído todos los libros de antes y a todos los amigos de ahora, y además tener tiempo para escribir sobre ellos; y el ingenio vivo de García Márquez, que escribía sus cartas de un plumazo con la misma prosa incapaz de lugares comunes que usaba para la literatura. Vargas Llosa es quizás el que menos entusiasmo les ponía a sus cartas, y más de una vez se declara pésimo corresponsal por la razón suficiente de que no le gustaba la tarea de serlo. Pero en las cartas también se retrata: generoso, curioso sin descanso y comprometido a muerte con el arte de la novela.

El libro está lleno de grandes momentos: el proceso de escritura de *Cien años de soledad*, las lecturas críticas que Cortázar hace de Fuentes y viceversa, los ataques constantes que reciben todos de lo que Fuentes llama «los pigmeos», la irritación profunda que causa su éxito, los trastornos del caso Padilla, las alegrías de los unos por las cosas buenas que les pasan a los otros. Y lo más extraño, para nuestra cultura de la imagen ubicua, para nuestro mundo demasiado fotografiado, es que sólo exista una imagen de los cuatro novelistas juntos. Se tomó en un restaurante el 15 de agosto de 1970; todos venían de una obra de teatro de Fuentes, *El tuerto es rey*; se dirigían a la casa de Julio Cortázar en Saignon, en el sur de Francia. Seguirían carteándose, pero ya nunca volverían a estar juntos. Lo más cerca que estuvieron de ocupar el mismo lugar es el último capítulo de *Terra nostra*, la novela enorme que Fuentes publicó en 1975, donde se reúnen sus personajes. Eso tendrá que bastarnos.

Meditaciones a partir de una mudanza
22 de agosto de 2023

Por estos días terminé de empacar, en 152 cajas de cartón, los libros de mi biblioteca, y lo primero que se me vino a la mente cuando se cerró la última caja fue una frase que le escribió Flaubert a Louise Colet, su amante ocasional y su cómplice literaria: «¡Qué sabios seríamos si conociéramos solamente cinco o seis libros!». Yo no llegué a contar los míos, porque en una mudanza no hay tiempo para esos cuidados de neurótico, y mucho menos cuando lo que se empaca no es una biblioteca, sino once años de vida en los cuales cada objeto tiene su historia y parece desesperado por contarla. Y a veces hay que detenerse y ponerle atención: nuestras cosas saben de nosotros verdades que nosotros ignoramos, y es mucho lo que podemos aprender de lo que somos, o de la persona en que para bien o para mal nos hemos convertido, cuando recordamos de dónde salieron y cuánto tiempo han pasado con nosotros, y sobre todo cuando decidimos si las llevamos a un destino nuevo o las condenamos sin misericordia al basurero del olvido.

Pero me desvío. Decía que no sé cuántos libros puse en esas cajas que cruzarán el Atlántico, pero sí que dejé atrás una cuarta parte, por lo menos, de la colección que se me ha ido acumulando desde que me fui de esa misma ciudad por primera vez, hace veintisiete años; y al hacerlo tuve que rendirme a una revelación que nunca, en ninguna de las cuatro mudanzas totales que he hecho en mi vida itinerante, cerrando una vida para siempre y abriendo una nueva en un lugar distinto, me había asaltado con tanta fuerza: hay libros que ya nunca voy a leer. Parece una circunstancia banal, pero todo lector de verdad llega tarde o temprano a un momento de su madurez cuando comienza a hacer cuentas, y se da cuenta de que puede saber, con poco margen de error, cuántos libros caben en el tiempo que le queda de vida. Yo llevo poco más de treinta años leyendo literatura de la forma en que lo hago hoy en día, no como pasatiempo sino como vicio incurable; y, salvo accidente o enfermedad azarosa, nada me impide creer que me quedan otros treinta años de lectura. La diferencia entre los años que vienen y los que han pasado es el vértigo de saber que ya no hay tiempo para todo.

No es distinto, acaso, lo que nos pasa con la gente. El tiempo es limitado, y yo he comprendido que sólo puedo gastar el mío con dos tipos de personas: las que me enriquecen y las que me necesitan. Pero éstas son palabras amplias en las que caben muchas cosas, desde las amistades probadas a lo largo de varios años hasta las más recientes (que no precisan de mucho tiempo para instalarse en nuestras vidas con la descarada solidez de lo imprescindible), pasando por los minutos breves que compartimos con un desconocido interesante; y muchos suelen serlo si uno sabe mirar con atención y escuchar con interés genuino, y si no apaga la imaginación, que es la única herramienta que tenemos para entrar en la vida escondida de los otros. En esas vidas secretas, en las vidas ocultas o recónditas de la gente con la cual nos cruzamos todos los días, siempre está ocurriendo algo interesante. Cualquier encuentro, si uno tiene los sentidos despiertos y la curiosidad no está en modo avión, puede abrir una ventana hacia las habitaciones ajenas donde podemos ver, cada uno de nosotros, cómo viven los demás su vida entera.

Su vida entera: así lo dijo Ford Madox Ford, el autor de esa maravilla que es *El buen soldado*, un libro de 1915 que en nuestra lengua se conoce o se lee menos de lo que nos gustaría a sus proselitistas irredentos. (Cada vez que Rodrigo Fresán recluta a un nuevo lector, por ejemplo, me lo cuenta con el mismo orgullo con que suele dar la noticia de haber terminado un nuevo libro). Se trata de una novela breve y bellísima cuyos logros se pueden medir con su primera frase: «Esta es la historia más triste que he oído jamás». Así es: pues el hecho de que el resto de las páginas estén a la altura de esas palabras atrevidas, de que sean capaces de no desmerecer ni quedar en ridículo, es la mejor carta de recomendación que se me ocurre. La novela habla entre muchas otras cosas de la dificultad insondable de conocer a los demás, o de la inutilidad de nuestros juicios, que siempre son precarios, o de lo sorprendentes e impredecibles que son los otros seres humanos, y no siempre para bien (o casi nunca). «No sé nada —nada en absoluto— del corazón humano», dice Dowell, el narrador de la novela. Lo que nos cuenta es una indagación, hecha al azar de las revelaciones y los descubrimientos, sobre los secretos de los otros, lo que callan u ocultan, todo lo que se mueve detrás de sus máscaras y sus imposturas; y mientras cuenta la historia de los otros, los lectores nos vamos percatando de que tampoco él, ese narrador, es como sospechábamos: también él tiene otra cara.

Me gustan las ficciones que son también una metáfora de la lectura de ficción: que ponen en escena, de formas indirectas o laterales, nuestra curiosidad insaciable por las vidas de los otros. Por supuesto que uno nunca sabe con total certeza por qué acaba dedicándose a escribir novelas, aunque los novelistas nos llenemos la boca con palabras largas y grandilocuencias bien estudiadas, pero una de las razones más claras para leerlas debe ser esa insatisfacción insoportable: tenemos sólo una vida y estamos encerrados en ella, fatalmente condenados a mirar el mundo desde el mismo lugar —desde los mismos ojos, desde la misma conciencia— hasta el día de nuestra muerte. La lectura de ficción, aparte de un vicio de justificación difícil (pero que no debería necesitar justificación ninguna, como no la necesita ningún vicio que se respete), es una de las pocas maneras que hemos inventado los seres humanos para lidiar con los crueles límites de nuestras existencias monótonas y confinadas: para tener más vidas, sí, para ser otros, para saber hasta donde pueda saberse cómo es vivir siendo otra persona.

Si no me equivoco, es la misma razón por la que la gente toma hongos o se droga de otras formas, o lleva vidas paralelas (la exploración, como decía el poeta Robert Frost, de los caminos que no hemos tomado), o cierra una vida en un lugar para inventarse una nueva en otro, a veces haciéndolo por su cuenta y riesgo, a veces llevándose consigo a toda su familia. La insatisfacción nos agobia de mil maneras distintas, y de distintas maneras respondemos. Creo que era Harold Bloom el que decía que la ficción no sería necesaria si los seres humanos viviéramos ciento cincuenta años: pues en vidas más largas podríamos tal vez conocer a personas suficientes para saciar nuestra sed de experiencia, o por lo menos conoceríamos mejor a los que conocemos someramente en nuestras vidas limitadas. Pero no tenemos esos años de más: nuestras vidas son cortas; peor aún, son una sola. Para vivir cuanto queremos vivir, para entendernos y entender a los otros tan bien como quisiéramos, tenemos pocas facultades. «¡Qué sabios seríamos si conociéramos solamente cinco o seis libros!», escribe Flaubert. ¿Cuáles son? Yo sé cuáles son los míos. Pero sé también que no serán los de otra persona.

Lo que nunca habíamos visto del «caso Padilla»
30 de agosto de 2023

Como todos los lectores dedicados del *boom* latinoamericano, yo conocía los hechos del caso Padilla con cierto detalle: han sido discutidos hasta el cansancio por los testigos, los participantes y los historiadores, desde el Jorge Edwards de *Persona non grata* hasta *Las cartas del Boom*, la compilación sin desperdicio de la correspondencia entre los cuatro novelistas más notables de esa generación. Pero nada habría podido prepararme para la impresión profunda que me causó el documental extraordinario de Pavel Giroud, *El caso Padilla*, que tuve el privilegio de ver en días pasados. El documental todavía no está disponible en plataformas, a pesar de que hace un año sacudió a los que lo vieron en algunos festivales. Yo sólo puedo desear que no tarde mucho en estar disponible para el público, pues es uno de los testimonios más inquietantes y conmovedores que he visto de un momento señero de nuestro pasado: lo ocurrido en abril de 1971 rompió en dos la historia de la Revolución cubana, hizo trizas la relación entre la Revolución y los escritores latinoamericanos y, en cierto sentido, dio por clausurado el fenómeno político —no el literario— que llamamos *boom*.

Los hechos son estos. Heberto Padilla era un periodista que había apoyado a la Revolución desde sus comienzos, fungido como corresponsal de Prensa Latina en Moscú y pasado incluso por cargos oficiales. Después de unos años de viajes por el extranjero, Telón de Acero incluido, volvió a Cuba con algo que sólo puede llamarse desencanto. En 1968 publicó un libro de poemas, *Fuera del juego*, que se permitía escepticismos, ironías y aun críticas abiertas a la Revolución y a la mentalidad revolucionaria, pero no creo que hubiese imaginado, ni siquiera en sus peores pesadillas, lo que ese libro iba a causarle. Entre otras cosas, los poemas son una puesta en escena de la terca libertad de la poesía cuando mejor funciona. «¡Al poeta, despídanlo!», dice o exclama el poema que da título al libro. «Ese no tiene aquí nada que hacer./ No entra en el juego./ No se entusiasma/. No pone en claro su mensaje./ No repara siquiera en los milagros./ Se pasa el día entero cavilando./ Encuentra siempre algo que objetar». A Padilla no le sirvió de nada dedicarle el poema a Yannis Ritsos, ese poeta comunista que era por entonces uno de los prisioneros más célebres de la dictadura de Papadopoulos: en sus versos había demasiada independencia (o demasiado descreimiento) para lo que la Revolución exigía de sus fieles, o, más bien, para la fidelidad incondicional que la Revolución exigía de sus artistas.

El gran problema del libro de Padilla, peor aún que su escepticismo o sus críticas, fue su éxito. *Fuera del juego* ganó un premio que otorgaba la Unión de Escritores y Artistas de Cuba, y lo primero que hizo la institución fue pedirle al jurado que no le dieran el premio: pues el libro era culpable de todos los pecados de la contrarrevolución. El jurado, sin embargo, estaba compuesto por José Lezama Lima y J. M. Cohen, entre otros, y estos hombres no sólo tenían una autoridad indiscutible, sino que no eran de los que aceptan de buenas a primeras la imposición de criterios ajenos. *Fuera del juego* acabó recibiendo el premio, pero se publicó con una nota de la UNEAC que parece una mala parodia. En ella se acusaba al libro de ser ideológicamente contrario a la Revolución, y a Padilla de ser culpable de faltas como criticismo, antihistoricismo e individualismo burgués, y además de ser injusto con la Revolución de Octubre, con Stalin y con los bolcheviques: esos «hombres de pureza intachable», «verdaderos poetas de la transformación social». La UNEAC aprovechó para echarle en cara a Padilla la defensa que una vez había hecho de Guillermo Cabrera Infante, uno de los críticos más visibles de la Revolución: eso era, dijeron, «una adhesión al enemigo».

A partir de ahí, el lugar de Padilla en Cuba se deterioró sin remedio. Fue arrestado en marzo de 1971, acusado de actividades contrarrevolucionarias, y acabó pasando varias semanas en los calabozos de la Seguridad del Estado. Fue entonces cuando reaccionaron los escritores, y no sólo los latinoamericanos: en una carta abierta a Fidel Castro, nombres que iban de Barral a Vargas Llosa y pasaban por Simone de Beauvoir y Jean-Paul Sartre expresaron su «inquietud por el encarcelamiento», condenaron «el uso de medidas represivas» contra los escritores que han sido críticos con la Revolución y se lamentaron de que el Gobierno cubano no haya dado información clara sobre el arresto. La información no llegó nunca, por supuesto; pero el 27 de abril, pocas horas después de liberar a Padilla, la Seguridad del Estado convocó a los escritores cubanos en la sede de la UNEAC. Frente a sus colegas y amigos, Padilla llevó a cabo lo que se conoció como su «autocrítica», y el mundo estalló. En una segunda carta, los escritores manifestaron su «vergüenza» y su «cólera»; el acto en la UNEAC les pareció igual a «los momentos más sórdidos de la época estalinista, sus juicios prefabricados y sus cacerías de brujas». Pero ninguno de ellos vio nunca lo que yo he visto hace unos días, lo que pronto podrán ver quienes se asomen al documental de Pavel Giroud.

La filmación completa de la «confesión» de Padilla había permanecido oculta durante medio siglo. Se hizo con lujo de recursos, dos cámaras que parecen ubicuas y la dirección experta de Santiago Álvarez Román, pero no estaba destinada a los ojos de nadie por fuera del círculo más íntimo de Fidel Castro. Son unas cuatro horas de inmolación furiosa; de esas cuatro horas, Pavel Giroud ha escogido unos sesenta minutos en total, y los ha rodeado de un contexto imprescindible para entender lo que allí sucede: frases de Fidel Castro sobre la libertad de expresión de los escritores o sobre la invasión soviética de Checoslovaquia, apariciones de Guillermo Cabrera Infante —en el programa español *A fondo*, cuyas entrevistas lentísimas me llenan de nostalgia— e incluso una evocación del caso de Boris Pasternak, a quien el régimen soviético prohibió recibir su premio nobel y dedicó insultos de antología: en un congreso de la Juventud Comunista Soviética se lo llama «oveja negra», se lo acusa de «escupir a la cara de su pueblo» y se le recuerda que «un cerdo nunca defeca donde come».

El espectáculo de Heberto Padilla es triste y fascinante al mismo tiempo. Se desprecia a sí mismo e insulta a otros, menciona por nombre propio a colegas y los acusa de los mismos pecados que él ha cometido, critica a quienes se han solidarizado con él porque «la Revolución es más grande», elogia a sus carceleros que le permitían salir del calabozo de vez en cuando, le canta a la generosidad de la Revolución que le ha permitido pedir perdón por sus injurias y sus difamaciones, y mientras tanto suda a chorros en el sofoco de la noche habanera, pero lo hace todo con una elocuencia y una precisión que sólo está al alcance de los más grandes oradores o de los actores de talento. Es imposible quitar los ojos de la pantalla; es imposible no sentir el acoso y el miedo en el ambiente opresivo de un régimen sectario y perseguidor que ya no era el espacio de libertad que había sido en sus comienzos. Todo esto sucedió ya hace medio siglo, pero nunca lo habíamos visto así. Y ya no podremos, mucho me temo, dejar de seguir viéndolo.

El reino de Redonda: algunas aclaraciones
27 de septiembre de 2023

El domingo pasado, el periódico *ABC* publicó la noticia de que Javier Marías me había elegido como su sucesor en el reino de Redonda. Era una nota bienintencionada, pero se publicó sin mi participación ni mi consentimiento (más bien contra mi petición expresa), y ahora me veo obligado a hacer algunas aclaraciones: no sólo para evitar malentendidos, sino también para recuperar el derecho de contar esta historia, una de las más bellas que me han sucedido, tal como yo quería que se contara.

Los lectores habrán oído hablar acaso del reino de Redonda. Se trata de una extraña tradición literaria que comenzó en 1880, cuando un inglés excéntrico que se había hecho propietario de una isla diminuta de las Antillas nombró rey a su hijo de quince años. La mejor reconstrucción de lo que ha sucedido desde entonces —y la primera reconstrucción completa— se publicó el año pasado: *Try Not to Be Strange*, de Michael Hingston, cuyo título puede traducirse como «Trata de no ser raro». En este libro delicioso se cuenta cómo aquel hijo, Matthew Phipps Shiel, se hizo escritor de ciencia ficción, y cómo un joven poeta, John Gawsworth, que había conocido a Shiel como lector admirado, se convirtió con el tiempo en su amigo y luego en su heredero, con pacto de sangre incluido. Tras recibir el reino, Gawsworth se divirtió durante años construyendo una suerte de «aristocracia intelectual» (son sus palabras), jugando un juego muy formal y solicitando de sus colegas la complicidad necesaria para seguir jugándolo, pero también vendió su título en momentos de necesidad, y lo hizo más de una vez y a distintos compradores.

Eso ha enredado la sucesión, pues más de una persona reclama derechos legítimos. Todo es ambiguo en el reino de Redonda: Gawsworth nombró sucesor a su amigo Jon Wynne-Tyson, pero éste sostuvo siempre que nunca recibió el nombramiento de forma explícita, y sólo confirmó la herencia tras abrirse el testamento del rey. Fue una decisión controvertida; desde entonces, cerca de una docena de personas han reclamado el trono, algunas recordando una promesa verbal, otras aludiendo a contratos sin demasiada legitimidad. Wynne-Tyson, que al principio ni siquiera quería heredar este juego, acabó haciendo un viaje legendario a la isla de Redonda en 1979 y transformándose en un valedor convencido. Vio una isla donde no vivía nadie, y eso le gustó: el reino era un lugar de la imaginación, un espacio de fantasía, transmitido no por lazos de sangre sino por complicidades literarias. Como lema del reino escogió *Ride si sapis*, que significa «Ríe si sabes», y así siguió reinando hasta el día de 1997 en que decidió abdicar. El elegido fue Javier Marías.

A partir de aquí, la historia es más conocida para los lectores españoles. Marías la contó en *Negra espalda del tiempo* y en dos artículos publicados en *El País Semanal* en abril del año 2000: allí adujo que sus méritos eran ser escritor, haberse ocupado de Redonda en sus novelas, ser español como la bandera del barco que descubrió la isla y tener sangre caribeña. Nos conocimos poco después, cuando yo me ganaba la vida en la redacción de una revista barcelonesa (*Lateral*, ya desaparecida) y quise entrevistar a un novelista que había leído con enorme admiración desde mi descubrimiento de *Corazón tan blanco*. En los años siguientes nuestra relación fue transformándose, y debió de ser en 2010 cuando Marías me nombró embajador del reino de Redonda ante la república de Costaguana. Se refería, por supuesto, al país ficticio y latinoamericano que inventó Joseph Conrad en *Nostromo* y que yo usé (o del cual abusé) en una de mis novelas. Ser embajador de un país imaginario ante otro que también lo era me pareció apenas lógico.

En diciembre de 2017, recibí una carta que me sorprendió, por decir lo menos. «Un secreto», me decía Marías: «Hace no mucho, alguien me sorprendió en una entrevista preguntándome si ya había decidido heredero para el reino de Redonda. Me pareció prematuro y dije que debería ir pensándomelo, y la primera persona que se me vino a la cabeza fuiste tú. Se verá». Luego se alegró de un premio que uno de mis libros había recibido y me nombró duque del reino. Duke of Ruinas, fue mi título. Todo era un juego, y así había que tomárselo, y todos los ciudadanos de este reino estrafalario y bellísimo lo saben muy bien. Yo agradecí las palabras de Marías, pero nunca volví a hablar de ellas, por pudor y por sentir que los juegos se estropean si alguien se los toma demasiado en serio. Hasta que habló él, en febrero de 2021: «Creo que dentro de poco te escribiré sobre otra cuestión».

En esos días aterrizaba yo en Madrid, de manera que la conversación pudo darse en persona. En dos horas de una charla llena de digresiones, Marías habló del reino de Redonda —*Ride si sapis*: acaso trataba de verificar que yo sabía—, me enseñó algún libro de John Gawsworth y aclaró que no era para que me lo llevara, y terminó por decirme que, si yo lo aceptaba, sería su sucesor. No hubo pacto de sangre como el que hicieron sus antecesores, ni espadas tocando ningún hombre. Todo fue indirecto, extraordinariamente parecido a los narradores de Marías, y eso era lo divertido. En diciembre, Marías me hizo llegar un ejemplar de *Tomás Nevinson* con una dedicatoria conmovedora: «Para Juan Gabriel V, que lleva camino —si quiere— de convertirse en mi heredero. Con la admiración y el afecto de Javier M». Le respondí con la ambigüedad y la ironía que sus palabras invitaban, y luego ya no volvimos a hablar. Meses después supe por un comunicado que no se encontraba bien, y en cuestión de días me llegó la noticia de su muerte.

No había querido decir nada en público sobre aquellas propuestas, y tal vez no lo habría hecho nunca si Julia Navarro, ciudadana ilustre de Redonda y alma rebelde, no hubiera revelado en una columna generosa sus propias conversaciones con Marías, en las que él mencionó su decisión de que yo heredara este trono inexistente. La columna tuvo consecuencias: recibí llamadas de medios interesados en hablar del tema, y siempre dije, como Bartleby, que prefería no hacerlo. Pero uno de esos periodistas dio la noticia de todas formas, y con inexactitudes: por ejemplo, la nota aseguraba en su entradilla que Marías me había nombrado soberano «de la isla y de la editorial del mismo nombre». No es así, claro: la editorial Reino de Redonda pertenece a los herederos de Marías en el mundo real, y el título del reino literario no tiene —y eso es lo bonito— ningún contenido material. No hay ni dinero, ni tierras, ni súbditos, ni poder, ni privilegios. Es, como escribió Jon Wynne-Tyson, «un cuento de hadas excéntrico y agradable».

De manera que no: el rey Xavier I nunca llevó a cabo una ceremonia de nombramiento para su reino lúdico, y yo no cometería jamás la vulgaridad infinita de nombrarme a mí mismo. En estas circunstancias, ¿qué sigue? Todo es incierto y vacilante, y eso es misteriosamente apropiado y coherente con la naturaleza del juego, el temperamento del último rey y la historia de disputas del reino. Sea como sea, la memoria de Marías nos sigue acompañando, y solo cabe esperar que no desaparezca la tradición que él continuó tan bellamente, este reino junto al mar que no le pertenece a nadie, que venía de antes y que —sin duda— seguirá después.

Elogio de los invisibles
6 de diciembre de 2023

A mediados del mes pasado, el Instituto Reina Sofía de Nueva York me invitó a hacer, durante unos minutos, algo que haría gustosamente horas enteras: hablar de traducción y traductores. La ocasión era la ceremonia de entrega de un premio que el instituto organiza con la complicidad de otras entidades, y que distingue la mejor traducción hecha del español al inglés en Estados Unidos. Esta vez lo mereció —y es muy merecido— la traductora Charlotte Whittle, que puso en palabras inglesas *El infinito en un junco*, el bello libro de Irene Vallejo que habla, entre mil cosas distintas (y todas interesantes), de la importancia histórica de la traducción. Pues bien, siempre he creído en la pertinencia y aun la necesidad de cualquier manifestación que se nos ocurra para declarar públicamente nuestra gratitud hacia los traductores, y no me parece una exageración decir que todos ellos —y todas ellas: pues las mujeres son mayoría en este oficio— son autores de buena parte de lo que decimos cuando decimos: soy humano.

Permítanme que parta de una declaración de principios: si leemos y escribimos literatura, creo yo, es por un sentimiento de insatisfacción. No nos basta la vida que nos ha tocado; nos rebelamos contra el hecho de que la vida sea sólo una, en el sentido de que no tenemos otra después de ésta, pero también contra el confinamiento en una sola identidad, un solo lugar en el mundo, un único punto de vista desde el cual miraremos el mundo hasta la muerte. Esto es frustrante porque siempre queremos vivir y saber más: queremos tener otras vidas. La literatura es un remedio (imperfecto, pero no tenemos otro por el momento) para esas carencias; pues bien, la traducción lleva ese privilegio un paso más allá, y nos regala el acceso a vidas aún más diferentes, aún más alejadas, o salva el abismo que nos separa de esas vidas distantes. Por eso yo puedo decir que mi visión del mundo, mi moral, mi comprensión de lo que somos como seres humanos, ha sido moldeada por Homero y Tolstói, por Aristóteles y Chéjov, a pesar de que no hablo una sola palabra de griego o de ruso. A menudo he dicho que sin traducción no podría hablar de mi realidad colombiana, porque para ello necesito dos palabras que alguna vez fueron traducidas del griego: *político* e *idiota*. Ya ven ustedes: la traducción enriquece nuestra comprensión de la vida.

Durante varios años me gané la vida como traductor, y siempre he pensado que no hay mejor escuela para un aprendiz de escritor que la traducción literaria. La ecuación es muy sencilla: aprendemos a escribir leyendo, y los traductores son los mejores lectores del mundo. Un buen traductor entiende todos los efectos; como un buen imitador, puede hacer todas las voces. Un buen traductor también reconoce todos los atajos, todas las trampas, todos los trucos baratos, y esto, para el escritor traducido, es un acicate invaluable. (Más de una vez he trabajado una frase con sus traductoras en mente: para que sea mejor o más clara, o para que no sea perezosa ni autoindulgente: para que esté a la altura de su oficio y su talento). Por último, los traductores son los mejores detectives del error. Sus correos electrónicos me causan verdadero pánico, pues son la prueba tangible de que, por muchas veces que se corrija un manuscrito, siempre hay alguna falta que sólo se hará visible —para enorme desesperanza del autor— con el libro ya publicado y en proceso de traducción. Pero Borges solía decir que su primera lectura del *Quijote* había sido en inglés, y que luego, cuando leyó el original en español, pensó que se trataba de una traducción mediocre. No sé por qué, pero esta anécdota me consuela.

El premio Queen Sofia, que así se llama en el país donde se da, distingue, como ya dije, una traducción del español al inglés. Nadie puede ser más consciente de la importancia de la traducción que un novelista latinoamericano, pues nuestra novela llegó a la mayoría de edad, por lo menos en parte, gracias a ciertos descubrimientos traducidos. García Márquez no habría escrito lo suyo si no hubiera descubierto *La metamorfosis*, de Kafka, o esa extraña anunciación del realismo mágico que es *Orlando*, de Virginia Woolf, o a Faulkner y a Hemingway y a Albert Camus: todos libros que leyó en traducción (y muchos publicados por la gran Victoria Ocampo, sobre la cual habría que hablar más en otro artículo). Lo mismo se puede decir en el sentido contrario: sin la traducción de *Cien años de soledad* por Gregory Rabassa, o sin las que hizo Norman di Giovanni de la obra de Borges, toda una generación de novelistas norteamericanos sería más difícil de imaginar: me vienen a la mente Toni Morrison y John Barth. Pero también muchos otros: *Las vírgenes suicidas*, de Jeffrey Eugenides, es una novela admirable que sería inconcebible sin *Crónica de una muerte anunciada*.

Quiero decir que la traducción es, entre otras muchas cosas, un antídoto posible contra la cerrazón mental y la xenofobia del espíritu. La traducción amplía nuestro sentido de lo que son los seres humanos, de lo que dicen y piensan y sienten; también, de lo que el lenguaje le hace al mundo. Gregory Rabassa dice que el principio de incertidumbre de Heisenberg se aplica a la traducción: «Cada vez que llamamos *pierre* a una piedra», escribe, «de alguna manera la hemos convertido en algo distinto de una *stone* o una Stein». Y no sé a ustedes, pero a mí el hecho me parece francamente mágico. Hace muchos años hablé al respecto con Javier Marías, uno de los grandes novelistas-traductores de nuestra lengua —responsable de *Tristram Shandy* cuando tenía veintipocos años, y luego de obras de Conrad y de Isak Dinesen—, y me decía Marías que lo más misterioso de la traducción es la simple circunstancia de que la aceptemos. ¿Cómo puede un texto seguir siendo el mismo después de perder lo que lo ha hecho posible, que es el lenguaje? ¿Cómo podemos sentir que hemos leído a W. G. Sebald o a Thomas Bernhard los que no sabemos alemán, cuando ni una sola de las palabras que se encuentran en el texto traducido es decisión del autor? Leemos con la conciencia de que las palabras son de Miguel Sáenz, y sin embargo seguimos pensando: leo a Bernhard, leo a Sebald, leo a Joseph Roth.

Esto tiene un corolario: las buenas traducciones hacen desaparecer al traductor; las malas lo hacen visible. Tal vez sea cierto el lugar común que repetimos sin examinarlo, y los buenos traductores sean invisibles en la obra. Pero en cambio creo, y con toda convicción, que deben ser muy visibles, lo más posible, en nuestra sociedad de lectores. O de ciudadanos, sí, porque eso es también lo que indirectamente crean las traducciones, su presencia en nuestras sociedades o nuestro contacto sostenido con ellas. Así que es verdad: los nombres de los traductores deberían estar en la cubierta de los libros. Y es verdad: habría que pagarles mejor. Y es verdad: la industria, esta industria editorial que depende de ellos, debería empezar desde ya a protegerlos de los embates sin control de eso que llamamos inteligencia artificial, que muy bien puede ser el más grande paso atrás que hemos dado los seres humanos. Y nosotros, los lectores de literatura, tendríamos que darles las gracias a esas figuras invisibles, diciéndoles de vez en cuando que los vemos, que los reconocemos, que los apreciamos.

.

El misterio de Seki Sano
13 de diciembre de 2023

Entre los libros maravillosos que se publicaron este año en Colombia —y hubo varios: pienso en *El libro del duelo*, de Ricardo Silva, y *El viejo malestar del Nuevo Mundo*, de Mauricio García Villegas—, hay uno que ha ocupado mi atención especialmente, tal vez porque seguí desde lejos los avatares de su escritura, tal vez porque entronca de manera muy directa con mis propias obsesiones: las vidas ocultas de los otros, la relación entre política y arte, las maneras como las fuerzas de la historia moldean la vida privada de los individuos, las décadas centrales del siglo xx en Colombia.

El título de este libro, más que un título, es un titular: *¿Qué pasó con Seki Sano?* Menos fácil es decir quién es su autor, pues Sandro Romero Rey no es sólo uno de los hombres de teatro más conocidos de Colombia, y uno de los más dignos de nuestra gratitud: no me alcanzaría el espacio de este artículo para dar cuenta de todo lo que ha hecho sobre un escenario (o detrás de él), de los autores que nos ha descubierto, de la testarudez con que se ha dedicado a abrirle las ventanas a nuestra cultura nacional, que puede con frecuencia ser más bien claustrofóbica. No, Romero no es sólo eso: es también novelista, ensayista, lector de los buenos, proselitista con razón de la obra de sus amigos y crítico de cuanta cosa se pueda criticar. (Lean también *Profesión: espectador*, su compilación de artículos diversos sobre cine, teatro y conciertos. No tiene desperdicio).

¿Qué pasó con Seki Sano? es un libro indócil, como suelen ser los libros buenos, pues no se deja meter con facilidad en un estante. ¿Es la crónica de una investigación, es una memoria personal, es un ensayo historiográfico? En algunas páginas alcanzamos a adivinar unas libertades con la verdad probable de los hechos que coquetean con la ficción, y el lector atento se pregunta en más de una ocasión si algunas de las escenas del libro no serán producto de la imaginación soberana del autor, pero no creo —extrañamente— que eso baste para estamparle a la pobre criatura el pesado nombre de no-

vela: y eso a pesar de que haya una conversación por teléfono en que una de las dos partes, el autor, lee un ensayo de cuarenta páginas sobre la historia del teatro en Rusia mientras la otra, una amiga, viaja en Transmilenio. De hecho, el libro mismo se apresura a rechazar el rótulo, y además con fuerza: en un par de momentos hay una parodia del lenguaje con el que la novela se asoma a los personajes reales del pasado, y uno de los capítulos se titula «Esto no es una novela».

Entonces, ¿qué es? Hay una respuesta fácil: es todo lo mencionado al mismo tiempo, con lo cual el problema de su género se convierte en un asunto para nuestros libreros, y los lectores podemos dedicarnos a otra cosa. Pues lo importante, desde luego, no es dónde ponemos el libro de Romero, sino que ustedes, los lectores, lo encuentren y lo lean. Porque habla de muchas cosas: de un misterio familiar, de la historia del teatro en Colombia, de la relación siempre difícil entre las artes y la política y de un periodo de nuestro pasado, los años cincuenta, que todavía sigue guardando secretos para nosotros.

El misterio al que me refiero parece anecdótico, pero abre una serie de caminos hacia mil reflexiones importantes. En septiembre de 1955, un director de teatro japonés, el maestro Seki Sano, vino a Colombia contratado por el gobierno del general Gustavo Rojas Pinilla. Su misión, en ese país que había inaugurado la televisión un año atrás, era entrenar a los actores y los directores locales para acomodarse a las exigencias del nuevo medio. Seki Sano venía de México, y antes de México había pasado por la Unión Soviética, y en cada país —incluido el suyo— había dejado migajas grandes o pequeñas de simpatía con el comunismo. Pues bien, el país al que llegaba ahora, la Colombia de Rojas Pinilla, había declarado la ilegalidad del comunismo y estaba persiguiendo de manera fanática a todo lo que pareciera acercarse a esos parajes de la ideología. Tres meses después de su llegada a Bogotá, cuando ya había tenido tiempo de inspirar a una generación entera de actores, Seki Sano recibió la notificación de que su invitación había sido revocada. Las autoridades le dieron dos días para irse del país. Y en algún momento de todo el proceso surgió un rumor: entre los delatores de Seki Sano, entre los responsables de que llegaran a oídos del Gobierno sus simpatías non sanctas, estaba Bernardo Romero Lozano, que no sólo es una de las figuras mayores de la historia de nuestra televisión, sino que era tío de Sandro Romero.

La investigación que emprende Romero tiene un objetivo diáfano: averiguar si es verdad eso que se dice. ¿Es posible que Bernardo Romero Lozano haya delatado a Seki Sano para quitarse de encima a un competidor o a alguien que le hacía sombra? En otras palabras: ¿Hay un sapo en la familia? Ése es el motor que mueve la máquina del libro. Pero en el trayecto se investigan muchas otras cosas, todas de interés: ¿Cómo fue la vida de Seki Sano? ¿Cómo fue su relación con los grandes movimientos teatrales del siglo XX, de Stanislavski a Meyerhold, de Meyerhold a Brecht? ¿Por qué la relación histórica entre la izquierda colombiana y su gente de teatro? Sandro Romero se lanza a estas búsquedas en tiempos de pandemia, y eso también tiene su gracia: una parte del libro reflexiona sobre lo que fuimos durante esos meses aciagos, y sobre todo lo que fueron las gentes cuya vida es una escena, un público, un contacto humano que nada reemplaza.

«Una anécdota te lleva a un personaje, éste te transporta a una coincidencia, pronto llegarás a una conjetura y al final de la jornada tendrás una certeza». Si hay un resumen o una síntesis del método de este libro, ahí está. *¿Qué pasó con Seki Sano?* no es solamente un libro, sino la puesta en escena de la escritura de un libro; y no sólo sigue el destino de sus personajes —Seki Sano, pero también Santiago García, Fausto Cabrera, Bernardo Romero— sino que nos permite seguir el proceso mental del hombre que está escribiendo. Ese proceso es caprichoso, caótico, azaroso y frustrante, lleno de incertidumbres, de puntos muertos, de digresiones por carreteras secundarias, y llega a su fin igual que llegan a hacerse las obras de teatro: por pura terquedad. Pues bien: bendita sea la terquedad de Sandro Romero.

Despedida a un novelista
20 de diciembre de 2023

En la última página de *Le dedico mi silencio*, después del punto final de la novela, Mario Vargas Llosa escribe dos párrafos sorprendentes. Ocupan el lugar de esas notas de autor, más o menos convencionales, donde se dan dos o tres precisiones sobre la escritura del libro que acabamos de leer, y así nos cuenta Vargas Llosa que terminó el borrador de esta novela en Madrid, el 27 de abril de 2022, y que pasó los meses siguientes corrigiéndolo. Pero entonces, de manera súbita, de una línea a la otra, la nota inofensiva toma el tono y el lenguaje de un diario: Vargas Llosa anuncia un viaje al norte del Perú; luego cuenta que ya lo ha hecho, y que le ha servido mucho; luego escribe: «Creo que he finalizado ya esta novela». Su intención ahora es terminar un ensayo sobre Sartre, dice enseguida, y cierra el párrafo —y el libro— con estas palabras: «Será lo último que escribiré».

No pensé que esa página sencilla me fuera a emocionar como lo ha hecho, a pesar de que la leí con la conciencia plena de lo que la obra de Vargas Llosa ha significado para mi experiencia de latinoamericano y mi vocación de novelista. Pues con esa despedida no se cierra solamente una de las empresas literarias más ricas, abarcadoras y ambiciosas de nuestro tiempo, sino también la obra de una generación entera que transformó dos cosas para siempre: la literatura en lengua española y el lugar de América Latina en el imaginario del mundo. Vargas Llosa es el último de una estirpe, el único superviviente de ese puñado de escritores que hemos agrupado bajo el tosco rótulo de *boom* latinoamericano, cuyos libros han ocupado para muchos de nosotros el lugar de una verdadera educación: literaria, como es evidente, pero también sentimental y política. Las grandes novelas del *boom* quisieron reescribir la historia latinoamericana; lo que también lograron fue darnos a algunos las herramientas para inventar nuestra biografía.

Así es. Yo puedo decir —y aquí ya paso a la primera persona— que mi vida civil es incomprensible sin los libros de estos escritores, desde sus ficciones a sus ensayos y desde su periodismo a su poesía. Mi relación con ellos comenzó con la lectura de *El coronel no tiene quien le escriba*, que hice a los once años como tarea escolar, y en el curso de las cuatro décadas siguientes ha sido una presencia constante: esos libros han sido a veces un modelo y un acicate, y a veces una autoridad incómoda contra la cual sólo cabe la rebeldía, pero siempre han estado allí, como una suerte de país portátil. Una parte considerable de mi vida de lector y novelista tiene lugar en otras lenguas y otras tradiciones, pero ese momento preciso de la literatura latinoamericana del siglo xx, el que empieza con Borges y termina con Vargas Llosa, es para mí un hogar, por lo menos en el sentido de aquel verso de T. S. Eliot: el lugar del cual partimos.

De manera que los autores del *boom* latinoamericano, así como los que vinieron arrastrados por ese fenómeno, tienen en mi biblioteca —la física y la emocional, que no siempre coinciden— un lugar de enorme importancia. Pero esto es una constatación banal; más interesante es señalar que se trata de un lugar contradictorio, pues estos nombres son al mismo tiempo clásicos y contemporáneos, fundadores de mi tradición y presencias en mi mundo. Por la época en que murieron Cortázar y Borges yo empezaba apenas a leer en serio, pero desde que empecé a publicar libros he vivido en un mundo donde se publicaban también, y con cierta regularidad, las nuevas obras de los que han hecho mi tradición: Cabrera Infante, Fuentes, García Márquez. Lo cual es más o menos como si Flaubert siguiera publicando cada tres años sin que cambiara la circunstancia de que escribió *Madame Bovary*. Mario Vargas Llosa, por supuesto, es el último de esos novelistas, pero es además el que marcó de manera más clara, y desde un comienzo, mi forma de entender el oficio.

No sé cuántas páginas he escrito sobre sus novelas, pero las que prefiero son parte de mis recuerdos tanto como mis propias vivencias. El robo del examen y el encuentro final entre el Jaguar y el teniente Gamboa, el cuerpo de Jum colgado de un árbol en Santa María de Nieva, la conversación en las oficinas de Cayo Mierda, el barón de Cañabrava haciendo algo imperdonable cuando lo sorprende su mujer, que ha enloquecido: estas escenas siguen viviendo todavía en mi memoria como si las hubiera visto. Pero he dicho con frecuencia que, más allá del arte de hacer novelas, Vargas Llosa representó para mí una forma de asumir la vocación literaria que sólo puedo llamar liberadora. A mis veinte años, yo era un estudiante de Derecho que acababa de descubrir una verdad incómoda: lo único que me interesaba era leer novelas y tratar de escribirlas. En mi desorientación de esos días, mientras leía como si me fuera la vida en ello, me aferraba desesperadamente a otras palabras que no existían en las novelas, y no puedo saber qué me habría pasado si no las hubiera descubierto a tiempo.

Esas palabras están en *La literatura es fuego*, un discurso de los años sesenta donde el oficio literario es una «diaria y furiosa inmolación». Están en *La orgía perpetua*, donde Flaubert le sirve a Vargas Llosa para defender las virtudes de la dedicación casi monacal a un oficio que lo exige todo. Están, con tono más confesional, en las páginas autobiográficas de *El pez en el agua*: «Sólo sería un escritor si me dedicaba a escribir mañana, tarde y noche». No sé cuántas veces leí en mis años de incertidumbre —que son los más, que en realidad nunca se acaban— una entrevista sin desperdicio que Vargas Llosa le dio en los años setenta al escritor colombiano Ricardo Cano Gaviria. «El escritor auténtico lo pone absolutamente todo al servicio de su vocación», dice allí Vargas Llosa. «Lo que va en contra de los intereses de la literatura es suprimido, descartado».

Ahora los años han pasado, y ya no puedo decir con certeza qué vino primero para mí: si el descubrimiento de mi vocación o el de un escritor que la encarnaba de manera rotunda y la explicaba con elocuencia. Para un joven que comenzaba a escribir en un mundo movedizo como la Colombia de los primeros años noventa, enfrentándose a la resistencia de mecanismos sociales cuya explicación no cabe en estas líneas, lidiando con el futuro incierto y la posibilidad del fracaso, esas páginas fueron auxilios invaluables. La literatura no como una profesión, ni como una manera más o menos digna de ganarse la vida, ni mucho menos como un medio para otras cosas (la frivolidad del éxito, los malentendidos del prestigio); la literatura como una forma de estar en el mundo que es devoradora, exclusiva y excluyente, y la disciplina, incluso a costa de sacrificios, como única forma posible de su ejercicio. Muchos novelistas están más presentes que Vargas

Llosa en mis novelas, pero es probable que ninguno lo esté más en mi comprensión de lo que hago todos los días. Entenderán ustedes que me haya causado una impresión tan profunda su despedida, y acaso perdonen estas líneas demasiado francas y un punto melancólicas: pero es que el riesgo de la impudicia me parecía preferible al de la ingratitud.

El lugar de Cortázar
2 de marzo de 2024

Por razones que no tienen ninguna relación con Julio Cortázar, hace unos días me encontré cruzando el cementerio parisino de Montparnasse, y una mezcla de curiosidad sociológica y de superstición literaria me obligó a desviarme unos cuantos pasos para ver su tumba por segunda vez en la vida. La primera había sido en el otoño de 1996, cuando Cortázar llevaba apenas doce años muerto y el culto de su figura y de sus libros estaba, me pareció, agudamente vivo, y lo que recuerdo de ese día es una superficie de mármol tan cubierta de ofrendas —ramos envueltos en papel blanco, pequeñas materas plásticas, tulipanes sueltos, tiquetes de metro, cartas en sobres de colores— que leer la inscripción era imposible. De alguna manera esperaba encontrarme ahora con una escena semejante, pues el 12 de febrero pasado se cumplieron cuarenta años de la muerte del «gran cronopio»; y, después de pensar en lo insoportablemente cursis que me han parecido siempre los que lo llaman «gran cronopio», pensé que sus lectores ya habrían pasado por allí para hacerle sus homenajes privados, y que me encontraría con la misma lápida cubierta de cosas, con el mismo nombre imposible de leer.

No fue así. Un solo tiquete de metro, dos materas de plástico del tamaño de un puño y una rosa de largo tallo sin espinas: eso era todo lo que había. El tiquete de metro, como sabrá más de un lector fanático o en vías de rehabilitación, es una referencia a *El perseguidor*, que para mí sigue siendo, más allá de sus usos fetichistas, uno de los grandes cuentos de la literatura latinoamericana: y la literatura latinoamericana, estarán ustedes de acuerdo, ha dejado una larga lista de maravillas en el género del cuento. Debajo de una de las materas, una nota hacía un inventario de virtudes y terminaba con la palabra «Gracias», escrita en mayúsculas y seguida de un nombre de mujer; y junto a la nota vi una petición escrita sobre una placa de mármol, adosada a la lápida: «Estimados admiradores de Julio Cortázar y de su obra, gracias por respetar la claridad y la calma de esta tumba». Y entonces me pregunté si la limpieza del lugar se debía a la obediencia de esos admiradores, o si era posible que la figura de Cortázar, que había marcado a más de una generación, ya no despertara entre sus lectores las mismas lealtades que antes.

Tal vez podamos permitirnos la pregunta, me parece: tal vez podamos preguntarnos cuál es hoy el lugar de Cortázar, cómo lo lee la gente, qué libros lee cuando lo hace. Entre los escritores latinoamericanos, ninguno ha despertado como Cortázar algo tan parecido a la devoción de secta, y basta leer su correspondencia para confirmar que no se trata sólo de adolescentes letraheridos en busca de modelos; pero no seré el primero en reconocer que esos entusiasmos van cambiando, y que no todos los libros han sobrevivido de la misma forma al paso inclemente del tiempo. He hablado con muchos lectores de una generación mayor a la mía, los que eran ya adultos a comienzos de los años setenta, que hoy sienten una rara mezcla de rubor y melancolía cuando confiesan, bajando la voz: «Sí, a mí me gustaba hasta el *Libro de Manuel*». Pero la editora de Cortázar en España me decía no hace mucho que sus cuentos se siguen vendiendo con la misma terquedad de siempre, y yo pensé que allí donde se lean los cuentos de Cortázar no todo está perdido.

Me perdonarán ustedes un breve momento de proselitismo: pero es que nadie ha leído la literatura latinoamericana si no ha leído los cuentos de Cortázar. Cada lector tendrá su lista personal de querencias; la mía puede cambiar con los años, y de hecho ha cambiado, pero siempre han estado en ella *Casa tomada*, que Borges publicó en *Los anales de Buenos Aires*, y *La isla a mediodía*, aunque el final abuse de un recurso tramposo que le gustaba demasiado a Cortázar. Pero, si tuviera que escoger uno solo de los libros, sería *Las armas secretas*. Allí está *El perseguidor*, esa máquina capaz de producir tiquetes de metro en los cementerios, pero también el mejor de los cuentos que solemos llamar fantásticos, *Cartas de mamá*, y una maravilla de signo opuesto y delicadeza casi chejoviana: *Los buenos servicios*. Y en medio de todos ellos está *Las babas del diablo*, un cuento oscuro pero tan sólido que ha sobrevivido incluso a la película bastarda de Michelangelo Antonioni.

De lo que se habla menos, en cambio, es del otro género que dominó Cortázar: la correspondencia. Los cinco volúmenes de sus cartas, según los editaron hace unos años Carles Álvarez Garriga y Aurora Bernárdez, son una fiesta insólita de inteligencia, cultura y humor del bueno, y en ellas puede cualquiera perderse durante días con la impresión de haber hecho un largo viaje en la mejor compañía del mundo. Tanto Carlos Fuentes como García Márquez hablaron muchas veces del viaje en tren que hicieron los tres juntos para encontrarse en Praga con Milan Kundera. Cuenta García Márquez que en algún momento del viaje nocturno le preguntó a Cortázar quién había metido el piano en el jazz, y que la pregunta inocente dio lugar a una cátedra precisa y divertidísima que duró la noche entera; pues bien, la lectura de las cartas de Cortázar es como yo imagino que fue ese viaje: un tiempo sostenido con un tipo cuya cordialidad es tanta como su conocimiento, y su erudición tan de agradecer como su desprecio de toda solemnidad.

En sus cartas, que al fin y al cabo eran privadas, está el Cortázar más contradictorio. «Alguna vez, con inocencia, creí posible una visión estética de la realidad y de la literatura», le escribe a Carlos Fuentes en 1968. Pero ahora, dice, esa escala de valores se le está quebrando por todas partes. ¿Qué ha pasado? En tres palabras: la Revolución cubana. «Ninguna revolución me hará renunciar a Marcel Duchamp», escribe, «pero Duchamp ya no podría hoy hacerme renunciar a la Revolución. Todo está, todo estará, como siempre, en buscar y encontrar las articulaciones de la nueva estructura». Son palabras abstractas para hablar del enorme problema que agobiaba a los novelistas de esa década: hasta dónde llegar con el compromiso político. En palabras concretas: hasta dónde llega el apoyo a la Revolución cubana. Cortázar, lamentablemente, lo asumió a ciegas: aunque en privado se lamentara de lo que llamaba los errores de la Revolución —pero algunos, como el caso Padilla, no eran errores, sino desmanes autoritarios de la peor estirpe estalinista—, en público le ofreció un apoyo sin fisuras, convencido como tantos de que sólo así se podía resistir a los fascismos que habían marcado —y marcarían todavía más— la historia del continente.

Al final, de Cortázar acaba siendo cierto lo que es cierto de todo gran escritor de ficciones: fue mejor en la ambigüedad que en la certeza. Sus mejores cuentos son exploraciones del lado oculto o invisible de este mundo que a veces creemos entender, y si *Rayuela* sigue mereciendo que la frecuentemos debe ser, aparte de su humor delicioso y sus diálogos inmejorables, por esa actitud de duda constante, de incertidumbre, de invencible ironía. Ese Cortázar, el que buceaba en el otro lado de las cosas, seguirá con sus lectores: mereciendo flores, si ustedes quieren, o cartas, o tiquetes de metro.

Notas sobre una muerte prematura
6 de abril de 2024

Se cumplió por estos días un siglo del nacimiento de Jorge Gaitán Durán, que no sólo fue uno de los intelectuales más notables de su generación, sino que dejó la cultura colombiana transformada para siempre. ¿Pero dónde está Gaitán? ¿Se habla de su obra? Pregunta más arriesgada: ¿se lee su obra, más allá de unos cuantos devotos o académicos? Luis Fernando Quiroz, que conoce maravillosamente la vida y la obra de Gaitán, publicó una semblanza de acento político en *El Espectador*, pero esa golondrina no hizo verano, y yo seguí con la impresión incierta de que Gaitán no tiene entre nosotros el lugar que tal vez merece. Aunque la idea de merecimiento en literatura es arbitraria y ociosa: nadie sabe por qué el tiempo escoge lo que escoge. No: tal vez lo que quiero preguntarme hoy, cien años después del nacimiento de Gaitán y casi sesenta y dos después de su muerte prematura, es cómo recordarlo. Parece una pregunta fácil, pero no lo es.

Gaitán fue un personaje contradictorio. Tuvo muchos talentos, y uno de ellos —muy apreciable— era el talento para confundir. Yo sospecho que lo recordamos sobre todo por haberse reunido con Hernando Valencia Goelkel, Eduardo Cote Lamus y Pedro Gómez Valderrama, entre otros conjurados, para fundar *Mito*: una revista subversiva, escandalosa, inteligente y atrevida que se publicó a lo largo de siete años solamente, entre 1955 y 1962, pero cuya breve existencia le alcanzó para abrir las ventanas de la literatura colombiana, sacudir la conversación nacional sobre casi todo, decir cosas que en el país pacato de los años cincuenta no se podían decir y enfrentarse a los poderes terrenales —la dictadura de Rojas Pinilla y la Iglesia católica— como nadie lo había hecho. No se preocupe usted, lector, si lo primero que recuerda cuando se menciona el nombre de Gaitán es el hecho fortuito de que haya publicado, en mayo de 1958, la novela corta de un joven costeño que malvivía en París: *El coronel no tiene quien le escriba*. Sí: la clarividencia literaria era una de las virtudes de Gaitán, pero no era la única.

Fue poeta, crítico de cine, crítico de arte, crítico de literatura, crítico de la crítica. Hizo política sin ser político, y yo tengo para mí que no hubiera podido serlo: tenía la costumbre prohibitiva de la duda. Podía escribir con solvencia sobre el marqués de Sade o el gobierno de Alberto Lleras, sobre *La celestina* o sobre el comunismo en Colombia. Apenas cumplida la edad de votar ya había publicado un volumen de poesía de buen oído e influencias frescas, y hay en él unos versos que me parecen una declaración de intenciones, lo más parecido a un atajo para comprender lo que iba a ser la corta vida de Gaitán:

> Yo soy así en el mundo violento y desolado
> y mi frente se eleva para buscar el cielo.
> nada redime, nada, mi estupor, mi fatiga,
> nada calma mi sed, nada cumple mi anhelo.

Lo que distingue a Gaitán —y lo que me seduce a mí de su figura— es ese apetito descomunal. Era un joven de provincias, de familia más bien privilegiada, que quería sencillamente leerlo todo, viajar por todas partes y reaccionar a todo por escrito. Por eso escribió en casi todos los géneros: dejó poesía, ensayos, cuentos cortos (pocos y mediocres) y un libreto para ópera. Pero lo que más me interesa a mí es un documento inusual en el panorama de la literatura colombiana: su diario de viaje. Lo comenzó en 1950, cuando, después de años de frustraciones políticas que incluyeron un atentado contra su vida, decidió aprovechar los recursos de su familia para irse a conocer el mundo. A veces se me ocurre que no hay mejor puerta de entrada a la figura de Gaitán: ahí están sus obsesiones, su inteligencia penetrante, su hambre de experiencias y su evolución intelectual, que va desde un byronismo un poco risible a una madurez innegable. Y están también su buen ojo, su irreverencia y su tendencia irrefrenable a entenderlo todo a través del prisma de la cultura.

Así es desde la primera entrada del diario. Gaitán se ha embarcado en el Isigny, carguero de la Compañía Trasatlántica con bandera francesa, y al llegar a altamar hace la lista de los pasajeros. Entre ellos hay un sacerdote residente en Colombia, una novicia peruana, un tenor negro de Paramaribo, un comerciante blanco de

Génova, tres Hermanos Cristianos y una prostituta francesa. Escribe que la compañía le parecía sacada directamente de Apollinaire; no, se corrige, es más justo verlos como personajes de alguna picaresca para niños, encarnaciones diversas de Pedro de Urdimalas. «Durante cerca de un mes», escribe, «deberé vivir entre diez personajes de novela pasada de moda». Y vive con ellos, anota en su diario sus comentarios y sus confidencias, da cuenta de sus trifulcas: cuenta el racismo del genovés, el resentimiento del tenor y la frivolidad del sacerdote (pero no cuenta nada sobre la prostituta). Y un mes después el carguero Isigny llega al puerto de La Pallice, que hoy conocemos como La Rochelle, y Gaitán empieza los tres años de ese viaje que lo convirtió en él mismo: en la imagen que tenemos de él cuando llegamos a conocerlo bien.

El problema, por supuesto, es que nadie llega nunca a conocerlo bien. Acaso es por eso por lo que su figura no está tan presente entre nosotros: porque es inasible, contradictoria, multiforme. Cuando publicó las notas que hizo durante un viaje por China y la Unión Soviética, Gaitán dijo que lo hacía para responder a los reaccionarios que lo acusaban de comunista y a los comunistas que lo acusaban de reaccionario. Pero las notas, dijo, «apenas son el testimonio, probablemente ineficaz, de un hombre que pretende ser libre». Y ya sabemos que no hay nada más difícil, ni nada que despierte más la inquina y las enemistades de este país perpetuamente envenenado contra sí mismo, donde no es de recibo no pertenecer a una tribu.

En 1959, Jorge Gaitán publicó *La revolución invisible*, un largo ensayo cuyo subtítulo tremebundo —«Apuntes sobre la crisis y el desarrollo de Colombia»— no debería espantar a nadie. Se trata de una reflexión generosa sobre nuestro destino colombiano; hay allí reflexiones lúcidas y también intuiciones a medio hornear, diagnósticos certeros y profecías completamente erradas, pero hay sobre todo un esfuerzo serio por pensar el país. Pero lo que quiero recordar no es el ensayo en sí, que se publicó por entregas en la revista *La Calle*, sino una nota que Gaitán publicó en la misma revista sobre las reacciones que su ensayo produjo.

«Mi caso», escribió, «no tiene en el fondo nada de asombroso: no le debo favores a nadie; no dependo de ningún partido, de ninguna secta; no acepto jefes, ni Index de ninguna clase; no pueden asediarme económicamente, no pueden aniquilarme éticamente, no pueden impedirme que escriba, ni mucho menos que piense; leo lo que quiero, estudio, observo e intento con obstinación comprender ciertos temas culturales, ciertos panoramas políticos y sociales, ciertas pasiones humanas. No soy un inconforme profesional: creo apenas que la fuerza de una posición no proviene del desprecio, ni siquiera del talento o de una adhesión ideológica, sino de la independencia y la conciencia».

En junio de 1962, el avión en que Gaitán regresaba de París a Bogotá se estrelló en la isla de Guadalupe. Es imposible, leyendo las palabras que acabo de citar, no sentir que esa muerte prematura nos robó algo importante. Habrá que conformarse con lo que nos quedó.

Historias de un cuchillo
25 de mayo de 2024

En abril del año pasado, ocho meses después del ataque con cuchillo que casi le cuesta la vida, Salman Rushdie me dijo que había comenzado a escribir un libro sobre los hechos. «No sé qué saldrá, pero ya he comenzado», me dijo. Era un domingo soleado de Nueva York; Rushdie llevaba un lente oscurecido sobre su ojo derecho, el que perdió tras el ataque, y su mano herida todavía no funcionaba normalmente; pero se había embarcado en la escritura del libro, decía casi con entusiasmo, y no había vuelta atrás. Me pareció claro que se trataba de lo que podemos llamar, con la detestable jerga de nuestros días, el control del relato. Pues Rushdie se ha pasado los últimos treinta y cinco años tratando de evitar que su vida quede reducida a su accidente más visible: la condena a muerte que decretó en su contra el ayatolá Jomeini tras la publicación de una novela llamada *Los versos satánicos*. En los últimos años, me dijo, le había parecido que los lectores hablaban de los libros nuevos sin evocar la fetua, ni al ayatolá, ni *Los versos satánicos*. Ahora la conversación volvería sin duda a la que era antes. Y lo que uno no cuente, me dijo Rushdie, lo contarán los otros.

Pues bien, ahora Rushdie lo ha contado. No habrá nadie ya que no se haya enterado de la publicación de *Cuchillo*, el recuento minucioso y conmovedor y valiente del ataque y sus consecuencias, pues los medios españoles le han dado la atención que merece. Confieso que yo me he preguntado si se necesitaba realmente una página más sobre este libro, pero de inmediato me he dicho que la pregunta es más bien tonta, porque valdría lo mismo preguntarse si hace falta defender una vez más las libertades más preciadas de sociedades como la nuestra, o si hace falta recordar una vez más que ninguna libertad conquistada es una conquista definitiva, o si hace falta denunciar una vez más la presencia entre nosotros —hoy como hace treinta y cinco años— de fuerzas insidiosas que diariamente matan o aterrorizan en nombre de una religión. El ataque de Chautauqua, los veintisiete segundos de la agresión salvaje que sufrió Salman Rushdie, fue tomando cuerpo en la cabeza del atacante a lo largo de meses de internet, de videos de YouTube y de redes sociales. Nada de eso existía, por supuesto, en el momento de la fetua. Por no existir, no existía el atacante: le faltaba una década mal contada para nacer. Y es útil recordarlo.

Lo que quiero decir es que el mundo ha cambiado mucho desde 1989, pero no tanto; o han cambiado los fanáticos, pero no el fanatismo, que se amolda y se aprovecha y espera siempre su momento, o que ahora echa mano de nuevos recursos o se transmite por vías novedosas. En uno de los momentos más extraños del libro, Rushdie decide que no buscará a su atacante para tratar de entender sus motivaciones, pues una entrevista aparecida en la prensa le ha revelado a una criatura panda y poco interesante. ¿Qué ha hecho entonces? Inventarlo: imaginar un diálogo de treinta páginas que le presta una voz, unas motivaciones, unos puntos de vista. Para algunos lectores, es el punto débil del libro. No puedo estar de acuerdo, no sólo porque me parece admirable el intento por entender a quien nos ha hecho daño, sino porque el retrato que sale del diálogo es mucho más interesante que la eventual realidad: el retrato de un joven solitario y frustrado, desilusionado con la vida, fracasado en todo pero incapaz de aceptar la culpa de sus fracasos, demasiado listo para descargar en otro su furia. *Furia*, se llamaba una novela de Rushdie, pero lo que le ha ocurrido a Rushdie parece más bien sacado de *Shalimar el payaso*: esa novela que partió de la imagen de un hombre echado en un charco de sangre y otro de pie, mirando lo que ha hecho, sosteniendo un cuchillo.

Como todos los libros de Rushdie, *Cuchillo* es también una vindicación del oficio de narrar, o un alegato en favor de esa vieja actividad de poner en lenguaje lo ocurrido o imaginado, y así darle un orden y sacarle un sentido. Cuenta Rushdie que faltó muy poco —un milímetro, acaso— para que el cuchillo que le entró por el ojo dañara su cerebro, lo cual lo hubiera dejado fatalmente convertido en otra persona. Pero el cuchillo no llegó adonde habría podido llegar, y Rushdie pudo seguir siendo quien era antes. Eso incluía el imperativo de ponerse a trabajar, por supuesto, y no en una novela, sino en este libro. No sé si haga falta ser novelista para entender el momento en que Rushdie, emergiendo apenas del trauma, acosado por los dolores propios y su reflejo en el ánimo de sus seres queridos, le dice a su mujer: «Esto hay que documentarlo». Y ella —Rachel Eliza Griffiths: poeta, novelista y fotógrafa— está de acuerdo. Vienen entonces los esfuerzos por recordar y dejar constancia de lo que otros preferirían olvidar lo antes posible, aunque sólo fuera por sanidad mental. Recordar estos hechos, darles forma permanente, no es sólo el sesgo insoslayable de un novelista, sino un acto de coraje. «Esto es más grande que yo mismo», escribe Rushdie. «Esto va de algo más grande».

¿Pero qué es ese algo? *Cuchillo* es una respuesta posible a esta pregunta, pues el libro entero nos interroga constantemente sobre lo que le ha pasado con el transcurso de estos años a nuestra idea de libertad. La han manipulado todos, desde un lado y desde el otro, en nombre de valores diversos que la invocan para justificar el momento en que la aplastan. La recuperación y la defensa de esa vieja idea —«la idea de Thomas Paine, la idea de la Ilustración, la idea de John Stuart Mill», dice Rushdie— son algunas de las obsesiones de este libro. O mejor: la historia que cuenta este libro es uno de los ataques más violentos que ha sufrido esa idea en mucho tiempo, y nos duele y nos conmueve porque Rushdie se ha echado sobre los hombros —en este libro y en tantos otros— la defensa de eso que nos beneficia a todos o que todos necesitamos y a veces damos por sentado.

Siempre me ha admirado que Rushdie, después de pasar una década escondido, viendo cómo la fetua descarrilaba su vida, no haya preferido pasar el resto de sus días guardando un cómodo silencio, escribiendo tranquilamente novelas tranquilas, tratando de no molestar a nadie o de no granjearse más enemigos. En *Joseph Anton* recuerda cómo lo intentó durante un tiempo, hasta que se dio cuenta de que sus enemigos —no sólo los fanáticos, sino también los que supuestamente estaban de su lado— lo atacarían hiciera lo que hiciera, dijera lo que dijera. Entonces se lanzó ferozmente a la defensa de estas libertades sin las cuales no se entiende el ser humano, o sin las cuales el ser humano queda disminuido, es más pobre o menos humano: la libertad de imaginar y luego contar lo que hemos imaginado. Lo ha hecho hasta el día de hoy. Acerca del momento presente —en Ucrania, en India, en Estados Unidos—, Rushdie escribe: «Debemos entender que las historias son el núcleo de lo que está ocurriendo». Escribe: «Las narrativas deshonestas de los opresores han resultado atractivas para muchos». Escribe: «También las historias en que vivimos son territorios en disputa».

Para recordar a un hombre de teatro
5 de octubre de 2024

La última vez que hablé con él, Carlos José Reyes estuvo contándome anécdotas sobre el mundo del teatro colombiano en los años sesenta, cuando una generación de hombres y mujeres extraordinarios cambió para siempre la idea que teníamos en este país de lo que puede pasar en un escenario. Yo andaba por entonces averiguando todo lo que pudiera averiguarse sobre la vida de Feliza Bursztyn, la artista que hizo más de una escenografía en esos tiempos, y durante un par de horas Carlos José Reyes me habló de ella, por supuesto, pero también de todo lo demás: de unos años de efervescencia en las artes escénicas de Colombia, de su complicidad con el gran Santiago García en el Teatro La Candelaria, del tiempo en que trabajó con Fausto Cabrera en el Teatro El Búho: todos nombres que forman parte de la historia del teatro colombiano. Carlos José Reyes hablaba de esos mundos desaparecidos con la familiaridad que le daba el haberlos vivido, pero además con el conocimiento preciso de haber escrito sobre ellos. Y por eso tengo la impresión de que su muerte, que ocurrió en Bogotá el pasado 15 de septiembre, no sólo es la desaparición de un protagonista de la cultura colombiana en el siglo XX, sino también de una parte de nuestra memoria viva.

Carlos José Reyes fue todo lo que se puede ser en las artes escénicas: dramaturgo, actor, director, guionista de televisión e investigador para sus propios guiones. Fue historiador del teatro, y sus volúmenes sobre teatro y violencia son imprescindibles para entender la relación entre ambas cosas, sí, pero también la fascinación que han tenido los narradores colombianos —no importa en qué género— por este rasgo imperecedero de nuestro temperamento social. Fue todo eso; pero sobre todo fue un conversador generoso e infatigable y un hombre de una curiosidad que nunca se dio por saciada, lo cual sin duda tiene que ver con la vejez serena y a la vez vibrante que tuvo. Una de sus grandes virtudes como conversador era cierta impaciencia que le impedía perder el tiempo en frases de cajón o en cortesías sin contenido. Cuando hablaba, iba al grano: aunque uno se encontrara con él en la calle, debajo de un aguacero, a la segunda frase ya estaba hablando de Brecht, o del cine de Francisco Norden, o de la separación de Panamá. Lo puedo decir, claro, porque me ocurrió. En los tres casos.

Creo que lo conocí hace veinte años, aunque no tengo la fecha clara, y en este tiempo han sido muchas y muy ricas las conversaciones que hemos tenido sobre nuestros intereses comunes, pero también sobre las mil cosas que un hombre de su cultura vastísima sabía y que yo, en cambio, ignoraba. Me habría gustado hablar más con él de Marguerite Yourcenar y de *Memorias de Adriano*, un gusto que —me parece— compartíamos. Hablamos muchas veces del 9 de abril de 1948 y de los días siguientes, que a mí me han obsesionado toda la vida —por razones políticas, por supuesto, pero también literarias y familiares—, y lo recuerdo muy bien contándome cómo su padre, que tenía su oficina de abogado penalista frente al edificio Agustín Nieto, solía asomarse a su ventana e indicarles a sus clientes un espacio de la calzada de la carrera Séptima: «Ahí quedó Gaitán cuando lo mataron», les decía. Cuando Carlos José dirigía *Revivamos nuestra historia*, una serie de televisión de la que se acordarán algunos de mis lectores, escribió el guion de los episodios sobre Gaitán y su asesinato. Para mí, que había crecido oyendo historias sobre el 9 de Abril, Gaitán tuvo durante unos años la cara y la voz de Edgardo Román, el actor que lo interpretó en la serie. Sospecho que lo mismo le pasó a más de un televidente.

Carlos José Reyes fue un hombre de teatro como no hay más de una docena en la historia de Colombia. Supo (y dijo más de una vez) que el teatro era un lugar donde el ser humano se inventa a sí mismo, o donde aprende a ser lo que puede ser, y lo practicó durante sesenta años con eso en mente. (Aunque es inexacto hablar de sesenta años. Estoy pensando en 1959, cuando Carlos José dirigió una obra de Ionesco para un festival del Teatro Colón; pero él, sospecho, me recordaría que a los cuatro años ya estaba actuando en no sé qué producción de no sé qué compañía, y tendría razón). También creyó que había una relación misteriosa entre el teatro y la capacidad de una sociedad para hablarse, para negociar sus diferencias, para tratar de no hacerse daño, y acaso parte de esto era otra de sus múltiples facetas: dramaturgo y director de teatro para niños. Creía que inventar una nueva generación de público era también inventar una nueva generación de ciudadanos.

Todo lo hizo con entrega y transparencia, sin hacer trampa ni tomar atajos, como si ni siquiera se fijara en la construcción de un legado que lo superara: más bien fijándose en lo que las artes escénicas podían hacer por este país atribulado que fue el suyo. Y, sin embargo, su legado está ahí: en los libros que escribió, las series con las que nos contó nuestra historia, los papeles que interpretó —pocos segundos como médico en *Cóndores no entierran todos* los días, varios más en una serie sobre Bolívar donde interpretó a su propio antepasado— y las obras, las muchas obras, que dirigió sobre las tablas. El teatro es el arte de lo efímero: por más que asistamos a las salas con esa superstición, los espectadores de teatro sabemos que no es posible ir dos veces a la misma obra, que la obra siempre cambia, que cambia incluso (o sobre todo) para los que la hacen. Pero el teatro se hace con cosas que no son efímeras: la dedicación y el talento y el conocimiento y el arte de la gente de teatro. Carlos José Reyes fue una de esas personas, parte de una generación que ya está desapareciendo y a la cual, me parece, le debemos mucho. Tampoco sus legados son efímeros. Y hay que dar las gracias por ello.

Los caminos de las tinieblas
12 de octubre de 2024

A los dioses de la literatura les gustan las coincidencias. A mediados de este año, la editorial que publica mis novelas publicó un libro que no es mío, pero al que le tengo tanto cariño como a los que sí lo son: mi traducción de *El corazón de las tinieblas*, una de las varias obras maestras de Joseph Conrad. La hice ya hace varios años por encargo del editor Pere Sureda, pero la he revisado con esmero para esta nueva encarnación, y he confirmado que pocas veces he aprendido tanto como tratando de verter al español la prosa dificilísima de Conrad y conociendo, como sólo conoce un traductor, los vericuetos de esta novela implacable y clarividente. Conrad cumplió hace poco cien años de muerto, y sus lectores militantes hemos estado hablando de él y de sus libros con frecuencia. Pero en estos días otra conversación se cruzó con éstas, también motivada por un aniversario. Y ésta es la coincidencia que quiero compartir con mis lectores.

Comienzo con un episodio de espanto. Lo cuenta Maya Jasanoff en su extraordinario libro sobre Conrad: *La guardia del alba*. Hacia 1891, desesperado porque la explotación libre del Congo no estaba produciendo riquezas suficientes para cubrir la inversión, el rey belga Leopoldo II decidió declarar amplias zonas de su territorio africano propiedad privada. Ya no serían espacios abiertos para que vinieran a explotarlos todos los europeos que quisieran un pedazo de la inmensa industria del marfil, a veces disfrazada obscenamente de misión civilizadora, a veces desnuda en su codicia y prescindiendo de todo disfraz. Ahora la explotación sería privilegio real. Los abogados de Leopoldo II redactaron justificaciones considerando que aquellas tierras africanas eran tierras baldías, con lo cual el rey se podía apropiar legítimamente de ellas y explotarlas como quisiera. Y a eso se dedicó con esmero.

Pronto comprendió la posibilidad de explotar no sólo los recursos naturales, sino también los humanos. Empezó a cobrar impuestos a los congoleses; pero los impuestos no podían pagarse con dinero (porque el régimen colonialista había instaurado deliberadamente una economía de trueque), y tampoco podían pagarse explotando la tierra (porque los derechos exclusivos le pertenecían al rey), de manera que el Gobierno, en su infinita creatividad, propuso una tercera opción: que se pagaran con trabajo. Impuso entonces un sistema de trabajos forzados en que los agentes del Estado reclutaban por la fuerza a los hombres, y, cuando los hombres escapaban a la selva para evitar el reclutamiento, secuestraban a sus mujeres y a sus hijos hasta que volvieran a someterse. Enseguida, como las infelicidades no vienen solas, los agentes de Leopoldo cayeron en la cuenta de que no sólo de marfil vive el hombre: sus nuevos terrenos eran ricos en caucho, un material que Europa estaba devorando por toneladas.

Fue un golpe de fortuna: el caucho rescató la economía colonialista que había estado a punto de quebrar pocos años atrás. Como la extracción era ardua, un esclavismo legalizado se puso en marcha: los impuestos se pagaban con caucho, y el trabajador que no cumpliera con su cuota era castigado brutalmente, a veces con un tiro en la cabeza. Se puso de moda entre los agentes colonialistas cortar la mano de los trabajadores incumplidos y asesinados, pues así llevaban ante sus superiores la justificación de su esfuerzo recaudador, y pronto, para ahorrar balas, comenzaron a cortar las manos de los vivos también. Las mutilaciones se volvieron cotidianas, pero nada de eso se sabía en Europa, y quienes lo sabían miraban para otro lado. Hasta 1902: cuando un tal Edmund Dene Morel, un funcionario cualquiera aquejado de decencia o de mera humanidad, denunció en varios panfletos lo que llamó «Estado esclavista del Congo» y acompañó su denuncia de fotos de jóvenes mutilados. Y la Corona británica decidió enviar a su cónsul, un irlandés llamado Roger Casement, para recabar información sobre las atrocidades. Casement volvió de sus investigaciones cargado de pruebas incontrovertibles del infierno.

Y aquí empieza la coincidencia a la que me refería al comienzo de esta página. Otras de las grandes zonas productoras de caucho era la selva amazónica, y una empresa peruana se había empezado a adueñar de la explotación en los terrenos fronterizos de Colombia, Perú y Brasil. La Casa Arana había descubierto, igual que los colonialistas belgas, la maravillosa posibilidad del esclavismo: reclutaba trabajadores forzados entre las tribus indígenas de la zona, y, con el mismo pretexto civilizador de los europeos, implantó un universo de horror en que los trabajadores tenían que llegar a cuotas imposibles para no recibir castigos inhumanos. El escándalo mundial estalló cuando un ingeniero norteamericano, de viaje por la zona en 1909, vio lo que sucedía y lo denunció. Lo que molestó al Gobierno británico no fue tanto la revelación de las atrocidades, sino un titular de prensa: «Un Congo de propiedad británica». Pues la Casa Arana, también llamada Peruvian Amazon Company, tenía una junta directiva que funcionaba en Londres con miembros ingleses. El escándalo, por lo tanto, era británico también. La Corona decidió investigar las denuncias y le encomendó la tarea al hombre que entretanto se había convertido en su cónsul en Brasil: Roger Casement.

Casement fue a las selvas del Putumayo, recopiló pruebas y presentó un informe demoledor contra la Casa Arana. Y sí, la empresa acabó cayendo: pero mucho después, como un efecto diferido. Entretanto, un hombre que no conoció a Roger Casement hizo su propio viaje a las entrañas de la selva del Putumayo, exploró esos territorios violentos y oyó historias atroces y conoció a sus protagonistas, y luego escribió una novela que era, por lo menos en parte, otro enjuiciamiento de lo que llamó el infierno verde. Era un abogado colombiano llamado José Eustasio Rivera; su novela, *La vorágine*, contenía varias historias en sus páginas de espanto, pero una de ellas me ha interesado más que otras. Es la historia de un francés que en la novela sólo aparece como «el *mosiú*»: un fotógrafo que anda por la selva tomando fotos de las plantas, haciendo mediciones de los árboles e inventariando insectos. A partir de cierto momento, el fotógrafo comienza a darse cuenta de que los explotadores del caucho son esclavistas, torturadores y asesinos, y comienza a fotografiar las espaldas de los indígenas, cruzadas de cicatrices como los árboles. Decide denunciar las atrocidades, pero sin fortuna: porque los dueños de la explotación se han dado cuenta de sus indiscreciones. El francés, misteriosamente, desaparece.

La vorágine se publicó en noviembre de 1924: tres meses mal contados después de la muerte de Conrad. En este siglo se ha convertido en una de las novelas señeras de la literatura latinoamericana, y los lectores la hemos celebrado de diversas formas. Que hayan coincidido en el mismo año los dos aniversarios, la muerte de Conrad y la novela de Rivera, es apenas una frivolidad cronológica; más interesante es que se comuniquen por caminos tan extraños sus dos mundos: más extraño es preguntarse qué habría pasado si Rivera hubiera conocido a Casement, o si hubiera leído *El corazón de las tinieblas*. Yo encuentro un misterioso parentesco entre la novela de Conrad y *La vorágine*: guardadas varias distancias, los dos libros usan la ficción para viajar a esos territorios de oscuridad de nuestras geografías, pero también de la condición humana, y luego regresar para contar lo que han visto. Son como parientes lejanos que se encuentran y dialogan. Y lo que se dicen no deja nunca de merecer nuestra atención: aunque pasen cien años.

No hay que creer en lo que dicen las novelas
16 de noviembre de 2024

En 1935, en pleno auge de los fascismos europeos, el escritor de tendencias socialistas Sinclair Lewis publicó una novela que nunca ha dejado de tener lectores en Estados Unidos, pero que es casi desconocida en otras partes. *No puede ocurrir aquí* cuenta la historia de Buzz Windrip, un senador populista que llega a la presidencia con un discurso demagógico, presentándose como adalid de los olvidados —así se llaman a sí mismos: la «Liga de los hombres olvidados»—, defendiendo la restauración de los «valores americanos» y, por supuesto, prometiendo un cheque generoso a un pueblo que todavía sufre las consecuencias de la Gran Depresión. En las primeras páginas de la novela, un general retirado y una mujer que se ha pasado la vida luchando contra los derechos de las mujeres dan discursos enfurecidos sobre sus proyectos: hablan de «purificar» los medios de comunicación; hablan de defender al país de los judíos, los negros, las mujeres y los comunistas. Para cuando se cierra la novela, Estados Unidos se ha convertido en una dictadura fascista: lo que no podía ocurrir aquí ha, en efecto, ocurrido.

Es difícil no pensar en esa novela de otros tiempos, que hablaba de otras preocupaciones en unos Estados Unidos que eran otros, después de la catástrofe política y también moral que fue la victoria de Trump: un delincuente al que sus colaboradores más cercanos —los que fueron sus colaboradores más cercanos— han llamado fascista no una, sino varias veces, y siempre de manera considerada y medida: es decir, no con la ligereza con la que tantos usan la palabra. En los últimos años, la izquierda menos reflexiva de todas partes se ha lanzado con entusiasmo al uso facilón de la palabra para designar todo lo que no les gusta, y lo han hecho con tanta frivolidad y tanta ligereza que ahora, cuando de verdad necesitamos llamar fascista a un presidente de Estados Unidos, la palabra se ha convertido en moneda gastada. Es lo que pasa cuando descuidamos las palabras: que ya no están cuando las necesitamos. Sea como sea, el 6 de enero de 2021 quedó claro que la palabra de marras se le aplicaba a este Trump, este líder de un nacionalismo de corte racista —no sé si los haya de otro tipo— que inventa un enemigo del pueblo y llama abiertamente a la violencia como forma de defenderse de sus amenazas inventadas.

Cuando John Kelly, el jefe de gabinete que durante más tiempo trabajó para Trump, lo llamó fascista en unas declaraciones cuidadosas y nada impulsivas, no hizo más que repetir desde una posición de autoridad lo que muchos llevábamos diciendo varios años. Pero era importante que lo dijera, porque lo hizo motivado por algo concreto: la amenaza proferida por Trump de sacar el ejército a la calle para lanzarlo contra los ciudadanos de su propio país. Esas palabras existen; nadie inventó que Trump las hubiera dicho; y el problema, como tantas veces con Trump, es que muchos las consideraron un exabrupto más de un hombre dado a los exabruptos, tal vez porque no recuerdan las escenas espeluznantes que se vieron por televisión durante los disturbios que siguieron al asesinato de George Floyd, y tal vez porque no tenían la televisión encendida cuando Trump, con unas pocas palabras bien escogidas, incitó a una insurrección violenta para impedir el traspaso pacífico del poder después de la derrota. Sí, Trump es capaz de usar el ejército de su país para reprimir a sus propios ciudadanos, pero habrá que ver incluso si le hace falta: porque ya cuenta de todas formas con la lealtad de sus milicias, que son más violentas y más radicales y no responden a nadie más que al líder.

Y entonces, por una vía o por otra, la realidad de hoy comenzará a parecerse demasiado a la ficción de Sinclair Lewis. Yo creo que en los próximos años veremos diversas formas de la represión violenta, porque nadie puede dar tanto poder como les ha dado Trump a los extremistas —los neonazis, los supremacistas blancos— sin encender una chispa que pueda convertirse en incendio; pero no es sólo ese aspecto de la novela de 1935 el que resulta inquietante, sino lo poco que cambian los caldos en los que se cultiva un problema democrático: hasta el más inocente puede ver la relación que hay entre la crisis económica de 1929 (y los autoritarismos que surgieron en los años siguientes) y la crisis de 2008 (y los autoritarismos que han surgido en los últimos años). El estado de ánimo de la sociedad que ha escogido a Trump tiene ecos más que incómodos con la sociedad que describe Lewis:

«Echaremos a los comunistas y a los marxistas, echaremos a la clase política corrupta, derrotaremos a los demócratas, derrotaremos a los medios de comunicación mentirosos». Lo dijo Trump en Waco antes de prometerles a los suyos —a sus «olvidados»— convertirse en su venganza.

En *La conjura contra América*, una novela de 2004, Philip Roth imagina que Charles Lindbergh, el piloto legendario que recordamos tanto por sus hazañas de vuelo como por sus simpatías nazis, es elegido presidente y llega a instaurar en Estados Unidos un régimen fascista que persigue a los judíos. Esa sociedad que era libre se ve de repente metida en un régimen de miedo y paranoia: «El miedo preside estas memorias», son las primeras palabras de la novela. Todo el primer capítulo se dedica a contar la llegada a la presidencia del filonazi Lindbergh, aislacionista convencido, bajo un lema preciso: «Vote por Lindbergh o vote por la guerra». ¿Será muy descabellado recordar el mismo discurso en que Trump, haciendo la lista de sus enemigos, incluía a los «belicistas del gobierno» de Biden? ¿Será ingenuo que nos incomode tanto el lema «América primero», que los lugartenientes más radicales de Trump —véase Stephen Miller— han repetido hasta el cansancio, y que era el mismo nombre del comité que en los años treinta promovió un aislacionismo antisemita y cuyo vocero durante años fue el filonazi Lindbergh?

Los lectores de novelas tenemos esa manía curiosa de usar las novelas para recordar lo que habíamos olvidado, y yo, releyendo en estos días *La conjura contra América*, he recordado al Lindbergh real, que se pasó la segunda mitad de la década de los treinta defendiendo la idea de que Estados Unidos no debía entrar en guerra contra Hitler y llegó a tomarse fotos cordiales con Heinrich Himmler durante una visita a Berlín. Por supuesto, eso no tiene nada que ver con este Trump que declara su intención de suspender la ayuda militar a Ucrania y le da más crédito a la palabra de Putin que a la de sus propias agencias de inteligencia, y que ya piensa en dejarle el camino libre a Benjamín Netanyahu para que consume su criminal destrozo de Gaza. Sí, lo sé. Pero sé que la literatura de un país, y en particular ese género extrañísimo que es la novela, suele ser con frecuencia el espacio donde se filtran nuestros miedos, nuestras inquietudes y nuestras preguntas más preocupantes. Por alguna parte tienen que salir.

Para ver a los demás por dentro
7 de diciembre de 2024

Toda buena literatura es, por lo menos en parte, un acto de investigación en lo desconocido: no se me ocurre un gran libro, con ficción o sin ella, que no sea en cierta medida un viaje a territorios que el autor ignora. Pero de unos años para acá me he descubierto una predilección o debilidad por los libros que hacen de las vidas ajenas un misterio explícito y se dedican a explorarlo, o que parten de la doble confesión de la ignorancia y la curiosidad: no, nunca lo sabemos todo de otra persona; sí, nos gustaría saberlo todo. La vida adulta consiste en darnos cuenta cada vez más de lo poco que sabemos de los otros, de las opacidades o los secretos que esconden y del misterio que hay en toda vida ajena, aun las que menos misteriosas nos parecen. En otras palabras: la vida adulta es aceptar que no tendremos tiempo de entenderlo todo. Y yo me he dado cuenta con el tiempo de que leo literatura —también— para eso: para conocer más vidas ajenas y conocerlas mejor, antes de que se me acabe el tiempo; para saber, como dice Ford Madox Ford con maravillosa sencillez, cómo viven los demás su vida entera. ¿Qué quiere decir «entera»? Quiere decir: además de la vida visible y pública, también la oculta, la secreta, la invisible. La mejor literatura, que sirve para tantas cosas, hoy más que nunca me sirve para esto: para ver a los demás por dentro.

Pensaba en estos asuntos en días pasados, mientras leía el libro más reciente de Leila Guerriero. La impresión profunda que me ha causado *La llamada* no se debe sólo a las razones de siempre: el oficio, la honestidad y el talento de una de las grandes periodistas de nuestra lengua. Los lectores de Leila Guerriero vamos a sus libros en busca de estos rasgos y siempre los encontramos y siempre nos satisfacen, pero no es esta satisfacción lo que sentí esta vez, o no solamente. No sé si me equivoque, pero de un tiempo para acá me parece que la lectura de un buen libro produce felicidad, que es una emoción egoísta; la lectura de un libro importante, en cambio, produce gratitud, que es lo contrario. El destinatario de nuestra gratitud es el autor, por supuesto, y la sentimos porque en su libro hemos encontrado algo que necesitábamos, aunque no supiéramos que lo necesitábamos. Esta emoción tiene la virtud de ser subjetiva y no intercambiable, pues lo que uno necesita no le sirve para nada a otro, y por eso el adjetivo que he usado antes, importante, tiene más dobleces de lo que parece a simple vista: lo que es importante para mí, a otro lector puede no importarle nada.

Pero no me quedaron claras de inmediato las razones por las que *La llamada* me conmovió como lo hizo. La historia que cuenta sería suficiente, desde luego: Leila Guerriero ha dado a su libro el subtítulo de *Un retrato*, y la retratada es Silvia Labayru, una joven argentina de familia de militares, bella y privilegiada, que en 1976 militaba en los Montoneros, una guerrilla urbana de izquierda. Silvia Labayru tenía veinte años y estaba embarazada de cinco meses cuando fue secuestrada por la dictadura, y en el infierno de la Escuela de Mecánica de la Armada —la infame ESMA, donde miles sufrieron y miles más desaparecieron para siempre— fue víctima de torturas y violaciones durante mucho más de un año, y además obligada a participar en un operativo del régimen que acabó con la desaparición y la muerte de varias mujeres. Terminado su cautiverio, Silvia Labayru escapó a España con la convicción de haber dejado atrás el infierno; pero en España empezó un infierno distinto, hecho con la desconfianza o las calumnias o los rumores insidiosos de otros escapados como ella. No puedo entrar en detalles —*La llamada* es un libro riquísimo en incidentes y pequeñas anécdotas que nunca son pequeñas— pero esto es lo que hace Leila Guerriero: montar una conversación entre la Silvia Labayru que sufrió lo indecible y la que trata, después, de lidiar con las consecuencias nunca predecibles de lo que sufrió.

Para hacerlo, para contar la historia de esa mujer contradictoria y compleja, Leila Guerriero conversó durante dos años con ella y con todas las personas vivas que tuvieron alguna importancia en su vida. Hablar con la gente, mirar con atención, escuchar con más atención si cabe y luego organizar lo recabado: eso es lo que Leila Guerriero ha hecho siempre. Lo ha hecho en sus reportajes maravillosos: en *El rastro en los huesos*, por ejemplo, una crónica —sobre el trabajo del Equipo Argentino de Antropología Forense— que se estudia en todas las facultades de Periodismo de América Latina y algunas de otras partes. Lo ha hecho en sus perfiles de tamaño libro: *Una historia sencilla*, sobre un bailarín folclórico del interior argentino que se convierte ante nuestros ojos en héroe épico, o también *Opus Gelber*, sobre un gran pianista que, además de ser un gran pianista, es un hombre de mil aristas. El método de Leila Guerriero, en el fondo, es el mismo: la curiosidad contagiosa. Leila Guerriero se interesa tanto en la vida de los otros que logra que nosotros nos interesemos también. Es decir, que nos importe lo que no sabíamos que nos importaba.

Eso no es exactamente lo que ocurre en *La llamada*, uno de esos libros que nos hubieran importado aun antes de leerlos. Pues lo que cuenta es un memorando urgente de los horrores que podemos inventar los seres humanos, de nuestra capacidad para hacer daño y causar sufrimiento: la dictadura militar argentina es uno de los lugares más oscuros del siglo XX, y es bueno que este libro salga en un país cuyo Gobierno presente trata todos los días de lavarles la cara a esos criminales, de relativizar sus atrocidades o de sembrar dudas malintencionadas en las cifras de su terrorismo. Pero lo que me conmueve de ese libro no es sólo su puesta en escena del horror y de la resistencia del espíritu humano, un espectáculo que siempre es fascinante. No: lo que me conmueve es lo que va saliendo con el paso de las páginas, la puesta en escena de una mujer periodista que va persiguiendo las vidas de los otros, comparando sus memorias y sus olvidos y sus versiones del pasado, haciendo preguntas una y otra vez para acercarse a una verdad humilde sobre lo que son —lo que somos— los seres humanos, todo bajo la conciencia de la profunda dificultad de entender a los demás.

Hacia el final del libro, Silvia Labayru está recordando para un grupo de personas —algunas de ellas, periodistas— una parte de su vida en la ESMA. Y Leila Guerriero, que está presente, comenta la escena en su libro. «Cuenta los hechos», escribe acerca de Silvia: «Eso que nunca explica nada, que nunca permite entender». Es una línea breve, pero en ella se resume toda una concepción del arte de contar el mundo, y aunque Leila Guerriero tenga en mente su oficio de periodista cuando la escribe, esa poética es para mí la de la novela tal como la concibo y trato de practicarla. No, los hechos de una vida no bastan. Hay que imaginarlos, interpretarlos, organizarlos; hay que apropiarnos de ellos, hay que tratar de habitarlos. Sí, de eso se trata: de habitar las vidas ajenas. Sólo así empezamos a entenderlas.

El dictador y el nazi
29 de marzo de 2025

A comienzos de noviembre de 1998, el abogado Philippe Sands se encontró con su esposa Natalia frente a las puertas de madera del cementerio de Pantin, en las afueras de París. Le traía una noticia que no tenía relación con la visita al cementerio: los representantes del dictador chileno Augusto Pinochet, que había sido arrestado en Londres por petición del juez español Baltasar Garzón, le habían propuesto que asumiera su defensa. Pinochet estaba acusado de crímenes gravísimos y había sido solicitado en extradición; se trataba de argumentar que tenía inmunidad frente a la jurisdicción de los tribunales ingleses y no era posible, por lo tanto, extraditarlo a España. Natalia le preguntó a su marido si pensaba aceptar el encargo, y él contestó recordándole uno de los principios esenciales de su profesión: los abogados tienen la obligación de aceptar al cliente que los solicite, o, para decirlo de otra forma, no pueden rechazar a un solicitante por razones de convicción personal o antipatías políticas. De manera que sí: se sentía inclinado a aceptar el encargo. «Muy bien», respondió Natalia. «Pero me divorciaré si lo haces».

La escena se cuenta en las primeras páginas de *Calle Londres 38*, un libro extraordinario que aparecerá en España a mediados de esta semana que comienza. Philippe Sands quiso que se publicara entre nosotros dos días antes de su aparición en inglés, pues le parecía absurdo que el libro existiera sin que sus personajes chilenos o españoles —sus protagonistas, los testigos de su historia, los hombres y mujeres que de mil maneras ayudaron a Sands a escribirlo— pudieran leerlo. Me apresuro a decir que Sands no aceptó al final la representación de Pinochet; me apresuro a decir que su matrimonio, por lo tanto, sobrevivió. Tras una serie de peripecias, Sands acabó integrando el equipo de Human Rights Watch, que formaba parte de la acusación, y así pudo asistir desde la primera línea a uno de los juicios penales más notorios y notables de las últimas décadas: un juicio que dominó la conversación de nosotros, los latinoamericanos que crecimos en el mundo de las dictaduras militares, tanto como dominó sin duda los medios españoles de esos días.

Philippe Sands tardó muchos años en descubrir las razones de la feroz oposición de su esposa. No se debía solamente a la repugnancia que le causaba colaborar con la impunidad de un dictador acusado de genocidio y crímenes contra la humanidad. Había algo más: la madre de Natalia, nacida en España poco antes de la Guerra Civil, era o es hija de un coronel del bando republicano que fue perseguido por el franquismo y terminó sus días refugiado en Inglaterra; y uno de sus parientes remotos era un tal Carmelo Soria, un militante de izquierdas asesinado por el régimen de Pinochet en 1976. El crimen de Soria, ciudadano español, fue una de las razones por las que la justicia española pudo reclamar a Pinochet en extradición (y dar inicio al juicio de Londres), y su lejano parentesco con Philippe Sands, por otra parte, fue una de las razones por las que él decidió escribir este libro. Pues *Calle Londres 38*, igual que los libros anteriores de Sands —*Calle Este-Oeste* o *Ruta de escape*— es una narración obsesionada por las coincidencias que dan forma a nuestras vidas. «Me interesan las continuidades y las conexiones», escribe Sands en algún momento. Y el libro está tejido con ellas.

Calle Londres 38 cuenta dos historias. La primera es la del juicio de Pinochet; la segunda es la de Walther Rauff, un oficial del nazismo que, tras la derrota alemana, logró escapar a América Latina y refugiarse en la Patagonia. Sands se topó con su figura mientras escribía su libro anterior, cuyo asunto principal son las rutas de escape que usaron los nazis para no acabar ejecutados en Núremberg, y se dedicó desde entonces a perseguir a ese personaje escurridizo. Los lectores de literatura lo conocen bien, aunque no sepan quizás que lo conocen; pues Walther Rauff es la base real de un personaje espeluznante de *Nocturno de Chile*, la novela maravillosa de Roberto Bolaño, y además aparece brevemente en un libro que es ya un clásico del género de viajes: *En la Patagonia*, de Bruce Chatwin. Philippe Sands recoge ambas apariciones literarias —le interesan las continuidades, las conexiones— y a partir de allí reconstruye la vida y hechos del criminal nazi: desde su pasado como diseñador de las cámaras de gas ambulantes, vehículos transformados en espacios de exterminio, hasta sus últimos días como administrador de una pesquera que enlataba carne de cangrejo, siempre medio escondido, siempre obligado a negar o maquillar un pasado que era mucho más conocido de lo que le hubiera gustado.

Los cruces de caminos entre las dos historias, la de Pinochet y la de Rauff, le sirven a Philippe Sands para reflexionar sobre una multitud de asuntos, todos pertinentes y algunos de cierta urgencia en nuestros tiempos desastrados. Los vínculos misteriosos que unen episodios distantes y vidas distintas a través de las geografías y de las épocas; la distancia, que no es nunca lo bastante grande, entre la realidad de una sociedad y los mitos que la rigen; la responsabilidad de todos, los líderes y los ciudadanos de a pie, en los momentos oscuros de nuestra historia colectiva; el papel de la literatura —y de la palabra en general— en la construcción de nuestra relación con la justicia del presente y los juicios que hacemos sobre el pasado. Yo no sé cómo lo hace Philippe Sands, pero en este libro, igual que en los anteriores, se las arregla para convertir debates que podrían ser solamente jurídicos en apasionantes conversaciones que nos atañen a todos: acerca de la fuerza de la ley, de los propósitos de la inmunidad, de lo que la impunidad tiene de indeseable y aun de nocivo para nuestra existencia civilizada.

Uno de los capítulos trae un epígrafe de Cesare Beccaria, un jurista y filósofo italiano cuyas obras fueron para mí de lectura obligatoria durante mis estudios de Derecho, y no sólo por la razón suficiente de que las necesitaba para superar exámenes, sino porque contenían profundas verdades humanas que van mucho más allá del mundo de los códigos y los juzgados. «La certidumbre de que no hay lugar en la Tierra donde los crímenes se librarán de su castigo puede ser un medio efectivo para prevenirlos», escribió Beccaria en 1764. Es una de las reflexiones esenciales de *Calle Londres 38*: ya se trate de un dictador militar que tiene la simpatía de muchos compatriotas o de un criminal nazi que se dice inocente porque sólo seguía órdenes, la cuestión es si la impunidad y el olvido permiten la reconciliación, como han creído tantos, o son un insulto al dolor de las víctimas y a la idea misma de justicia, y envenenan nuestra convivencia. Eso es lo que se pregunta este libro, *Calle Londres 38*. Y el libro —igual que su autor, uno de los hombres más justos que conozco— tiene una opinión muy bien formada.

Hacia el final del libro, uno de sus informantes le dice a Philippe Sands: «Está muy bien investigar por razones personales». Sí, hay razones personales detrás de la búsqueda obsesiva que ha hecho Sands a lo largo de los años. Pero el lector se dará cuenta de que hay mucho más. Sands ha escrito este libro para nosotros, para ustedes. Léanlo.

El joven del hotel Wetter
14 de abril de 2025

Con la muerte de Vargas Llosa se cierra un mundo. No sólo es el mundo de su obra descomunal, pues ese final ya nos había llegado hace año y medio: cuando Vargas Llosa, en la última página estremecedora de *Le dedico mi silencio*, anunciaba que no escribiría más ficciones. No, no es sólo eso: se acaba o se cierra también la generación entera que estalló a comienzos de los años sesenta, ese puñado amplio de novelistas que irrumpieron en el paisaje rígido de la España franquista y transformaron, acaso más de lo que nadie se esperaba, la literatura de lengua española, la identidad de América Latina y la difícil relación que ha habido siempre entre las dos. Esa generación, acusada en su momento de no ser más que un fenómeno de mercadeo (pero ya hemos olvidado el nombre de los acusadores, y en cambio los acusados siguen tan vigentes), echó nuevas luces sobre los maestros que venían antes y abrió troneras en las paredes para que por ellas pasaran los aprendices que vinieron después. Mario Vargas Llosa era el último de la estirpe que empieza con Borges: el último de aquellos bárbaros. Y su muerte, que no tenía por qué sorprenderme, me ha provocado una curiosa sensación de intemperie, como si alguien se hubiera llevado de repente la casa donde hemos vivido toda la vida.

La noticia me llegó a París, una ciudad que tiene tanto que ver con los libros de Vargas Llosa —aunque muy pocas páginas de su obra ocurran en ella— como la Lima de *Conversación en La Catedral*. Así es: pues sin París, o sin cierta idea de París que tal vez no exista en realidad ni haya existido nunca, es incomprensible la vocación literaria de Vargas Llosa, que nació a la sombra de las novelas de Dumas o de Victor Hugo y se afianzó con Flaubert y se hizo adulta con Sartre y acaso con Malraux. Me consta que ninguna de sus muchas distinciones lo hizo tan feliz como la inclusión de sus libros en la biblioteca de La Pléiade, donde están reunidos todos los autores que le importaron y adonde muy pocos, poquísimos, han llegado en vida; y tal vez ni siquiera el premio nobel le haya llenado el alma tanto como su nombramiento tardío en la Académie Française. Sea como sea, Vargas Llosa tenía una relación supersticiosa y casi fetichista con París; y de las muchas lecturas posibles que ofrece su vida, hoy pienso en la que va del joven angustiado que lee *Madame Bovary* en un hotel de nombre Wetter, preguntándose si será capaz de ser novelista y aun considerando la posibilidad de no vivir más, hasta el hombre mayor que recibe bajo la cúpula de la Academia el cetro que lo distingue como inmortal.

Los inmortales: así se conoce en Francia a los académicos, pues lo son a perpetuidad y no dejan de serlo después de muertos, y esa metáfora, en el caso de Vargas Llosa, ahora toma visos nuevos. Lo cual es otra manera de declarar mi convicción invulnerable de que sus novelas vivirán entre nosotros para siempre, o por lo menos mientras sigan existiendo las ficciones como forma de explorar el mundo, y, sobre todo, mientras sintamos los ciudadanos la necesidad imperiosa de rebelarnos o de resistir: resistir contra las imposiciones del poder, rebelarnos contra las restricciones que sufre nuestra libertad, resistir y rebelarnos contra las limitaciones diversas que padecen nuestras vidas frágiles al chocar contra los mecanismos de la política y la historia. Las ficciones de Vargas Llosa, esos sesenta y cinco años que van desde los relatos de *Los jefes* hasta la última novela, son un constante ejercicio de rebeldía en el que los libros llegaron incluso a rebelarse contra su autor. Como todos los grandes novelistas, Vargas Llosa escribió con frecuencia novelas que parecían saber más que él mismo. Esa es la impresión confusa y admirada que se tiene leyendo *Historia de Mayta*, por ejemplo, o *La fiesta del Chivo*, o *Tiempos recios*. Las novelas de Vargas Llosa son un refugio, un lugar donde protegernos del adoctrinamiento y el fanatismo, un espacio de disidencia.

Eso, en parte, es lo que he buscado siempre en ellas, y eso es lo que seguiré buscando. He escrito mucho, y siempre con gratitud, sobre la importancia definitiva que tuvo la obra de Vargas Llosa para mi propia vocación. He escrito mucho sobre su ejemplo de disciplina y consagración testaruda a este oficio que puede a veces ser tan ingrato, y sobre su comprensión de la literatura como una pasión exclusiva y excluyente; y en momentos de incertidumbre me acompañarán siempre sus alegatos sin cuartel a favor de la ficción y su insobornable coraje de ciudadano. Pero hoy recuerdo además su rara generosidad y su incapacidad para el cinismo. La última vez que lo vi, en un comedor de Guadalajara, seguía teniendo la misma curiosidad inquisidora que le imagino al joven del hotel Wetter: acostado en una cama incómoda, leyendo a Flaubert, preguntándose si hay futuro para él.

Javier Cercas y el viaje hacia los otros
6 de mayo de 2025

No sé con precisión cuándo perdí la fe de mis padres, esta religión católica en cuyo mundo crecí y en la cual me educaron, pero sé que esa pérdida no ocurrió de golpe, como una revelación o una decisión consciente: fue más bien un lento desencanto, parecido a lo que pasa cuando comprendemos poco a poco que un amigo no es quien dice ser. Tampoco fue una decisión política. Mi ateísmo no fue consecuencia ni mucho menos requisito de una ideología, como ocurre con frecuencia, por ejemplo, en el marxismo: conozco a más de un antiguo comunista que renunció a su ideología cuando descubrió que se parecía demasiado a una iglesia, con sus intransigencias y sus sectarismos, sus cultos de la personalidad, sus intentos por legislar el fuero interno de la gente, sus supersticiones y sus dogmas. En una novela de John Updike se cuenta el momento en que un reverendo presbiteriano siente que su fe lo ha abandonado. «La sensación fue clarísima», escribe Updike: «una rendición visceral, un conjunto de burbujas oscuras y chispeantes que escapaban hacia arriba». No, nada parecido me ocurrió a mí. Un buen día de mi temprana adultez, después de meses de intuir lo que estaba sucediendo, me desperté con la aceptación tranquila de que en algún momento había dejado de creer.

La fe de los otros ha sido desde entonces un misterio. Con frecuencia la envidio, porque me doy cuenta de que tiene efectos benéficos sobre vidas atribuladas, como las tenemos todos en algún momento, y otorga certidumbres y sosiegos que yo nunca conoceré; pero a menudo le temo, porque la religión, igual que la ideología, tiene la extraña capacidad de hacer que alguien esencialmente decente le desee el mal o le haga daño a otra persona. Pero, al contrario que otros ateos, a mí me gusta hablar de su fe con los que la tienen, siempre y cuando no cometan el error de tratar de convertirme: no hay nada más molesto que hablar con un misionero. Yo puedo ser un ateo radical, pero no militante: ya no me interesa convencer a nadie de nada, a menos que me lo pidan o que se trate de una genuina discusión de persuasiones. Pero esto es cada vez más difícil, porque hemos perdido la saludable costumbre de poner nuestras convicciones a prueba; y cada vez vivimos más atrincherados en ellas, cada vez vivimos con más miedo de los que no piensan como nosotros. Tal vez sea cosa de la vida en las redes sociales, pero a veces tengo la impresión de que el mundo se ha llenado de fundamentalistas de su pequeña identidad restringida, encerrados en sus burbujas, listos para condenar y mandar a la hoguera a quien se aparte dos centímetros de su tabla de valores.

Por todo lo anterior, leer *El loco de Dios en el fin del mundo*, el último libro de Javier Cercas, fue como una de esas conversaciones que se echan de menos, lo cual, por supuesto, es lo que todo buen libro debería ser. Se trata del viaje que hace un ateo radical con el papa Francisco, y su único objetivo, el particular *rosebud* de este libro, es preguntarle al representante de Dios por el dogma católico de la resurrección de la carne. Cercas no tiene un interés teológico, aunque eso para mí bastaría: como racionalista irredento que soy, y tras largos años de estudiar el cristianismo y su funcionamiento, no me cabe la menor duda de que la resurrección de la carne es una ficción; como novelista que soy, no pierdo nunca el interés en las razones por las que una persona cualquiera puede creer en ella. Digo bien: una ficción, no una mentira. Porque se me ocurre que los católicos saben en el fondo de su alma que las leyes de la biología, la física y la química no se suspenden sin más explicación para ellos; pero deciden creer —o, como dice Coleridge acerca de los artificios de la literatura, suspender voluntariamente la incredulidad— por mil razones que tienen que ver con la complejidad, la infinita complejidad de lo que somos.

Cercas no tiene un interés teológico, digo; su interés es mucho más urgente, porque es meramente humano. Cercas quiere preguntarle al papa si es cierta la resurrección de la carne para poder llevarle a su madre, que ha enviudado, el mensaje tranquilizador de que volverá a ver a su marido en el cielo. Nadie que haya crecido en una familia católica, nadie que haya convivido desde que se despierta el entendimiento con la importancia que esos dogmas tienen para la gente que queremos, puede leer estas páginas sin un estremecimiento. Sí, yo puedo ser laico militante (en esto sí hay militancia: porque el laicismo es político, y yo no quiero que la religión de nadie se meta en la vida de todos), y nunca renunciaré a la crítica de las diversas corrupciones de la Iglesia católica y su tolerancia con ciertos crímenes intolerables; pero he comprendido con los años dónde nace y por qué se mantiene cierto tipo de fe, y he comprendido también que hay muchas cosas que no he comprendido. Y algunas de ellas se sugieren en este libro.

Y mientras tanto, mientras avanza en el viaje y se acerca el momento en que el papa le conceda a Cercas esa breve audiencia de algunos minutos para resolver, nada más y nada menos, el ingrediente sin el cual la Iglesia católica dejaría de existir, el libro traza un perfil de Francisco, del Vaticano y del lugar de la religión católica en este mundo nuestro. Y el resultado es tan generoso, tan lúcido y tan empático que sólo lo habría podido escribir alguien como Cercas: ateo, anticlerical y racionalista contumaz. Su retrato de Francisco, sobre todo, tiene todos los matices, todas las zonas grises, que esperaríamos de un buen novelista. Ahí está Francisco, el hombre genuinamente humilde que quiso enfrentarse a las costumbres más malsanas de una iglesia que tiene muchas; ahí está también Francisco, el hombre que justificó (para mi infinita decepción) los crímenes de *Charlie Hebdo*; ahí está el que se ha granjeado el odio de las nuevas derechas, de Milei a los trumpistas, y es imposible no pensar cuánto dicen de nosotros nuestros enemigos. En fin: ahí está un hombre ambiguo, mejor que muchos (y mejor que todos los papas de mi vida), encargado de una tarea imposible.

El loco de Dios en el fin del mundo es un viaje hacia la comprensión de los otros. Nos engañaríamos, creo yo, si no nos diéramos cuenta de que Cercas ha comprendido también algo esencial sobre sí mismo.

El arte no es un lujo*
5 de octubre de 2025

En noviembre de 2020, cuando mi ciudad se despertaba apenas del año de la pandemia y empezaba a entender sus propios traumas —y todos andábamos todavía con mascarillas que nos cubrían la cara y nos empañaban las gafas, y nos dábamos la mano con desconfianza porque el cuerpo de los otros seguía siendo un arma potencial de destrucción masiva, y durante un tiempo no estuvimos seguros de que alguna vez volveríamos a abrazar a un amigo por la calle—, en ese momento, digo, hace casi cinco años, me encontré con Doris Salcedo en una de las habitaciones vacías de *Fragmentos*, ese monumento o contramonumento o museo o contramuseo cuyo suelo, el suelo que pisamos sus visitantes, está hecho con el material de las armas de nuestra guerra: las armas que han servido para que unos colombianos maten a otros.

Durante una hora hablamos frente a unas cámaras por iniciativa de un evento cultural español. Hablamos de muchas cosas. Hablamos de la obra de arte como ese lugar donde se cruzan la biografía de un ser humano, el artista, y la historia de su país o de su tiempo, que lo atraviesa y lo modela; hablamos de la obra de arte como lugar de memoria, lugar donde se recuerda algo, pero no con el recuerdo de la estatua ecuestre de un militar con charreteras, sino con el acto voluntario de memoria por el cual nos hacemos responsables de un pasado doloroso. Hablamos, en fin, de todas esas heridas que en países como el nuestro se llevan sobre el cuerpo y el alma sin poder nombrarlas, porque no tenemos el lenguaje para hacerlo. Hasta que interviene la obra de arte: porque la obra de arte nos da el lenguaje para nombrar lo que sentimos. Doris recordó a Emmanuel Lévinas, para quien el arte es la profecía del lenguaje. El arte —esa silueta de hierro o de bronce, esa sombra en esa tela— anuncia las palabras que usaremos los seres humanos para darle

---

* Discurso pronunciado en el Teatro Municipal Jorge Eliécer Gaitán con motivo de la inauguración de la Bienal de Arte BOG 25.

nombre a nuestra experiencia y así conseguir verla y, con algo de suerte, entenderla después.

Terminada la conversación, salí del museo o contramuseo con la impresión ineludible de haber rozado una revelación. O tal vez se trató de una confirmación de viejas intuiciones que allí, pisando el suelo que pisábamos, recordando a las víctimas de nuestra guerra que lo moldearon con las manos, se volvían palpables, inmediatas, presentes. La intuición que confirmé esa tarde de lluvia es muy simple: en sociedades como la nuestra, el arte no es un lujo. No: es una necesidad, y a veces, una necesidad urgente. El arte no es suntuario ni accesorio, sino esencial e imprescindible. Es un lugar de memoria que trabaja contra el olvido, y en sociedades de pasado difícil —y el nuestro lo es— el olvido es una fuerza política muy codiciada: porque el poder político es, por lo menos en parte, la capacidad de imponer a la sociedad una versión del pasado. El arte es o puede ser el lugar donde nosotros, los ciudadanos, tratamos de recuperar nuestra propia memoria, que a veces se aparta de la memoria oficial; el arte es o puede ser el lugar donde nos resistimos contra lo que podríamos llamar *la historia única*. El arte es o puede ser, en este sentido, un espacio de rebeldías que trabajan contra la uniformidad, contra el pensamiento de rebaño, contra las versiones unánimes, monolíticas o demasiado coherentes de nosotros mismos.

No: el arte no es un lujo. Por supuesto que la experiencia de un lienzo o de una escultura —o de una novela o de una pieza de teatro: ustedes escojan— es privada y secreta, y ocurre en una parte de lo que somos que no es visible para los otros. Pero yo creo que el arte es también un lugar de encuentro que trabaja contra las fuerzas, siempre tan activas, de la división o la disgregación: esas fuerzas que de manera muy deliberada nos enfrentan, nos enemistan, envenenan nuestra conversación ciudadana. Aquí me gustaría dejar en claro que no estoy hablando de arte político: toda obra de arte, hasta el interior penumbroso de un billar de Saturnino Ramírez, hasta la mujer más desnuda de Débora Arango, es un acto de resistencia contra las fuerzas centrífugas que nos disgregan. Y eso por una razón muy sencilla: la obra de arte convoca nuestra humanidad común. Nos pide que pongamos en juego, en el acto de observar —por ejemplo, a unos suicidas de Beatriz González en el Museo Nacional;

por ejemplo, una escultura de chatarra de Feliza Bursztyn en la Séptima con 100—, lo que tenemos de humano. Frente a una obra de arte reconocemos la semejanza de nuestros deseos, nuestros miedos, nuestras ambiciones. Reconocemos que lo que nos conmueve o nos aterra es lo mismo, y reconocemos también el misterio de lo que somos: reconocemos que somos criaturas insondables, llenas de sombras, de contradicciones, de ambigüedades.

El misterio de los otros es una de las razones por las que vamos a ver una pintura o a leer una novela. El arte es, en ese sentido, un lugar de encuentro, por lo menos por el hecho simple de que al situarnos frente a la obra de arte, durante un momento efímero y volátil, vemos el mundo, sentimos el mundo, como otro ser humano lo ha sentido y lo ha visto. Es decir: salimos de nosotros mismos. En una página de *En busca del tiempo perdido*, la novela de Marcel Proust donde a veces parece que se hablara de todo, el narrador habla también de esto que estoy diciendo: se lamenta de que los seres humanos vivamos encerrados en nuestras propias percepciones y de que lo más importante de nuestras percepciones sea imposible de comunicar. Y luego piensa que de nada nos serviría viajar al espacio, tener alas y otro aparato respiratorio para atravesar la inmensidad, si no cambiáramos de ojos. «El único viaje verdadero no consistiría en ir hacia nuevos paisajes, sino en tener otros ojos, ver el universo con los ojos de otra persona, de cien personas, ver los cien universos que cada una de ellas ve, que cada una de ellas es». Una pintura, dice el narrador, una sonata, una página de literatura, nos permite ese cambio de sentidos. De manera que no: el arte no es un lujo.

Es una verdad evidente que sin libertad no hay arte; es menos evidente, pero igual de cierto, que sin arte no hay libertad, si libertad es, entre mil otras cosas, la capacidad de imaginar quiénes queremos ser y llevar ese proyecto a cabo sin la interferencia indebida de nada ni de nadie. Pero esto es cierto además porque el arte no es sólo un lugar de encuentro entre individuos, sino también entre ciudadanos. Hubo un tiempo en que el arte fue de consentimiento: imitaba el discurso de los poderosos y reproducía el sistema de valores dominante o impuesto (por las noblezas, las aristocracias, las religiones); a partir de cierto momento, la obra de arte comenzó a hacerse preguntas, y cuanto más incómodas, mejor: comenzó a cuestionar los valores establecidos, introdujo la inconformidad y la mirada crítica, y al hacerlo abrió espacios extraños donde todo se puede pensar, hasta lo más transgresor, y todo se puede decir, hasta lo más escandaloso. Ésta ha sido su historia: la historia del arte es la historia de sus rebeldías y también, de manera implícita, la historia de sus censuras.

Y cuando se rebela —no importa si es en literatura, en teatro, en pintura, en cine, en escultura, y no importa tampoco contra qué: contra la moral, contra la religión, contra la autoridad política, contra las ideas recibidas, contra las verdades monolíticas, contra la infelicidad, contra la insatisfacción, contra el mero sosiego—, cuando se rebela, digo, el arte hace retroceder un poco más las restricciones que sufre siempre el espíritu humano, y ensancha, por esa misma vía, nuestros espacios de libertad. El arte es imaginación guiada, y sin imaginación una sociedad se vuelve sumisa, estancada y caduca, y el alma humana —eso que llamamos alma hasta nosotros, los ateos— se marchita.

Por todo lo anterior yo tengo que elogiar el esfuerzo que ha hecho la alcaldía de mi ciudad, y en particular su Secretaría de Cultura, para poner en movimiento esta gran conversación ciudadana que hoy existe en las calles y las plazas y los museos de Bogotá. Durante los próximos días o las próximas semanas, los habitantes de esta ciudad difícil se harán preguntas que van al corazón de lo que significa ser ciudadanos: se preguntarán por el lugar que tiene la cultura en la ciudad de todos; se preguntarán por lo que significa ocupar los espacios públicos con encarnaciones, materializaciones, de la sensibilidad más privada. Hay unos versos de Álvaro Mutis que siempre me han gustado:

> Hoy, la ciudad se entrega de lleno
> a su niebla sucia y sus ruidos cotidianos.
> Y sin embargo el mito está presente.

Esa ciudad es la nuestra. Bogotá es una ciudad contradictoria y ambigua, y esas ambigüedades y esas contradicciones saldrán a la superficie en estos días, en estas semanas; y sentiremos que Bogotá es hostil y difícil y desconfiada, pero que es también eléctrica, curiosa hasta la impertinencia, de imaginación brutal, de memoria testaruda y cargada de historias. Yo los invito a que busquemos detrás de la niebla y del ruido, porque ahí está el mito. Los invito, en los días que vienen, a contar las historias, a recordar las memorias, a imaginar e imaginarnos de esa forma extraña que sólo existe en el arte, y a ver nuestra ciudad (nuestras ciudades, nuestros universos, los cien universos que hay en Bogotá) como el arte lo permite: con los ojos de los otros.

Regreso a La Catedral
9 de noviembre de 2025

En la mañana del martes pasado, bajo un cielo gris sin resquicios como suele ser el cielo de Lima, llegué a un lugar que conocía de memoria aunque no había estado nunca en él: la puerta del diario *La Crónica*. Nunca había pasado por allí, a pesar de que en ese punto de la ciudad comienza una de las novelas que han apuntalado mi vida de lector y mi vocación de novelista. *Conversación en La Catedral*, que Mario Vargas Llosa consideraba a veces su mejor obra (y a veces, simplemente, la que más esfuerzo le había costado), se abre con un periodista de treinta años llamado Santiago Zavala, que sale del diario donde redacta editoriales sobre cualquier cosa, mira sin amor la avenida Tacna y se pregunta en qué momento se había jodido el Perú. Y al hacerlo —al hacerse esa pregunta— echa a andar una de las ficciones más ricas y abarcadoras de nuestra lengua, una de esas novelas que trastocan para siempre la manera como entendemos nuestro mundo los ciudadanos de América Latina. ¿Qué es un latinoamericano? Es alguien que se pregunta, cada cierto tiempo, en qué momento se jodió su país. ¿Qué es un escritor latinoamericano? Es alguien que intenta contestar a esa pregunta mediante construcciones de palabras.

La idea de aquella visita fue de la escritora Verónica Ramírez, que buscó la guía de uno de los grandes expertos en la Lima de la literatura: Luis Rodríguez Pastor. Y allí estaba yo gracias a ellos, caminando como Santiago Zavala hacia la plaza San Martín, pasando como él por el espacio frente al Hotel Crillón donde un perro le lame los zapatos, llegando al bar Zela como llega Santiago Zavala para encontrarse con un colega y preguntándome, como no se preguntó jamás Santiago Zavala, por qué estaba dedicando toda una mañana a repetir los recorridos que hizo un personaje inexistente antes de que le ocurrieran cosas imaginarias. Nunca he podido justificar la compulsión extraña que me lleva a buscar los lugares donde ocurren mis ficciones predilectas, y sé muy bien que, para buena parte de los lectores de novelas, se trata de una mitomanía absurda. No lo niego, pero no se trata sólo de eso. Las ficciones que nos han marcado no son solamente territorios de la imaginación, sino que forman parte de nuestra experiencia de maneras inexplicables, y conocerlos con el propio cuerpo es como regresar a los espacios de la infancia: los recordábamos mal o de manera incompleta, y al volver entendemos por fin la magnitud y el significado de lo que nos sucedió en ellos.

Los espacios reales de *Conversación en La Catedral* son, como es apenas predecible, distintos de las imágenes mentales que las palabras de la novela habían puesto en mi memoria. Pero Lima quería ser generosa con sus lectores fetichistas, y allí estaban la misma avenida Tacna, los mismos edificios desiguales y descoloridos, el mismo mediodía gris, los mismos perros callejeros e incluso uno de los mismos lustrabotas de esa primera página que tantas veces he leído. Pero lo que ya no estaba, lo que ha desaparecido para siempre, es La Catedral. El viejo bar del título es ahora una fachada ruinosa pintada de verde oscuro y rota en tantas partes que uno puede ver, por debajo de la pintura descascarada, las tripas de ladrillo de las paredes tristes. Sobre la puerta de latón, cubierta casi enteramente por un grafiti blanquiazul que navega entre la hostilidad y la inocencia, un enorme letrero amarillo anuncia que la propiedad está en venta. Por dentro, me informa Luis Rodríguez Pastor, ya no quedan ni los restos de lo que era La Catedral: ni rastro de aquel local popular donde Santiago se sienta a tomarse varias cervezas y a tener una conversación.

El lugar de la imaginación es irrecuperable, salvo por algunas fotos que le tomaron a Vargas Llosa en julio de 1969. Allí posa bajo la enseña del bar, frente a los inmensos portones de madera, bajo el arco blanco y bien pintado que ahora es una ruina. Allí, en esas mesas que ya no existen, Santiago Zavala pasa unas horas con un hombre fornido que fue guardaespaldas de los poderosos durante la dictadura de Odría. Ambrosio, se llama el hombre, y se gana la vida matando perros a palazos en una de las perreras de la ciudad. Esa conversación que tienen Santiago y Ambrosio es la columna vertebral de la novela, el tronco de un árbol de casi 700 páginas al que le salen como ramas otras conversaciones y, colgando de ellas, las escenas y los recuerdos de la dictadura que los corrompió a todos, que les arruinó a todos la vida. Éste es el material ingente de esta novela extraordinaria cuyos primeros borradores, según ha contado Vargas Llosa, llegaron a tener más de 3.000 páginas. Carlos Barral, el editor que inventó el *boom* latinoamericano tanto como sus autores, pensaba publicar la primera versión definitiva en cuatro tomos gruesos; después de una edición despiadada, Vargas Llosa la acabó reduciendo a los dos tomos en que apareció la novela.

Conversación en La Catedral es probablemente la más grande novela política de mi tradición: el equivalente latinoamericano de lo que son *Los demonios* de Dostoievski para la novela europea. Su grandeza es fácil de ver ahora, cuando el tiempo le ha dado el lugar que sin duda se merece, pero me gusta recordar que los buenos lectores lo vieron con claridad en el momento de su publicación. Cuando la terminó de leer, en diciembre de 1970, Álvaro Mutis le escribió a Vargas Llosa: «*Conversación en La Catedral* ha sido para mí la primera NOVELA de nuestras patrias hispanoparlantes. Novela en el sentido en que lo son para mí *La educación sentimental, Ana Karenina, Bleak House* o *Las ilusiones perdidas*». Y luego: «Es el libro más tremendamente serio y definitivo que se ha escrito en nuestras tierras». Yo añado que es un libro milagroso: pues me parece casi inverosímil —por la complejidad de su arquitectura, la variedad de su medio centenar de personajes y su conocimiento del mundo— que lo haya publicado un joven de 33 años, aunque haya sido el mismo joven que tenía ya bajo el cinturón dos maravillas como *La ciudad y los perros* y *La casa verde*. Si en ese momento —antes de haber llegado a lo que Dante llama el medio del camino de la vida— Vargas Llosa hubiera dejado de escribir, lo ya escrito le habría bastado para tener una silla permanente en la mesa de la literatura.

Durante mi estadía limeña, una amiga querida me regaló otro extraño privilegio: gracias a ella pude ver una entrevista inencontrable que Vargas Llosa le hizo al pintor Fernando de Szyszlo, que fue su amigo y su cómplice, para un programa de la televisión peruana. En ella le pregunta, palabras más o menos, cómo imagina su destino de artista: qué le gustaría haber hecho cuando mire hacia atrás desde el futuro. Para aclarar la pregunta, Vargas Llosa dice que a él, por ejemplo, le gustaría haber escrito una gran novela, una novela digna de Tolstoi o de Flaubert. La conversación es de finales de 1981. Pocos meses antes de hacerla, Vargas Llosa había publicado *La guerra del fin del mundo*; mientras veía la entrevista, yo tenía en mis manos la nueva edición de *Conversación en La Catedral*, que releo por estos días. Pensé: sí, así es. Pensé: puede estar tranquilo.

A manera de epílogo:
El periodismo es otra cosa*

Hace apenas unos días, mi amigo Jesús Abad Colorado, fotógrafo de la guerra colombiana que lleva tres décadas mostrándonos las caras del sufrimiento, pero también las de la dignidad, recibía en Bogotá el reconocimiento más alto que puede recibir un periodista en mi país: el premio Simón Bolívar a la Vida y Obra. En su discurso agradeció, entre muchas otras personas, a los médicos que lo han operado de un hombro y de las dos rodillas, convirtiéndolo —dijo— en un verdadero *robocop*, y reparando con láminas de platino los huesos dañados después de más de treinta años de caminar por la geografía imposible de Colombia: más de treinta años de atravesar a pie ríos de cauce empedrado, o de subir por montañas escarpadas que le rompen la rótula a cualquier atleta, o de cruzar la espesura de selvas por terrenos sin senderos visibles donde hay que cuidarse de las raíces tanto como de las culebras, y todo para llegar al lugar donde los guerrilleros o los paramilitares o el ejército colombiano han puesto su rastro de violencia y espanto o están a punto de hacerlo. Jesús Abad Colorado se ha dejado la vida y los cartílagos en esos lugares alejados de todo, y lo ha hecho con el objetivo simple y a la vez complejísimo de dar testimonio: de ser testigo. «Los periodistas», dijo en su discurso, «lo único que hacemos es juntar los fragmentos de un espejo roto para que la sociedad pueda comprender qué nos ha pasado y podamos hacer un reflejo entre todos».

Para mí fue imposible no escuchar las palabras de Colorado en el contexto de una conversación que comenzó hace varios años, pero que por estos días ha vuelto a la superficie con ímpetus renovados: sí, una conversación *zombie*. Un par de semanas antes de ese discurso, en algún lugar que no importa, el multimillonario conspiranoide Elon Musk lanzaba un trino que fue visto, según mis

---

* Discurso pronunciado en el máster de la Escuela de Periodismo UAM / *El País*.

averiguaciones, ciento cinco millones de veces. Según mis averiguaciones, digo: no he visto el trino de primera mano, pues no tengo y nunca he tenido redes sociales. Recibo mis informaciones de lo que ahora hemos dado en llamar medios tradicionales: ésta la recibí, anacrónicamente, leyendo *Le Monde*, y es posible que haya cometido incluso el pecado de lesa modernidad de haberla leído en papel sobre la mesa de un café. No entrar en las redes fue una decisión que tomé desde el principio, y no lo hice por motivos altruistas ni por una inquietud bien argumentada sobre el futuro de nuestra democracia, sino porque la observación más somera del mundo que me rodeaba me permitió entender que las redes sociales amenazaban mi tiempo y dispersaban mi concentración, dos cosas que un novelista necesita si quiere llevar a cabo ese ejercicio tan extraño y exigente que es escribir una novela de cierta complejidad. Pero además yo era columnista de prensa cuando surgieron las redes sociales —lo he sido desde el 2007 y lo sigo siendo—, y no logré entender entonces el atractivo de reducir a 140 caracteres el argumento que a mí me costaba un esfuerzo inhumano meter en el lecho de Procusto de mis cuatro mil signos con espacios incluidos. De manera que hoy no vengo a hablarles como autor de ficciones, sino como periodista: lo cual soy, con alguna parte de mi cabeza y buena parte de mi orgullo, de manera constante. El periodismo no es algo que se pueda apagar: es una mirada, una manera de estar en el mundo.

Vuelvo al trino de Musk. Constaba sólo de cinco palabras, pero eso le bastó al personaje para ocupar desde ese día mi atención y mis desvelos. Las palabras eran *You are the media now*. «Ahora ustedes son los medios»: eso fue lo que dijo el dueño y señor de la red social X, un narcisista cuya percepción del mundo es la de un adolescente malcriado y cuyo comportamiento público es el de un sociópata. Su relación con la verdad es casual en el mejor de los casos —la CBS calculó que la mitad de sus tuits durante el último año fueron por lo menos engañosos—, y algunas de sus mentiras han sido diseñadas con cuidado para hacer daño —y cuanto más, mejor— a los más vulnerables: azuzando las llamas de las protestas antiinmigración en el Reino Unido y diciendo que la guerra civil es inevitable, o esparciendo mentiras acerca de las elecciones norteamericanas: que los demócratas traían a inmigrantes ilegales para que votaran, o que Kamala Harris era «muy literalmente una comunista» (con lo cual reveló en una sola frase que no sabe ni lo que es el comunismo ni lo que significa *literalmente*). Pues bien: a la vista de todos, o de todos los que han querido ver, este personaje grotesco ha puesto su red social y sus millones de usuarios al servicio de la desinformación, las teorías de la conspiración, la mentira flagrante y la elección de un delincuente convicto con querencias fascistas como presidente de Estados Unidos. Y ahora les ha dicho a los ciudadanos del mundo entero: «Ustedes son los medios».

Las palabras son parte de la guerra insidiosa y taimada que Musk y los suyos le han declarado al periodismo tal como lo entendemos —espero— ustedes y yo. Esta guerra pasa por la implantación de lo que Musk llama «periodismo ciudadano», que en la demagogia barata de su discurso consiste en quitarles a los grandes medios el monopolio de la información y en devolverle al pueblo el control sobre las noticias que produce y también consume. En otras palabras: el periodismo sin intermediarios. Es un combate contra las élites, dice sin sonrojarse el hombre de los 348.000 millones de dólares, el hombre que donó más de 118 de sus millones para que otro millonario fuera presidente y pudiera conformar su gabinete hecho de millonarios: la aguja del detector de hipocresías está marcando números rojos. Pero eso no parece verlo todo el mundo, quizás porque en los últimos años, sumidos en el barro de las redes sociales, hemos perdido el talento para leer la realidad, para detectar el engaño y el juego de manos. Si no me pareciera tan peligrosa, me parecería conmovedora la credulidad con que millones de ciudadanos se han tragado el cuento de que la red X es un espacio democrático, incluso después de enterarnos de que Musk adulteró el algoritmo por un factor de 1.000 para que la red diera prioridad a sus mensajes sobre las elecciones; y me conmovería también la inocencia con que antes se creyeron el cuento de que Musk era un adalid de la libertad de expresión, a pesar de su largo historial de colaborar con regímenes de credenciales más que dudosas —la India de Narendra Modi, la Turquía de Erdoğan, los Emiratos Árabes Unidos— cuando le han pedido retirar o suprimir contenidos incómodos.

En un video que circula por ahí, una breve retahíla de ideas a medio hornear, lugares comunes y dicción de iletrado, Musk se pone la máscara de defensor de valores democráticos y llega a su conclusión inapelable: «El periodismo ciudadano es el futuro». El problema es que el periodismo ciudadano también es el pasado: lleva veinte años por lo menos conviviendo con nosotros. En 2004, el bloguero de Silicon Valley Dan Gillmor se quejaba de que los grandes medios dieran las noticias como si se tratara de una conferencia. La palabra que utiliza es *lecture*, que quiere decir «conferencia», pero también «sermón»: la suya era la enésima versión de la queja, muy norteamericana, contra los que tienen la pretensión de saber más que nosotros y nos dan discursos desde una posición de superioridad. Por otra parte, hace veinte años era cierto que las nuevas tecnologías habían abierto espacios para que hablaran en público personas que nunca lo habían hecho, y todos nos llenamos la boca entonces con la denuncia de los abusos de poder que se podía hacer desde esos espacios de rebeldía, independientes de los medios que respondían —así era, esto era cierto— a los intereses no siempre transparentes de los poderes económicos. Y recordamos entonces a Noam Chomsky, que años atrás nos había explicado cómo los medios tradicionales manufacturaban el consentimiento colectivo en nuestras sociedades anestesiadas por la propaganda y distraídas por el consumismo. La revolución de Silicon Valley sugería que el día de mañana no existirían ya estos pretenciosos intermediarios, los medios masivos, que nos dicen qué debemos pensar sobre todo lo divino y lo humano, controlando qué información vemos y qué información se nos oculta, fabricando una imagen del mundo a la medida de sus intereses. Escribía Dan Gillmor: «El día de mañana, la reportería y la producción de noticias serán más como una conversación. La tecnología nos ha proporcionado un conjunto de herramientas de comunicación que permite a cualquiera convertirse en periodista a bajo coste».

La idea, hay que admitirlo, era tremendamente seductora: sobre todo después de que, en Egipto y Túnez, durante aquella Primavera Árabe que ya parece haber ocurrido en otro siglo, la actividad coordinada en Twitter o Facebook tuviera un papel trascendental en el derrocamiento de dos gobiernos autoritarios. Pero algunos se atrevieron a señalar que una cosa era el activismo valiente, aun el que arriesga la vida y admiramos sin resquicios, y otra cosa, muy distinta, el oficio de periodista. En una columna del año 2012, tan lúcida como siempre pero ya un poco frustrada o desesperada, la argentina Leila Guerriero, una de las grandes periodistas de nuestra lengua, contaba el episodio de un presentador de noticias que, después de mostrar en televisión las imágenes de una tormenta destructiva, le daba las gracias al ciudadano que las había enviado, un tal Juan Carlos, y enseguida lanzaba un llamado para que todo el mundo le hiciera llegar sus propias imágenes y sus propios comentarios. «Todos ustedes son, pueden ser periodistas», decía el presentador. «Periodistas ciudadanos». Leila Guerriero se permitía disentir, y yo me permito aquí citar varias líneas de su disenso.

El señor Juan Carlos, que mandó esas impactantes imágenes, no es un periodista (ni creo que quiera serlo). El señor Juan Carlos es un señor que estaba en el lugar indicado en el momento justo, y su aporte espontáneo es valioso (muchos de esos aportes espontáneos ayudaron a resolver crímenes o a descubrir corrupciones), pero decir que es periodista es como decir que meter un pollo en el horno transforma a una persona en chef. ¿El acceso a una herramienta es lo único que se necesita para dominar un oficio? Tener papel y lápiz nunca transformó a nadie en escritor. Tener un piano en casa nunca transformó a nadie en pianista. Sospecho que lo que hace que alguien sea director de cine, pintor, pianista, escritor o chef es otra cosa. Es algo que va más allá de la calidad con que haga lo que hace y que tiene que ver con *cómo* eso que hace forma parte inseparable de su vida, *en cuánto* eso que hace le da sentido a todo y permite que el mundo cobre solidez y no se transforme en una bruma líquida, inasible.

En ese momento debió de ser una idea chocante: la idea de que no basta con tener ciertas herramientas tecnológicas para convertirse en periodista. No basta con tener un teléfono inteligente, bien provisto de una cámara que graba videos o toma fotos, para ser periodista. No basta con tener una cuenta en una red social o seguidores en YouTube, unas docenas o varios millones, para ser periodista. No: el periodismo es otra cosa; los periodistas son otra cosa. ¿Pero qué? *Que el mundo cobre solidez*, decía Leila Guerriero. Sí, tal vez eso sea el periodismo: el oficio de darle a la realidad una forma sólida que no tiene por sí misma, un orden, una estructura, para que podamos entenderla por primera vez. *Que el mundo no se transforme en una bruma líquida e inasible*: sí, tal vez eso también sea el periodismo: la primera luz que nos permite abrirnos espacio en la bruma. La metáfora describe con misteriosa precisión nuestra existencia presente, extraviados como estamos en una selva de falsedades interesadas y mentiras rentables: todo lo que llamamos desinformación. Y quiero hacerles a ustedes tres humildes sugerencias. Primero, lo que Elon Musk llama periodismo ciudadano, lejos de ser un fenómeno antielitista, es un movimiento abiertamente plutocrático y profundamente reaccionario. Segundo, lo que Elon Musk llama *periodismo ciudadano*, lejos de responder a un impulso social que democratiza la información y contribuye a conversaciones cívicas más horizontales, menos jerarquizadas, ha puesto el tiempo, la atención y las preocupaciones de la gente —sus miedos, sus ansiedades, sus resentimientos— al servicio de fuerzas antidemocráticas: fuerzas que se benefician del caos, de la incertidumbre y de la desconfianza. Y tercero, lo que Elon Musk llama *periodismo ciudadano* es un arma diseñada para obliterar la diferencia entre verdad y mentira, y por esa vía, para destruir la noción de realidad objetiva. Las consecuencias para la democracia —un sistema de gobierno que esencialmente depende de esas nociones: verdad, mentira, realidad objetiva— son catastróficas.

En *The Good Society*, un libro de 1996 y por lo tanto perteneciente a un mundo más simple que el nuestro, el economista J. K. Galbraith habla de los problemas del autogobierno en sociedades complejas como las nuestras, y en un pasaje que no puedo sacarme de la cabeza dice estas palabras: «Todas las democracias viven en el miedo a la influencia de los ignorantes». Echar un vistazo a la historia de Estados Unidos, dice Galbraith, es darnos cuenta de que siempre habrá un determinado porcentaje de la población disponible para «apoyar prácticamente cualquier forma de desastre político y social»; sólo mediante la educación, añade, puede mantenerse esta minoría en niveles manejables. Veintisiete años después, parece que nuestras democracias siguen temiendo a la influencia de los ignorantes, pero es todavía mayor el temor que tienen a la ignorancia de los *influencers*. Los mecanismos perversos de las redes sociales y su modelo de negocio, que no sólo son indiferentes a la verdad o la falsedad de la información que distribuyen sino que permiten rentabilizar la crispación, hacer negocio con la mentira y ganar rentas políticas con el tribalismo y el odio, ya no se limitan a envenenar nuestra convivencia y a diseminar desinformación que destruye nuestra capacidad para ejercer la ciudadanía. Lo siguen haciendo, claro: «La información será libre», aquel mantra que implicaba la eliminación de los intermediarios —esas figuras que seleccionan, editan, dan forma a los hechos—, ha conducido, en menos de una década, a la pérdida de libertad del ciudadano, que toma sus decisiones políticas basándose en premisas falsas, en engaños masivos, en datos adulterados. Pero lo que está ocurriendo va mucho más allá. Desde que la compró Elon Musk, la red social X se ha convertido en la más poderosa máquina de desinformación y propaganda que el mundo ha conocido, y ha sido puesta al servicio de una ideología de corte violento, racista y cruel, que sólo ha encontrado en los últimos años un obstáculo de importancia, una fuente de resistencia a sus ambiciones disruptivas. Esa resistencia es el periodismo.

No sé si lo recuerden, pero hace unos años se instaló entre nosotros la convicción incontrovertible de que el periodismo iba a desaparecer. Iban a desaparecer los periódicos; iban a desaparecer los periodistas. Parecía evidente: el modelo de negocio no era sostenible frente a las nuevas formas de llevar información, mucho más rentables o menos costosas, y, desde la óptica restringida de las reglas del mercado libre, estas empresas no deberían haber sobrevivido. Pero lo han hecho. Y el fracaso de las peores profecías no se explica solamente por la astucia o la suerte o la resiliencia o el talento de sus gestores, creo yo, sino también por razones más inasibles o abstractas. Pues el periodismo es mucho más que los medios que lo producen: es un fenómeno cultural, un lugar de la ciudadanía, un espacio de poder real o percibido, un espacio desde el cual plantar cara a los poderes percibidos o reales, y, sobre todo, un oficio: y no seré yo quien contradiga a Albert Camus cuando lo llamó el más bello del mundo. Los periodistas, en su mejor versión, tienen códigos de comportamiento, una serie de convicciones poco prácticas y a veces francamente molestas —la transparencia, la responsabilidad, el rigor investigativo— en las cuales creen y según las cuales viven. No soy cínico, pero tampoco ingenuo; sé muy bien que en el periodismo hay venalidad, hay falseo, hay deshonestidad; pero también sé que estos hombres y mujeres, los buenos periodistas, no son criaturas mitológicas: han existido y siguen existiendo, y yo he tenido el placer y el honor de conocer a varios. Sé que trabajan en condiciones de enorme dificultad y en un ambiente de acoso y desconfianza, y sé que sufren la persecución de los poderosos (que los llaman enemigos del pueblo, como Trump, o hijos de puta, como Milei, o nazis, como Petro), o son encarcelados con cargos espurios y sus instalaciones son ocupadas por militares o expropiadas por sus gobiernos autoritarios, como ocurre en Nicaragua o Venezuela. El periodismo ciudadano de Elon Musk, en cambio, es un espacio sin códigos, o donde el único código suele ser el del propio provecho: nada —ni la conciencia de mentir o calumniar, ni la posibilidad de hacer daño— representa un inconveniente para la persecución del propio interés o para la metódica destrucción de todas las normas, porque la inestabilidad y el caos son su hábitat natural.

La forma de luchar contra los medios, decía Steve Bannon en 2018, es «inundar el terreno de mierda». Musk lo ha hecho a su manera. Le interesa disolver la verdad comprobable, dinamitar la confianza entre los ciudadanos, destruir la noción de realidad común y sembrar la incertidumbre, y para eso ha mentido, ha calumniado, ha esparcido teorías de la conspiración, y —permítanme que insista— la única resistencia significativa con que se ha topado ha sido la del periodismo tradicional. Por eso lo quiere desprestigiar. Por eso lo quiere, incluso, eliminar. Por eso quiere convencer a sus millones de usuarios, como a millones de marionetas, de que ellos son ahora el periodismo.

Y hay que decirlo: ellos no son periodistas. En los mejores casos son ciudadanos activos y comprometidos, como debería serlo siempre todo ciudadano. Pero no son periodistas.

Y la red X no es periodismo.

El periodismo —vengo a sostener hoy, aquí, ante ustedes— es otra cosa.

Este libro se terminó
de imprimir en
Casarrubuelos, Madrid,
en el mes de
enero de 2026